高等师范院校教师教育类
公共基础课规划教材

Modern Educational Technology

# 现代教育技术

主　编：　付道明
副主编：　王一敏　朱　龙

厦门大学出版社
XIAMEN UNIVERSITY PRESS
国家一级出版社
全国百佳图书出版单位

**图书在版编目(CIP)数据**

现代教育技术/付道明主编.—厦门:厦门大学出版社，2019.12(2022.1 重印)
(高等师范院校教师教育类公共基础课规划教材)
ISBN 978-7-5615-7679-3

Ⅰ.①现… Ⅱ.①付… Ⅲ.①教育技术学—高等师范院校—教材 Ⅳ.①G40—057

中国版本图书馆 CIP 数据核字(2019)第 296273 号

**出 版 人** 郑文礼
**责任编辑** 眭 蔚

**出版发行** 厦门大学出版社
**社　　址** 厦门市软件园二期望海路 39 号
**邮政编码** 361008
**总　　机** 0592-2181111　0592-2181406(传真)
**营销中心** 0592-2184458　0592-2181365
**网　　址** http://www.xmupress.com
**邮　　箱** xmup@xmupress.com
**印　　刷** 厦门市明亮彩印有限公司

**开本** 787 mm×1 092 mm　1/16
**印张** 19.5
**字数** 475 千字
**版次** 2019 年 12 月第 1 版
**印次** 2022 年 1 月第 2 次印刷
**定价** 49.00 元

本书如有印装质量问题请直接寄承印厂调换

厦门大学出版社
微信二维码

厦门大学出版社
微博二维码

# 前　言

2013年以来，通过实施全国中小学教师信息技术应用能力提升工程，教师应用信息技术改进教育教学的意识和能力普遍提高，但仍然存在着信息化教学创新能力不足，乡村教师应用能力薄弱，支持服务体系不够健全等问题，同时大数据、人工智能等新技术变革对教师信息素养提出了新要求。2019年4月，教育部颁布《关于实施全国中小学教师信息技术应用能力提升工程2.0的意见》，文件指出“信息技术应用能力是新时代高素质教师的核心素养”。为深入贯彻习近平新时代中国特色社会主义思想和党的十九大精神，全面贯彻落实全国教育大会精神，按照《中共中央、国务院关于全面深化新时代教师队伍建设改革的意见》决策部署，根据《教育信息化2.0行动计划》和《教师教育振兴行动计划(2018—2022年)》总体部署，服务国家“互联网+”、大数据、人工智能等重大战略，推动教师主动适应信息化、人工智能等新技术变革，积极有效开展教育教学，教育部决定实施全国中小学教师信息技术应用能力提升工程2.0，要求在高等师范院校开设现代教育技术类课程。本课程的目标是使师范生掌握现代教育技术的基本理论，树立信息化教育的新思想和新观念，具有将现代信息技术与学科教学深度融合的能力。

在编写过程中，我们尽量做到理论与实践相结合，体现了现代教育技术理论与实践的最新成果。从构思和内容上看，本教材具有如下特点：

(1)内容丰富，观点新颖。本书内容尽可能吸收教育技术学科领域研究成果，充分反映现代教育技术的最新理论、技术和应用成果，着重培养在现代教育技术环境中教师必须具备的教育技术能力。

(2)操作性、实用性强。本书在内容上侧重介绍实用技术，具有较强的操作性和实用性。书中为学生提供有针对性的训练项目，且详细列出了操作过程，为学生进行实际操作提供了极大的便利。同时通过介绍信息技术与课程整合的案例，为师范生提供了模仿、创新的原型。

本教材由广东第二师范学院付道明教授担任主编，负责教材的总体规划及部分章节的编写，王一敏和朱龙担任副主编，由付道明负责统稿工作。本书分工编写情况如下：第一、二、四、五章由付道明编写，第三、六、九章由王一敏编写，第七、八、十章由朱龙编写。

在本书的编写过程中，参考、引用了已经出版或发表的现代教育技术书籍和期刊上的一些观点，其中的主要来源已在参考文献中列出，如有遗漏，恳请原谅，并对这些书刊的作者表示衷心的感谢。

本书为2019年广东省高等教育教学改革项目“教师教育课程思政的改革与实践”的阶段性成果。

鉴于作者经验和学识所限，加上时间仓促，错误和不足在所难免，在使用本书的过程中，恳请读者提出宝贵意见或建议。

作　者

2019年11月

# 目　录

# 第一章　现代教育技术概论

**【内容导学】**

现代科学技术在教育领域的广泛应用，产生了一门新兴的学科——现代教育技术。现代教育技术融合了现代科学技术与现代教育理论的成果，对教育改革和发展产生了重要而深远的影响。普及现代教育技术，促进了教育的改革与发展，已经成为当今世界各国普遍的共识和不可逆转的趋势与潮流。

**【学习目标】**

1.理解教育技术和现代教育技术的定义；

2.了解现代教育技术的发展历史；

3.了解师范生学习现代教育技术的重要意义；

4.了解教育信息化的相关概念与政策；

5.作为师范生能够理解信息技术学科的核心素养。

## 思政第一课　中国电化教育事业奠基人南国农先生

名师心得：人生三件事，做人、做事、做学，都重要，做人最重要。做人，要使自己具有高尚的品德；做事，要使自己保持朝气和良好的敬业精神；做学，要放胆、细心、拿来、拿去。

南国农（1920—2014 年），中国电化教育事业奠基人、全国教育科学研究终身成就奖获得者、西北师范大学终身教授、《电化教育研究》主编。生于江西，毕业于中山大学教育专业；1948 年，赴美国哥伦比亚大学留学。中华人民共和国成立后，积极响应周恩来总理的召唤回到祖国，1953 年被聘为西北师范学院教授。1992 年，享受国务院政府特殊津贴；2008 年，获得甘肃省教学名师奖；2010 年，获“中国教育技术事业杰出贡献奖”；2010 年，获“情系陇原、献身教育”特别荣誉奖；2011 年，获得全国教育科学研究终身成就奖等。著有《电化教育学》《电化教育基础》《教育传播学》等。

南国农的人生就是“电教人生”，透过他本人在各个学科发展时期的著述，让后世学者能够看到一条“因时而变”的时间之轴，称得上是一部鲜活的新中国电化教育学科发展史。因此，他被誉为我国电化教育学科的开山鼻祖，也被千千万万教育技术工作者亲切地称为南先生，学界对他的评价是：先生具有“三风”，即学者之风、长者之风、仁者之风。

**一、把陶行知教育思想视为奋斗方向**

南国农志向高远，淡泊名利，之所以选定教育这个行当，是因为他一生佩服的人是陶行知，陶老的一个小故事时常鞭策着他。一天，陶行知听到学生鼓励同伴要努力读书，理由是“吃得苦中苦，方为人上人”。他就把这个学生叫到办公室说：“公平合理的社会里，不能有‘人上人’，也不应该说‘人下人’，应该做‘人中人’。‘人中人’就是大丈夫，就是孟子所说的‘富贵不能淫，贫贱不能移，威武不能屈’。”南国农就想成为“人中人”。陶行知的另一席话再次点醒了他：“在教育界，有胆量创造的人，即是创造的教育家；有胆量开辟的人，即是开辟的教育家，都是第一流的人物。”这就成了南国农毕生奋斗的方向。1943 年，南国农从中山大学毕业，以电化教育委员会下设的电影教育委员会科员身份进入教育部工作。1945 年 6 月，年仅 25 岁的南国农出任教育部直属的青木关中学(即社会教育学院附属中学)校长，他也是社会教育学院附属中学迁入丹阳的首任校长。那时，他就推行陶行知的教育思想，效仿陶行知的办学思路，严谨治校、民主办学。年轻的南国农风华正茂，一心一意想干一番事业，带领全校师生把学校办成深受广大民众称赞的学校。学校整体管理较严格，校风良好，学风很浓，在当地口碑也很好，学生以能戴上省丹中的校徽感到十分光荣和自豪。也就在那时，南国农在教育界崭露头角。

**二、让电化教育取得了“学科身份”**

南国农与“电化教育”的缘分始于 20 世纪 20 年代。当时，发生了采用幻灯片、播音进行教育活动的事情，我国电化教育也由此拉开序幕，但至 1936 年才把这些事称为“电化教育”，然后又经历了近半个世纪至 1984 年前后，才基本建成电化教育这门学科和学科专业。南国农和他带领的团队经历了这一发展过程，因此他对我国电化教育发展曾作过精辟的分析：中国电化教育是先有这个“事”，然后才有这个“名”，最近才发展为一门“学科”。1948 年，南国农赴美国哥伦比亚大学教育研究院学习，攻读比较教育与视听教育专业，获硕士学位。1949 年，中华人民共和国诞生，他怀着满腔热情，带头响应周恩来总理的号召，并带动 230 余名优秀美留学生冲破重重障碍，于 1950 年 7 月集体回国，参加新中国的建设。他怀着革命的激情决心重新学习，改造自己的世界观与人生观，主动要求去华北革命大学研究院学习。从华北革命大学毕业后，回到北京又与他的老朋友萧树滋相聚。1953 年，两位先生携手同赴我国大西北，被聘为西北师范学院(现西北师范大学)教授，共同发展电化教育。南国农兼任学校“教育实习指导委员会”秘书，与萧树滋先生合作，举办了一次规模巨大的“教育实习展览会”，首次在西北地区采用电化教育手段演示教育成果，吸引了校内外许多师生前来观摩，此次展览会效果很好，影响很大。从此，也让“电化教育”走进了学界的视野中。20 世纪 70 年代后期至 80 年代，我国的电化教育重新起步。1978 年，党的十一届三中全会确定了经济发展与国家建设首先要发展教育的战略方针。1978 年冬，教育部在河南开封召开教育学研讨会，南国农根据国外教育发展的趋向充分陈述了我国教育的现代化必须重视教育手段现代化的作用与意义，引起与会者的重视与关注，并取得一致意见。在权威教育学教材中增加“电化教育”一章，这为电化教育融入并作为教育学二级学科奠定了基础，这一举动具有划时代意义。从此，电化教育进入了教育学，成为教育学内容体系的一个组成部分，进入了学科范畴，取得了“学科身份”。

**三、一生执着于电教事业**

在“黑板＋粉笔”上课的那个年代，推行电化教育实属不易。支撑南国农心中的信念之灯始终不灭的就是“人一之，我十之；人十之，我百之”的精神。当时，学校生物系有位教授对电化教育不太了解，南国农知道他要讲“细胞”，让学生逐个在显微镜下看，结果一百个学生心目中有一百个细胞形态，教授归纳总结时无法让学生都信服。南国农就让人用显微摄影做个片子，提供给这位教授，困扰多年的难题一下子迎刃而解。他说：“高等教育有两个公式，传统的公式是 10∶1∶100，即每增加 10 个学生，就要增加 1 个教师和 100 平方米的校舍；而电化教育的公式是 50∶1∶0，即每增加 50 个学生，只需要增加 1 个教师，不需要增加校舍的建筑面积。”所以，电化教育是建设现代化教育的希望之路。20 世纪 80 年代初，南国农创立了以现代教育媒体的研究和应用为核心，由“七论”构成的具有中国特色的现代教育技术理论体系，并进行了科学的界定和精辟的阐述。在其后 20 年的时间里，不断完善和深化这一理论体系的内容。此举奠定了中国教育技术的发展方向。南国农的一贯教育思想是：电化教育姓“教”不姓“电”，电教以人为本，它的主要对象是人，不是物。它所追求的不是教育的机械化，而是教育的最优化。他提出的另一个非常重要的电教观念是“大电教观念”。针对有些人只局限于学校电教这个小范围，视野比较狭窄，南先生响亮地提出要搞“大电教”。这种大电教由“学校电化教育系统”“广播电视教育系统”“卫星电视教育系统”和“计算机网络教育系统”四个子系统组成，因而极大地扩充了电化教育的内涵，也大大地扩展了电化教育工作者的施展舞台与活动空间。南先生身体力行，他在我国电教事业发展的每一个重要阶段、每一个重要事件中都留下了光辉的身影和鲜明的足迹。1979 年，他主持举办的有我国电教系统“黄埔军校”美誉的新中国最早的电教骨干培训班——全国电化教育讨论班，为我国电教事业的普及播撒了一大批优良种子。1980 年，他创办《电化教育研究》期刊并一直担任主编。该刊成为我国电化教育理论研究的主要园地，也是最具权威性的电化教育理论研究刊物。根据谷歌学术发布的《2018 版谷歌学术计量报告》，《电化教育研究》在中文出版物 TOP 100 排名中位列第 35 名，根据知网发布的最新《中国学术期刊影响因子年报(人文社会科学·2018 版)》，《电化教育研究》2018 年的影响因子为 3.840，现已是国家级学术刊物、中文核心期刊、CSSCI 来源期刊、RCCSE 中国权威学术期刊、AMI 来源期刊、中国人民大学复印报刊资料重要转载来源期刊。1985 年，他主编出版了我国第一本《电化教育学》(高等教育出版社出版)，这本书发行 40 余万册。该教材已成为我国教育技术学领域的经典教材，先后于 1998 年修订为《电化教育学》(第二版)，2004 年修订为《信息化教育概论》。同时，该书被台湾新学识文教出版中心购买了繁体版权，以“视听教育学”的名称在海外出版发行，这是改革开放以来，大陆学者在台湾合法出版发行的第一本电化教育著作，受到海外教育界同仁的赞誉。这些均有他不可磨灭的历史性贡献。南先生激励自己成为能创造、会开辟的第一流人物。他勉励自己的学生和同事努力做第一流的人物。他带领西北师大的同事创造了七个全国第一：举办第一期全国电化教育研讨班；创办我国第一本电化教育学术杂志——《电化教育研究》；举办全国第一个大型电化教育展览；编写出版了我国第一本高师电化教育公共教材——《电化教育》；举办全国第一次电化教育知识大赛；举办我国第一次“电化教育考察万里行活动”；第一次举办教育技术学博士生西部行活动。这些都载入了中国电化教育发展的史册。1978 年，西北师范大学成立电化教育馆；

1983 年，开始酝酿举办电化教育专业；1984 年，正式成立电化教育系，南先生担任首任系主任，当年开始招生。在南先生亲自指导下，西北师大教育技术学专业已跻身于全国高校教育技术学专业前列，形成了本科、硕士研究生和博士研究生三个学历层次的专业人才培养体系，被评为甘肃省省级重点学科。这些，是他为创立和发展这门学科所做的努力。

**四、“以和为贵”的学术魄力**

正是南先生具有这种热爱真理、追求真理的科学精神，具有海纳百川的博大胸怀和平等待人的学术风范，才使先生长期以来成为我国电教界的一面长盛不衰的旗帜。在这面旗帜下，集合、凝聚了愈来愈多的电教界专家、学者以及广大的电教工作者。当前，我国教育技术研究已进入一个重要发展时期——理论重构时期。站在十字路口，如何重构，要广大教育技术学人共同努力、深入探讨。南先生的“教育技术理论重构路线”站在这个时代的风口浪尖，把握了当前社会政治、经济发展的脉搏，提出了要把“以和为贵”作为“教育技术理论重构路线”的基本理念和指导思想。南先生说：“‘和’是我的人生追求，‘和’是世界人民的心愿，‘和’是解决理论争端的有效处方。‘和平竞争、交融互补、共同发展’是当前理论体系建设发展的潮流。”在提出“以和为贵”理念的基础上，他又提出了“和而不同，求同存异”的策略。现在越来越多的人把它看作解决难题的思想策略，在此基础上又提出了重构工作运行的具体途径。这是一个完整的教育技术理论重构路线的基本框架，既有基本理念、指导思想，又指明了运行过程中的基本方法和途径。南先生认为“教育技术理论重构路线”的本质核心是：“信息化教育就是信息时代的电化教育，它植根于中国文化土壤，符合中国实际需要。采用这个名称既可保持中国的特色，又可凸显时代的特征。新时代的核心特征是信息化，这是人们的共识。”在以南国农先生为代表的老一辈电化教育大师和他们的弟子们的共同努力下，中国的电化教育事业走上了一条为国为民、充满生机和活力的可持续发展之路。

2014 年 9 月 27 日凌晨 5 时 20 分，南国农先生逝世，享年 95 岁。他的人格魅力、学者风范，对我国电化教育事业所作出的贡献永远留在我们的记忆中。历经中国新旧时代的风云际会，从四处求学的快乐少年到抗日救亡的热血青年，从欧风美雨洗礼下的青年才俊到扎根祖国大西北的学界泰斗，岁月长河，似水流年，南先生始终怀揣一颗滚烫的“中国心”，在中国的大地上，在电化教育学科领域里，历经半个多世纪的风风雨雨，辛勤耕耘，矢志不移，一路走来，筚路蓝缕，必将受到一代又一代学人的尊敬和爱戴。在他的努力下，中国的电化教育走上了一条为国为民、充满活力的可持续发展之路。1994 年，南国农先生的夫人不幸去世，他怀着极为悲痛的心情，将与夫人一生积蓄的 10 万元捐献给西北师范大学，以夫人范春晖女士的名字命名，设立了“春晖助学金”，帮助那些成绩优秀的研究生和家庭经济困难的学生更好地完成学业。2015 年，为继承与弘扬南国农先生献身教育信息化事业的精神，促进中国信息化教育学科建设与事业发展，西北师范大学发起建立了“南国农信息化教育发展基金”，并设立了包括个人成就奖和杰出贡献奖的“南国农信息化教育奖”，旨在奖励在信息化教育领域有杰出贡献的个人或团体。不管时代和环境如何变迁，总有一种令人尊敬的品质和人格力量，使我们超脱这个时代的喧嚣和浮躁，让我们的生命充满感动和温暖，引导我们重新思考和返璞归真。在中国教育技术学科领域，南国农先生正是这样一位灵魂式的领袖人物。以景仰之心、以爱戴之情走近大师，热爱大师，既是一种崇敬，也是一种责任。

# 第一节　教育技术的产生与发展

## 一、教育技术的概念

纵观历史和现实，人类在生产和生活实践中所进行的每一项活动都必须使用一定的方式和手段。教育作为一种有目的地培养人的社会实践活动，为了达到预定的教育目的，在教育活动过程中也总是伴随着一定的教育方式和教育手段。

教育技术作为专业名词，起源于美国。教育技术的英文名称为“educational technology”，从字面上看，可以简单理解为“教育中的技术”。广义的理解是指“人类在教育活动中所采用的一切技术手段和方法的总和”。它分为有形（物化形态）和无形（智能形态）两大类。

有形（物化形态）技术是指教育教学过程中应用的媒体技术，由硬件和相应的软件两部分组成。无形（智能形态）技术是指教育教学过程中应用的理论、方法和技能。

教育技术是在 20 世纪 20 年代前后由视听教育、程序教学以及系统化设计教学等教学方法的基础上发展起来的一门学科。不同阶段的教育技术强调的技术着重点不同，同时，随着现代科学技术和现代教育理念的发展，教育技术概念的内涵也在发生改变，因此，有关教育技术的定义在不同的历史时期、不同的国家有不同的表述。其中，最具影响力和代表性的是美国教育传播与技术协会（Association for Educational Communications and Technology，AECT）在 1994 年阐述了教育技术的定义：教育技术是为了促进学习对学习过程和学习资源的设计、开发、利用、管理、评价的理论与实践。这一定义的构成和内涵可用图 1-1 表示。

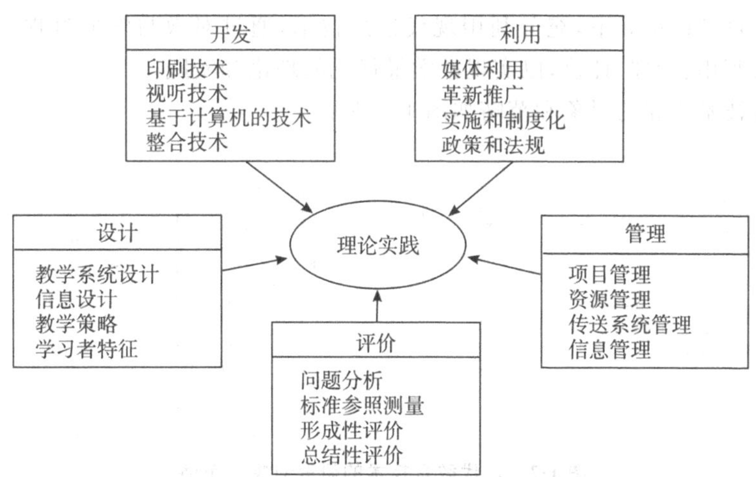


**图 1-1　美国 AECT 1994 年教育技术定义的构成与内涵**

此定义阐明了教育技术的研究对象是学习的过程和学习的资源。基本研究内容是设计、开发、利用、管理和评价五个方面的理论和实践。每个研究领域的具体内容如下：

(1)学习过程和学习资源的设计，是指为达到给定的教学目标，首先要进行学习者的特征分析和教学策略制定，在此基础上进行教学系统及教学信息设计，包括教学内容的确定、教学媒体的选择、教学信息与反馈信息呈现内容与呈现方式设计等，以创造最优化的教学模式，使每个学生都成为成功的学习者。

(2)学习过程和学习环境的开发，是指对音像技术、电子出版技术、计算机辅助教学技术以及多种技术综合集成应用于教育教学过程的开发研究。也可以说，开发是对教学设计结果的“物化”或“产品化”，是教学设计的具体应用。开发领域的范围可以是一节课、一个新的改进措施，也可以是一个大系统工程的具体规划和实施。

(3)学习过程和学习资源的利用，应强调对新兴技术、各相关学科和最新研究成果以及各种信息资源的利用和传播，并要设法加以制度化、法规化，以支持教育技术手段的不断革新。

(4)学习过程和学习资源的管理，指对所有学习资源和学习过程进行计划、组织、指挥、协调和控制，具体包括教学系统管理、教育信息及资源管理、教学研究及开发管理等。“管理出效益”，科学管理是教育技术的实施和教学过程、教学效果优化的保证。

(5)学习过程和学习资源的评价，是指在注重对教育教学系统的总结性评价的同时，更要注重形成性评价，并以此作为质量监控和不断优化教学系统与教学过程的主要措施。为此，应及时对教育教学过程中存在的问题进行分析，并参照规范要求(标准)进行定量的测量与比较，向学习者提供有关学习进步的情况，以便及时调整学习步伐，直至取得成功。

## 二、现代教育技术的概念

美国 AECT 1994 年对教育技术的定义对推动我国教育技术的发展提供了很好的理论指导和促进作用。但根据我国的具体情况，为了更好结合我国的国情，深刻理解教育技术的内涵，正确应用现代教育技术，我们把现代教育技术的基本思想表述如下：现代教育技术是指在现代教育理论指导下，充分利用现代信息技术，通过对教与学的过程和教与学的资源设计、开发、利用、管理、评价，以实现教学最优化的理论和实践。

现代教育技术研究的对象和范畴如图 1-2 所示。

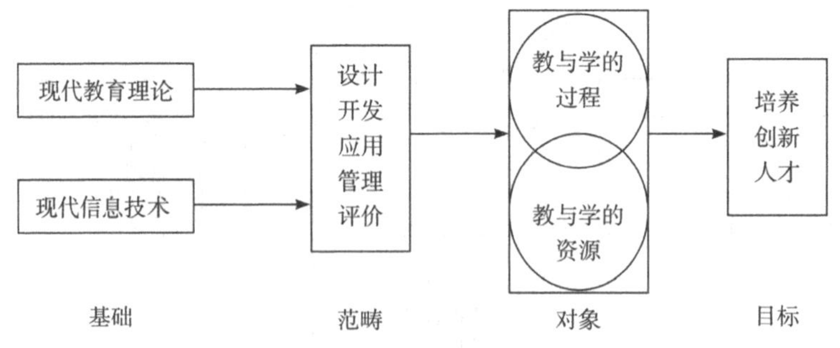


**图 1-2　现代教育技术的研究对象和范畴**

现代教育技术是要应用系统科学方法对教与学的“过程”和“资源”进行设计、开发、应用、评价和管理来实现教学的优化。

现代教育技术的应用必须以先进的教育思想和教学理论为指导，树立应用教育技术推进素质教育，重点培养创新精神和实践能力的教育思想，重视运用建构主义理论和人本主义理论指导教与学过程和资源的设计、开发和应用。通过优化教与学的资源，建设信息化的教学环境，开发信息化教学软件，探索并建构信息化环境下新型的教学模式。

学校应用现代教育技术，提高教育信息化程度，必须具备如下基本要素：

(1)教师——掌握现代教育技术应用的师资队伍；

(2)环境——建立多媒体和网络化的信息化教学环境；

(3)资源——建设多媒体与网络教学资源库并使之能高度共享；

(4)设计——对多媒体与网络教学资源和教学应用过程的策划；

(5)过程——把多媒体与网络技术应用于课程教学过程，通过实践探索构建新的教学模式。

## 三、现代教育技术的发展历史

现代教育技术发展的历史线索很多，不但和教育的发展有关，而且和技术的发展有关，其中涉及多方面的问题。回顾现代教育技术发展的历史，大致可以归纳为技术发展、学习理论发展、系统方法的运用这三条线索。

### (一)从技术发展的视角看

按照发展过程中使用的不同媒体和传播手段，现代教育技术大致经历了视觉教育—视听教育—视听传播三个阶段。

**1. 视觉教育阶段**

20世纪初，美国的视觉教学开始出现。以照相技术、幻灯机、无声电影等技术手段为主要特征的视觉教学，其本质与直观教学是一致的，区别在于所用媒体种类的不同，视觉教学主要强调要向学生提供生动的视觉形象，使抽象的概念以具体形式呈现。视觉教学重视视觉教育和教材的选择应用，而很少重视教材的设计、开发、制作、评价和管理。

**2. 视听教育阶段**

20世纪20年代末，由于有声电影和广播录音技术的发展及其在教育领域的应用，原有视觉教学概念已经不能涵盖当时的教学实践，视觉教学便发展为视听教学。

视听教学初期，由于缺乏相应的设备、资料和专家的理论指导，视听技术在学校发展缓慢，但在二战这一特定的历史时期，基于有声电影技术的视听教学在大规模、高效地培训工业和军队所需的人才上取得了成功的经验，视听教学在工业和军队的训练中得到大力的发展，而后又逐渐在战后学校教育中普及。

二战之后的十年是视听教学稳步发展的时期。视听领域开展了一系列的研究，重点探索视听媒体的特性及其对学习的影响。以杜威实用主义教育理论为基础的各种视听理论相继出现，其中最具代表性的是戴尔(E. Dale)于1946年提出的“经验之塔”理论。1947年美国教育协会将“视觉教学部”正式改名为“视听教学部”(Division of Audio-Visual Instruction)。从此，它的工作目标更趋专业化，不仅宣传推广各级各类教育新的视听课程计划，还资助、生产和提供各种视听教材，也对从事视听教学资源的计划、生产和应用的人员进行培训。

从总体上看，视听教学在概念上和视觉教学并没有太大的差异，没有本质的飞跃，只是把原来的视觉教育扩充为视听教具，强调利用视听设施提供具体的学习经验，继续把视听教材看作教师教学的传递工具和辅助教学工具，不强调完整的教学过程。

**3. 视听传播阶段**

在现代教育技术的发展史上，视听教学体现了一种早期的物理科学概念上的教育技术观，或称媒体论的教育技术观。二战之后，传播理论和早期系统观同时影响视听教学领域，使视听教学演变为视听传播，使视听教学从媒体论向过程论和系统论两个方面发展，教育技术的观念开始更新。教育技术观念从静止的媒体论走向动态的过程论，从有形的媒体论走向无形的系统论。

传播理论、早期系统观和行为主义学习理论的发展，以及视听传播理论的形成，给视听教学领域带来了大量新鲜的观念和理论，拓展了视听教学理论工作者的视野。为了给这已得到发展的领域下一个准确的定义，在当时全美教育协会视听教学部主席芬恩(J.D.Finn)的建议下，1961 年由伊利领导成立了“定义和术语委员会”，致力于领域范畴、名称和定义的界定。该委员会在 1963 年发布了第一份试听传播的官方定义。

视听传播彻底改变了传播视听教学的理论构架，即不再把研究的重点放在使用形象化的视听教材作为辅助手段以提供具体的学习经验方面，而是放在研究完整的教学传播及教学系统方面，从一个全新的角度来认识教育技术这一领域。因此，从理论演变的角度来看，由试听教学发展为视听传播，是教育技术史上第一次重要的理论变革。

### (二)从学习理论发展的视角看

现代教育技术发展的第二条线索来自学习理论。从学习理论的角度看，学习理论由行为主义过渡到认知主义(包括信息加工理论、建构主义理论)，教育技术的应用则从斯金纳的程序教学到计算机辅助教育，再到个别化教学。这条来自心理学和信息科学的线索从 20 世纪 50 年代开始。行为主义的刺激反应学说、联结和强化学说、小步子教学等程序教学理论至今仍是经典。程序教学机虽然不如计算机方便和灵活，但也为系统化地开发教学系统和课程奠定了理论和实践基础。计算机特别是微机出现后，计算机辅助课件取代了程序教学机。认知主义兴起，学习者的主体地位得到确认后，计算机辅助教育逐渐融入了关注个别化学习的成分。因此，有人称这条线索为行为科学对教育技术发展的贡献。

**1. 程序教学阶段**

程序教学就是将教学内容按一定的逻辑顺序分解成若干小的学习单元，编制成教学程序，由学习者自主学习。程序教学的特点是：小的学习步骤、自定学习进度、积极反应、及时反馈等。

程序教学的模式有两种：直线式程序和分支式程序。在直线式程序模式中，所有的学习单元由浅入深，以一对一的方式组织起来，每一个学习单元都有一对“刺激-反应”，学习者只要做出正确的反应就能获得强化，并被允许进入下一个学习单元。直线式程序模式比较机械，必须按照教材程序规定的顺序进行学习，程序只提供反应正误的反馈信息或答案，而不提供补充学习材料，因此，对学习能力强的学生缺乏挑战性。在分支式程序模式中，学习的信息量大且带有分支，允许学习者对学习单元进行选择；不同的反应将把学习者引导到不同的学习页面上;正确的反应会将学习者引导到新的学习单元,错误的反应会将学习者引导到相应的补充学习单元。分支式程序模式的优点是学得快的学习者可以沿着主路径进行更快的学习而不必通过所有的学习单元。程序教学也常常根据学科内容将两种模式结合使用。

程序教学在20世纪五六十年代的美国曾经作为先进的教学方式而风行一时。尽管人们对它在教学中的机械强化方式褒贬不一,但在程序教学中,可以使学生学习每一单元的目标明确,注意力集中,适合学生的个别差异,对教育技术的研究起了积极的推动作用,这是值得肯定的。特别是它从理论上开始加强对学习者的研究,并重视对个别化学习的探索,以及其开发程序教材的方法,对当前的教学系统设计和开发仍有一定的借鉴意义。

**2. 计算机辅助教学阶段**

由于计算机具有人机交互、动态模拟、高速运算、控制灵活等特点,其性能大大优于早期的程序教学机器,这就使人们重新燃起通过计算机进行个别化教学的兴趣。计算机辅助教学的研究与应用始于1958年,早期的计算机辅助教学继续遵循程序教学的原则和方法——主要是行为主义的学习理论,特别是在计算机辅助教学系统设计中,通过编写基于框面的、小步骤的分支式程序来完成个别化教学一直是计算机辅助教学系统开发的主要模式。按照这种思想开发的课件,各框面之间的联系是固定的,虽然允许学生自定步调进行学习,但缺乏应变的灵活性,整个学习过程完全由计算机程序控制。

20世纪70年代末和80年代初,认知心理学逐渐占据统治地位,计算机辅助教育的理论基础也由行为主义学习理论转向认知学习理论。在计算机辅助教学系统设计中,人们开始注意学习者的内部心理过程,开始研究并强调学习者的心理特征与认知规律,把学习看作是学习者根据自己的态度、需要、兴趣、爱好,利用自己原有的认知结构,对当前外部刺激所提供的信息主动做出的、有选择的信息加工过程。按照认知学习理论开发的计算机辅助教学系统比较充分地体现了个别化教学的各项要求。特别是由于引入了人工智能技术来建造学习者的认知模型,计算机能够了解学习者的学习基础、认知结构和认知策略,能够根据学习者的需求和特点进行有针对性的个别化教学,形成了比较完善的计算机个别化教学技术。但由于当时心理学还没有完全揭示出人类学习的规律,人工智能技术也不成熟,这种基于计算机的个别化教学技术离人们的实际要求还有一段距离。

**3. 个别化教学阶段**

到20世纪90年代,一方面,计算机多媒体技术、网络通信技术、人工智能技术进一步发展并交叉整合;另一方面,建构主义的学习理论和教学理论逐渐成熟。

在这种情况下,人们开始利用多媒体计算机和基于因特网(Internet)的网络通信技术构造基于建构主义的教学系统。学习者在这种教学系统中既可以进行个别化学习,也可以进行协作学习、小组学习和群体学习。由于计算机不再只作为一种辅助教学的工具,而是作为认知工具、情感激励工具以及协作和交流的工具,并可以作为导师伙伴等形式存在,因此,计算机辅助教育这个概念已不能完全反映计算机在教育中的作用。目前,国际上更倾向于使用信息化教育(IT in education)这个名词。尽管如此,计算机辅助教学仍是信息化教育应用的主要领域,个别化教学是计算机辅助教学的基本功能。

综上所述,在几十年个别化教学实践中,现代教育技术已经形成了一整套关于个别化教学的模式、方法和以学习者为中心的指导思想,现代教育技术的运用不仅关注教学媒体和教学资源，更加关注对学习者特征和学习过程的力量研究和实践探索。

（三）从系统方法运用的视角看

从系统方法论的角度看，视听教育阶段的教学媒体设计，认知主义流行时期的教学设计，建构主义时期的个别化学习过程设计、教学系统设计等，都融入了系统方法。系统方法在教学中的运用获得较大的发展是20世纪60年代以后的事，是在程序教学的开发模式、行为科学和一般系统理论的影响下才逐渐形成的。

教学系统方法的运用是美国教育技术发展史上的一个重要事件。美国教育技术委员会（Commission on Instructional Technology）在给美国国会提交的《改进学习：给美国总统和议会的报告》的报告中将教育技术定义为："教育技术是一种根据特定目标来设计、实施和评价整个教学过程的系统方法。它以对人的学习与传播的研究为基础，综合运用人力、物力资源，以达到更有效的教学目的。"也正是由于该定义的影响，美国AECT组织了定义与术语委员会，开始对教育技术的内涵展开更深入的理论研究，这标志着教育技术学理论研究和实践发展的逐步深入。此外，教学系统方法还直接促进了教育技术学的核心——教学设计理论与方法的形成与发展。

事实上，上述三条线索反映了现代教育技术物化形态的技术和观念形态的技术的不同发展阶段，正因为这两种形态的技术是相互作用、相互影响的，所以这三个方向并不是以一种独立的姿态发展，而是相互影响、相互促进，融合起来构成了现代教育技术的发展历史。

## 第二节　信息时代教师面临的新挑战

### 一、信息时代教师面临的新挑战

现代教育技术的应用和实践，已成为教育发展和改革的强大动力，教育面临着有史以来最为深刻的变革。教育技术的运用导致教学内容、教学模式、师生的角色定位等各个方面都发生根本性的变革。

（一）教育技术对教育内容的影响

**1. 知识来源的多渠道化**

随着现代教学手段的发展，特别是多媒体技术、云计算、大数据等新技术在教学中的应用，形成一个全球化的课堂。教师不再是唯一的教学信息来源，学生通过多种渠道更容易获得信息和知识，极大地扩展了学生的知识来源。

**2. 教材的多媒体化**

教育技术的应用将过去传统的、静态的书本教材形式转变为由文本、图形图像、声音、视频、动画等构成的动态教材，多感官参与活动对于学生知识的掌握、能力的形成都有很大的促进作用。

**3. 内容呈现方式的多样化**

教育技术的应用改变了教学内容的呈现方式，许多肉眼看不到的宏观世界和微观世界以及一些事物的运动规律都能展现在学生眼前，丰富学生的想象；可以把远方的东西，或是已经发生的事情，呈现在学生眼前，激发学生的学习兴趣；把复杂的东西变得简单，或是抽象的事物化为具体，活跃学生的思维，使学生容易理解和掌握事物的本质，促进了学生对知识的理解。

### （二）教育技术对教学模式的影响

教育技术的应用改变了传统单一的以课堂讲授为主的教学模式，使教学模式日趋多元化。基于项目学习的教学模式、基于 MOOC 的翻转课堂教学、基于大数据的实时反馈教学模式等在教学过程中得到重视和应用。

### （三）教育技术对评价体系的影响

教学评价是获得反馈信息，检查是否达到预期的目标，以便及时调整教学活动或修正教学策略，对学生有导向和激励作用的重要教学环节。传统的教育评价重视教学的最终结果，采用一次性评价体系。教育技术的应用在重视最终结果评价的同时，更加注重学习过程的评价。教育技术的应用有利于建立全新的评价体系，使教师和学生能非常及时地获得反馈信息，非常有利于学生学习行为和教师教学行为的调整。

### （四）教育技术对师生角色的影响

教育技术的运用对师生角色及其关系产生了深刻影响，研究和认识教育技术对师生角色所产生的这种影响，及时调整师生角色及其关系，将对各级各类学校教学的深化改革起到重要的作用。

**1. 教育技术对教师的影响**

教育技术的应用，基于现代技术的各类教学工具正逐渐走进人们的生活，与普通教师共同担负着传播知识和思想观念的社会职能，这些新的技术与工具延伸了教师的概念，使教师与学生的实体分离成为可能，使学生具有前所未有的自主选择教师和教学内容的权力。

在传统教育中，教师主要角色是知识的传授者，随着各种媒体技术的应用，学生可以通过各种途径寻找自己想要的知识，教师在课堂内的权威地位因而受到直接的威胁。面对这种挑战，教师首先必须改变传统的角色定位，树立新的角色形象，实现角色的多元化。首先，从教育的本质看，教师的基本角色特征并没有改变，他仍是知识的传授者、教育过程的组织者和管理者，是学生的榜样。现代教育技术使教师的这种角色扮演得更好，角色职能发挥得更充分。其次，从教育技术作为手段和工具的使用对教学过程的影响来看，教师还要扮演好这样几种角色：①指导者。教育技术的应用，使教师从传播知识的主体角色中退出，成为学生学习的指导者。例如，在网络教学中，学习资源的组织采用超链接方式，这样学生在学习时就容易迷失方向，即迷航。因此，教师就需要对网上学习过程进行精心监控，同时积极引导学生避免其在网络知识的海洋中迷航。②合作者。教育技术作为一种物的纽带，把教师群体的每个成员联结起来，教师之间那种封闭的状态不复存在，一个教师教一门课的现象也将消失。凭借技术教师可以默契合作，更好地完成教师的职责。③设计者。在传统的教育中，教材设计开发都由固定的部门来完成，教师并不需要对此做过多的研究。而在采用了各种电子媒体的现代教学方式中，教师成为多种教学资源和学习资源的设计者和制作者。④学习者。社会的发展要求教师不断接受新的知识，不断地完善自己的专业素质，也要求教师掌握现代的教育技术原理和方法，学习现代的教育观念以及多方面的教育教学能力，以便更好地完成教育、教学任务。⑤研究者。教育技术的发展带来了许多需要研究的新问题，如教育技术手段使用过程中学生的学习心理问题、影响教学效果的原因等，都需要研究。这样，教师就需要比以往任何时候都更深入地研究和分析教育、教学中的问题。

从上述对教师职业角色变化的分析可见，教育技术的发展对教师角色的影响，并不是使教师失去"主人"的地位而使其角色退化，而是对教师的要求更高，教师担负的角色职责更重。

**2. 对学生的影响**

学生可能是教育技术发展的最大受益者。在传统教育中，学生的地位完全是被动的，教学内容、教学策略、教学方法、教学步骤等都由教师来安排。教育技术的发展则改变了学生对教师的这种依附状态，由于有现代化教育技术手段的支持，学生获得了从多渠道学习知识的机会，获得了学习的自由。这样，学生角色从被动学习者转变为积极的主动学习者，学生在学习过程中的主体地位得到了体现。但是，学生角色在教育技术发展下的这种转变，不是必然的，也就是说，并不是有了现代化的教育技术设备和手段，学生就自然地表现出主动学习者的角色特征。学生借助现代教育技术手段进行积极的自主学习和自我教育，要求学生必须有独立自主学习的精神，有独立的自主学习能力，有良好的学习品质并能够掌握适合自己特点和学习要求的一系列方法。

因此，我们在考虑教育技术发展对学生角色的影响时，既要看到学生角色转变的外在可能性，又要认识到对学生角色转变的内在条件与能力的要求。

### （五）教育技术对学习方式的影响

以计算机为基础的现代教育技术由于具有交互性，并能提供多媒体、立即反馈以及超文本、超链接等多种有利于激发学生学习动机、促进学生自主学习、自主探索的教学功能，改变了传统的学习方式。

**1. 阅读方式的变革**

从单纯文本阅读走向多媒体超文本阅读。电子出版物向人们展示了多种媒体超文本的阅读方式。不仅如此，人们还可以在同电子资料库对话中进行高效率检索式阅读。

**2. 写作方式的变革**

随着计算机文字处理技术的日益成熟，人类写作方式从手写走向键盘输入、扫描输入、语音输入，大大地提高了写作效率。而且，从单纯文字的线性写作走向图文并茂、形声结合的多媒体超文本写作方式。

**3. 计算方式的变革**

文字的数字化使计算机从语言上升为文化，使读、写、算三大教育支柱融为一体；图像、声音、影视的数字化使人类进入了计算机仿真世界，使数字化成为人类的重要的生存方式、文化方式和教育方式。

## 二、教育信息化对教师专业知识和能力的新要求

教育信息化使教师的角色发生了转变，同时，对教师的知识能力结构也提出了新的要求。教育信息化强调信息技术在教育教学中的应用，而这个应用过程并不是简单地将信息技术加入传统的教学中去，而是需要对课程重新设计，对课程以新的方式进行重组。因此，在教育信息化的背景下，教师的知识结构和能力体系也将发生重大变化，不再局限于“学科知识＋教育学知识”的传统结构，而是包含信息素养、信息化教学能力、课程整合能力等知能结构的全新体系。

### （一）教师信息素养

信息素养是信息社会人们赖以生存和发展不可缺少的重要素质，更是职业教师所应具备的重要素质之一。提高教师信息素养是信息时代对教师提出的要求，是教育信息化发展的重要保证，是学校教学改革的需要。因此，要重视教师信息素养的培养，探讨教师信息素养培养的方式和途径，并尽快建立起教师信息素养培养标准及其评价体系。

美国图书馆学学会会议对信息素养的定义为“一个人具有能力去察觉何时需要信息，且能有效寻找、评估与使用所需要的信息”。具体来说，它包含三方面的内容：一是认知，即信息处理、获取、传输和应用的基础知识；二是技能，即资料检索、计算机素养、研究、学习和定位等技能；三是理念，即数据处理，基于资源的学习、创造性思维、问题解决、批判性思维、终身学习及责任意识等①。

在当今信息时代，教师无论作为一个普通的社会人，还是作为传播科学知识和培养人才的职业角色，都应该掌握信息技术并具备一定的信息素养。教师信息素养主要是指向教育教学实践的，它除了具备一般性信息素养的内涵外，又具有其职业的独特性，这可以概括为以下几个方面：

**1. 具有信息的观念和传播信息的意识**

教学过程本身就是一种信息交流和传播活动，作为教师要能运用信息传播规律来科学地设计和组织教学过程。

**2. 应用信息及信息技术的能力**

应用信息的能力也可称为现代信息社会的读写能力。其主要因素是对信息重要性的认识以及对信息的责任感，对信息的判断、选择、整理、处理的能力以及对新的信息的创造和传递的能力。信息技术的应用能力是指对信息科学的基础和信息手段特征的理解以及技术手段基本操作的能力，这种能力是现阶段教师急需具备和提高的主要能力。

**3. 教学媒体的选择能力**

科学技术为教育教学活动提供了先进的、丰富的教学媒体，但教育教学的真正目的不是追求媒体的先进性，而是提高教学质量和教学效率。不同的教学媒体具有不同的教学特

---

① 王玉明.试论教师信息素养及其培养[J].电化教育研究，2004(02)：21-24.

性，没有一种万能的媒体，也不存在一种适用于各种学科内容和学习对象的媒体，教师必须具有根据教学目标、教学对象、教学内容、教学条件来选择合适、实用的媒体的能力。

**4. 媒体的整合能力**

媒体的整合能力是指优化组合不同的媒体，将媒体有机地融入教学过程中的能力。作为职业教师，不但要善于选择和运用信息技术等教学媒体，还要能够将教学媒体与教学各要素进行科学的整合，特别是能将信息技术与学科课程进行有效整合。媒体的整合能力应该是职业教师具备的重要能力

### (二)信息化教学能力

教师的信息化教学能力是信息化教学能力知识体系与信息化教学实践的有机统一，主要体现在教师在信息技术环境下从教学的准备、实施到教学效果评价一系列环节中体现出的教学能力上。

信息化教学能力体现出教师能够运用教育信息化的先进思想，掌握现代教育技术和现代信息技术手段，改革传统的教育模式和内容，利用信息技术手段解决教育中相关问题的能力。同时，信息化教学能力也反映出教师在信息化环境下利用信息技术手段有效完成教学的各个环节中与具体的教学活动相关的一切能力，包括信息技术与专业学科课程整合能力、信息化教学设计能力、信息化教学资源设计与开发能力、信息化教学实施与实践能力、信息化教学评价能力、信息化教学监控能力等。

虽然信息化教学形式多种多样，但每一种教学形式和结构都可以概括为前期准备、中期实施、后期评价反馈三个主要环节。因此，在教学活动基础上提出的信息化教学能力也就分别涉及这三个环节的实施能力，我们将信息化教学能力分为以下几个部分。

**1. 信息化教学的理论知识结构**

“教育技术的理论基础知识对教育实践起着支撑性的作用，知识转化为能力，能力通过实践表现出来。教师既要懂得‘教什么’，也要懂得‘如何教’。教师的培养应更加重视现代教育基本理论的学习和教育思想观念的更新，以及整体知识和技能结构的变化。随着信息技术融入教学的实践和研究的不断深入，以及教师知识体系的发展和变化，教师的培养在知识体系上也要不断充实。”教育信息化时代的教师应该具有扎实的理论基础知识，如全新的学习理论和教学理论，了解当前教育信息化、教育改革的方向，掌握教育信息获取、储存、加工、利用、评价和创新的理论和方法，并且能在教学实践中灵活运用。

**2. 信息化教学设计的能力**

信息化教学设计能力是教师依照教学目标，遵循信息化教学规律，认真权衡教学各个要素的现实状态和动态关联，利用自己的实践智慧和教学艺术，对教学因素进行最优化组合设计的能力。信息化教学设计能力体现着教师的设计水准、创造能力以及对理论的感悟能力和对实践的感受能力，具体包括教师对学生状况的分析能力、对学习目标的分析判断能力、对学习资源的开发、判断能力以及信息化教学评价的设计能力等。

**3. 信息化教学实施能力**

教学实施能力是指在信息化教学过程中根据教学设计解决具体问题，使教学过程顺利有效地进行的一种能力。它体现了教师的实践性思维能力以及教师的教学机智。它包括教师的语言表达能力、非语言表达能力、课堂组织管理能力、对应急事件的处理能力、信息

技术的运用能力、信息技术与课程整合的实施能力、信息化教学评价实施能力等。

**4. 信息化教学管理和监控能力**

教学监控能力是指教师为了保证教学的成功，达到预期的教学目标，而在教学的全过程中，将教学活动本身作为意识的对象，不断地对其进行积极主动的计划、检查、评价、反馈、控制和调节的能力。这种能力是教学能力各成分中最高级的成分，它不仅是教学活动的控制执行者，而且是教学能力发展的内在机制。与此一致，信息化教学监控能力则是指在信息化环境中形成的教学监控能力，它不仅是信息化教学活动的执行控制者，也是信息化教学能力发展的内在机制。它对信息化教学设计能力和信息化实施能力起到计划、调节、管理和监督等作用。

**5. 信息化教学评价与反思能力**

信息化社会中的教学评价，要关注学生的个体差异和个体发展，同时也要关注信息化情境中学生的创新能力和综合素质的提高。信息化教学评价则强调以促进学生信息化学习能力的发展、学生创造性实践能力的提高为评价的主要价值取向。

“反思能力是教师在学习和实践中，以自己原有的教育观念和个人实践作为意识对象，不断对自身专业发展进行积极、主动的设计、控制、评价和完善的能力。教师必须关注学生原有的教育观念，指导学生对其进行有效的反思、升华，然后以此为基础，顺利与教育理论进行‘嫁接’。重视实践是师范教育的应然，教师通过自己的实践来发展，从实践中学习是教师的职业特点。”反思是教师专业发展的起点。对于教育信息化时代的教师而言，反思则具有更重要的意义。教师应在教学过程中及时反思，对自己的教学活动和课堂情景进行更深刻的思考，对教学行为(尤其是技术的应用)和教学过程进行批判性的、有意识的分析和反思。而这些反思恰能解决教师自身不足的问题，并且对超越经验型教师、改进教学现状、提高教师的创新能力有很重要的帮助。

## 三、师范生学习现代教育技术的重要意义

开设现代教育技术课程的目的，是使师范生在走向工作岗位之前就能掌握相应的现代教育技术理论和基本技能，具备先进的现代教育观念，以便在走向工作之后，能够尽早进入教师角色，想用、会用、用好现代教育媒体，能够应用现代教育技术提高自己的教学质量和效率，以适应现代化教育环境对教师的要求。因此学习这门课程时应注意以下几点：

### (一)重视实际操作能力的提高

现代教育媒体由硬件和软件两部分组成。硬件设备的使用与维护及软件的制作方法是现代教育技术应用的基础。因此，要重视对硬件设备使用技能和教学软件制作方法的掌握，加强动手能力的培养。要认真对待实验课的学习，课前认真预习，弄清基本原理。课中认真观察，规范操作，掌握基本的操作要领。课后要深入钻研，积极反思，做到举一反三，触类旁通，这样才能提高学习的效率。

### (二)重视教学设计能力的提高

教育教学过程是一个由教师、学生、教学目标、教学内容、教学媒体、教学方法、教学环

境以及管理人员组成的一个有机整体，是一个复杂的人工系统。这个系统整体功能的最优发挥，不仅需要各个组成部分充分发挥自己的作用，更取决于各系统中各要素的最优配合和协调一致，只有用系统的观点对教育的各部分进行综合的、整体的考虑，对教学过程进行系统设计，才是实现教育教学效果最优化的根本途径。因此，要认真学习教学系统设计的理论与方法，结合本专业多进行一些优秀教学案例的观摩与学习，有条件的应结合具体教学实践多进行教学设计方面的训练，以加强教学设计的能力。

（三）重视自学与应用

现代教育技术是一门综合性的应用学科，涉及的知识面相当广。同学们不能满足书上的“一知半解”，要做一个有心人，平时就要自觉地将它与所学专业联系起来进行学习。多考虑怎样才能使现代教育技术在所学的专业中发挥作用，注意学习和收集刊物上发表的、与本专业相关的优秀教师所撰写的运用现代教育技术教学的经验、体会、技巧等方面的文章，注意知识的积累，才能博取众家之长，使自己将来的教学建立在高水准的基础上。

现代教育技术永远处于发展之中，今后必将不断有更新、更好的媒体应用于教育教学中。平时要注意了解现代教育技术发展的最新信息，不断接受新知识，学习新方法，掌握新技术，将新技术和新方法引入自身的教学中，使教育教学水平不断迈上新的台阶。

## 第三节　教育信息化：概念与政策

纵观世界，教育信息化已成为各国建设人力资源强国、实现经济社会快速发展的前瞻性战略选择。在信息化浪潮的席卷下，我国政府意识到了必须把教育信息化上升到国家战略的层面，使教育信息化成为促进教育发展、变革的重要推动力量。《国家中长期教育改革和发展规划纲要（2010—2020年）》首次专门把“加快教育信息化进程”作为一章，提出信息技术对教育发展具有革命性影响，必须予以高度重视，要通过教育信息化整体提升教育质量。

教育信息化是指在教育领域全面深入地运用以多媒体计算机和网络通信技术为基础的现代化信息技术，促进教育改革和教育现代化，使之适应信息化社会对教育发展的新要求。教育信息化涉及社会生活、生产劳动、经济、科技、文化各个方面，是一项极其复杂的系统工程，包括从宏观教育规划、决策、教育管理、学习资源环境、师资培养与培训、课程、教育科研的信息化，到微观的学习模式、教学、评价模式的信息化等教育系统的所有环节。

教育信息化的目的是推动教育现代化的进程，实现创新人才的培养。因此，教育信息化的过程实质是促进教育思想、教育观念发生转变的过程，是有效地利用信息技术，实现创新人才培养的过程。教育信息化离不开多媒体计算机和网络通信技术的支持，但我们不能把教育信息化仅仅界定为“多媒体化和计算机网络化”，将教育信息化理解为将信息技术引入教育的过程。教育信息化不仅包含实施教育信息化所必需的硬件基础设施，还包括各种必需的软件平台（如各类信息发布平台、网上的互动教学平台、各种资源管理平台等）、各级各类的教育资源和不同学科的教学资源，以及各级各类学校教师的培训。

教育信息化并不是一个空洞的口号，也不是一个虚幻的概念，它实际是在教育领域现代信息技术的应用与深化过程。教育信息化在实现过程中包含很多方面，如科研信息化、管理信息化、教学信息化、课程信息化等。教学与学习的信息化是所有环节的核心与关键，因此，现代教育技术是教育信息化的核心。在教育部的多个文件中，多次提出要将应用现代教育技术作为教育改革和发展的重要动力，占领“制高点”。应用现代教育技术的直接目的是优化教学与学习过程，实现高质量的教与学。其目的包含几个方面：一是运用现代教育理念和以多媒体技术和网络技术为支撑的现代信息技术为学生创设良好的情境，培养学生收集、处理、加工、传递信息的能力；二是把信息技术与学科有机融合，探寻有效的学习方式和方法，构建培养学生学习能力的有效模式；三是提高教师自身的信息化教学能力，改变教师的教学理念和教学手段。因此，应用现代教育技术的目的本质是与教育信息化一致的，可以说，应用现代教育技术的最终目的是实现教育信息化。

经过多年的不懈努力，我国教育信息化在基础设施、资源建设、关键应用、应用能力和机制建设五大方面都取得了较大进展。“三通两平台”建设与应用取得重大进展；教师信息技术应用能力明显提升，信息技术应用水平显著提高；信息化对教育改革的推动作用大幅提升；教育信息化国际影响力不断增强；在教育信息化应用模式构建、全社会参与的推进机制、探索中国特色教育信息化道路等方面取得了重大突破①。

在这样超预期发展的情况下，2018 年 4 月 13 日，国家出台了《教育信息化 2.0 行动计划》，希望通过这项计划实现“三全两高一大”的发展目标。“三全”是指教学应用覆盖全体教师，学习应用覆盖全体适龄学生，数字校园建设覆盖全体学校。“两高”是指着力提高教育信息化应用水平，着力提高广大师生信息素养。“一大”是指建成“互联网＋教育”大平台。由此实现三个转变，即从教育专用资源向教育大资源转变，从提升师生信息技术应用能力向全面提升其信息素养转变，从融合应用向创新发展转变。

## 拓展 中小学教师信息技术应用能力标准

虽然我国中小学教师在不同程度上也接受了信息技术相关的培训（如办公自动化培训、教育技术培训等），但在信息技术教学应用能力方面仍有很大提升空间。为了落实《国家中长期教育改革和发展规划纲要（2010—2020）》，构建教师队伍建设标准体系，全面提升中小学教师的信息技术应用能力，促进信息技术和教育教学深度融合，2014 年 5 月 27 日，教育部颁布了《中小学教师信息技术应用能力标准（试行）》（简称《能力标准》）。《能力标准》是规范与引领中小学教师在教育教学和专业发展中有效应用信息技术的准则，是各地开展教师信息技术应用能力培养、培训和测评等工作的基本依据。

《能力标准》根据我国中小学校信息技术实际条件的不同、师生信息技术应用情境的差异，对教师在教育教学和专业发展中应用信息技术提出了基本要求和发展性要求。其中，Ⅰ.应用信息技术优化课堂教学的能力为基本要求，主要包括教师利用信息技术进行讲解、启发、示范、指导、评价等教学活动应具备的能力；Ⅱ.应用信息技术转变学习方式的能力为

① 王珠珠.教育信息化 2.0：核心要义与实施建议[J].中国远程教育，2018(07)：5-8.

发展性要求，主要针对教师在学生具备网络学习环境或相应设备的条件下，利用信息技术支持学生开展自主、合作、探究等学习活动所应具有的能力。本标准根据教师教育教学工作与专业发展主线，将信息技术应用能力区分为技术素养、计划与准备、组织与管理、评估与诊断、学习与发展五个维度。

具体内容如下：

| 维度 | Ⅰ.应用信息技术优化课堂教学 | Ⅱ.应用信息技术转变学习方式 |
|---|---|---|
| 技术素养 | 1. 理解信息技术对改进课堂教学的作用，具有主动运用信息技术优化课堂教学的意识 | 1. 了解信息时代对人才培养的新要求，具有主动探索和运用信息技术变革学生学习方式的意识 |
| | 2. 了解多媒体教学环境的类型与功能，熟练操作常用设备 | 2. 掌握互联网、移动设备及其他新技术的常用操作，了解其对教育教学的支持作用 |
| | 3. 了解与教学相关的通用软件及学科软件的功能及特点，并能熟练应用 | 3. 探索使用支持学生自主、合作、探究学习的网络教学平台等技术资源 |
| | 4. 通过多种途径获取数字教育资源，掌握加工、制作和管理数字教育资源的工具与方法 | 4. 利用技术手段整合多方资源，实现学校、家庭、社会相连接，拓展学生的学习空间 |
| | 5. 具备信息道德与信息安全意识，能够以身示范 | 5. 帮助学生树立信息道德与信息安全意识，培养学生良好行为习惯 |
| 计划与准备 | 6. 依据课程标准、学习目标、学生特征和技术条件，选择适当的教学方法，找准运用信息技术解决教学问题的契合点 | 6. 依据课程标准、学习目标、学生特征和技术条件，选择适当的教学方法，确定运用信息技术培养学生综合能力的契合点 |
| | 7. 设计有效实现学习目标的信息化教学过程 | 7. 设计有助于学生进行自主、合作、探究学习的信息化教学过程与学习活动 |
| | 8. 根据教学需要，合理选择与使用技术资源 | 8. 合理选择与使用技术资源，为学生提供丰富的学习机会和个性化的学习体验 |
| | 9. 加工制作有效支持课堂教学的数字教育资源 | 9. 设计学习指导策略与方法，促进学生的合作、交流、探索、反思与创造 |
| | 10. 确保相关设备与技术资源在课堂教学环境中正常使用 | 10. 确保学生便捷、安全地访问网络和利用资源 |
| | 11. 预见信息技术应用过程中可能出现的问题，制定应对方案 | 11. 预见学生在信息化环境中进行自主、合作、探究学习可能遇到的问题，制定应对方案 |
| 组织与管理 | 12. 利用技术支持，改进教学方式，有效实施课堂教学 | 12. 利用技术支持，转变学习方式，有效开展学生自主、合作、探究学习 |
| | 13. 让每个学生平等地接触技术资源，激发学生学习兴趣，保持学生学习注意力 | 13. 让学生在集体、小组和个别学习中平等获得技术资源和参与学习活动的机会 |
| | 14. 在信息化教学过程中，观察和收集学生的课堂反馈，对教学行为进行有效调整 | 14. 有效使用技术工具收集学生学习反馈，对学习活动进行及时指导和适当干预 |
| | 15. 灵活处置课堂教学中因技术故障引发的意外状况 | 15. 灵活处置学生在信息化环境中开展学习活动发生的意外状况 |
| | 16. 鼓励学生参与教学过程，引导学生提升技术素养并发挥其技术优势 | 16. 支持学生积极探索使用新的技术资源，创造性地开展学习活动 |

续表

| 维度 | Ⅰ.应用信息技术优化课堂教学 | Ⅱ.应用信息技术转变学习方式 |
| --- | --- | --- |
| 评估与诊断 | 17. 根据学习目标科学设计并实施信息化教学评价方案 | 17. 根据学习目标科学设计并实施信息化教学评价方案,并合理选取或加工利用评价工具 |
| | 18. 尝试利用技术工具收集学生学习过程信息,并能整理与分析,发现教学问题,提出针对性的改进措施 | 18. 综合利用技术手段进行学情分析,为促进学生的个性化学习提供依据 |
| | 19. 尝试利用技术工具开展测验、练习等工作,提高评价工作效率 | 19. 引导学生利用评价工具开展自评与互评,做好过程性和终结性评价 |
| | 20. 尝试建立学生学习电子档案,为学生综合素质评价提供支持 | 20. 利用技术手段持续收集学生学习过程及结果的关键信息,建立学生学习电子档案,为学生综合素质评价提供支持 |
| 学习与发展 | 21. 理解信息技术对教师专业发展的作用,具备主动运用信息技术促进自我反思与发展的意识 | |
| | 22. 利用教师网络研修社区,积极参与技术支持的专业发展活动,养成网络学习的习惯,不断提升教育教学能力 | |
| | 23. 利用信息技术与专家和同行建立并保持业务联系,依托学习共同体,促进自身专业成长 | |
| | 24. 掌握专业发展所需的技术手段和方法,提升信息技术环境下的自主学习能力 | |
| | 25. 有效参与信息技术支持下的校本研修,实现学用结合 | |

## 拓展　信息技术学科核心素养解读

2014 年 3 月 30 日,教育部发布了《关于全面深化课程改革落实立德树人根本任务的意见》,提出要发展各学段学生的核心素养体系,明确学生应具备的适应终身发展和社会发展需要的必备品格和关键能力。2016 年 9 月 13 日,核心素养研究课题组在北京师范大学正式发布中国学生发展核心素养研究成果,明确了以培养“全面发展的人”为核心的培养框架,将核心素养分为文化基础、自主发展、社会参与 3 个方面,综合表现为人文底蕴、科学精神、学会学习、健康生活、责任担当、实践创新六大素养(图 1-3),具体细化为国家认同等 18 个基本要点。各素养之间相互联系、互相补充、相互促进,在不同情境中整体发挥作用。

核心素养旨在勾勒新时代人才的形象,规约学校教育的方向、内容与方法,是新时代期许的新人形象所勾勒的一幅“蓝图”,各门学科是支撑这幅蓝图得以实现的“构件”,它们各自拥有其固有的本质特征及基本概念与技能。因此,在“核心素养”的前提下强调“学科素养”是理所应当的。

不同学科群聚焦的学科素养有所不同。信息技术课程旨在全面提高学生的信息素养,培养优秀的数字创新人才。高中信息技术学科核心素养围绕“人与技术”“人、技术、问题解决”“人、技术、社会”的关系而展开,由信息意识、计算思维、数字化学习与创新、信息社会责任 4 个核心要素组成。4 个核心要素既相互区别,又相互联系,统一于学科核心素养发展过程始终,共同构成学科核心素养体系系统。

一方面,4 个素养要素内涵不同,表现有差,关注不同维度的素养发展需求。信息意识

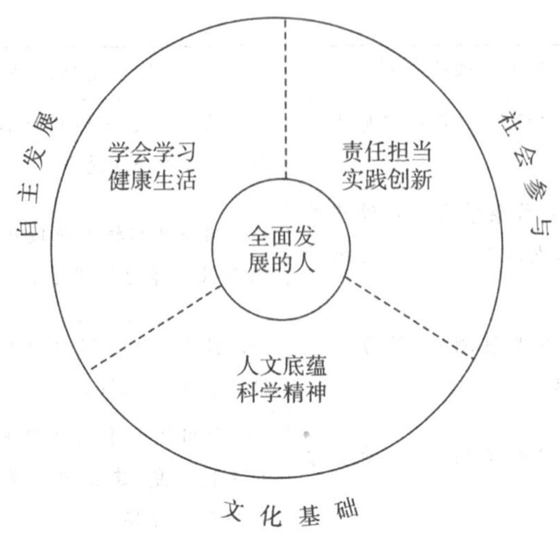


**图 1-3 中国学生发展核心素养**

与计算思维是学生个体文化素养方面的基本表现;数字化学习与创新关注人与技术的关系,注重数字化环境、资源的运用,体现技术对学生学习发展的促进作用,满足数字化环境下的学生发展需求;信息社会责任是超越学科界限的素养要素,是高中生发展社会化的普遍性要求,是个体参与社会生活所应必备的社会性品质,满足人的社会性需求。

另一方面,4 个素养要素相互依存,相互贯通,互为联系,共同发展。信息意识是其他 3 个要素发展的前提,亦随着其他要素发展而发展,由低级状态向高级状态转变,逐渐由"感性"阶段向"理性"阶段演变,其发展的理性阶段又体现系统的整体水平;计算思维是学科核心素养系统的核心及关键要素,影响其他 3 个要素发展的质和量,一定程度上决定学科核心素养的优劣;数字化学习与创新基于信息意识、计算思维、信息社会责任而发展,是其他素养要素在学习、创新方面的直接行为表现,也是学生解决问题、进行创新创造的能力体现;信息社会责任是其他 3 个要素健康发展的保障,而对信息社会责任的认识能力及担当能力又受其他 3 要素发展水平的影响。

| | 要素 | 具体表现 |
|---|---|---|
| 学科核心素养体系系统 | 信息意识 | 对信息的敏感度<br>对信息价值的判断力 |
| | 计算思维 | 解决问题过程中的<br>形式化<br>模型化<br>自动化<br>系统化 |
| | 数字化学习与创新 | 数字化学习环境的创设<br>数字化学习资源的收集与管理<br>数字化学习资源的应用与创新 |
| | 信息社会责任 | 具有一定的信息安全意识与能力<br>能遵守信息法律法规<br>具有良好的信息道德与伦理 |

## 思考与训练

1. 请你谈谈中华人民共和国成立之初,我国有哪些爱国主义教育技术学专家回到国内参加新中国建设,他们有哪些感人事迹。

2. 教育技术和现代教育的定义分别是什么?

3. 信息时代教师面临什么样的挑战?作为未来基础教育一线教师,你可以从哪些方面入手准备好你的教学?

4. 简述我国教育信息化的发展历程。

# 第二章　信息技术支撑的教育技术理论

**【内容导学】**

现代教育技术是一门综合性的应用学科，它涉及许多学科，这些学科的理论相互交叉、相互渗透，使得教育技术的理论基础也是多方面的。本节将对教育技术发展影响较大的主要理论做简要介绍。

**【学习目标】**

1.掌握“经验之塔”的理论内容和主要观点；

2.掌握行为主义、认知主义、人本主义和建构主义学习理论的代表人和主要观点；

3.掌握各教学理论的代表人和主要观点；

4.了解几种教育传播类型，并能说明教育传播的一般过程；

5.了解系统科学理论的方法特性。

## 思政第一课　新中国电化教育事业的奠基人和开拓者萧树滋先生的爱国事迹

萧树滋先生1943年毕业于西北联大教育系，1947年4月至1949年3月在美国哥伦比亚大学留学，获教育技术学硕士学位，毕业后，抵制在美留居的各种诱惑，排除阻挠，毅然回到了祖国的怀抱。

1953年10月，他奉命支援西北，调入西北师范学院（后改为西北师范大学）教育系任教，兼任学校电教研究室主任。

1982年，调到河北大学教育系，先后为教育系、图书馆系开设电教必修课，为物理系开设电教选修课。

1986年，河北大学开办培养高层次电教人才的硕士研究生点，成为我国当时仅有的三个电教研究生点之一。

**学术兼职**

萧先生还是华南师范大学电教系、东北师范大学电教系、河北师范大学电教系的兼职教授。除完成繁重的教学工作外，萧树滋教授从1982年起，历任河北省电教技术学会副理事长，河北大学第三、四届学术委员会委员，《河北电教》主编等职。为推进全国电教工作的开展，他走过十八个省市，参加过近百次重大电教活动，为数万人讲过学。

**成果**

几十年来萧先生素以认真对事、诚恳待人、忠实厚道、平易近人深受人们爱戴，他在教育战线上几十年如一日，刻苦勤劳，兢兢业业，在我国电教研究和普及工作以及培养高层次电教人才等方面做出了重大贡献。萧先生在教育战线上辛勤耕耘了50多个春秋，论著颇丰，先后出版了《电化教育》《电化教育学》《电化教育概论》《电化教育实用教程》等著作，发表学术论文70余篇。

**突出业绩**

1994年7月21日，河北省电教馆、河北省电教技术学会在河北大学隆重举行庆贺萧先生八十大寿时，马维勤、齐文柱总结了他战斗的一生中"十个第一"占鳌头，恰如其分地表述了其辉煌业绩，这十个第一是：

(1)第一个被公派出国学习教育技术，攻读硕士学位；

(2)第一个获电教硕士学位，回国建设新中国，参加"开国大典"的电教人员；

(3)第一个出任新中国中央电教领导机构的官员(萧先生为负责人之一)，并制造了第一批科普幻灯机；

(4)第一个建议高校开设"电化教育课"，并在高校开设"电化教育课"；

(5)第一个提出"电化教育"的定义和概念(新中国成立后)；

(6)第一个编写出版电化教育课教材；

(7)第一个敢于在全国性权威报纸《人民日报》上就有关电化教育存在与发展的必要性问题进行争鸣，使我国电教事业得以继续发展；

(8)第一个出版电化教育专著；

(9)第一个获得电教(教育技术学)硕士学位授予权的办学者；

(10)第一个终身从事电教事业并为电教事业奋斗终生的人。

## 第一节　经验之塔理论

19世纪末20世纪初，工业革命推动了科学技术的迅猛发展，一些新的科技成果如照相机、幻灯及无声电影等被引入教育领域，解决了教学中强迫学生死记硬背一些不易理解的文字内容的问题，为学生提供了生动的视觉形象，极大地提高了教学效率，因此越来越多的教育工作者参与到视觉教育的研究中来。1923年，美国成立了全美教育协会"视觉教育部"。视觉教育论者开始发展他们自己的学说，断定视觉经验对学习的影响比其他各种经验都要强得多，并于1928年出版了《学校中的视觉教育》一书。随着科技的进步，无线电广播、有声电影、录音机等可发声的媒体在教育中得到推广和应用，人们开始对具有视听双重特征的媒体进行研究，从而产生了"视听教育"。

视听教育研究了录音、广播等视听教育手段怎样在教学中使用，会产生什么样的效果等一系列的问题，总结出了很多视听教学的方法，并提出了相关的教学理论，即视听教育理论。该理论对我们在教学中如何选择教学媒体、如何增强学生的感性认识及如何提高学生的学习兴趣具有重要的指导意义。视听教学理论的代表人物是美国教育家戴尔（E.Dale），他提出了以“经验之塔”为核心的视听教学理论。

## 一、“经验之塔”理论

“经验之塔”理论是1946年戴尔在《视听教育法》中首次提出，后在1969年第三版《教学中的视听方法》一书中又略作修改而最终形成的。戴尔认为人类学习主要通过两个途径来获得知识，一是由自身的直接经验获得，二是通过间接经验获得。他提出的“经验之塔”理论把人类学习的经验依据抽象程度的不同分成直接（做的）经验、替代（观察）经验和抽象经验三大类十个层次，如图2-1所示。

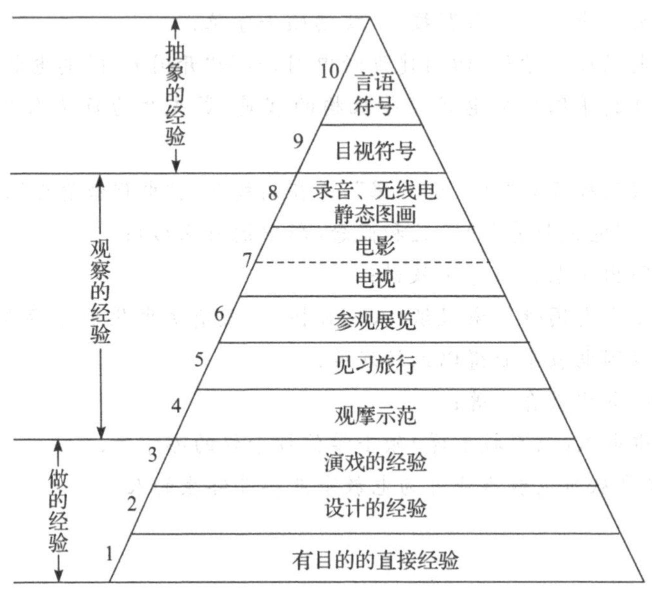


**图2-1 戴尔的“经验之塔”**

### 1. 做的经验

（1）有目的的直接经验

此经验位于“经验之塔”的底部，是指从日常生活中所看到、听到、摸到、尝到及闻到的具体事物中获得知识。这些知识是教育的基础，是从生活中总结出来的最丰富、最具体的经验，但获得直接经验并不是最终目的，它的目的是帮助学习者更好地形成概念，进行科学的抽象。

（2）设计的经验

此经验是指通过模型、标本等间接学习材料获得的经验。这些模型和标本是通过人工设计、仿制出来的，尽管其大小、结构及复杂程度与实物略有差异，但用于教学能使复杂的实际事物更易于理解。

(3)演戏的经验

此经验是指通过演戏、表演等接近真实和参与重现的经验。学习者对许多事物都是无法通过直接实践去获得经验的，如历史事件、意识形态及社会观念等，这时就可将其编成戏剧，让学习者在其中扮演角色，使其获得接近于实际的有关经验。

**2. 观察的经验**

(1)观摩示范

观摩示范的经验是指学习者先看别人怎么做，然后再去模仿，通过观摩示范获得的经验。若学习者能亲自尝试示范过程，可以获得更多的直接经验。

(2)室外旅行

室外旅行是指到一定的地方，通过观察真实的事物和情景，进行学习，增长知识而获得的经验。旅行不是为了游玩，而是为了观察在课堂上看不到的事物，包括参观访问、考察等活动。

(3)参观展览

此经验是指学习者通过看而获取观察的经验。展览的陈列物一般有实物、模型、图表及照片等，它们组成整体，用以说明某一事件的特定意义，具有一定的典型性，因此参观展览看到的事物比真实的事物更突出、更集中，但其真实性差些，而且不一定具有普遍性。

(4)电影电视

电影电视是用图像与声音代替客观事物来提供一种间接的、替代的经验。学习者在观看时并没有直接体验，因此他们获得的经验是间接经验。电影和电视是综合的艺术，它们可以通过编辑、特技、动画等多种表现手法来表现教学中的难点，使讲授的内容更形象、生动、直观，更易于理解。

(5)图形、录音、无线电

它们提供的信息可分别为学习者提供听觉与视觉经验。与电视和电影相比，它们的真实性差些，抽象程度较高，但仍具有一定的直接性，也属于观察的经验。

**3. 抽象的经验**

(1)视觉符号

视觉符号主要指图表、挂图及示意图等抽象的视觉符号，如用箭头代表液体流动的方向，用车子代表载体等。视觉符号比语言文字直观，作为学习者只有先学会视觉符号，才能理解符号所代表的事物，才能从中获得知识。

(2)词语符号

词语符号包括口头语言、书面语言(文字)和内部语言(无声语言)，是一种抽象化了的代表事物和观念的符号。语言符号位于“经验之塔”的最顶端，抽象程度最高。在具体使用时，它总是和“经验之塔”中的其他材料一起发挥作用。也就是说，学生在自己的整个学习过程当中，都在程度不同地进行抽象思维。

## 二、“经验之塔”理论的基本观点

戴尔把“经验之塔”理论的要点概括为以下六个方面：

(1)宝塔最底层的经验最具体，越往上升，则越趋抽象。但不是说，求取任何经验，都必须经过从底层到顶层的阶梯;也不是说,下一层的经验比上一层的经验更有用。划分阶层,只是为了有利于说明各种经验的具体或抽象的程度。

(2)教育、教学应从具体经验入手,逐步进到抽象。有效的学习之路,应该充满具体经验。教育、教学最大的失败在于使学生记住许多普通法则和概念时,没有具体经验作它们的支柱。

(3)教育、教学不能止于具体经验,而要向抽象和普遍发展,要形成概念。概念可以供作推理之用,是最经济的思维工具,它把人们探求知识的过程大为简单化、经济化。

(4)在学校中,应用各种教学媒体可以使得学习更为具体,从而造成更好的抽象。

(5)位于宝塔中层的视听媒体,较言语、视觉符号更能为学生提供较具体和易于理解的经验,并能冲破时空的限制,弥补其他直接经验方式之不足。

(6)应不应该把直接经验过分看重?需要不需要在直接经验上花很多工夫?陷足在具体经验中,其危险和埋头在抽象的云雾中是一样的吗?戴尔说,危险固然存在,但不会那样大。如果教学太过于具体化,那就是没有达到更普遍的充分的了解,但在今日这种危险只是理论的,因为人们还没有开始做到教学的应有具体程度。

"经验之塔"理论所阐述的经验抽象程度的关系,是符合由具体到抽象、由感性到理性、由个别到一般的认识规律的,它不仅是视听教育的心理学基础,也是现代教育技术的重要理论基础之一。

## 第二节 教学理论概述

学习理论是阐述关于人类如何学习的理论,包括学习是怎样产生的,它经历怎样的过程,它有哪些规律,如何才能进行有效的学习等问题。

现代教育技术研究学习理论的目的是让人们凭借有关理论的基本观点,用某种方式和信息化学习环境联系起来,探讨如何增进学习者利用自身的能力与信息化环境的特点相结合进行有效的学习,改进学习方法,提高自身素质能力,从而提高教育和教学的质量。

探悉学习现象的本质和学习活动的规律中,由于学者的观点、视野和研究方法各不相同,因而形成了学习理论的许多流派。本节仅对现代教育技术的设计、开发、应用、管理和评价有较大影响的行为主义、认知主义和建构主义等几个主要流派作简要介绍。

### 一、行为主义学习理论

在20世纪的前半个世纪,占主导地位的学习理论是行为主义。行为主义学习理论所说的"行为"是指可以观察的行为,学习被看作是外显行为改变的结果;行为是对外界刺激的反应,学习就是形成刺激和反应的联结和联想,而强化则是促进这种联结的重要手段。

#### (一)桑代克试误学习理论

美国心理学家桑代克(E.L.Thomdike)通过动物实验来研究学习,提出了联结主义学习理论(又称试误学习理论)。

他设计了“饿猫开迷箱”的实验。如图 2-2 所示,把饿得发慌的猫关进迷箱,箱外放着食物,箱门用活动的门闩关着。猫在箱子里乱碰乱抓的过程中,偶然碰到那个活动的门闩,门被打开了,猫吃到了食物。如此反复,猫从笼中出来吃到食物的时间会越来越短。实验表明,所有的猫的操作水平都是相对缓慢的、逐渐的和连续不断地改进的。由此,桑代克得出了一个非常重要的结论:猫的学习是由刺激情境与正确反应之间形成的联结构成的。

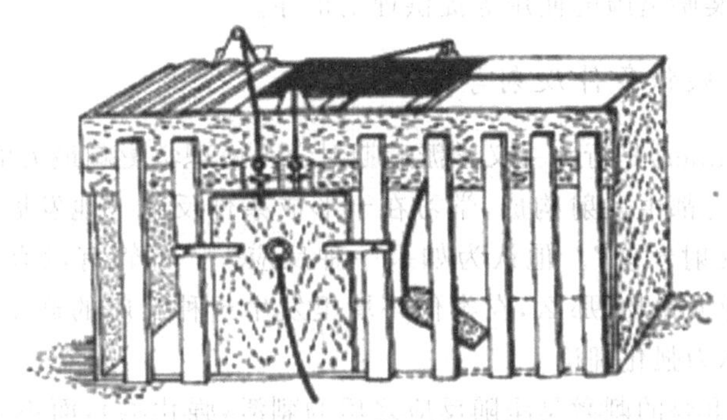

图 2-2　桑代克迷箱

桑代克认为,人类是从动物进化而来的,人类的心理与动物相比,只是复杂程度不同而已。人类学习也是在一种几乎没有意识参与的情况下自动地形成刺激与反应的联结,即 S-R 联结的过程。而这种联结形成的过程是渐进的、尝试错误直至最后成功的过程。

桑代克认为,动物的基本学习方式是试误学习,人类的学习方式可能要复杂些。他一直试图揭示普遍适用于动物和人类学习的规律,根据实验的结果提出了众多学习律。

**1. 准备律**

刺激与反应的联结因学习者的身心准备状态而异。桑代克观察到,在他的实验过程中,为了保证学习的发生,猫必须处于饥饿状态。如果猫吃得很饱,把它放进迷箱后,它很可能不会显示出任何学习逃出迷箱的行为,而是蜷缩在那里睡觉。因此,对学习的解释必须包括某种动机原则。换言之,学习者是否会对某种刺激做出反应,同他是否已做好准备有关。在实际教学中,准备律强调学习开始时的预备状态,认为教师在上课前要讲究组织教学的艺术,如通过提问吸引学生注意,通过创设问题情境引发学生思维,通过必要的常规管理集中学生精力等从而使学生进入上课学习的心理准备状态。

**2. 练习律**

刺激与反应的联结随学习次数的多少有强弱之分。桑代克认为,一个已形成的联结,若加以应用,这种联结的力量便会增强;若不予以使用,这种联结的力量便会减弱。反应重复的次数越多,刺激-反应之间的联结便越牢固。在实际教学中,练习律强调练习在学习中的必要性,认为教师要组织学生及时、反复练习,以达到巩固学习效果的目的。

**3. 效果律**

刺激与反应的联结因反应后果的满意度有强弱之分。桑代克注意到,为了保证学习的发生,除了猫必须处于饥饿状态外,食物是必需的。他在 1911 年出版的《动物的智慧》一书中认为:“只有当反应对环境产生某种效果时,学习才会发生。如果反应的结果是令人愉快的,那么学习就会发生;如果反应的结果是令人烦恼的,那么这种行为反应就会削弱而不是加强。要是猫逃出迷箱后得到的是惩罚而不是奖励的话,那么猫就不会再试图跑出迷箱了。”效果律强调学习行为的结果,认为学习效果对学习行为存在重大影响。比如,学习好的学生,就是因为学会了、获得了知识并在学习过程中有愉快的情绪体验,因此学习积极性越发高涨;反之,就会降低学生学习积极性。教师要根据学习效果,特别是遇到一些困难学生,及时调整教学过程和学生状态,使学习形成一个良性循环。

桑代克的学习理论对教学实践具有一定的指导意义,为教学各种情境的安排、重复的练习和操练的使用、奖励措施的使用等提供理论指导。

### (二)斯金纳的操作条件反射学说

斯金纳(B.F.Skinner)是行为主义学派后期对学习心理学影响最大的心理学家。

他认为,一切行为都由反射构成,学习在于形成条件反射。他发展了桑代克等人的观点,提出“操作条件反射学说”。他认为如果一种反应——不管有没有引起这种反应的刺激——之后伴随一种强化物,那么,在类似环境里发生这种反应的概率就增加。人们由此把斯金纳的理论也称为强化理论。

在斯金纳看来,重要的刺激是跟随反应之后的刺激(强化物),而不是反应之前的刺激。若用公式来表示,那就是:S-R-S。在桑代克那里,强化是用来解释刺激-反应联结加强的一条主要原理,而在斯金纳的理论中,强化只是一个用来描述反应概率增加的术语,如何安排强化才是核心所在。斯金纳从事实验和研究的主要目的是要论述和澄清强化的类型和强化的安排对学习效果的影响。一般来说,最佳的训练组合也许是,最初时使用连续强化安排,然后是固定间隔强化安排,最后是变化比例强化安排。

斯金纳认为,只有通过机械装置才能提供必要的大量的强化系列,因此,他设计教学机器,提倡程序教学。程序教学作为组织和提供信息的一种特殊方法,它的具体操作步骤如图 2-3 所示,将预先安排的教材分成许多小步子的逻辑序列,将教学信息转换成一系列的问题与答案,促使学生积极反应,并对反应及时强化,引导学生一步一步地达到预期的目标。

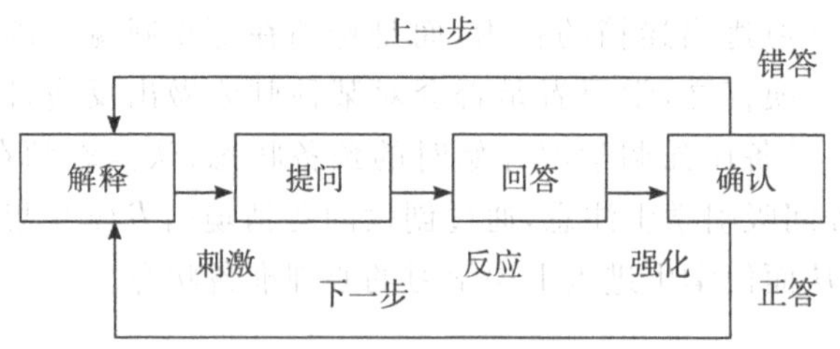


**图 2-3 程序教学的过程**

斯金纳的程序教学在20世纪五六十年代风行美国乃至其他许多国家,在大量实践的基础上形成了一系列程序教学设计原则。

**1. 积极的反应原则**

以问题的形式,通过教学机器或教材给学生呈现知识,使学生对一个个问题做出积极的反应。

**2. 小步子原则**

将教学内容按内在的联系分成若干小的步子,编成程序。材料一步一步地呈现,步子由易到难排列,每步之间的难度通常是很小的。

**3. 及时强化原则**

每个学生做出反应后，必须立即告知学生结果，也就是对学生的反应给予及时强化。

**4. 自定步调原则**

以学习者为中心，不强求统一进度，使每一个学生能以自己最适宜的速度进行学习。

**5. 低错误率原则**

要求在教学过程中尽量避免学生出现错误的反应，过多的错误会影响学习者的情绪和学习的速度。

这些原则为个别化教学、计算机辅助教学(CAI)设计和教学媒体的应用设计提供理论依据，在当今的教学设计中仍然起着重要作用。

## 二、认知主义学习理论

行为主义理论在斯金纳时期达到其鼎盛时期，但随着学习理论研究的深入，行为主义的机械、被动等弊端日益暴露出来。行为主义者把学习看作是因经验而产生的行为变化。与行为主义者不同的是，认知主义认为学习是学习者根据自身已有经验，对外部信息进行加工处理，形成认知结构的过程。其代表理论主要有布鲁纳的结构-发现说和加涅的信息加工学习论。

### (一)布鲁纳的结构-发现说

布鲁纳(J.S.Bruner)是最有影响的认知学派代表人物。他认为人的认知活动就是按照自己特有的认识程序来形成和发展认知结构。

布鲁纳强调人类思维的策略性和目的驱动性。他认为，人类是有系统地对环境信息加以选择和抽象概括的。观察者在知觉客体的物理特征时，会受个人因素的影响，不同的人对同一事物的知觉会有相当大的差异。所谓知觉，就是人们根据刺激输入的某些确定的或关键的属性，有选择地把它们归入某一类别，然后根据这一类别的已有知识加以推论。在布鲁纳看来："我们在学习知觉时，实际上是在学习我们所遇到的物体和事件的各种特征之间的关系，学习适当的类别与类别系统，学习预测和检索什么东西与什么东西是合拍的。"

**1. 认知结构**

布鲁纳非常重视认知结构在学习中的作用，他强调，教学必须使学生形成良好的认知结构。什么是认知结构呢？概括地说，认知结构就是人关于现实世界的内在的编码系统，是一系列相互关联的、非具体性的类目，它是人用以感知外界的分类模式，是新信息借以加工的基本依据，也是人推理活动的参照框架。这种编码系统的一个重要特征是对相关的类别做出层次性的结构安排，概括性水平较高的类别处于高层，而比较具体的类别处于低层，如图 2-4 所示。

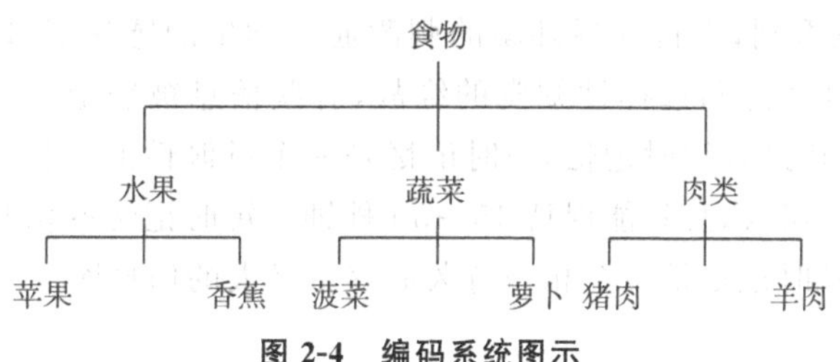


**图 2-4　编码系统图示**

世界是由如此之多的不同物体、事件和人物组成的，而人的认知系统之所以没有被周围环境的复杂性所压垮，是由于人具有归类的能力。在与环境的相互作用中，人建立了一套相互关联的、具有一定概括性的分类系统，构成了人内在的编码系统。人是根据类别或分类系统来与环境打交道的，借助已有的分类系统来感知、处理外来信息，如果新信息与已有的分类系统全然无关，那它就很难被理解。在布鲁纳看来，学习就是类别及其编码系统的形成，学习者要把同类的事物联系起来，赋予它们意义，并把它们联结成一定的结构。

**2. 学科结构**

布鲁纳强调，教学一定要促进学生对学科结构的一般理解。他认为，不论什么学科的教学，务必使学生理解该学科的基本结构。学科的基本结构是指学科的基本概念、基本原理以及学习该学科的基本态度和方法，比如力学中的运动定律、实验方法，代数中的交换律、分配律和结合律等。教学不能只是着眼于一门学科的事实和技巧的掌握，学习一门学科的关键是理解、掌握那些核心的、基本的概念、原理、态度和方法，抓住它们之间的意义联系，并将其他的知识点与这些基本结构逻辑地联系起来，形成一个有联系的整体。

**3. 发现学习**

发现学习是指学生在学习情境中通过自己的探索寻找来获得问题答案的学习方式。布鲁纳认为，学习、了解一般的原理原则固然重要，但尤其重要的是形成发现的态度和方法。

他强调："教学生学习任何科目，绝不是对学生心灵中灌输些固定的知识，而是启发学生主动去求取知识与组织知识。教师不能把学生教成一个活动的书橱，而是教学生如何思维；教他学习如何像历史学家研究分析史料那样，从求知过程中去组织属于他自己的知识。因此，求知是自主性的活动历程，而非只是被动地承受前人研究的结果。"

布鲁纳的这些思想对于指导和改进教学有重要意义，但他的理论也存在明显的不足。布鲁纳认知结构学习论过于强调学科的基本结构，这种学习对自然科学可能是有效的，但不太适合于人文学科的学习；他所提倡的发现学习的确具有接受学习不可比拟的优点，但发现法会受学生已有的知识经验等因素的限制，因此过于强调发现是有失偏颇的。

### (二)加涅的信息加工学习论

20 世纪 50 年代，由于计算机等信息技术的发展，越来越多的人接受用计算机的信息处理过程来类比人脑的认知过程，用信息的接收、存储和提取来解释学习的具体过程，形成一种新的学习理论——信息加工论。加涅(R.M.Gagne)运用现代信息论的观点和方法，着重用信息加工的模式来解释学习活动，对学习的信息加工过程及其条件做了深入研究。

**1. 学习的信息加工模式**

基于信息加工理论的有关研究，加涅提出了学习过程的信息加工模式，如图 2-5 所示，具体说明了学习过程中的信息流程。

从该模式中可以看到，来自外界环境的刺激通过学生的感受器，以映象的形式输入感觉登记器，由于选择性注意和选择性知觉的缘故，有些信息被登记了，有些则很快消失了。被感觉记录的信息很快进入短时记忆，短时记忆是一个过渡性的记忆缓冲器，其容量有限，只能记录 7＋2 个信息组块，且只能保持 15～30 秒钟。短时记忆的信息经过复述和编码过程转化为长时记忆，长时记忆是一个相当持久的容量极大的信息库。

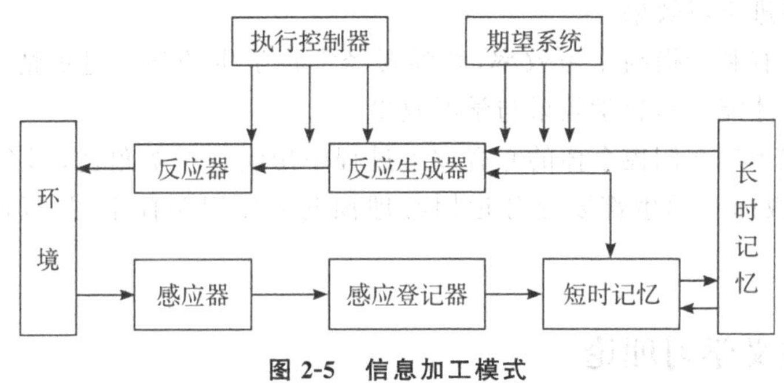


**图 2-5　信息加工模式**

当需要使用信息时，从长时记忆中被提取的信息可以直接到达反应发生器；也可以回到短时记忆，与新的输入信息结合后进入反应发生器。反应发生器将信息转化成行动，激起反应器的活动，生成作用于环境的外显行为。

在这个模式中，执行控制和预期是两个重要的结构，它们可以激发或改变信息流的加工。前者是已有的经验对当前学习过程的影响，起调节作用；后者是动机系统对学习的影响，起定向作用，它们可以对整个信息加工过程具调节和监督的功能。

**2. 信息加工模式的教学应用**

以上述模式为基础，具体到学习活动中，加涅明确指出如何通过教学将信息转化进入学生的长时记忆，把学习按照从不知到知的过程分成九个教学阶段。

(1)引起注意——变化刺激，吸引兴趣，改变体态、语调、音量；

(2)告知目标——激起期望；

(3)刺激回忆——明确同化新知识的经验范围；

(4)呈示材料——注意考虑年龄、基础、学习类型等因素，安排顺序和分量；

(5)提供指导——注意掌握指导的程度；

(6)诱引行为——促使学生主动参与，积极做出反应；

(7)及时强化——对学生行为及时反馈；

(8)检查评价——独立测试、单元测试等方法；

(9)促进迁移——系统复习、及时布置新任务。

根据该理论的特点，在教育上要做到：

(1)既然人类加工信息的能量是有限的，在教学中教师就不能在同一时间内向学生尤其是低年级的学生呈现过多的信息，否则，学生学习的必然结果将像猴子掰玉米一样，掰一个丢一个。为了提高教学效果与学习效果，教师在任何一个单位时间内提供给学生的新知识点的数量都要适度；同时，要适当给学生留有心理加工或思考的时间。

(2)既然进入感觉记忆的信息只有通过注意之后才能进入短时记忆，在教学中教师就要采取多种有效方式随时唤起学生的注意；同时，学生自己也要通过各种方式来提高自己的注意力。

(3)既然记忆取决于信息编码，回忆部分取决于提取线索，这就意味着影响有效学习的因素主要包括外部输入信息的组织方式，在短时记忆加工中的新旧信息的相互作用以及伴随而来的知识编码方式。为了提高学习效率，呈现给学生的教材就要有条理。

(4)既然短时记忆的信息只有通过复习才能进行长时记忆，那么教师帮助学生组织有效的复习，必能促进学习效果。

(5)有效反馈有利于提高学习效率，教师要经常将学生的学习进展情况以恰当的方式反馈给学生，这样才能提高教学效果与学习效果。

(6)既然心理预期在调控个体的心智加工过程中扮演着重要角色，那么，在实际教学过程或学习过程中教师和学生都要充分运用心理预期的作用调控学习，以便充分发挥学习效果。

## 三、建构主义学习理论

建构主义认为，世界是客观存在的，但是对于世界的理解和赋予意义却是由每个人自己决定的，学习者以自己的经验为基础来建构现实。由于个体的经验以及对经验的信念不同，于是对外部世界的理解也不同。建构主义学习理论重视学生头脑中原有知识经验的作用，重视学习者在学习活动中的主观能动性。

### (一)皮亚杰学说的基本观点

建构主义的代表人物是皮亚杰(J.Piaget)。在他看来，知识既不是客观的东西(经验论)，也不是主观的东西(活力论)，而是个体在与环境交互作用的过程中逐渐建构的结果。皮亚杰认为人类的学习是经验的重组，是认知结构的获得和建构过程。他的认知结构思想汲取了认知学习理论的观点，但他更强调有机体与环境的交互作用，通过同化与顺应的过程取得与环境的平衡，从学习理论上更强调建构的作用。皮亚杰认为，儿童获得知识和道德价值观都不是从环境中直接将知识内化，而是将新知识与已有知识联系起来，从内部通过创造、协调来建构知识。

**1. 图式**

皮亚杰理论体系中的一个核心概念是图式。图式是指个体对世界的知觉、理解和思考的方式。我们可以把图式看作是心理活动的框架或组织结构。图式的形成和变化是认知发展的实质。

**2. 认识发展过程**

皮亚杰认为，认知发展是受三个基本过程影响的：同化、顺化和平衡。

同化是指个体对刺激输入的过滤或改变的过程。个体在感受到刺激时，把它们纳入头脑中原有的图式之内，使其成为自身的一部分，就像消化系统将营养物吸收一样。

顺化是指有机体调节自己内部结构以适应特定刺激情境的过程。当个体遇到不能用原有图式来同化新的刺激时，便要对原有图式加以修改或重建，以适应环境，这就是顺化的过程。可见，就本质而言，同化主要是指个体对环境的作用；顺化主要是指环境对个体的作用。

个体的认知图式是通过同化和顺化而不断发展，以适应新的环境的。就一般而言，个体每当遇到新的刺激，总是试图用原有图式去同化，若获得成功，便得到暂时的平衡；如果用原有图式无法同化环境刺激，个体便会做出顺化，即调节原有图式或重建新图式，直至达到认识上的新平衡。同化与顺化之间的平衡过程，也就是认识上的适应，是人类智慧的实质所在。

**3. 皮亚杰关于学习的原理：学习是一种能动建构的过程**

在皮亚杰看来，学习并不是个体获得越来越多外部信息的过程，而是学到越来越多有关他们认识事物的程序，即建构了新的认知图式。当皮亚杰派学者在研究学习时，他们常常问："你是怎么知道的？"而不是："你知道吗？"在他们看来，如果儿童不能解释他是怎么知道的，就说明他实际上还没有学会。皮亚杰把研究的重点放在学习者在解决问题时，认知是如何发生变化的。

在皮亚杰看来，通过练习，也许可以教给儿童某种知识，但这种知识很快就会被遗忘，除非儿童能够理解它。也就是说，除非儿童能够把它同化到他已有的认知图式中去。这种同化只有在儿童积极参与建构时才有可能发生。

### （二）建构主义对教育的启发

**1. 教学活动应强调学生的主体性**

皮亚杰强调主体在认知图式形成中的作用，揭示出主体的能动性。我们在教育教学过程中要认识到学生的好奇心、动机、兴趣等在学生掌握知识、形成能力中的重要作用。在多媒体参与的教学环境中，教师必须认识到学生是有感情、思想、意识的活生生的人，要与学生进行平等的交流与沟通，调动学生内在的学习动机和兴趣。

**2. 教学活动要不断打破学生已有的平衡状态，帮助学生建立新的平衡**

皮亚杰强调个体发展是不断建构平衡的过程。教师在教学时不能只是让学生进行知识的重复，不对知识进行归纳、概括与总结，使学生虽然增加了知识却混沌一片，没有将新知识真正纳入原有知识结构中。这就是以往教师往往采用了"题海"战术，但当题目稍加改变后，学生就一筹莫展、无处下手的原因所在。作为教师，一方面要提供与学生已有经验相关的内容，又要提供与已有经验相矛盾的内容。这样，既可以巩固原有知识，又使学生产生知与不知的矛盾，打破学生的原有的平衡状态，产生对知识的兴趣和解决矛盾的期望。

**3. 教学活动应强调学习的情境性**

在真实世界的情境中才能使学习变得更为有效。学习的目的不仅仅是要让学生懂得某些知识，而且要让学生能真正运用所学知识去解决现实世界中的问题。在一些真实世界的情境中，学习者的知识结构怎样发挥作用、学习者如何运用自身的知识结构进行思维，是衡量学习是否成功的关键。如果学生在学校教学中对知识记得很"熟"，却不能用它来解决现实生活中的某些具体问题，这种学习应该说是不成功的。

行为主义有助于人们了解在教育上怎样配合教材的不同单元设计教学进度，怎样安排练习强化知识；认知主义有助于人们了解在教育上怎样扩展学生的认知结构，以促进其主动求知能力；建构主义有助于人们了解在教育中如何创设情境，引导学生主动去进行意义建构。三种学习理论之间虽然存在着激烈的冲突，但它们之间不是谁取代谁的问题，而是如何相辅相成的问题。这就要求教育技术工作者对各种理论有较好的了解，并能根据不同的教学条件和教学目标，合理地进行选择和综合应用。

## 第三节 传播理论概述

传播是自然界和人类社会普遍存在的信息传递过程。传播理论探讨自然界一切信息传播活动的共同规律。从某种意义上说,教育也是一种信息传播活动,它是按照确定的教学目标,通过教学媒体将相应的教学内容传递给教学对象的过程。广播、电视、计算机和网络系统等传播媒体的运用,对教育领域的开拓和教学范围的扩大起了很大的作用。现代教育技术的研究和应用,实际上要分析教学内容,选择设计媒体,评价教学效果,其实质是要研究传播信息、传播媒体和传播效果等,这些都是以教育传播理论为基础的。因此,教育传播理论已成为现代教育技术重要的理论基础。

现代教育技术的研究和应用活动是以教育传播的现象和过程为对象的,因此,我们必须对教育传播的现象和过程通过模型加以描述。

### 一、教育传播现象

传播就是个人或团体主要通过符号向其他个人或团体传递信息、观念、态度和情感。

传播是一个系统(信源)通过操纵可选择的符号去影响另一个系统(信宿),这些符号通过连接它们的信道而得到传递。

传播现象是自然界和人类社会的一种普遍现象。在人类社会中,传播是人际间信息传递与交换的行为,包括政治、思想、经济、军事、文化、教育、娱乐和体育等各种信息的传递和交换。

教育传播是人类社会的一种传播现象,是按预定的教育目的,向确定的教育对象传递知识、技能、思想意识等信息内容的一种传播现象。

教育传播现象在古代社会早已存在,但随着社会的进步和科学技术的发达,现代的教育传播过程和传统的教育过程相比较,具有新的特点,这表现在:

#### (一)传递信息手段的先进性

传递教育信息的手段不再局限于书本、粉笔、黑板和挂图,而是广泛地使用电子媒体,包括幻灯、投影、广播、录音、电影、录像、电视、电子计算机、网络系统和通信卫星等,使教育信息存贮、传递形式更加多样化,大大提高了信息容量和传输的效率。

#### (二)传播范围的开放性

现代教育传播不再局限在学校的范围之内进行,借助传播媒体可以超越学校的范围,把教育信息传送到社会、家庭。利用远距离教学,可以将教育信息传送到边远的地区、乡村,从而打破了学校对教育的垄断地位。

#### (三)传播方式的多样性

现代教育传播不再是只依靠教师在课堂的讲授来传送教育信息,而是可以借助大众媒介如广播、电视和因特网传送学科知识，借助录音带、录像带、光盘（CD、VCD、CD-ROM、DVD 等）在家庭中传送教育信息，也可以通过计算机和网络系统与学习者的相互联系、相互作用传递程序化、结构化的信息。

（四）传播对象的多层性

由于现代教育媒体的发展，教育传播超越了学校的范围，使传播对象不再局限于学校的学生，而是包括社会上各阶层的成员，即既有对在职人员的正规课程教育，也有对不同专业人员的继续教育等。

以上的特点正是我们依据教育传播理论开展现代教育技术研究的对象和课题。

## 二、传播过程模型

教育传播过程是一个复杂的过程。现代教育技术的研究和应用，从总体而言，就是要研究教育信息传播过程中，教者（传播者）-媒介-学习者（接受者）三者之间相互作用的方式、现象、相互关系及规律。在研究这一过程的方法上，往往是先把复杂的过程简化为若干组成要素，根据其特征，用一些图形、符号把这些要素的作用、地位和相互关系抽象出来，成为一种理想化了的代表，这就是“模型”。在现代教育技术的研究和应用中，我们常常利用传播过程模型进行研究。下面介绍几种在教育传播研究中常见的传播过程的类比模型。

（一）拉斯威尔模型

哈罗德·拉斯威尔提出了一个用文字形式表述的线性传播过程模型：

“who, says what, in which channel, to whom, with what effects.”

这段话的意义是：谁，说了些什么，通过哪一种通道，对谁说，产生了什么效果。这就是所谓“5W”的传播模型，这一模型可以图 2-6 所示的框图表示。

**图 2-6　拉斯威尔传播模型**

拉斯威尔传播模型揭示了以传播理论为基础的现代教育技术研究和应用分析的五个方面的领域：

(1) 控制分析，即对传播者（谁）的研究，研究传播者（包括个人和社会组织）对传播过程控制作用的分析。

(2) 内容分析，即对信息内容的研究，研究传播过程中说什么和怎么说的问题。

(3) 媒体分析，即对通道的研究，研究各种媒介的性能、特点、选择、传送方式等问题。

(4) 受众分析，即对传播对象的研究，研究传播对象的兴趣、需要、接收行为及影响的因素。

(5) 效果分析，即对受播者在接收信息后所产生的意见、态度、思想与行为变化的研究。

我们可以把这五项研究内容与传播模型进行对照，如图 2-7 所示。

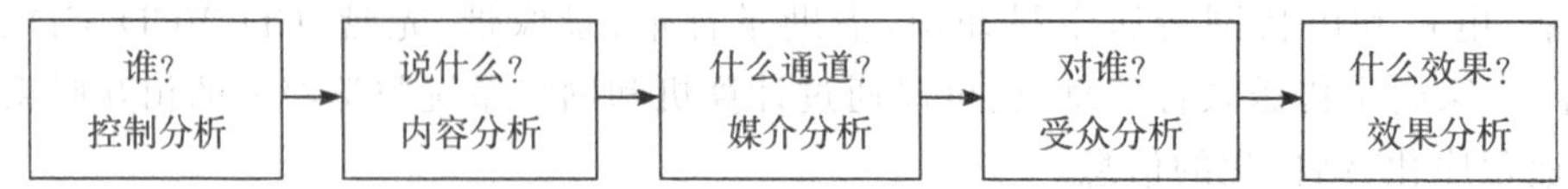


图 2-7　拉斯威尔模型与传播研究领域

拉斯威尔传播模型在现代教育技术的研究和应用分析中得到广泛应用，但这个模型过于简单，而且忽略了两个重要因素，即忽略了传播的动机和信息的反馈因素。尽管如此，由拉斯威尔模型而引申出来的五个研究领域，完全适合于我们通过对教育传播过程分析来研究探索现代教育技术规律具有的重要意义。

### (二)香农-韦弗模型

香农(C. Shannon)-韦弗(W. Weaver)模型原是用于研究电报通信过程的，起初是单向直线式模型，后来，他们在原来基础上，加入了反馈因素，并引申其含义，用来解释人类的传播过程。图 2-8 显示了香农-韦弗模型包括七个组成部分。

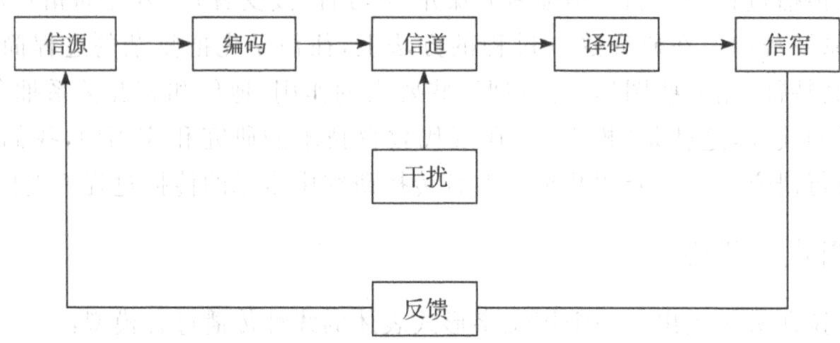


图 2-8　香农-韦弗模型

(1)信源，即传播者，可以是个人或社会组织。传播者从许多不确定的信息中，经过把关的作用，按某种目的选择具有确定意义的信息(即信息或消息)，并准备将其传送出去。

(2)编码，就是把具有确定意义的信息转换成不同类型的符号和信号。

(3)通道，即把符号或信号依附、存贮在物质性的载体(即媒介)上，进行传送的通道或途径。

(4)译码，把信号还原为符号并解析其意义。

(5)信宿，接受信息的受播者。

(6)反馈，受播者在接受信息后产生心理上、生理上和行为上的反应，这些反应反过来影响到传播者，使传播者调节控制传播过程。

(7)干扰，指来自系统之外，影响到传播过程的各个环节。

香农-韦弗模型对传播理论的发展具有重要的影响，它是现代教育技术研究的重要理论基础。

### (三)贝罗模型

贝罗(D.Berlo)模型的特点是把传播过程分解为四个基本部分：信源、信息、通道和受播者，同时，模型着重显示每一个基本部分是由若干因素所构成的。

贝罗模式也叫 SMCR 模式，S 代表信息源 source，M 代表信息 message，C 代表通道

channel，R 代表接受者 receiver。贝罗模式明确而形象地说明了影响信息源、接受者和信息实现其传播功能的条件，说明信息传播可以通过不同的方式和渠道，而最终效果不是由传播过程中某一部分决定的，而是由组成传播过程的信息源、信息、通道和接受者四部分以及它们之间的关系共同决定的，传播过程中每一组成部分又受其自身因素的制约。

贝罗模式现在常被用来解释教育传播过程，它说明了在教育传播过程中，影响和决定教学信息传递效率和效果的因素是多方面的、复杂的，各因素之间是既相互联系又相互制约的。为了提高教育传播的效果。必须研究和考察各方面的因素。

贝罗模型通常用图 2-9 的形式表示。贝罗模型给教育传播研究提供了一些结构性因素的考虑，对研究变量的设计和决定具有一定的指导意义。

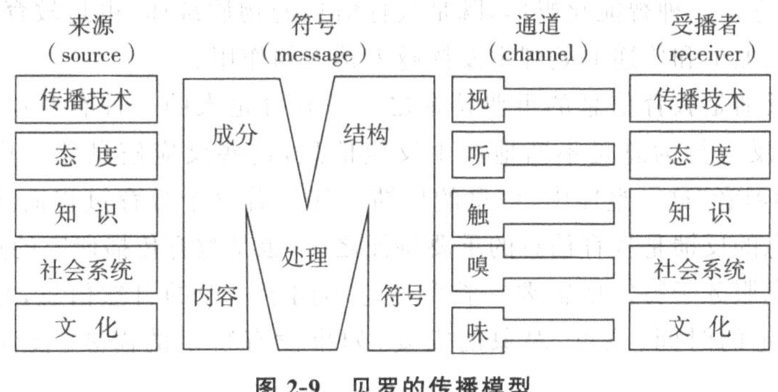


**图 2-9　贝罗的传播模型**

## 三、教育传播中的信息和媒体

教育传播研究对象不同于大众传播或人际传播的研究对象，虽然它们三者的传播原理、一般过程是相同的，但是教育传播是研究特定的教育信息的传播，传播者是指特定的教育者或与教育相联系的社会组织，如教育部门、学校、培训中心、各级电化教育馆、教育技术中心等，而受播者也是指特定的具有学习目的的各类学习者。

信息是指传播的内容和事实，包括消息、资料、知识、数据等。教育传播中的信息指的是根据教学目标的要求，学生必须掌握的教学内容。

教育传播研究是研究教育信息的传播，因此，我们要对教育信息的特点有所了解。

(1)教育信息是反映作为教育内容的客观事物的变化和特征的符号(包括语言、文字、图形、音响等)。客观事物的变化、运动都会呈现出种种不同的特征，当它作为学生学习的内容时，则要通过各种传播符号表达出来，以便学生接受、加工、传递和存储。这种表达事物特征又作为学习内容的符号，就是教育信息表现的形式和工具，也就是教育信息的基本特征，是教育传播研究的重要内容之一。

(2)教育信息要通过特定的媒体来传递。教育信息只有通过各种途径，进行各种方式的传递，才能被受教育者所感知、所接受；而教育信息的传递与物质载体与教育传播媒体是不可分割的。教育信息的内容与信息传播的载体(媒体)构成了一个整体。任何教育信息都必须依附在一定的物质载体上，并由物质载体来进行传递、加工、储存，没有物质载体(媒体)的教育信息实际上并不能成为真正的教育信息。教育传播研究就是要着重研究选择什么样的载体、采用什么样的技术手段进行信息的传递、加工和储存，将会产生怎样的作用和效果。作为教育信息传播媒体的物质载体是多种多样的，大致可分为如下几种：

①人的大脑。人的大脑作为教育信息的物质载体，不仅能负载着通过人的感官所接受的各种教育信息，而且还能加工各种教育信息，是一种具有特殊功能的物质载体。

②可录载体。这是指可以直接记录信息的物质载体，如书本的纸张、投影胶片、录音磁带、录像磁带、电影胶片、计算机磁盘、激光视盘等。这些物质载体不仅可以进行信息的空间传递，而且还可以进行信息的时间传递。

③无形波动载体。如声波、光波、电磁波，这都是可以作为教育信息的物质载体，使附着的教育信息进行传递。但这是一种无形的载体，最后要转化到纸张、磁带、胶片等有形的载体上。

④计算机。它是一种智能化媒体，既是教育信息的物质载体，也是教育信息的贮存器，在教育信息收集、加工和传递的处理中发挥越来越大的作用。

(3)信息的反馈是教育信息的重要特征之一。教育是人的一种有意识的自觉行动，人对于教育信息的反应行为总是不断地产生反应信息，这些反应信息就构成反馈信息。在“教育者-媒介-学习者”这一整体中，信息的反馈是伴随着整个教育过程而连续发生的一种过程。因此，信息的反馈是教育信息的重要特征之一，也是教育传播研究的重要内容。

(4)教育信息服务于特定的需要。教育信息不同于一般的自然信息，它总离不开人们特定的目的，特定的时间、地点、对象的需要，如果没有特定的需要，教育传播就失去了意义。

教育传播研究就是要根据教育信息的这些特点，运用科学的方法，去研究、分析教育信息的符号、传递媒介(载体)、反馈、特定的需要以及所达到的效果。

教育传播研究也不等同于一般的教育研究。教育传播研究着重对现代教育传播媒介与教师、学生关系的研究，以及对现代教育传播媒介所传递的信息内容、信息结构及它对教师、学生所产生的影响、效果的研究。虽然，在研究过程中，有些一般的研究方法是与普通教育研究方法相似的，但是，教育传播研究有它自己特有的一些专门研究方法，如信息内容分析法、响应信息分析法、媒介综合模糊评判法等。

## 第四节　系统科学理论

教育技术在发展过程中受到了来自科学方法、方法论发展的影响，突出地体现在系统科学的思想、观念对教育技术学研究与实践的影响。所谓系统科学即是控制论、信息论及系统论的统称，又称“三论”，它既是现代自然科学、社会科学及思维科学发展综合的结果，又是现代科学研究共同的一般方法论，是探讨一切科学领域的普遍性的科学方法。系统科学主张把事物、对象看作一个系统进行整体的研究，研究它的要素、结构和功能之间的相互联系，通过信息的传递和反馈实现系统之间的联系来达到有目的地控制系统的发展，获得最优化的效果。系统科学的思想观点和方法对教育技术学学科的形成和发展有着广泛而深远的影响，成为现代教育技术最重要的理论基础。

## 一、系统论、信息论、控制论

### （一）系统论

系统论的主要创始人是美籍奥地利生物学家贝塔郎菲（L.V. Bertalanffy）。系统论认为系统是由相互作用和相互依赖的若干组成部分结合成的、具有特定功能的有机整体。世界上一切事物、现象和过程都是有机整体，它们自成系统，互为系统。任何一个系统都在与周围的环境发生物质、能量、信息的交换中变化和发展，并能保持动态稳定。

系统论指导我们要用整体的、综合的、动态的观点考察教学的过程与现象，要用系统方法来解决教育教学问题。

### （二）信息论

信息论的主要创始人是美国数学家香农（Claude Shannon）。信息论是研究各种系统中信息的计量、传递、变换、存储和使用规律的科学。

信息论认为，系统正是通过获取、传递、加工与处理信息而实现其有目的的运动的。在教学系统中，教学目的就是通过教育信息传递、加工、处理和反馈来实现的。

### （三）控制论

控制论的主要创始人是美国数学家维纳（N.Wiener）。控制论是研究各种不同控制系统之间共同控制规律的科学，它是研究系统的控制规律以实现优化目标的理论。

控制论认为，利用系统各部分之间的相互关系和信息传递，使整个系统成为合乎要求的运动机制。根据控制论观点，在教育系统中运用信息反馈和调节系统的行为能较好地实现预期的教学目标。

## 二、系统科学理论对教育技术的指导意义

系统科学的思想和方法，特别是系统科学理论的三大基本原理，即整体、有序、反馈原理，为教育技术的研究和应用提供新思路和新方法。

### （一）整体原理

系统是由若干相互联系、相互作用的要素构成的整体。任何系统的整体功能不是各要素功能的简单相加，而是各要素功能之和与相互因素的综合结果。对于一个各要素之间结构合理、协调运作的系统来说，整体功能大于各孤立要素的总和。整体原理要求人们在研究问题时，要牢固树立全局、整体的观念，不仅要注意发挥系统中各要素的功能，更重要的是注意发挥各要素相互联系形成结构的功能。

整体原理使我们认识到教育系统中各要素之间协调运作的重要性，进行教学设计时，应该从整体出发，综合考虑教学过程中的各要素，协调好教师、学生、教学内容和教学媒体等要素之间的关系，发挥系统的整体优势，以实现教学效果的优化。

### （二）反馈原理

任何系统只有通过反馈信息，才可能实现有效的控制，从而达到预期的目的。反馈分为系统内部信息反馈和对外部影响的反馈。内部信息反馈是系统要素间互相作用时，受作用要素向施作用要素发回的状态信息，这种反馈有助于我们调整对系统的控制。外部信息反馈是系统中的要素对系统外因素变化的反应，它使我们尽快地掌握环境变化对系统的影响，适时地采取相应措施，调整环境或变化系统自身机能。

反馈原理告诉我们，教育系统必须建立有效的反馈机制。反馈信息传递通道的顺畅是保证教育系统稳定、正向发展的前提。在教学过程中，要随时通过反馈信息掌握现状与目标之间的差距，调整教学的内容、进度和方法，提高教学质量和学习效率。

### （三）有序原理

由于系统的结构、功能和层次的动态演变有某种方向性，从而使系统具备了有序的特征。系统从初始的简单、无序状态，通过逐步的演变，走向高级、复杂、有序的状态，有序能使系统趋向于稳定。系统要达到有序，首先必须是一个开放式系统，即与外界有信息的交换，否则，一个封闭的自运行系统，是无法走向有序的。其次，系统必须具有偏离平衡态的能力，这样在外部作用下，才能发生能量变化，并逐步趋于稳定状态。

有序原理揭示教育系统要稳定地发展，必须是一个开放式的系统。教育教学活动必须与外界有充分的联系，进行必要的信息交换，进行教育系统的调整和优化，以满足社会发展对教育的要求。同时，教育系统又是一个动态的系统，它是在运动过程中不断变化、调整、适应的过程。因此，对教育系统的设计不能企图寻求一个以不变应万变的理想固定模式，而是要力求建立一个具有健全完善的调整、适应功能的机制，使其在动态发展中能够保持正确的方向，实现动态稳定。

## 思考与训练

1. 请简要描述戴尔的经验之塔理论。
2. 行为主义学习理论、认知主义学习理论和建构主义学习理论各有哪些重要的观点？
3. 请简要描述拉斯威尔的5W传播过程模式。
4. 简述系统科学理论的主要观点。

# 第三章　信息技术环境支持下的学与教

**【内容导学】**

信息化教学是指在信息技术环境中开展的教与学的双边活动，是教学双方借助信息技术手段、凭借丰富的教育信息资源而进行教学信息传递、交流和探索的过程。从形式上讲，信息技术对现代教学的支撑主要表现在两个方面：一是为现代教学构建了信息化教学环境，使信息化教学的开展有了硬件和平台的保障；二是为现代化教学提供了丰富的多媒体和网络教学资源，使信息化教学有了软件和资源的保障，它不仅包括各种多媒体教学课件和课件开发工具，还包括具有学科特色的学科教学支撑工具。随着多媒体技术和网络技术的飞速发展，以及我国“校校通”工程、农村中小学现代远程教育工程、“班班通”工程、“三通两平台”工程的先后实施，很多学校的现代教育技术环境得到了极大的改善，为广大教师实践新的教育理念、教学模式和方法提供了优良的支持平台。

**【学习目标】**

1.了解多媒体教学环境的构成及功能；

2.知道演示型多媒体教室、交互型多媒体教室、多媒体网络教室的构成；

3.了解信息化教学环境的构成及功能；

4.了解智慧教学环境的构成及功能。

## 思政第一课　满案簿书双睡眼，毕生事业一教鞭

“为学应须毕生力，攀高贵在少年时。”这是苏老赠送给青少年们的两句话。

苏步青(1902 年 9 月 23 日—2003 年 3 月 17 日)，浙江温州平阳人，祖籍福建省泉州市，中国科学院院士，中国著名的数学家、教育家，中国微分几何学派创始人，被誉为“东方国度上灿烂的数学明星”、“东方第一几何学家”、“数学之王”。

1927 年毕业于日本东北帝国大学数学系，1931 年获该校理学博士学位，1948 年当选为中央研究院院士，1955 年被选聘为中国科学院学部委员，1959 年加入中国共产党，1978 年后任复旦大学校长、数学研究所所长，复旦大学名誉校长、教授。

从 1927 年起在国内外发表数学论文 160 余篇，出版了 10 多部专著。他创立了国际公认的浙江大学微分几何学学派。

苏步青是中国微分几何学派的创始人，被誉为“东方第一几何学家”。他曾长期在浙江大学和复旦大学供职，在高等教育讲坛上辛勤耕耘了七十余载，不但在微分几何领域独领风骚、著作等身，而且为新中国培养出了一大批数学栋梁，在教育界形成了长久以来为人所称道的“苏步青效应”。

1931 年 3 月，苏步青以优异的成绩获得东北帝国大学理学博士学位，他也是继陈建功之后获得该学位的第二个外国人。之前，他曾与陈建功有约在先——“学成后一起到浙江大学去，把浙大数学系办成世界一流水准”。苏步青恪守诺言，怀着对祖国和故土的深深思念，携日本妻子松本米子和女儿回到浙江，在浙江大学数学系任数学教师。

当时，国内教学条件很差，苏步青到校之时，数学系只有 4 个教师、10 个学生，图书资料奇缺，实验设备全无，经费无着落。苏步青在代理校长的帮助下，克服困难，坚持承担教学和科研工作。

苏步青与陈建功一起精心设计了一套现代化的教学计划，注重学生数学基础训练，对学生要求严格，开设坐标几何、级数概论等前沿课程。他们还强调阅读和讲解数学文献及研究能力的训练，在大学学习阶段就设立了微分几何和函数论研究课，一人主持一个研究方向，参加研究课题的学生要定期报告自己的研究成果和阅读国外最新数学文献体会，互相质疑和答辩。

即使在抗日战争期间学校西迁贵州，苏步青被迫躲在山洞里也不忘为学生举办讨论班。1942 年 11 月，英国驻华科学考察团团长、剑桥大学教授李约瑟参观了浙江大学理学院数学系，连声称赞“你们这里是东方的剑桥”。浙大数学系取得了一系列科研成果，一些重要学术论文在国际上很有影响力的杂志上发表，以苏步青为学术带头人的浙江大学微分几何学派开始形成。当年的学生如张素诚、白正国、吴祖基等，日后都成为卓有成就的数学教授。

1952 年，因全国高等院校调整，苏步青被调到复旦大学任教。4 年后，苏步青获得新中国第一次颁发的国家自然科学奖，嘉奖其在“K 展空间微分几何学”方面的研究成就，同时也奖励多年来在“一般量度空间几何学”和“射影空间曲线微分几何学”上的成就。

1977 年 8 月初，邓小平邀请全国 30 位科学家、教育家到北京就科技、教育工作进行座谈。在座谈会上，苏步青第一个发言，提出恢复大学招生制度和研究生培养制度等建议，得到了邓小平同志的支持。

1978 年，苏步青担任复旦大学校长，为教育战线的拨乱反正做了大量工作，同时仍在教学和科研岗位上做贡献。

1982 年 1 月，在苏步青教授领导下，成立了全国计算几何协作组，由浙江大学、山东大学、中国科技大学、中国科学院数学所和复旦大学等单位参加。从此之后，每两年举行一次计算几何的学术会议和学习班，为中国计算机辅助设计和制造方面的高科技项目提供了理论和方法，并培养了一批理论和实际相结合的人才。

苏步青一直非常关心青少年的成长。他常收到青少年学生的来信，无论是求解难题、讨教学习方法，还是反映学习情绪，无论学生本人还是学生家长，他都尽其可能予以答复，为其解难释疑。

“满案簿书双睡眼，毕生事业一教鞭。”苏步青对教育事业的执着与热情，感染着一代又一代人。

# 第一节　多媒体教学环境的构成及功能

多媒体教室也称多媒体演示室，是根据现代教育教学的需要，将多媒体计算机、投影、录音、录像等现代教学媒体结合在一起而建立起来的综合教学系统。它能使教室方便、灵活地应用多种媒体实施多媒体组合教学，可使教学过程更加符合学生的认知、理解和记忆规律，从而提高教学效果和教学效率。

## 一、多媒体教室的基本组成

多媒体教室由多媒体计算机、液晶投影机、数字视频展示台、中央控制系统、投影屏幕、音响设备等多种现代教学设备组成。该系统与校园网络、有线电视网连接，系统中的多媒体计算机不仅呈现各种教学信息，还可以作为中央控制系统的操作平台。各种不同类型的教学资源通过相应媒体送入中央控制系统，然后通过计算机软件界面或桌面按键面板或遥控器进行操作控制，完成各种信号之间的切换，实现对视音频设备的全面控制。多媒体教室系统基本结构如图 3-1。在这个多媒体系统中，教师通过直观、简便的操作，以人机对话的方式调用各种教学资源。

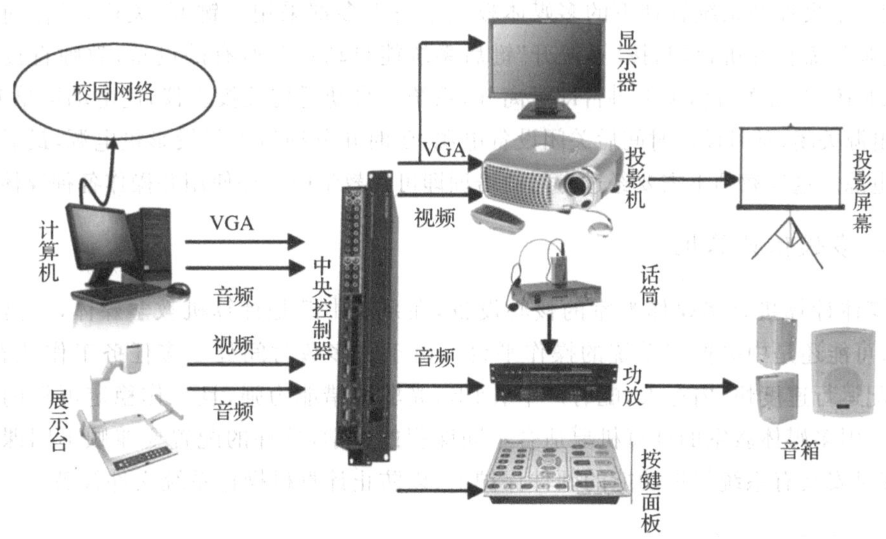


图 3-1　多媒体教室系统基本结构

### (一)中央控制系统

由于多媒体教室中使用了多种数据、音频设备,要完全用好这些设备对上课的教师来说有一定难度。中央控制系统用系统集成的方法,把各种多媒体演示设备操作集中在一个平台上,所有设备的操作均可在这个平台完成,使用者无须对单个设备进行操作。中央控制系统及其控制面板如图 3-2 所示。

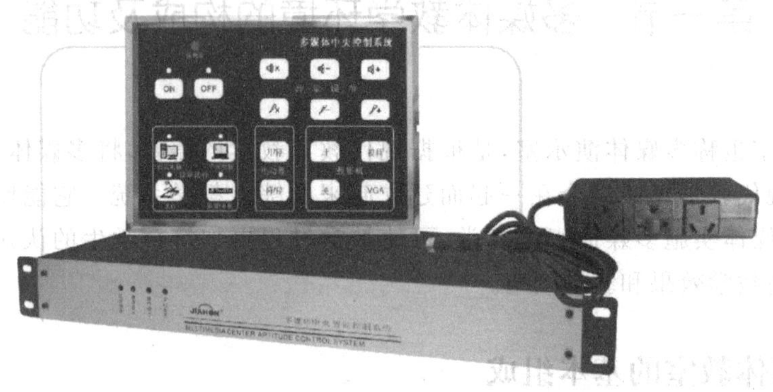

图 3-2 多媒体中央控制系统及其控制面板

多媒体教室中的全部媒体设备都由中央控制系统集中管理控制。该系统采用单片机通信技术和系统集成技术,将被控设备的各种操作功能按照用户实际操作的要求进行组合处理,然后将其具体对某一媒体或设备的操作过程集成一体。目前,一些中央控制系统还具备远程控制、状态反馈的网络型集中控制系统,该系统可将多媒体教室重要设备的运行状态,如投影机的工作状态、电动屏幕工作位置、计算机工作情况等实时传送到主控室进行监控管理,并可对教室的设备进行远程控制。

目前,中央控制系统管理下的多媒体教室设备大多都采用一键开/关机,操作简便。上课前,教师只需打开讲台门,按"系统开"键后系统能自动打开所有的设备,教师直接可以上课;下课时按"系统关"键,关上讲台即可离开,系统会自动遥控关投影仪,使电动屏幕升起来,将功放电源关闭,延时设定时间后关闭设备电源,延时几分钟后关闭投影机电源,最后关闭系统主机电源。这样教师不需要经过专门的培训即可在教学中自如使用并操作各种媒体设备。

### (二)多媒体计算机

多媒体计算机是多媒体教室的核心设备,在系统中既是计算机教学媒体,又是网络连接设备,可能还是中央控制系统的操作平台。由于其多数时间处于多任务工作状态,所以尽量选配运行速度快、内存大,配有声卡、网卡,光驱纠错能力强,且工作稳定可靠的多媒体计算机。因多媒体教室的计算机要适合不同课程的教学,软件的配置要兼顾不同课程的需要,最好是安装有系统保护功能的硬件保护卡,以防止计算机操作系统文件被破坏。

### (三)视频展示台

视频展示台(visual presenter)是国内、外通行的一个正式名称,在我国有时也被叫作实物展示台、实物演示仪、实物投影机、实物投影仪、数字展台等,在国外还被称作文本摄像机

(document camera)。从功能上可以给视频展示台下这样一个定义:视频展示台是通过CCD摄像机以光电转换技术为基础,将实物、文稿、图片、过程等信息转换为图像信号输出在投影机、监视器等显示设备上展示出来的一种演示设备。

视频展示台可以进行实物、照片、图书资料、透明普通胶片、实验动作等的投影,还可实现远距离摄像、现场书写等高级功能,是一种非常实用的设备,如图3-3。它输出视频、数字信号,由多媒体投影机来投影。

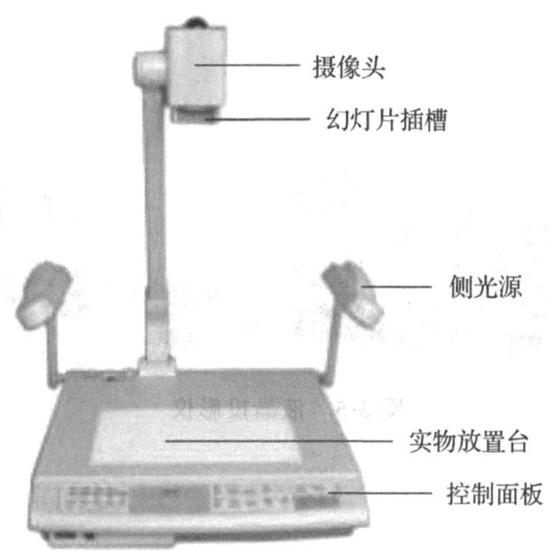


**图3-3 视频展示台**

从外观上看,一台视频展示台基本的构成包括摄像头和演示平台两部分。摄像头通过臂杆与演示平台连接,但是为了实现更好的应用,还需要一些拓展设备,如控制面板(遥控器)、辅助照明(上部和底部)、视音频输入/输出、计算机接口等,共同构成一个完整和完善的产品。视频展示台各组件结构如图3-4所示。

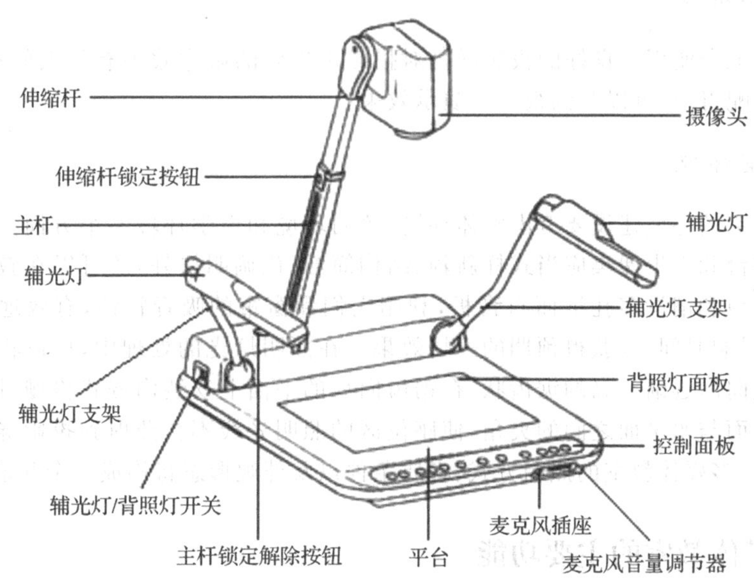


**图3-4 视频展示台组件结构图**

（四）投影仪

投影仪也称为投影机，是多媒体教室中视频设备（如多媒体计算机、视频展示台、影碟机、录像机等）信号输出的再现设备，把视频和数字信号输出显示在大屏幕上。也是多媒体教室中昂贵的设备之一。从投影机所采用的投影技术对它进行分类，可分为阴极射线管投影机、液晶显示投影机、数字光处理投影机。目前多媒体教室大多使用液晶投影机，如图 3-5。

图 3-5　液晶投影仪

（五）音响系统

多媒体教室中的音响应选择频响宽、高保真度的系统，以适合多媒体教学的需要。同时，应具有话筒混响功能，使教师能在播放媒体内容的同时进行讲解。

对于有多个音源输入的系统建议使用调音（混音）台，调音台可对多路音频信号的输入、输出进行调整和混合，方便教学。调音台一般要求有多路音频输入接口，可对各路声音的音调、音色、音量进行单独的调整。

（六）投影屏幕

和投影机配套使用。良好的投影屏幕对投影机投射的影像效果有很大的提升作用，投影机与屏幕搭配得当，可以起到很好的演示效果。

（七）教室环境

多媒体教室的环境建设要考虑整体环境、照明环境和声学环境多个方面。除安放各种设备的教室讲台和学生课桌应当式样新颖、结构简洁、色调明快外，还可以在教室顶部和后部墙面采用吊顶和铺设多孔纸面石膏板，利用它们和窗帘的吸音特性，有效地调整教室的吸音量，减少混响时间，以获得预期的声场效果。在照明灯光的处理中，可以将学生座位区的吊顶设计成向后逐渐升高的锯齿状，在锯齿向后的平面上安装内嵌式格栅日光灯。利用日光灯安装平面与水平面之间的夹角，使座位区的照明光线不会照射到投影屏幕上。经过这些技术处理，多媒体教室的照明方式、音质条件以及外观形态将构成一个和谐的整体。

## 二、多媒体教室的主要功能

（1）连接校园网络和 Internet，使教师能方便地调用丰富的网络资源，实现网络联机教学。

(2)连接有线数字电视系统,在教学中充分利用电视媒体。

(3)演示各类多媒体教学课件,开展计算机辅助教学。

(4)能展示实物、模型、图片、文字等资料。

(5)能以高清晰、大屏幕投影显示计算机信息和各种视频信号。

(6)用高保证音响系统播放各种声音信号。

### 三、多媒体教室的教学应用

目前,多媒体教室被广泛应用于教学中,教学中教师通过操作计算机和数字视频展示台等设备,可以自如地应用动画、文字、投影、录音、录像等现代教学媒体,学生也能展示作品和小组的研究结果,也可以运用板书、教材、图表、图片等常规教学媒体进行教学。多媒体教室在课堂教学中的优势主要表现在以下几个方面:

(1)多媒体演示教室中使用了多种数据、视频、音频设备,可以方便教师根据教学需要随时调用多种媒体信息,具有很强的真实感和表现力。可激发和提高学生学习的兴趣,也是改善课堂教学环境的重要一环,有助于调动学生的学习积极性。

(2)多媒体演示可以变抽象为具体,模拟微观世界的反应和现象,使教学更加形象、直观,便于学习者理解和掌握。比如数学教学“棱锥的体积”一节时,将锥柱切割成等底等高的三个三棱锥,其体积之和就是棱柱的体积,从而导出了棱锥的体积就是等底等高的棱柱体积的三分之一。

(3)可以同时调动视、听、说等多种感官,形成合理的教学过程体系,使学习者在最佳的学习环境中学习,达到教学的最佳效果。

## 第二节　智慧教学环境的构成及功能

智慧教室是数字教室和未来教室的一种形式,它是一种新型的教育形式和现代化教学手段,是基于物联网技术集智慧教学、人员考勤、资产管理、环境智慧调节、视频监控及远程控制于一体的新型现代化智慧教室系统,是推进未来学校建设的有效组成部分。

所谓“智慧教室”,是以建构主义学习理论为依据,利用大数据、云计算、物联网等新一代信息技术打造的智能、高效的课堂环境(教室)。其实质是基于动态学习数据分析和“云+端”的运用,实现评价反馈即时化、交流互动立体化、资源推送智能化,全面变革课堂教学的形式和内容,构建大数据时代的信息化课堂教学模式。

智慧教室设备能够体现物联网的三个层次(应用层、网络层、感知层),运用传感器、射频识别(RFID)等技术,使信息传感设备实时感知任何需要的信息,按照约定的协议,通过可能的网络(如基于 WiFi 的无线局域网、移动通信、电信网等)接入方式,把任何物品与互联网相连接,进行信息交换和通信,实现物与物、物与人的泛在链接,实现对物品的智慧化识别、跟踪、监控和管理。同时,智慧教室还能满足开设物联网导论、传感器原理及应用、无线传感器网络及应用、RFID 技术及应用、物联网工程及应用、物联网标准与中间件技术、物联网应用系统设计等课程的实践实训教学需要，并为学生或教师的物联网技术应用项目开发提供平台。

通过智慧教室实验平台，学生能掌握物联网技术基础理论、物理信息系统标识与感知、计算机网络理论与技术以及数据分析与信息处理技术等知识，具备通信技术、网络技术、传感技术等信息领域宽广专业知识，具备一定的工程应用系统的开发能力、实践能力和科学研究能力。

智慧教室建设可以用光载无线交换机构建 WiFi 无线局域网，覆盖智慧教室，加上教室的有线网络交换机、网络路由器，从而建立融合有线网络、无线局域网的物联网关键部分——网络层，各种传感器件通过标准模块 WiFi 设备服务器(串口通信 RS232 转 WiFi 无线网络)无线接入物联网工程信息平台，构成全面涵盖物联网三个层次的统一的物联网工程实验平台。同时，其他内置 WiFi 模块的各种手持设备(笔记本电脑、手机等)也能无线接入该实验平台，成为物联网实验设备的一部分；师生教学、科研实践开发的其他感知模块，通过与标准的 WiFi 设备服务器连接，也能轻易接入该实验平台，完成测试、验证。

智慧教室基于物联网技术，可以搭建成一个物联网应用场景，既可以用于学生进行创新实验研究，也方便教师开展科学研究。可以通过智慧教室里面的人员考勤系统来判断教室内是否有人员，如果教室内无人，则教室内所有系统处于关闭状态；反之，则处于工作状态。

## 一、智慧教室的主要特征

### (一)基于数据的教学

传统课堂主要依靠教师的个人教学经验对课堂上学生的学习行为进行判断和制定教学决策，智慧教室根据学生学习行为大数据挖掘与分析来调整教学策略，用直观的数据了解学生对知识掌握的水平，在课堂教学中实现了基于证据的教育新形态。

### (二)高效的教学

利用现代信息技术打造智慧学习环境，用大数据构建高效课堂，大大提高了课堂教学效率。如通过情境感知、数据挖掘等方法可以提前预知学习者潜在的学习需求，在智慧教室中学习者通过资源订阅和智能推送的方式第一时间获取最新的学习资源，实现了教与学的立体沟通与交流。

### (三)个性化学习

通过课前预习测评分析和课中随堂测验即时分析，准确把握每个学习者掌握知识的状况，实现对学生的个性化学习能力的评估，使老师对每一位学生的认知度更清晰，有针对性地制定教学方案和辅导策略，推送个性化的学习资料，制作针对个人的“微课”，真正实现以学生为中心的“一对一”的个性化教学服务。

### (四)合作探究的学习方式

依据知识构建的需要，智慧教室中采取小组协商讨论、合作探究的学习方式，协作群组服务能够帮助有相同学习需求和兴趣的学习者自动形成学习共同体，就某个问题开展深入的互动交流，有利于实现对所学知识的意义建构。

### （五）动态开放的课堂

“动态生成”是新课标提倡的一个重要理念。课堂本质上是一个动态开放的系统，随着互联网、移动互联等新兴信息技术在课堂教学中的应用，课堂系统超越了时空限制。智慧教室不是忠实地、封闭地传递和接受知识，而是鼓励课堂创新与开放，鼓励生成，积极为学生激发创新、发展智慧提供有利条件。

### （六）教学机智的课堂

课堂教学是千变万化的，再好的预设方案也不能预见课堂上可能出现的所有情况。智慧教室要求教师要有随机应变的能力，根据教学进程中出现的新情况，基于动态学习数据分析和即时反馈，采取机智性行动，及时调整课前的教学设计，优化和改进课堂教学进程。

## 二、智慧教室的组成

智慧教室通过“云＋端”的应用，实现了教室内多种终端设备的无缝连接和智能化运用，进而改变课堂结构，实现教与学的革命。其核心功能是：在教室内，教师和学生可以通过多种移动设备（同时支持安卓、苹果、Windows），在无须互联网的状态下，实现点对点的通信与交互。同时，教师可以通过大数据分析即时获取准确的学情信息，利用移动端设备直接书写，并将书写内容可分别投送到教室的投影仪、大屏幕显示设备或学生手持设备。如果教室连接了互联网，可实现课堂在线直播。教师也可以通过手持设备，将课堂教学全过程录制下来（声音、视频、PPT 课件及板书等），形成新的教学资源，通过智慧课堂云平台实现资源云端共享。智慧教室让教室进入移动互联网时代，实现了教与学的立体沟通与交流，打破传统意义教室的时空概念，并重新定义了黑板、讲台等一系列传统意义上的教室应用。主要包括以下九个系统：

### （一）教学系统

教学系统由内置电子白板功能的触控投影机一体机、功放、音箱、无线麦克、拾音器、问答器和配套控制软件构成。使用内置电子白板功能的触控投影机代替传统的黑板教学，实现无尘教学，保障师生的健康；可在投影画面上可以操作电脑，在每个桌位上配置问答器，实现师生交互式课堂教学。

### （二）LED 显示系统

LED 显示系统由 LED 面板拼接而成，安装在教室黑板顶部，用于显示正在上课的课程名称、专业班级、任课教师、到课率和教室内各传感器采集的环境数据（室内温湿度、光照度、二氧化碳浓度等）。

### （三）人员考勤系统

人员考勤系统由 RFID 考勤机、考勤卡和配套控制软件构成。在教室前后门各安装一个 RFID 考勤机，采用 RFID 标签（校园一卡通）对学生进行考勤统计，对进入教室的人员进行身份识别，对合法用户进行考勤统计，对非法用户进行告警。同时可通过 WiFi 无线覆盖，在远程对考勤情况进行监控、统计以及存档打印等。

（四）资产管理系统

资产管理系统由特高频 RFID 读卡器、纸质标签、抗金属标签和配套控制软件构成。在教室前后门各安装一个特高频读卡器，对教室内的实验仪器、设备等资产（贴有 RFID 标签，标签上存储有设备的详细信息）出入教室进行监控与管理，对未授权用户把教室内资产带出教室进行告警，方便设备管理人员对教室设备的统一管理。

（五）灯光控制系统

灯光控制系统由灯光控制器、光照传感器、人体传感器、窗帘控制系统和配套控制软件构成。首先通过人体传感器来判断教室内对应位置是否有人，此位置无人，则灯光控制系统及窗帘控制系统处于关闭状态；反之，处于工作状态。

（六）空调控制系统

空调控制系统由中央空调电源控制器、温湿度传感器和配套控制软件构成。通过温湿度传感器监测室内温度，通过分析数据，根据软件预设值，当室内温湿度高于最高门限值时自动开启空调，当室内温湿度低于最低门限值时自动关闭空调，实现室内温湿度的自动控制。

（七）门窗监视系统

门窗监视系统由窗户门磁模块及配套软件组成。窗户门磁模块用于检测门和窗户的开关状态，并将状态信息及时上传至服务器。同时设置敏感时段，实施对窗户的自动监视和报警。

（八）通风换气系统

通风换气系统由抽风机、$CO_2$传感器和配套监控软件构成。通过 $CO_2$传感器监测室内的 $CO_2$浓度，通过分析数据，根据软件预设值，当室内 $CO_2$浓度高于软件门限值时自动开启抽风机来进行换气，通过补充室外空气来降低室内的 $CO_2$浓度。

（九）视频监控系统

视频监控系统由 WiFi 无线摄像头和配套监控软件构成。视频监控可为安防系统、资产出入库、人员出入情况提供查询依据。在教室前后门口各安装一个 WiFi 无线摄像头监控人员出入和资产的出入库情况，在教室内安装一个 WiFi 无线摄像头监控教室内部实时情况，所采集的影像经由远端射频单元传送至终端管理电脑，提供实时的监控数据。

## 第三节　微格教学系统的构成及功能

微格教学的概念源于英文 micro teaching 的翻译，它是由美国斯坦福大学 D.Allen 和他的同事 A.Eve 于 1963 年率先提出来的。

微格教学是以现代教育理论为基础，利用先进的媒体信息技术，依据反馈原理和教学评价理论，通过对教学行为进行记录和研究，分阶段培训教师教学技能的活动。D.Allen 认为微格教学是一个缩小了的、可控制的教学环境，它使准备成为或已经是教师的人有可能集中掌握某一特定的教学技能和教学内容。

进行微格教学的一般方法是：由受训者用 10～15 分钟，对某个教学环节，如“组织教学”或“授新课”进行试讲。试讲情况由录像机记录，指导教师和受训者一起观看，共同分析优缺点，然后再训练，直至掌握正确的教学技能。由于这一训练活动只有很少人参加(人数以 10 人为宜)，时间很短，而且只训练掌握某一教学技能，所以称为微格教学，也叫微型化教学，也被翻译为“微观教学”“小型教学”“录像反馈教学”。

### 一、数字化微格教学系统

数字化微格教学系统实际上是一种依托学校校园网络环境，将计算机技术、网络技术、视音频技术、视音频压缩技术、存储技术以及传输技术进行综合应用，构建出的一个集视音频录制、实时监控、网络点播于一体的教学系统。

#### (一)数字化微格教学系统的特点

根据目前微格教学的发展与应用水平，在进行数字化微格教学系统设计时，应结合学校的数字校园建设，将微格教学系统的设计与学校校园网建设及数字资源建设结合起来。跟传统微格教学系统相比较，它具有以下特点：

(1)遵循 TCP/IP 协议标准。支持网络点播、广播、直播、存储、实时监控和后期编辑等多种应用，能以 Web 方式进行微格教学，并能实现微格教学的现场评估、远程多点在线评估和后期比对教学等功能。

(2)实现了录制与回放的分离。因此，对于微格教学训练录制减少了干扰，提高了微格教学资源利用率，使得能够用更少的设备投入来训练更多的学生。同时，实现了集中录像控制，减少了微格教室的人员配备。

(3)具有开放性的体系结构，支持 C/S 或 B/S 模式，既可通过系统教学平台点播，也可通过 IE 浏览器点播，因此点评、回放灵活、方便，反馈优势更加明显。

(4)实现了全数字化存储，有利于视频资料的查询和检索。

(5)与校园网互为一体，共享资源，便于系统的升级扩展与利用。如实现双向实时交流、校园远程教学、虚拟教室、网络视频会议等功能。

(6)数字视频资料占用空间小，图像质量高，可无限次点播回放，有利于微格教学样本资源库的建立，可让不同年级、不同班级的同学相互观摩，真正实现博采众长、汲取精华。

(二)数字化微格教学系统的构成

数字化微格教学系统通常由一间主控室和多间微格教室组成。数字化微格教学系统结构如图 3-6 所示。

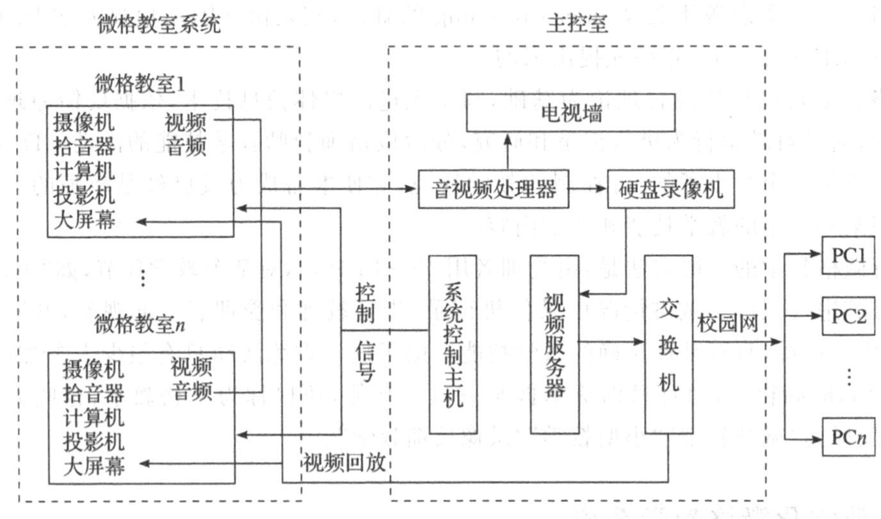


图 3-6 数字化微格教学系统结构

**1. 主控室**

在后端的主控室是该系统的核心，主要设备有主控电脑、主控管理电脑、录播服务器、一体化摄像机、交换机和投影设备等。在主控电脑上安装微格课堂评估软件，主要是对各个微格教室进行录像控制，同步观看各个微格教室的训练情况，提供训练的实时记录，按统一标准对学生训练情况进行量化打分，实现背对背评估。在主控管理电脑上安装微格教室平台管理软件，用于实现对整个微格教学系统的管理与调度，如分配用户及管理权限，实时维护、管理与控制系统所有相关设备及服务端状态。在录播服务器上安装媒体服务软件及微格教室录播软件，用于对来自各微格教室的音、视频信号和 VGA 信号进行录存和管理，实现网络广播、点播和强制、定制广播功能。同时，自动生成标准格式文件，导入学校的资源管理平台。

**2. 微格教室**

微格教室即学生实施微格教学的场所。图 3-7 为某学校微格教室。

微格教室硬件组成包括摄像机、万向云台、解码器、拾音器、授课 PC 机、采集设备及大屏幕彩色电视机各一套。摄像机和拾音器主要负责视频摄取和音频拾取，授课 PC 机和大屏幕彩色电视机主要模拟多媒体显示环境，同时也作为回放观看的显示设备，以便进行小组点评。采集设备中安装有音、视频采集卡和 VGA 采编卡，专门负责教室内音、视频信号的采集及授课 PC 机上 PPT 等画面的采集。三路信号在采集设备中统一为数字格式后经网络上传至录播服务器。

图 3-7 微格教室

## (三)数字化微格教学系统的功能

**1. 主控室的功能**

(1)对多个多媒体微格室观察监控。同时,有一定的扩展能力,对更多的微格室进行监控。

(2)通过网络可以将任意某室的上课情况调到其他微格教室,同时指导教师根据需要可将某室讲课实况实时发布,网上进行远程观察、学习。

(3)主控室可以任意控制微格室任意摄像机的推拉、变焦和云台运动,且云台运动速度可根据实际情况进行实时调整。

(4)现场实录的视音频信号分两种方式录制:模拟信号使用录像机,数字信号使用视频服务器。

(5)在主控室可对微格教室视音频进行设置、控制。

(6)提供系统操控平台。

**2. 微格教室的功能**

(1)课程教学实况记录功能。实况记录实时性要求强,多路视音频流应能同步,录制效果好,码流大小能控制等。

(2)基于网络资源信息的浏览、上传、下载。

(3)各个微格室之间能通过网络进行视频交互交流、观摩。

(4)教授过程自动生成网络课件,常见格式是 avi 和 asf 格式。

(5)现代各种媒体演示操作功能。利用现代媒体培训演讲技能、电子板书技能、多媒体教学技能、网络资源利用技能、信息技术技能、多媒体组合教学技能。各种媒体演示操作功能属于系统集成功能,通过各种软件、硬件的集成实现。

## 二、微格教学的实施

微格教学具有技能培训方向明确、集中，反馈及时且可以审阅、检查的特点，因此，在师范生教学技能训练和在职教师培训中得到广泛应用。

微格教学的实施过程是以现代学习理论、教学理论、现代教育技术理论以及系统科学理论为指导的教学技能训练过程。微格教学的培训模式因充分利用了现代科学技术发展的最新成果，最大限度地体现了它的科学性。

### （一）微格教学的特征

微格教学是模拟课堂教学的教学实验，又是一门实践性较强的课程，具有如下特征：

**1. 理论联系实际**

微格教学中的一系列实践活动可以使相关的教育教学理论、心理学理论得到具体贯彻和应用。在微格教学的一系列实践活动，使教育教学理论得以贯彻和体现，使学习者对某一教学技能既有在理论学习中形成的理性认识，又有通过直观观察获得的感性认识。理论紧密联系实际，有利于教学技能的训练和掌握，从而大大地提高了学习者的学习兴趣。

**2. 训练目标明确**

在训练过程中，由少数学习者（5～10 人）组成微型课堂，学习者充当“模拟教师”和“模拟学生”，使课堂微型化；学生可以频繁地调换“教师”和“学生”的角色。实践表明，这样在实施微格教学时具有机动性和灵活性，且在讨论和评价时会更加深入，教学过程更易于控制，而教师仅起组织者的作用。

**3. 信息反馈直观、形象、及时**

采用现代信息技术对学生的行为进行记录，在进行“微型课程”的教学实践过程中，利用视听设备将实践过程记录下来，现场重播已记录的内容，能及时准确地获取反馈信息，可大大提高训练的效率。及时进行反馈评价和分析，可以是自我评价，也可以是他人评价。因此，微格教学能更直观地反映教学的效果，从而使教学行为更容易。

**4. 有利于学生主体作用的发挥**

微格教学坚持以学生为主体，以指导教师为主导，以训练为主线的原则，这有利于学生创造性思维的培养。

**5. 自我训练和提高**

由于使用录音和录像的记录技术，被培训者可以作为“第三者”来观察自己的教学活动，认识自己的不足之处。

**6. 心理压力小**

教师的角色扮演者不必因为试教失败产生不良影响而担心。这将为他们下一步的教育实习打下良好的基础，增强自信心。

### （二）微格教学的实施过程

微格教学的实施过程如图 3-8 所示，包括以下 8 个步骤。

**1. 学习相关知识**

在实施模拟教学之前应学习微格教学、教学目标、教学技能、教学设计等相关的内容。

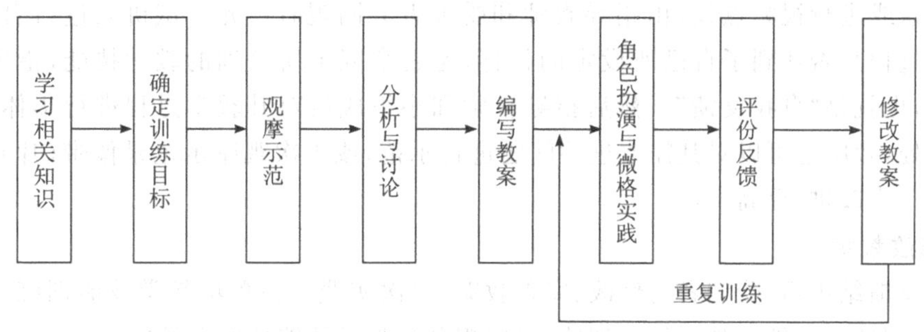


**图 3-8　微格教学的实施步骤**

通过理论学习形成一定的认知结构，利于以后观察学习内容的同化与顺应，提高学习信息的可感受性及传输效率，以促进学习的迁移。

**2. 确定训练目标**

在进行微格教学之前，指导教师应该先向受训者讲清楚本次教学技能训练的具体目标、要求，以及该教学技能的类型、作用、功能、典型事例运用的一般原则、使用方法及注意事项。在微格教学培训中，为了便于学习、操作，将教学技能分为导入技能、教学语言技能、提问技能、讲授技能、变化技能、强化技能、演示技能、板书技能、结束技能和课堂组织技能十种。

**3. 观摩示范**

为了增强受训者对所培训技能的形象感知，需提供生动、形象和规范的微格教学示范片(带)或教师现场示范。在观摩微格教学片(带)过程中，指导教师应根据实际情况给予必要的提示与指导。示范可以是优秀的典型，也可利用反面教材，但应以正面示范为主。如有可能，应配合声像资料提供相应的文字资料，以利于对教学技能有一个理性的把握。要注意培养受训者勤于观察、善于观察的能力，及吸收、消化他人的教学经验的能力。

**4. 分析与讨论**

在观摩示范片(带)或教师的现场示范后，组织受训者进行课堂讨论，分析示范教学的成功之处及存在的问题，并就“假使我来教，该如何应用此教学技能”展开讨论。通过大家相互交流、沟通，集思广益，酝酿在这一课题教学中应用该教学技能的最佳方案，为下一步编写教案做准备。

**5. 编写教案**

当被训练的教学技能和教学目标确定之后，受训者就要根据教学目标、教学内容、教学对象、教学条件进行教学设计，选择合适的教学媒体，编写详细的教案。教案中首先说明该教学技能应用的构想，还要注明教师的教学行为、时间分配及可能出现的学生学习行为及对策。

**6. 角色扮演与微格实践**

角色扮演是微格教学中的重要环节，是受训者训练教学技能的具体教学实践过程。即受训者自己走上讲台讲演，扮演教师，因此被称作“角色扮演”。为营造出课堂气氛，由小组的其他成员充当学生。受训者在执教之前，要对本次课作一简短说明，以明确教学技能目标，阐明自己的教学设计意图。讲课时间视教学技能的要求而定，一般 5～10 分钟。整个教学过程将由摄录系统全部记录下来。

**7. 评价反馈**

评价反馈是微格教学中最重要的一步。在教学结束后，必须及时组织受训人员重放教学实况录像或进行视频点播，由指导教师和受训者共同观看。先由试讲人进行自我分析，检查实践过程是否达到了自己所设定的目标，是否掌握了所培训的教学技能，指出有待改进的地方，也就是"自我反馈"。然后指导教师和小组成员对其教学过程进行集体评议，找出不足之处，教师还可以对其需改进的问题进行示范，或再次观摩示范录像带(片)，以利于受训者进一步改进、提高。

**8. 修改教案**

评价反馈结束后，受训者需修改、完善教案，再次实践。在单项教学技能训练告一阶段后，要有计划地开展综合教学技能训练，以实现各种教学技能的融会贯通。

### (三)微格教学的教案编写

微格教学的教案与编写教学的详案有区别。详案对教学中的环节要求面面俱到，微格教学的教案则只要解决 1～2 种技能即可；同时微格教学的教案不但要详细说明教师的行为，还要预测学生的学习行为。如人教版普通高中课程标准实验教科书(必修)第三单元近代中国民主革命中的第一节太平天国运动一课的导入及其突出重点"天朝田亩制度"的微格教学教案如下：

**微格教学教案**

学校＿＿＿＿＿　年级：高中一年级　主讲教师＿＿＿＿＿　科目：历史

课题：第三单元近代中国的民主革命

第一节：太平天国运动的兴起和发展

| 教学目标 | 1. 复习太平天国兴起和发展的内容<br>2. 通过学生了解"生产关系"的概念，对照学习"天朝田亩制度"的内容<br>3. 用公式法引导学生掌握"天朝田亩制度"的意义 | | | |
|---|---|---|---|---|
| 时间分配 | 授课行为<br>(教师讲解、提问的内容) | 授课技能 | 学习行为(预想学生回答内容) | 需准备的教学媒体 |
| 01 | 同学们好，现在开始上课。前面我们知道，1851 年 1 月 11 日太平天国在金田起义以后洪秀全率军北上，占领武汉以后没有继续北伐，而是沿长江东下攻占南京，将其改为天京。在那里，洪秀全颁布了一个什么重要制度，是几千年来农民反封建斗争的思想结晶 | 组织课堂教学的能力、课堂导入技能、结合动态地图讲述历史事件的能力 | 集中注意、回忆旧知、回答问题 | 太平天国战略进攻多媒体动态图 |
| 04 | 生产关系是历史学中的重要观点，主要内容有哪三个方面？(在学生回答后，教师归纳)即：(1)生产资料归谁所有？(2)人们在生产过程中关系如何？(3)产品如何分配 | 历史教学与历史结合化的典型范例 | 可能学生不能完整作答，教师注意引导补充 | 将生产关系的内容做成幻灯片，讲完后及时展示 |

续表

| | | | | |
|---|---|---|---|---|
| 10 | (1)"凡天下田,天下人同耕";(2)"四有二无";(3)"天下人人不受私,物物归上主",规定每户留足口粮,其余归圣库 | 培养学生史论结合能力 | 学生应该容易接受,并记得较长久 | 做成幻灯片,相对应地讲完后及时展示 |
| 15 | (1)性质:农民反封建的建国纲领<br>(2)作用:废除封建土地所有制;农民反封建斗争的思想结晶<br>(3)评价:无法调动农民积极性,无法实现,只能是空想 | 对历史事件分析主要从性质、作用、评价三方面进行,以培养高中学生的归纳能力 | 学生应该容易接受,并记得较长久 | 做成幻灯片,相对应地讲完后及时展示 |

## 拓展　交互式电子白板的功能与使用

交互式电子白板是一款专门针对教育领域的电子白板产品,它将当前最先进的光学影像触摸技术与应用教学软件完美融为一体,是用于现代教育教学的最新科技的工具。目前在信息化条件较好的学校,多媒体教室已经普遍采用交互式电子白板取代投影屏幕。

交互式电子白板是一块具备书写、触摸功能的电子白板,同时又是一个超大尺寸的电脑显示屏,将电子白板与计算机、数字投影仪三者相互连接,投影仪将计算机画面投影到白板上就构成了一个完整的交互式演示系统。连接结构如图 3-9 所示。相对于传统的黑板和计算机辅助教学,它的突出优势在于完全可以代替黑板和幕布,直接进行触摸互动操作。

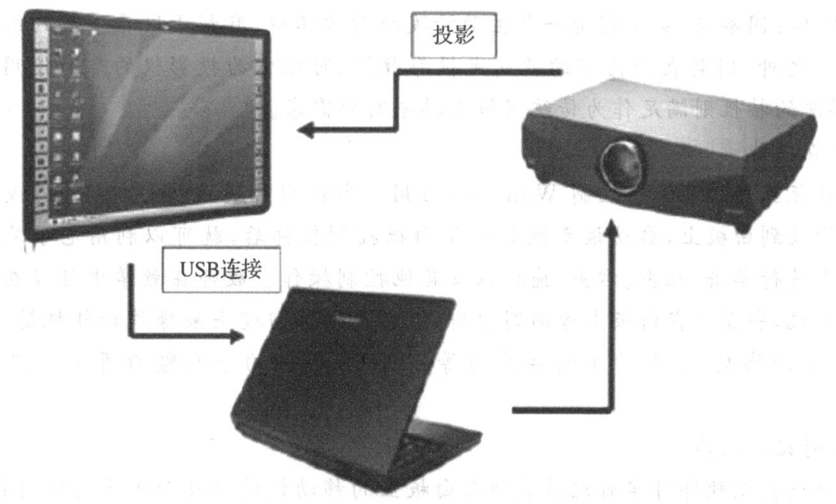


**图 3-9　交互式电子白板在多媒体教室的连接结构**

### 1. 电子白板的类型

按照技术原理分,交互式电子白板主要有四种:压感电子白板、电磁电子白板、红外电子白板、光学电子白板。

随着技术进步,压感电子白板由于定位不准,使用需要力度,使用不方便已完全淘汰。

电磁电子白板改善了压感技术定位不准确的问题，一度在市场上很受欢迎，但是由于不能实现手动触控，需要专用笔，耗材使用大，电磁电子白板也在逐渐被新技术淘汰和替代。

(1)红外式白板

红外白板的原理是通过白板周围一圈的红外框来达到定位效果。红外框从 $X$ 轴和 $Y$ 轴发出信号，另外一边接收。如果被手指遮挡，则会感应到手指的触控位置，从而达到定位的效果。已经有扇形发射信号的红外电子白板，这样可以避免由于一两个红外灯坏了之后所产生的接收失灵等问题。

红外电子白板的优点可直接手写，或者任意物体都能替代笔的效果。操作感觉有点类似于 IPad，一般在幼教、商用等领域应用广泛。

缺点：不能提供板书的精确书写效果，手写的时候必须一笔一画，手腕或者其他物体进入红外框范围则会造成误操作。同时红外电子白板会受到屏前强光干扰。

(2)光学电子白板

交互式电子白板由电子白板、智能笔和应用软件三部分组成。光学电子白板采用了先进的触摸屏技术、光学影像触摸技术，大幅提升了触摸精度、响应速度、平滑度、分辨率、使用寿命等各个方面特性。触摸精度高，书写流畅，可以跟平时的书写习惯完全一致，不会产生任何延迟。

光学电子白板是一种先进的教育或会议辅助人机交互设备，它可以配合投影机、电脑等工具，实现无尘书写、随意书写、远程交流等功能。广泛应用在学校、培训、会议领域。

**2. 电子白板的主要功能**

交互式电子白板具有良好的兼容性和实用性，集书写、记忆、储存、打印、控制、演示等功能于一体。当与计算机连接，配合任何型号的投影机使用时，即实现人机合一、人机交流，师生可以共同参与，从而创造一个生动活泼的教学环境，有利于培养学生的综合素质和能力。除此之外，因其表面良好的低反光投影效果，可以作为投影仪的幕布使用；而耐热、耐磨、可擦洗的特性则满足作为传统黑板直接手写的需求。

(1)交互功能

白板在交互模式下可以控制 Windows 应用。当使用者通过投影机将 PC 或笔记本电脑的桌面投放到白板上，启动该系统的电子白板控制软件后，就可以利用电子笔在白板的桌面影像上进行单击、双击、右击、拖放以及其他控制操作。教师在教学中可以在白板上随时操作计算机，当需要在白板上边书写边讲解时，无须再回过头来操作计算机键盘，避免了顾此失彼、手忙脚乱、分散学生的注意力等情况，让教师的个人魅力再次在课堂上充分展现。

(2)实时记录功能

电子白板控制软件可实时记录教师在白板上的移动轨迹以及白板上的所有内容，录制成电子档后就可以进行课后回放。这样就帮助学生省去记笔记的时间，使学生不会因为集中精力抄写笔记而忽略了重要的讲解，有更多的时间进行真正的学习。

(3)标注功能

标注功能是演讲、授课最实用的工作模式，这种模式下使用者用一支电子笔就可以在白板上对已有的课件进行注释，并且可以自由更换笔的颜色，任意擦写。这样就打破了教师在使用课件教学时的固定模式，使教师在教学时产生的智慧火花得以记录保存。

(4)远程会议

利用“远程会议”的功能,再结合视频会议软件就可以很方便地进行远程教学,使多点能共享一个教学画面。远端的教室不仅可以与主教室的课程进度同步,还可以看到主教室的授课者的图像。在该系统中所有的操作都能以电子档的形式进行保存以利于最大限度的信息共享。

(5)管理

交互式电子白板的板书内容一次可储存几百页,可以随时调出任何一页进行重复讲解、补充修改、重点强调,以加深学生印象。教师写满一板不需要保存时,只需轻轻一敲,满板文字、图形即刻被“擦掉”,省时省力,又无任何消耗和污染,真正属于绝对环保型的教学硬件。

**3. 电子白板的教学应用**

(1)交互式电子白板对教学的影响

①交互式电子白板技术为课堂互动、师生互动提供了技术可能和方便,为建立以学生学习为中心的课堂教学奠定技术基础。整个教学过程中,学生可以更改、充实教师用交互式电子白板技术制作的课件内容,不管是学生对知识的正确理解,还是错误的回答,只要在白板上操作,白板系统会自动储存这些宝贵的信息,从而生成每个教师每堂课的个性化的“课件”,成为教师以后教学的重要资源。

②有效地利用教学资源是熟练应用交互式电子白板技术的重要环节。白板系统为每个学科准备了大量的学科素材,但不是固定的课件,教师可根据自己特定的教学设计和目标添加或者删除资源,并且应用资源库中的素材可形成自己的教案。白板技术使教师应用资源库中的资源自我生成数字化教案的过程变得非常方便。而且,白板系统兼容微软的各种软件应用,所以教师还可以在白板上直接上网寻找课程资源。

③交互式电子白板操作系统扩展、丰富了传统计算机多媒体的工具功能,提高了视觉效果。操作工具中独有的录放功能、照相功能、遮幕功能、涂色功能等,提高了视觉效果,更加有利于激发学生的兴趣,调动学生积极参与学习过程。

④教师不仅用交互式电子白板授课,同时白板也是教师备课的好帮手。教师可以把整个白板上的教学过程储存在自己的文件夹中,成为自己学科教学的电子档案和课程资源,成为教师今后授课、总结和反思等促进教师专业发展的资源基础。

⑤交互式电子白板有利于教师开展团队教学研究。有研究表明,如果教师在应用白板教学方面组成教学研究小组,共同探讨白板教学方法及策略,这样的团队教学研究方式比教师自己孤立的白板教学,更有利于促进教师专业发展。

(2)对学生学习的影响

①提高学生的注意力和理解力。相对于传统的黑板教学,白板的视觉效果如色彩、隐藏、动画等多种教学功能,能够极大地吸引学生的注意力,并利用多元智能理论,帮助学生更好地理解和掌握知识。尤其是学习一些比较抽象的知识和概念时,白板为学生提供了多种分析和解决问题的方法和思路。

②便于学生复习以往的知识内容并促进学生掌握新知识。由于白板可以记录教师以往授课内容和过程(包括学生的学习过程),有利于学生巩固和回忆旧知识及概念,从而促进学生学习和掌握新知识。

③有利于调动学生在课堂上主动学习的积极性和参与性。有研究表明，白板教学更强调学生的参与和师生、生生的互动，使原来课堂教学中学生不注意听讲、做小动作、随意说话等现象大大减少，提高了学生的学习质量、学习动力和学习自信心。

## 思考与训练

1. 多媒体教学环境的构成和功能是什么？
2. 什么是智慧教学环境？智慧教学环境的主要特征是什么？
3. 什么是微格教学系统？其构成和功能有哪些？

# 第四章　信息化教学设计

**【内容导学】**

教学设计是在美国教育技术学领域发展起来的，并于20世纪60年代末在教学系统方法的统领下，建立了教学设计学科。其最终目的是通过优化教学过程来提高教学效率，促进学习者的学习。教学设计可用于设计不同的教学系统，其模式和操作规范可应用于不同的部门，如军队、企业或公司的培训、学校的教育等。

**【学习目标】**

1.理解教学设计的含义、目的、研究对象、应用范围与层次；

2.掌握教学设计的过程模式概念以及几种典型的教学系统设计模式；

3.掌握教学设计的主要设计环节和设计步骤；

4.领会使用教学设计理论指导教学实践；

5.理解并掌握信息化教学设计的含义、基本原则和基本步骤；

6.掌握信息化教学设计的要素和主要环节；

7.理解翻转课堂教学设计的概念。

## 思政第一课　“时代楷模”卢永根院士

他出生在香港，后来扎根内地，兴农报国，把保障我国粮食安全的论文抒写在广袤大地上。他的一生，饱含着对祖国最深沉的大爱。

在深入贯彻党的十九届四中全会精神，开展“不忘初心、牢记使命”主题教育之际，中宣部追授中科院院士、原华南农业大学校长卢永根“时代楷模”称号。新华社2019年11月13日播发通讯《卢永根院士：赤诚抒写“我和我的祖国”》，深入报道卢永根院士的感人事迹，引发社会各界强烈反响。

**一个“不忘初心、牢记使命”主题教育典型**

卢永根院士的事迹，在华南农业大学引起巨大反响。

华南农业大学马克思主义学院副教授李仕燕说，在卢永根院士的一生当中，有至少四次重大选择：第一次是在中学时期，他选择了一种信仰；第二次是在考大学时，他选择了一个国家；第三次是工作之后，他选择了一份事业；第四次是生命最后，他选择了一种告别。每个人的人生都会有选择题，卢永根院士用他一生的选择，给予我们启发，照亮我们前进的方向。

“卢院士是一名纯粹的共产党员，他的人生看似平凡，实则轰轰烈烈。他触动我们去反思，人生要追求的到底是什么？”华南农业大学党委组织部副部长胡东生说。

华南农业大学党委书记王斌伟说，中宣部追授卢永根同志“时代楷模”荣誉称号，这既是对卢永根同志的高度褒扬，也是对全校师生员工的极大鼓舞。我们将结合正在开展的“不忘初心、牢记使命”主题教育，掀起学习卢永根同志“时代楷模”精神的新高潮，激励和引导全校干部师生员工，以闻鸡起舞、日夜兼程、风雨无阻的精神状态，继往开来、守正创新，开创华南农业大学建设具有鲜明农业特色的世界一流大学的新局面。

华南农业大学党委副书记、校长刘雅红说：“老校长获得‘时代楷模’殊荣，我们倍感振奋。我们要从自己做起，从本职岗位做起，学习他永葆初心、矢志报国、永远奋斗、勤俭奉献的宝贵精神，学习他把个人理想融入党和国家事业，为党和人民的事业奋斗终生、献出一切的爱国情怀和崇高追求。”

**一本生动的爱国主义“教材”**

卢永根院士的事迹感动了很多在内地求学的香港学子。

“卢永根院士将自己的一生奉献给了党和祖国，为我们树立起一面旗帜，为我们当代青年指引了方向。”来自香港的暨南大学经济学院2017级投资经济学专业学生张祖翰说，从家境殷实的香港娃到简朴至极的“布衣院士”，卢院士执着的科研精神、崇高的道德品质以及高尚的爱国情操都深深触动了我。他放弃香港、美国优越的生活条件，回到祖国从事艰苦繁重的科研工作，接手老师未完成的研究并继续传承……卢院士的事迹点燃了我们内心的爱国主义火焰，我们更加坚信“一国两制”，决心为实现中华民族伟大复兴的中国梦贡献自己的青春力量。

来自香港的暨南大学管理学院2017级市场营销专业学生苏铭枫说：“在了解卢永根院士的事迹后，内心无比感慨，尤其敬佩他深厚的家国情怀。我们也决心为祖国的发展贡献绵力。当前，香港面临止暴制乱、恢复秩序的关键时刻，我们都应该像卢院士一样，做一名爱国主义者。”

**一种传承“卢永根精神”的力量**

卢永根院士生前把毕生积蓄880余万元无偿捐献给华南农业大学，设立教育基金，用于奖励贫困学生与优秀青年教师。他还把市值超百万元的两间祖上的商铺无偿捐赠给广州市花都区罗洞小学，用租金设立基金奖励教学。罗洞小学老师卢敏玲说，我被卢院士的人生追求与人格魅力所打动，这种奉献精神对我们是很大的激励，我们一定要把他的精神传承下去，用自己的正能量与行动去感染和影响周围的人。

“‘种得桃李满天下，心唯大我育青禾。’卢永根院士用无言的行动诠释了人生的意义。”广州市从化区农业技术推广中心副主任、高级农艺师邓彩联说，我们要把他的崇高精神落实到具体行动中去，像他那样对党忠诚，不忘初心，牢记使命，永远奋斗；像他那样情操高尚，甘于奉献，淡泊名利，用模范行动展示共产党员的人格力量。

南方科技大学理学院党委书记、副院长何佳清说，卢永根一生坚守赤诚报国的信仰，他淡泊名利，以“布衣院士”的形象印证着一名爱国知识分子的初心。我们要在卢永根精神的感召下，立足本职岗位，坚守立德树人初心，用科学报国的情怀、改革创新的精神，为粤港澳大湾区和深圳建设中国特色社会主义先行示范区培养高素质拔尖创新人才，贡献自己的力量。

**卢永根简介：**

卢永根(1930 年 12 月 2 日—2019 年 8 月 12 日)，出生于香港，作物遗传学家，中国科学院院士，华南农业大学教授，博士生导师。

1953 年卢永根从华南农学院农学系毕业后留校任教，先后担任华南农学院助教、讲师、副教授、教授、博士生导师；1962 年至 1965 年在北京中国农业科学院工作，担任丁颖院长的秘书、科研助手；1978 年至 1979 年公派往菲律宾国际水稻研究所进修；1979 年至 1983 年担任华南农学院农学系副主任；1980 年至 1982 年作为公派访问学者，前往美国加利福尼亚大学戴维斯分校留学；1983 年至 1995 年担任华南农业大学校长；1993 年当选为中国科学院院士；2017 年被评为广东省优秀共产党员；2018 年 3 月被选为“感动中国 2017 年度人物”；2019 年 8 月 12 日在广州逝世，享年 89 岁。2019 年 9 月 25 日，入选“最美奋斗者”名单。

卢永根长期从事作物遗传学的教学和研究工作，研究领域包括稻的遗传资源、水稻的经济性状遗传、稻的雄性不育遗传和栽培稻的杂种不育性遗传等方面。2019 年 11 月 15 日，中宣部追授卢永根“时代楷模”称号。

## 第一节　教学设计概述

教学设计是以传播理论、学习理论和教学理论为基础，运用系统论的观点和方法，分析教学中的问题和需求从而找出最佳解决方案的一种理论和方法。教学设计(通常也称教学系统设计)从其学科形成的历史来看，是在综合多种理论的基础上随着技术的发展而发展起来的一门学科，因此相关理论的每一次发展都对其产生重要的影响，所以人们在对教学设计概念的界定上存在多种不同的观点。

### 一、教学设计的概念

#### (一)教学设计的定义

当代国际著名的教学设计理论家查尔斯·M.瑞格卢斯(C.M.Reigeluth)指出，不同的人对“教学设计”这一术语有不同的理解。一种是将它看成过程，一种是将它看成结果，还有人认为教学设计是一种技术。将教学设计看成过程的人，重点放在探讨如何指导教师制定计划，如何一步一步地达到目标；将教学设计看成结果的人，主要关注教学设计最后要形成的产品或者要实现的任务。实际上，“教学设计”常用于指过程和结果中的一个，因此要根据具体的情境来确定“教学设计”含义，但无论将教学设计看成结果、过程还是技术，其根本任务都是为改进教学实践服务的。

教学设计是系统计划或规划教学的过程。这种观点把教学设计看作用系统的方法分析教学问题、研究解决问题途径、评价教学结果的系统规划或计划的过程，如："教学是以促进学习的方式影响学习者的一系列事件，而教学设计是一个系统化规划教学系统的过程。"(加涅，1992)"教学系统设计是运用系统方法分析教学问题和确定教学目标，建立解决问题的策略方案、试行解决方案、评价试行结果和对方案进行修改的过程。"(乌美娜，1994)"教学系统设计是指运用系统方法，将学习理论与教学理论的原理转换成对教学资料、教学活动、信息资源和评价的具体计划的系统化过程。"(史密斯、雷根，1999)"教学设计主要是运用系统方法，将学习理论与教学理论的原理转换成对教学目标、教学内容、教学方法和教学策略、教学评价等环节进行具体计划，创设教与学的系统'过程'或'程序'，而创设教与学系统的根本目的是促进学习者的学习。"(何克抗，2002)。

如瑞格卢斯认为，教学设计是一门涉及理解和改进教学过程的学科。任何设计活动的宗旨都是为了找到达到预期目的的最优途径，因此，教学设计主要是关于提出最优教学方法的一门学科，这些最优的教学方法能使学生的知识和技能发生预期的变化。美国著名教学设计专家梅瑞尔(M.David Merrill)认为"教学是一门科学，而教学设计是建立在教学科学这一坚实基础上的技术，因而教学设计也可以认为是科学型的技术(science-based technology)。教学的目的是使学生获得知识技能，教学设计的目的是创设和开发促进学生掌握这些知识技能的学习经验和学习环境"(梅瑞尔，1996)。我国著名教育技术学专家南国农认为，"信息技术是指对信息的获取、存储、处理和传输所使用的手段和方法的体系，手段是物化形态的技术，方法是智能形态的技术"，"教学设计就是优化教学过程的系统方法，是一种应用广泛的智能形态的技术"。

在我国，教学设计主要用于学校，持规划过程观或系统方法观点的比较多。教学设计是以解决教学问题、优化学习为目的的特殊设计活动。教学设计是一种以获得优化的教学过程为目的，以系统理论、传播理论、学习理论和教学理论为基础，运用系统方法分析教学问题、确定教学目标、建立解决教学问题的策略方案、试行解决方案、评价试行结果和修改方案的过程。总之，教学设计是一种应用技术，是连接教学理论与实践的可操作的桥梁学科，最终实现以发展学生的能力和素质为总目标的优化功能。

### (二)教学设计的特征

**1. 教学设计强调运用系统方法**

教学设计把教学的各个环节看作一个相互联系相互作用的系统，因此需要用系统方法和观点对教学中的各个要素及其相互关系进行分析和操作。教学设计以系统方法和设计观为指导，探索解决教学问题的有效方案，目的是实现效果好、效率高和富有吸引力的教学，最终促进学习者的学习和个性的发展。教学设计活动是一种系统而非偶然的随意的活动。

**2. 教学设计必须以教与学的理论为依据**

任何设计工作要保证设计的科学性，就必须要以一定的科学理论为指导，并根据设计对象的内在规律，对工作对象进行设计。教学设计的主要工作对象是教和学的双边活动，教学设计是以人类学习的基本规律为依据，探索教学规律，从而建立合理的、科学的教学目标、教学程序、教学内容及方法策略体系。因此，必须以研究教和学基本规律的教学理论和学习理论作为设计的理论基础和决策的科学依据,有成功的教学设计,优化的教学效果才有保证。

**3. 教学设计必须以学生特征为出发点**

教学设计的一切活动都是为了促进学习者的学习,因此,要获得成功的教学设计,就需要对学习者进行很好的分析,以学习者的特征为教学设计的出发点。无论何种教学形式,学习最终是通过学生自己完成的,学习的结果将最终体现在学生身上。因此,教学设计必须重视对学生一般特征和个性的分析,重视激发、促进、辅助学生内部学习过程的发生和进行,从而使有效的学习发生在每个学生身上,保证不让一个学生处于教学的劣势,要创造有利的学习环境,让每个学生都享有同等的机会。

**4. 教学设计是问题解决的过程**

教学设计以帮助学生的学习为目的,它常以学生学习所面临的问题为出发点,首先要寻找问题,确定问题的性质,再研究解决问题的办法,从而达到解决教学问题的目的。因此,教学设计是以问题找方法,而不是以方法找问题,使教学工作更具有目的性。

**5. 教学设计重视对教学效果的评价**

当得出设计方案之后,应对方案的效果进行评价。在设计过程的各个环节中,也应不断收集反馈信息,及时提出修改方案,这样,对教学设计过程和结果进行科学的评价,得出科学的结论,有利于不断提高教学设计的水平,更有利于改进教学、提高教学效果。

总之,教学设计的最终目的是要促进所有学习者的发展。教学设计主要是运用系统方法研究、探索教学系统中各个要素之间的本质联系,通过一整套具体的操作程序来协调、配置各要素,并使它们有机结合,共同完成教学系统的功能。而且其中的每一个程序都有相应的理论和方法作为科学依据,在实施过程中能及时得到反馈并且加以检验和修改,从而使教学设计具有很强的科学性。

## 二、教学设计的发展

教学设计的发展与其他学科的发展一样,大体上经历了思想萌芽、理论形成、学科建立等阶段。

### (一)思想萌芽阶段

今天,有的学者认为最早提出这种思想的先驱是美国哲学家、教育家杜威(J.Dewey)和美国心理学家、测量学家桑代克(E.L.Thorndike)。杜威在1900年曾提出应该发展一门连接学习理论和教育实践的"桥梁科学",它的任务是建立一套与设计教学活动有关的理论知识体系。桑代克也曾提出过设计教学过程的主张和程序学习的设想。①

### (二)理论形成阶段

教学设计作为一种理论和一门新兴的教育科学,孕育于二次世界大战之后。二次大战期间,美国要在最短的时间里为军队输送大批合格的士兵,为工厂输送大批合格的工人,这

① 乌美娜.教学设计[M].北京:高等教育出版社,1994:13.

一急迫任务把当时的心理学和视听领域专家的视线引向学校正规教育体系之外，而关注当时社会所能提供的一切教育、教学手段，关注教学的实际效果和效率。视听领域的专家致力开发运用一批已被公认的学习原理，设计有效的幻灯、电影等培训材料。这些都是把学习理论应用于教学设计实践的最初尝试。

20 世纪 50 年代中期，斯金纳(B.F. Skinner)改进和发展了教学机器，以新行为主义心理学的联结学习理论为基础，创造了程序教学法。应用程序教学法需要对程序形式及程序系列组成进行分析，因此必须研究目标分析、逻辑顺序等问题。由于这一时期系统科学已引入教育领域，系统研究教学过程的思想逐步得到人们的注意。人们开始冲破了把程序教学作为一种技术来研究人机关系的限制，而借助程序教学和教学机器全面地探讨起教学的全过程，对教学目标、教学效果、各种媒体的作用及相互关系、各种教学要素之间的相互关系以及怎样对教学进行系统分析，怎样才能优化教学全过程等一系列问题做了大量的研究和探索。可以说，教学设计的思想和理论正在孕育之中。

60 年代后期，许多教育家和心理学家通过众多的教学试验，发现决定教学(学习)效果的变量是极其复杂的，要设计最优的教学过程，最初教学目标的设定和控制教学目标指向与各种变量的操作是十分重要的，并且确认只有引入系统方法进行设计操作，才可能制定出最有效的教学策略，并通过评价、修改来实现教学过程的优化。

另外这一时期许多教育、心理方面的专家在教学设计的基本理论研究方面取得了大量的成果，如教育目标分类和学习目标的编写、学科内容组织和任务分析及学习条件、视听媒体和其他教学技术的作用等。从此，人们对教学过程分散的、割裂的研究在系统思想指导下统一了起来，各种有关的理论也被综合应用于教学过程的设计之中。人们利用系统方法对教学各要素做整体性探索，揭示其内在本质联系，进行了大量的系统设计教学的实际工作，形成和提出了对教学进行设计的系统过程理论，并创造了教学设计过程的模式。

### (三)学科建立阶段

到 20 世纪 60 年代末，教学设计便以它独特的理论知识体系、结构而立足于教育科学之林。自 70 年代以来，教学设计的研究已形成一个专门的领域，成果日益丰富。在 80 年代传入我国后，长期处于引进国外理论的状态，直到 20 世纪 90 年代，我国教育技术理论的发展才开始起步。

教学设计本身有一个演变过程，这种演变可以从两个方面来认识：向深度和广度的发展。深度发展指教学设计过程某些要素所涉及的研究的深化，如内容分析中，梅瑞尔(M. D. Merrill)的成分显示理论与方法、瑞格卢斯"简化条件法"(SCM)的研究等。这些理论与方法的发展使得教学设计的理论基础更厚实，可选用的工具更丰富。广度发展指教学设计的程序从初始的媒体观到系统设计观的演变，反映了范式的变化。

教学系统设计的发展经历了思想萌芽、理论形成、学科建立等阶段。20 世纪 50 年代至 60 年代初期的程序教学、行为目标理论在教学实践中的应用孕育了教学设计理论体系的思想；20 世纪 60 年代末期，教学系统方法的形成及其在各层次教学系统设计中的应用，使教学系统设计的理论与方法体系得以建立；20 世纪 70 年代以来，认知心理学、系统科学等相关理论的研究、技术在教育中的应用研究等成果被吸收到教学系统设计中，使教学设计理论和方法得到进一步发展，逐渐发展成为一门独立的学科。

## 三、教学设计过程的一般模式

由于教学设计实践中所面对的教学系统范围和任务层次（一堂课、一门课、课程计划，甚至国家教育系统）有很大的差别，设计的具体情况和针对性也不一样，再加上设计人员教学工作环境（不同国家、不同教育层次）和个人专业背景（学科专家、教学系统设计专家、媒体专家、教师、评价专家等）的差异，使他们对教学系统设计的理解和认识不尽相同，设计者的关注点和自身的优势也不同，因而导致出现数百种不完全相同的教学设计过程模式。1980 年，安德鲁斯（D.H.Andrews）和古德森（L.A.Goodson）曾在《对教学系统设计模式的比较分析》一文中，对 40 个教学系统设计模式的特点进行归类分析。到了 1991 年，加斯塔夫生在有关教学开发模式的论著中指出，自 60 年代出现第一个模式以来，在相关文献中已有数百个模式。教学系统设计模式的发展，由此可见一斑。

教学设计过程模式是在教学设计的实践中逐步形成的，是运用系统方法进行教学开发、设计的理论的简化形式。它包含三个意思：(1)教学设计过程的模式是对教学设计实践的再现，是教学设计工作者实践工作的总结；(2)它是理论性的，代表着教学设计的理论内容，而不是教学设计的方法；(3)它是对教学设计理论的简化形式。

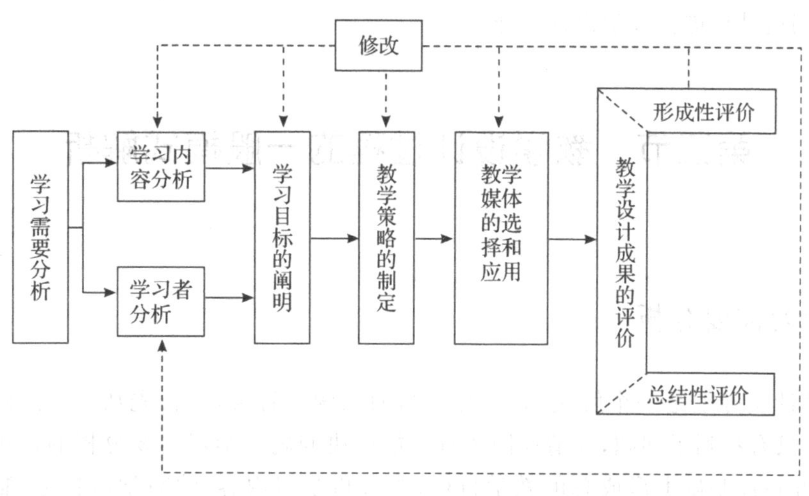


**图 4-1　教学设计过程的一般模式**

怎样进行教学的系统设计，教学设计工作以教学系统要素为出发点的主要步骤是什么？这里有必要介绍教学设计过程的模式。教学设计过程的模式是以教学系统各要素以及各要素之间的关系为基础的，它对当前教学设计的实践工作具有很好的指导作用。简而言之，进行教学设计时，应将教和学作为一个系统来看待，对教学工作进行系统化处理。教学设计首先应从学习的需要分析开始，解决“为什么教”的问题；了解学生的实际情况与期望水平之间的差距，了解教学中存在的问题。其次，教师需要分析具体的教学内容，进行学习者分析，考虑课程、单元及一堂课的教学内容的选择和安排，考察学习者在进行学习之前对于学习内容已具有什么知识和技能，即对学习者初始能力的评定，以及对所学内容的兴趣和态度。此时，只选择学习内容还是不够的，还需要明确具体的学习目标，即应该掌握什么知识和技能，解决“教什么”的问题。接下来再确定教学策略，考虑如何实现教学目标或学习目标，解决“怎么教”的问题，其中应考虑教学媒体的选择和应用，根据不同的情况选择不同的教学媒体或教学资源。最后对教和学的行为做出评价。在行为评价时，一方面要以目标为标准进行评价；另一方面要提供教学效果的反馈信息以审视教学方案，从而对设计模式中所有步骤作重新审查，特别应检验目标和策略方面的决定。

教学设计过程既是系统化的过程，又是充满创造性的过程。对于教育工作者而言，首先应掌握教学设计的基本过程，才有可能在此基础上不拘泥于基本规范进行创新。完整的教学设计过程一般包括以下组成部分：教学设计的前期分析，阐明教学目标，制定教学策略（包括教学媒体的选择和设计），教学设计成果的评价与修改。各部分相互联系、相互制约，组成一个有机的教学系统，但并非是线性、直线式的关系。

对于教学设计过程模式的理解，应该注意两个问题：第一，将整体性的教学设计过程分解为诸多要素，主要是为了便于深入地了解和分析并掌握和发展整个教学设计过程的技术。因此在实际设计工作中，要从教学系统的整体功能出发，保证“学生、目标、策略、评价”四要素的一致性，使各要素相辅相成，产生整体效应。第二，应该认识到我们所设计的教学系统是开放的，教学过程是动态过程，涉及的各个因素如环境、学生、教师、信息、媒体等也都是处于变化之中，因此教学设计工作具有灵活性的特点。在利用模式设计教学时，应根据不同情形的要求，针对不同的实际问题，决定设计步骤，确定从何入手，重点解决哪些环节的问题，创造性地进行教学设计工作。

## 第二节　教学设计过程的一般模式解析

### 一、学习需要分析

教学设计实际上是一个解决问题的过程，而问题的解决，应首先从寻找问题及其根源开始。因为只有找到了问题，弄清原因才有可能解决问题。学习需要分析的作用就是鉴定教学问题，并在此基础上形成总的教学目标，为分析学习内容、编写学习目标、制定教学策略、选择和运用教学媒体以及进行教学评价等各项教学设计的工作提供真实的依据。因此，学习需要分析是教学设计的一个非常重要的开端。

学习需要在教学设计中是一个特定概念，是指学生学习方面目前的状况与所期望达到的状况之间的差距，也就是学生目前水平与期望学生达到的水平之间的差距。“期望达到的学习状况”主要是指社会发展对学习者提出的要求，学校或者班级对学习者提出的要求，以及学习者对自身的要求。对于学校教育来说，这种期望具体体现在教学大纲或者课程标准中。而具体是指学习者群体或者个体在知识、技能、能力、态度等方面的不足，同时也通过学习需要指出要解决的问题，规定教学的任务和目标。

从上面的分析可以知道，只要分别了解了期望学生达到的学习状况和他们目前的学习状况，就可以看出二者的差距了，而这个差距就是学习需要，这个分析过程就是学习需要分析。分析的结果可能有两种：一种是有差距，这说明确实存在着学习需要，教学设计工作还需要继续进行下去；另一种则是没有差距，说明根本不存在学习需要，教学设计工作便可以就此结束了。

学习需要分析是一个系统化的调查研究过程，这个过程的目的就是要揭示学习需要从而发现问题，通过分析问题产生的原因确定问题的性质，并辨明教学设计是否是解决这个问题的合适途径；同时它还分析现有的资源及约束条件，以论证解决该问题的可行性。正因为如此，学习需要分析属于一种前端分析。学习需要分析的结果是提供"差距"的有效资料和数据，从而帮助形成教学设计项目的总的教学目标。

学习需要分析主要是进行三方面的工作：一是深入调查研究，分析教学中需要解决的问题是什么；二是通过分析该问题产生的原因，以确定解决该问题的必要途径；三是分析现有的资源条件和制约因素，明确设计教学方案以解决该问题的可行性。

## 二、学习者特征分析

教学设计的一切活动都是为了学习者的学，教学目标是否实现，实现的程度如何都需要从学习者的认知和态度行为中表现出来。作为学习活动主体的学习者是带着自己的特点来进行学习的。学习者特征分析的目的是了解学习者的学习准备情况及学习风格，为学习内容的选择和组织、学习目标的阐明、教学活动的设计、教学方法与媒体的选用等提供教学外因条件，为学习者的内因条件提供依据，从而使教学真正促进学习者智力和能力的发展（乌美娜，1994）。

教学设计的最终目的是有效促进学习者的学习，而学习者是学习活动的主体，学习者具有的认知的、情感的、社会的等特征都会对学习的信息加工过程产生影响。因此，设计的教学系统是否与学习者的特点相适应或在多大程度上适应学习者的特征，是衡量一个教学设计成功与否的重要指标。

学习者的特征涉及智力因素和非智力因素两个方面。与智力因素有关的特征主要包括知识基础、认知能力和认知结构变量，与非智力因素有关的特征则包括兴趣、动机、情感、意志和性格。学习者特征是指影响学习过程有效性的学习者的经验背景。学习者特征分析就是要了解学习者的一般特征、学习风格，分析学习者学习教学内容之前所具有的初始能力，并确定教学的起点。其中学习者的一般特征分析就是要了解那些会对学习者学习有关内容产生影响的心理特点和社会特点，主要侧重于对学习者整体情况的分析。学习风格分析主要侧重于了解学习者之间的一些个体差异，了解不同学习者在信息接收加工方面的不同方式；了解他们对学习环境和条件的不同需求，了解他们在认知方式方面的差异，了解他们的焦虑水平等某些个性意识倾向性差异，了解他们的生理类型的差异，等等。

### （一）学习者的初始能力分析

美国著名的教育心理学家奥苏贝尔有一段经典的论述："假如让我把全部教育心理学仅仅归纳为一条原理的话，那么，我将一言以蔽之：影响学习的唯一最重要的因素就是学生已经知道了什么，要探明这一点，并依次进行教学。"任何一个学习者都是把他原来所学的知识、技能、态度带入新的学习过程中的，因此教学设计者必须了解学习者原来具有的知识、技能、态度，我们称之为起点水平或起点能力。确定学生的初始能力对于确定教学起点，进行学习内容分析，选择教学方法和教学媒体都有直接的影响。虽然教学大纲已经规定了教学起点，但是真正意义上的教学起点应该是学生的初始能力。因此，初始能力一旦确定下来，教学起点也就随之确定了。

初始能力分析与学习内容分析的关系是密不可分的。一方面，学生的初始能力是针对某一特定的课程内容而言的，离开了具体的学习内容，初始能力就无从谈起。另一方面，分析学习内容时，如果忽视了学生的初始能力，就会使学习内容脱离学生的实际情况。假如教学起点定得高于学生的初始能力了，那么他们就会难以接受新的知识和技能；反过来，低估学生已有的知识和技能基础，使教学起点低于学生的初始能力，又会在不必要的学习内容上浪费时间与精力，因而降低了教学效率，而且重复的教学内容还会使学生产生厌烦情绪，影响教学活动顺利展开。从这个意义上说，确定学生的初始能力有利于提高教学效率。

### （二）学习者的一般特征分析

学习者一般特征指对学习者进行学习产生影响的心理、生理和社会的特点，包括学生的年龄、性别、年级水平、认知成熟度、智能、学习动机、个人对学习的期望、生活经验、经济、文化、社会背景等因素。获得学生的一般特征的主要方法有观察、谈话、填写情况调查表和开展态度调查等。此外，还可以查阅学生的人事档案或学习情况记录。

学习者一般特征体现在多个方面，它们与具体学科内容虽无直接联系，但影响教学设计者对学习内容的选择和组织，影响教学方法、教学媒体和教学组织形式的选择与运用。学生的一般特征虽然与具体的课程内容没有直接联系，但是它们会影响到学生接受新知识的效率。当教师所安排的学习内容、选择的教学策略与学生的一般特征相适应时，这些特征就会对学生学习新知识起促进作用；反之，会起妨碍作用。

### （三）学习风格的分析

学生的学习风格与学习活动有着密切的关系。学习的过程是每个学生通过自己来感知外界的刺激，然后对所接受的信息进行处理、储存或提取的过程。学习风格是指对学生感知不同刺激，并对不同刺激做出反应这两个方面产生影响的所有心理特征。每个学生的学习风格不仅具有差异性，而且还具有稳定性。这就是说，每个学生的学习风格是基本固定的，带有习惯性。因此，为了实现真正意义上的个别化教学，就必须为每一个学生提供适合其特点的学习条件。要做到这一点，必须了解他们的特点，测定学生的学习风格就属于这项工作的一部分。这些心理特征不仅影响学生对不同刺激的感知，而且影响学生对不同刺激做出反应。学习风格包含很多内容，例如，某个学生发现并保持了一种更适合于他的学习方法；某些学生对某种学习环境有着特殊的偏爱，只在那种环境中学习效率才会大大提高。学生在认知方式方面的差异和生理类型的差异等也属于学习风格。

那么，怎样才能测定出学生的学习风格呢？不同类型的学习风格适合不同性质的学习任务，因此，学生的学习风格会直接影响其学习效果。反过来，根据学生的学习风格安排学习内容、选择教学策略又可以进一步促进有效学习在学生身上发生。一般有两种做法：第一种是按照学习风格的具体内容，设计一个学习风格调查量表，这样可以给平时还没有注意到自己学习风格的学生提供一些线索，使他们能够从中选择答案。第二种是设计一个征答表，让学生陈述意见，以表明自己的学习风格。通常是将两种方法结合起来使用，即前半部分是调查量表，启发学生选择适合于自己的答案，后半部分则采用征答表的形式，让学生适当补充调查表中没有提及的问题。

## 三、教学目标的编写

教学目标是对学习者通过教学后应该表现出来的可见行为的具体明确的表述。教学目标也称为行为目标，是教育技术学的专门术语。这里的行为是学习者学习后习得的行为，不是学习过程，不是学习内容，更不是教师的行为。运用这个术语是为了强调教育结果的可见性和可测量性。教育技术学者认为，采用教学目标有助于克服上述缺点，因为教学目标的可见性和可测量性是系统研究方法的最重要的特点之一。教学目标是教学活动的导航、“指南针”，是教学的起点和归宿，教学目标必须明确、具体、详细。

### （一）教学目标分类理论

#### 1. 布卢姆的教学目标分类理论

布卢姆把教学目标分为认知、动作技能和情感三个领域，然后再把每个领域按照从低级到高级的顺序分成不同的层次，从而形成了一个完整的目标分类体系。比较成熟的是认知领域的目标分类，情感领域和动作技能的目标分类还不够成熟。

(1)认知学习领域目标分类

认知学习领域包括有关信息、知识的回忆和再认，以及智力技能和认知策略的形成。布卢姆按智力特征的复杂程度将学习目标分为六个等级：

①知道。是回忆学过的知识材料的能力。这些知识包括具体事实、方法、过程、形式、结构、背景、基本概念、原则和理论等。

②领会。是把握知识材料所包含的意义，并将它们内在化和系统化的能力。可以通过三种形式看出学生是否已经领会了知识材料的意义：一是转换，即学生能够用自己的语言或其他方式来表达所学的内容，比如复述课文；二是解释，即对一项学习内容加以说明或概述，如说明化学元素周期表中各项内容的含义；三是推断，即预测事物的发展趋势，如在实验过程中推想可能出现的结果。“领会”已经超越了单纯的记忆，所以比“知道”的目标级别高，它代表了最低水平的理解。

③运用。是把抽象的概念、原理、方法和理论应用于新的特定情境的能力。如能够运用热胀冷缩的原理解释铁轨之间为什么要留有缝隙的现象。“知道”和“领会”构成了“运用”的基础，“运用”是一种较高水平的理解。

④分析。是把复杂的知识分解成几个独立的部分，并使各部分的相互关系更为明确，各相关层次更为清楚的一种能力。例如，能将课文分段并归纳出段落大意。“分析”要求既理解知识材料的内容，又理解它们的结构，所以它代表了比“运用”更高一级的智力水平。

⑤综合。是将所学的各部分知识重新组合，并形成一个新的知识整体的能力。例如，学生能写出一份结构完整的论文纲要，提出一项实验计划或总结出某篇文章的中心思想。它强调的是创造能力和形成新的知识结构的能力。

⑥评价。它是根据已有的知识或已经给定的标准进行判断和鉴赏的能力。例如，判断一篇文章的逻辑是否合理，论据是否充分。因为评价要求超越原有的学习水平，在形成一

个明确标准的前提下进行价值判断,所以是最高水平的认知学习目标。

在这种分类系统中,位于第一个层次的“知道”属于最低级的目标,它只需要对知识进行简单的记忆。所以在阐明认知学习领域的目标时,决不能仅仅停留在这个最起码的目标上,一定要注意反映其中的各种能力水平,全面培养学生的智力技能。

(2)动作技能学习领域目标分类

动作技能涉及骨骼和肌肉的使用、协调与发展。辛普森等人在1972年将动作技能领域的教育目标被分成七个等级:

①知觉。是指运用感官去获得与动作技能有关的知识、性质和作用等信息,以便指导动作。比如学生在学习蛙泳的时候,首先必须了解蛙泳的基本动作要领以及每个动作的作用。

②准备。是从心理、生理和情绪等方面对特定的动作做好准备。对于学生来说,要想学习动作技能,除了要知道动作要领以外,还必须愿意去学。如果一个学生还没有克服对水的恐惧心理,那么他即使知道了蛙泳的动作要领,也不可能下水练习。知觉是准备的先决条件,知觉和准备统称为动作技能学习的认知阶段。

③有指导的反应。是学习复杂动作技能的早期阶段,这一阶段主要是进行模仿。在模仿过程中会出现一些尝试错误,教师应给予及时的指导,纠正学生的错误动作,这样学生才能掌握正确的动作。

④机械动作。是学生的反应已经变成了习惯,达到自动化水平了,能熟练、自信地完成动作。这一阶段的学习结果涉及各种形式的操作技能,但动作模式并不复杂。

⑤复杂的外显反应。是包含复杂动作模式的熟练动作操作。操作的熟练性以精确、迅速、连贯协调和轻松稳定为指标。学生不仅能够按照动作要领准确地做好基本动作,而且能把各种基本动作连贯起来,娴熟地完成整套动作。

⑥适应。指技能的高发展水平,学生能修正自己的动作模式以适应特殊的装置或满足具体情境的需要。学生在熟练地完成动作的同时,能够审视和调整自己的动作。

⑦创新。指创造新的动作模式以适合具体情境。强调以高度发展的技能为基础的创造能力。学生能根据自身的条件创造出新的动作,以便最大限度地挖掘自身的潜力,创造出好成绩。

(3)情感学习领域目标分类

情感学习与培养兴趣、形成或改变态度、提高鉴赏能力、更新价值观念、建立感情等有关,是教育的一个重要方面。不能认为情感或态度的教学仅仅是政治课或思想品德课的任务,其实各门学科都包含这方面的任务,因为任何知识、技能或行为、习惯都离不开一定的价值标准。例如,某些学生“重理轻文”就反映了他们在知识、技能的学习中接受了某种价值观,或对某种价值观有所偏爱。依照价值标准内化的程度,克拉斯伍等将情感学习领域的目标分为五个等级:

①接受(注意)。是将注意力集中到某件事或某个活动中,并准备接受。不论是突然意识到某事物存在的简单注意,还是选择性注意,都属于接受,这是低级的价值内化水平。

②反应。是主动参与某种活动,并以某种方式积极做出响应,同时表现出较浓厚的兴趣。例如,积极完成老师布置的作业,就比安静地听老师讲课又进了一步。反应包括默认、愿意反应或表示出满意。这类目标与兴趣类似,都强调对特定活动的选择及从中获得

满足。

③价值判断。是用一定的价值标准对特定现象、行为或事物进行判断，自发地表现出某种兴趣和关注。例如，欣赏文学作品，在讨论问题中提出自己的观点，学习某学科非常刻苦用功等。学生这一阶段的行为中，表现出一致性和稳定性，与平时所说的“态度”和“欣赏”类似。

④组织。是当多种价值观念并存，愿意把它们组织成体系，然后进行比较，以便确定它们的相互关系，并按照重要性排序，从中接受自己认为重要的价值观，进而形成个人的价值观体系。例如，学生形成了一种与自身能力、兴趣、信仰相协调的生活方式。值得重视的是，学生已经建立起来的价值观体系，往往会因为新观念的介入而发生改变。

⑤价值与价值体系的性格化。是通过对价值观体系的组织，逐步形成个人的品性。在这个等级中各种价值的层级关系已经确定，它们处于一种内在的和谐状态。个人言行完全受本人所确定的价值观体系支配，观念、信仰和态度已融为一体，最终表现在个人的世界观已经形成。这一阶段的行为具有普遍性、一致性和可预测性。例如，保持良好的饮食习惯；在团体中，能表现合作精神等。

从这个分类体系可以看出，情感或态度的教学实际是一个价值标准不断内化的过程。对于学生来说，教师所讲的或教科书上所介绍的价值标准都是外来的，必须经历上述五个连续内化的过程，才能把它们转化成自己信奉的内在价值。

综观三个领域的分类方法，我们所看到的目标都是从简单到复杂逐级递增的，每个目标都建立在已经达到的前一个目标的基础之上。大多数的学习都是同时包含了三个领域的目标成分，只不过具体到某一门课程或某一节课，其中某一个领域的目标成分略多一些罢了。

**2. 加涅的学习结果分类理论**

加涅在《学习的条件》一书中，对学习结果进行了分类。他提出了五种学习结果：言语信息、智力技能、认知策略、动作技能和态度。

(1)言语信息。言语信息就是学习者学会陈述事实或观点的能力。它主要有三个方面的作用，一是掌握言语知识，这是日常生活、社会交往和职业学习中必不可少的内容；二是学习其他能力类型的先决条件，无论智慧技能的学习，还是认知策略、态度这些类型的学习，都是在言语信息的背景中发生的；三是思维的工具。

(2)智力技能。智力技能作为一类学习的结果，是指学习者通过学习获得了使用符号与环境相互作用的能力。智力技能与言语信息不同，言语信息与知道“是什么”有关，而智力技能则与知道“怎样做”有关。言语信息的学习是从不知到知，由知之甚少到知之甚多的过程，智力技能的发展则是从简单到复杂、从低级到高级的过程。

(3)认知策略。认知策略是学习者借以调节他们自己的注意、感知、记忆和思维等内部心理过程的技能。认知策略是一种特殊的、非常重要的技能，是学生用来指导自己注意、学习、记忆和思维的能力。在认知信息加工学习模式中，认知策略起执行控制的作用，对下列几个方面起调节作用：注意哪些特征；如何编码以便于提取；如何从事问题解决过程；怎样才能利于迁移。由此可见，要把学生培养成独立的思维者，认知策略作为教育目标是很重要的。

(4)动作技能学习结果。动作技能亦称运动技能，是一种习得能力，以此技能为基础的行为结果表现为身体运动的迅速、准确、力量或连贯等方面，如乐器演奏、绘画、实验操作、打球等。动作技能也可存在于不使用器具或设施的活动中，如竞走、练拳、唱歌、舞蹈等活动中也有动作技能。在学生的学习中，动作技能的学习往往与认知学习交织在一起。例如，学习英文打字，除学习打字动作外，学习者还必须了解有关英文字母、单词拼法、标点、文件格式、换行规则、打字机的组成、各部分的作用以及键盘上字符的位置等知识。

(5)态度类学习结果。态度是人们对于事情的看法和采取的行动。作为一种学习结果，在教育心理学中“态度”被定义为习得的、影响个人对特定对象做出行为选择的有组织的内部准备状态。特定对象包括事物、人和活动。当教学目标是使学习者形成先前未有的态度，或改变当前积极的或消极的态度时，意味着我们要求学习者进行一项有关态度的学习任务。

**3. 我国基础教育课程改革的目标分类**

为了体现目标的衔接性和整合性，我国在当前的基础教育课程改革中，从知识与技能、过程与方法、情感态度与价值观三个方面给出了每一门课程的总体目标与学段目标(如果有学段的话)，布鲁姆的目标分类理论和加涅的学习结果目标体系为结果性目标和体验性或表现性目标。

(1)结果性目标

结果性目标主要是用于明确学生的学习结果，阐述结果的行为动词要求明确、可测量、可评价，同时还把结果目标分为知识领域与技能领域。

知识领域分为三个层次：

①了解水平。包括：再认和回忆知识；识别、辨认事实或证据；举出例子；描述对象的基本特征等。

②理解水平。包括把握内在逻辑关系；与已有知识建立联系；进行解释、推理、区分、扩展；提供证据；收集、整理信息等；

③应用水平。包括在新的环境中使用抽象的概念、原则；进行总结、推广；建立不同情境下的合理联系等。

技能领域也分为三个层次：

①模仿水平。包括在原型示范和具体指导下完成操作；对所提供的对象进行模拟、修改等。

②独立操作水平。包括独立完成操作；进行调整与改进；尝试与已有技能建立联系等。

③迁移水平。包括在新的环境下运用已有技能；理解同一技能在不同情境中的适用性等。

(2)体验性或表现性目标

体验性或表现性目标是描述学生自己的心理感受、体验或安排学生表现的机会，采用的行为动词往往是体验性、过程性的，这种方式指向无须结果化的或难以结果化的课程目标，主要应用于“过程与方法”“情感态度与价值观”领域。该领域的目标同样可以分为三个层次：

①经历(感受)水平。包括独立从事或合作参与相关活动，建立感性认识等。

②反应(认同)水平。包括在经历基础上表达感受、态度和价值判断；做出相应的反应等。

③领悟(内化)水平。包括具有相对稳定的态度;表现出持续的行为;具有个性化的价值观念等。

### (二)教学目标分析的方法

在进行教学目标分析时,需要确定学生达成目标所需要的从属技能。对学习目标的分析与教学内容的分析并不是孤立进行的,二是紧密相连,密不可分的。教学内容分析的过程刚好与学生的学习过程相反,学习内容分析以学生的学习结果为起点,并以学习起点为终点,所以是一个逆向分析过程。也就是说,学习内容分析从学习需要分析所确定的总的教学目标开始,通过反复提出"学生要掌握这一水平的技能,需要预先获得哪些更简单的技能"这样的问题,并一一回答,直到分析出学生已具有的初始能力为止。因此,对教学目标和教学内容的分析常常是交织在一起的。下面介绍的几种方法既可用于教学目标的分析,也可用于教学内容的分析。它们是归类分析法、层级分析法、信息加工分析法、解释结构分析法。

**1. 归类分析法**

归类分析法主要是研究对有关信息进行分类的方法,旨在鉴别为实现教学目标而需要学习的知识点。该分析法适用于言语信息的分析。例如,一个国家的省市名称可按地理区域来划分归类;人体外表各部位的名称可由上向下,按头、颈、躯干、上肢、下肢分类等。确定分类方法后,或用图示或列提纲,把实现教学目标需要学习的知识归纳成若干方面,从而确定教学内容的范围。

**2. 层级分析法**

层级分析法是用来揭示教学目标所需掌握的从属技能的内容分析方法。这是一个逆向分析的过程,即从已确定的教学目标开始考虑,要求学习者获得教学目标规定的能力,他们必须具有哪些次一级的从属能力,而要培养这些次一级的从属能力,又需具备哪些再次一级的从属能力。层级分析方法以加涅的智力技能由简单到复杂的分类为基础。

层级分析的原则虽较简单,但具体做起来却不容易。它要求参加教学设计的学科专家、学科教师和教学设计者熟悉内容,了解教学对象的原有能力基础,并具备较丰富的心理学知识。层级分析过程中,可运用一种逻辑分析法来辅助层级关系的形成。

**3. 信息加工分析法**

信息加工分析是加涅提出的,是指将学生在完成教学目标时对信息进行加工的所有心理操作过程揭示出来的分析方法,称为教学内容分析的综合方法。适用于动作技能、智力技能、态度等教学内容的分析。

在许多教学内容中,完成任务的操作步骤不是按"1-2-3-…-N"的线性程序进行的。当某一步骤结束后,需根据出现的结果判断下一步怎么做。在这种情况下,就要使用流程图表现该操作过程。流程图除直观地表现出整个操作过程及各步骤以外,还表现其中一系列决策点及可供选择的行动路线。

**4. 解释结构分析法(ISM 分析法)**

解释结构分析法是用于分析和揭示复杂关系结构的有效方法,它可将系统中各要素之间的复杂、零乱关系分解成清晰的多级递阶的结构形式。它分三个步骤:

(1)抽取知识元素,确定教学子目标;

(2)确定各个子目标之间的直接关系,作出目标矩阵;

(3)利用目标矩阵,求出教学目标形成关系图。

以上分别介绍了几种常见的教学目标分析方法。在实际教学中,由于许多教学目标的分析是由多种学习结果纠结在一起的,因此常常需将几种方法结合使用。

### (三)教学目标的编写方法

**1. ABCD 法**

ABCD 编写方法基本上反映了行为主义的观点,强调用行为术语来描述学习目标。下面是依据 ABCD 法编写的实例,并用符号标明了它的构成要素:

初中二年级学生(A),能用几何画板(C),画出三角形的重心(B),正确率达到 80%左右(D)

(1)对象 A(Audience):即指需要完成行为的学生、学习者或教学对象。如上面中的"初中二年级学生"。

(2)行为 B(Behavior)

在教学目标的构成要素中,实际的行为及其结果是一个最基本的成分。它说明了学生通过学习所能够完成的特定而可观察的行为及其内容。描述行为及其结果的基本方法是使用一个动宾结构的短语,其中表述行为的动词说明学习的类型,宾语则用来说明学生的行为结果或学生所做的事情。上面例子中"画出三角形的重心"中的"画出"就是动宾结构短语中的行为动词,而"三角形的重心"则是动宾结构短语中的宾语。

(3)条件 C(Condition)

学生在完成其规定的行为及结果时,总是在一定的情境条件下进行的,也就是说在学生完成其终点行为时,我们常提出相应的限制条件。例如上例中的"能用几何画板"。通常使用"可以借助字典""通过小组讨论"等包含一定限制的条件。编写良好的教学目标应尽可能地包含实际的有关条件,以使学生能在适当的环境中达到其行为结果。

(4)行为的标准 D(Degree)

行为的标准是指行为完成质量的可接受的最低衡量依据。为了使教学目标具有可测量性,应该对学生行为的标准进行具体的描述。学生行为表现的熟练程度一般而言是有差异的,而且幅度可能很大。在教学目标编写时采用什么程度的标准要依据教学内容的实际要求,应当以大多数学生在经过必要的努力之后都能做到的事情作为行为的标准。行为的标准一般从行为的速度和准确性等方面进行描述。例如,"在 5 分钟以内""误差在 1 mm 以内""准确率达 90%"都包含了教学目标中的有关标准。

在一个学习目标中,行为的表述是基本部分,不能省略。相对而言,条件和标准是两个可选的部分。目标编写中,如不提标准,一般即认为要求学生达到 100%的正确率。

**2. 内外结合的表述方法**

学习的实质是学生的内在心理过程发生了变化,所以教育的真正目标并不是为了改变学生的具体行为,而是要使其内在的能力或情感发生变化。用内部心理过程与外显行为相结合的方法阐明学习目标正好可以弥补 ABCD 法的不足。具体做法是在陈述学习目标时,先用描述学生内部心理过程的术语表明学习目标,以反映学生理解、应用、分析、欣赏、尊重等内在的心理变化,然后再列举出一些能够反映上述内在变化的行为,使得学生内在的心理变化也能够被观察和测量。在列举行为的变化时，仍然要采用前面所讲的ABCD法。

下面举例说明。比如，“让学生能够理解一篇描述人物的课文是怎样围绕中心思想取材的”，这样的目标是很难观察的。应该怎样来描述它呢？如果采用内外结合的方法表述就应该这样：

内部心理描述：能理解描述人物的课文是怎样围绕中心思想取材的。

行为1：能用自己的话概述课文中的主人公是一个怎样的人；

行为2：能从课文中说出作者描述主人公是表露自己感情的；

行为3：能指出课文所叙述的事件中哪些采取了略写的方式，哪些进行了详写，以及它们对表现中心思想所起的作用。

应该注意，在这个例子中，总的学习目标是“理解”，而不是那些用来表明“理解”的具体行为。因为在这里所列举的每一个具体行为，都仅仅是为了表明“理解”的一个侧面，而不是学习目标。

内外结合的表述方法避免了ABCD法只考虑具体行为变化而忽视内在心理过程变化的缺点，也克服了用传统方法陈述学习目标的含糊性。

尽管新的方法从根本上解决了传统方法所带来的问题，但是它也存在着某些局限性。首先，因为有些学科的内容本身带有明显的序列性，如数学、物理、化学和英语等，对于这样的学科，新的方法比较好用，而在社会科学课程中使用则受到了一些限制；其次，教师不可能提前确定教学活动中所有潜在的教学成果，而那些没有预料到的成果却有可能引出更有价值的结果；最后，完全使用可以测量的学习目标，有可能使学习过程变得过于机械。

## 四、教学策略的选择

教学策略是对完成特定的教学目标而采用的教学活动的程序、方法、形式和媒体等因素的总体考虑。教学策略具有指示性和灵活性，不同的教学目标需要使用不同的教学策略。由于学生的需求不同，教学目标和教学内容不同，不存在适用于一切教学活动的最优教学策略。在教学研究和实践中，人们从不同角度、立足于不同理论提出了各种教学策略，如加涅的九段教学策略、奥苏贝尔的先行组织者教学策略、布卢姆等人提出的掌握学习教学策略、保加利亚心理学家洛扎诺夫的情景-陶冶教学策略、示范模仿教学策略以及支架式和抛锚式教学策略。教学策略是在不同的教学条件下，为达到不同的教学结果所采用的方式、方法、媒体的总和。

### (一)先行组织者教学策略

先行组织者教学策略是奥苏贝尔有意义学习理论的一个重要组成部分。奥苏贝尔不仅正确地指出通过“发现学习”和“接受学习”均可实现有意义学习，而且还对如何在这两种教学方式下具体实现有意义学习的教学策略进行了研究，特别是对“传递-接受”教学方式下的教学策略做了更为深入的探索，并取得了成为教学论领域一座丰碑的出色成果——先行组织者教学策略。

先行组织者教学策略一般分为三个步骤：

(1)呈现先行组织者。阐明本课的目的，呈现作为先行组织者的概念，使学习者意识到相关知识和经验。

(2)呈现学习任务和材料。使知识的结构显而易见,使学习材料的逻辑顺序外显化,保持注意,呈示材料。

(3)扩充与完善认知结构。使用整合协调的原则,促进积极的接受学习,提示新、旧概念之间的关系。

### (二)掌握学习教学策略

掌握学习是由布卢姆等人提出的一种旨在把教学过程与学生的个别需要和学习特征结合起来,让大多数学生都能掌握所学内容并达到预期教学目标的教学策略。它的主要步骤是:

学生定向→集体教学→形成性测验→矫正教学→再次测评

### (三)五环节教学策略

这一模式源于赫尔巴特学派的"五段教学",后来经过苏联凯洛夫等人根据马克思主义认识论加以改造而提出五段教学策略,是一种接受学习策略。它的主要步骤是:

激发学习动机→复习旧课→讲授新课→运用巩固→检查效果

### (四)情景-陶冶教学策略

情境-陶冶教学策略也称暗示教学策略,由保加利亚洛扎诺夫首创,主要通过创设某种与现实生活类似的情境,让学生在思想高度集中但精神完全放松的情境下进行学习。它的主要步骤为:

创设情境→自主活动→总结转化

### (五)示范-模仿教学策略

示范-模仿教学策略主要用于动作技能类的教学内容,包括一些操作技能的学习。它的主要步骤为:

动作定向→参与性练习→自主练习→技能的迁移

### (六)九段教学策略

九段教学策略也叫九段教学法,是美国著名教育心理学家加涅将认知学习理论应用于教学过程而提出的一种教学策略。包括九个步骤,它们是:

引起注意→阐述教学目标→刺激记忆→呈现刺激材料→提供学习指导→诱发学习行为→提供反馈→评价表现→促进记忆与迁移

没有任何单一的策略能够适用于所有的情况,最好的教学策略就是在一定情况下达到特定目标的最有效的方法论体系。有效的教学需要可供选择的各种策略来达到不同的教学目标,教学设计者必须掌握一系列适用于不同目标、内容及对象的各种教学策略,才能在教学设计中运用各种教学策略,创造出最有效的教学环境,取得最佳的教学效果。

## 五、教学媒体的选择

### （一）选择教学媒体的依据

可根据教学目标、教学内容、教学对象、教学条件来选择教学媒体。在媒体选择基本原则的指导下，选择媒体的基本思路可以从媒体选择的工作程序中得到启发和帮助。根据这种基本工作程序考虑选择媒体时，需要教师将目标、内容、媒体三方面统一考虑。

媒体在教学中的使用目标可以分别表述为展示事实、创设情境、提供示范、呈现过程、设疑思辨等。针对不同的目标选择媒体类型，设计媒体内容，充分发挥媒体的作用就可达到提高功效的目的。图 4-2 描述了教学目标、教学内容和教学媒体使用目标三者之间的关系。

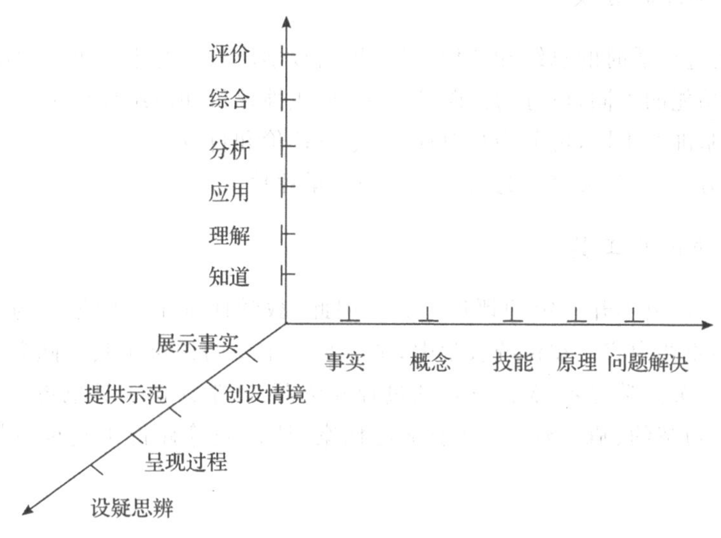


**图 4-2　媒体-内容-目标三维选择模型**

此模型反映了媒体选择与教学内容、教学目标之间的对应关系。若我们所教的内容是事实性知识，教学目标要求达到知道层次，在教学中媒体的具体使用目标就是展示事实；若内容是技能类知识，教学目标要达到应用层次。要求达到不同的层次，教学媒体的使用也就有相应的作用。

### （二）教学媒体的选择方法

教学媒体选择的最终目的在于教学实践中的有效运用，因此，在选择适宜媒体之后，要考虑如何运用媒体才能真正发挥其应有的作用。具体的教学媒体选择方法有问题表式、矩阵式、算法式和流程图四种方法，读者可以参阅其他资料，这里不再赘述。

## 六、教学设计成果的评价

教学设计成果评价属于教育评价的范畴。教育评价是根据一定的教育价值观或教育目标，运用可以操作的科学手段，系统地搜集信息、资料，分析、整理，对教育活动、教学活动和教育结果进行价值判断，从而为完善教育过程和正确的教育决策提供依据的系统过程。教学设计成果评价是一种特定的系统过程，包括确定评价目标、搜集有关资料、描述并分析资料、形成价值判断、做出决策等步骤。教学设计成果评价是教学设计的重要组成部分。对设计方案(成果)进行评价并做出相应的修改是教学设计的重要环节，是使教学设计成果趋向完善的必要内容，通过评价还可以掌握学习者的学习情况。

作为教学设计的重要组成部分，评价活动渗透在教学设计过程之中，贯穿于教学设计的各基本环节。一定意义上讲，对于采用评价的时间、先后次序上没有严格的规定。例如，学习需要分析、学习任务分析、教学目标设计等环节中，都最好能对它们进行一次初步评价；而对教学设计成果进行的整体评价，更是十分必要的。正因为如此，评价环节放在教学设计基本模式的最后部分。

### (一)教学评价的分类

对教学活动进行适时的总结和评价，对于提高教学质量具有十分重要的作用。

(1)按评价功能的不同，可分为诊断性评价、形成性评价和总结性评价。

(2)按评价基准的不同，可分为相对评价、绝对评价和自身评价。

(3)按评价方法不同，又可分为定性评价和定量评价。

### (二)教学评价的工具

实施教学评价，离不开一定的评价工具。因此，教学评价工具的编制与使用也是教学评价工作的一项重要内容。在传统教学中，试卷是最主要的评价工具。随着信息时代的到来，教学设计更加关注学习者，关注学习的过程和资源，教学评价工具也更加多样化，试卷、量规、档案袋、学习契约、概念地图、电子学习档案、评估表等评价工具也应用在了教学评价中。①

**1. 试卷**

用于评价学生对所学知识的掌握程度。随着技术的发展，计算机和数据库的应用，传统意义上试卷的功能已经拓展，试卷可以自动生成，在网络平台可以由学生自测、自我评价。

**2. 量规**

量规是一种结构化的定量评价工具(祝智庭，2002)。从表现形式上来看，量规往往是个二维表格，它会从与评价目标相关的多个方面详细规定评价指标。为了更好地评价学生的绩效，获得可靠的分数，量规的制作中要注意：要根据教学目标和学生的水平来设计结构分量；根据教学目标的侧重点确定各结构分量的权重；应尽量让学生参与设计量规。

**3. 档案袋**

档案袋是按一定目的收集的反映学生学习过程以及最终产品的一整套材料，这些材料借助信息技术得以很好地组织与管理。档案袋中可以包含各种形式的学习材料，如录像资料、书面文章、图画、计算机程序等。档案袋可以使学生在一段时间后检查自己的成长，从

---

① 闫寒冰.学习过程设计——信息技术与课程整合的视角[M].北京：教育科学出版社，2005：80.

而成为自身努力的更有见识、更善思索和善于反思的评估者。

**4. 概念地图**

概念地图是指学习者对特定主题建构的知识结构的一种视觉化表征。学生可以沿着时间或空间的维度创建概念地图，以此识别、澄清和表示概念间的相互关系。概念地图的首要特征是用层级结构的方式表示概念之间的关系。概念地图的另一个特征是交叉连接。交叉连接表明了呈现在地图上的某些领域知识是怎样相联系的。

**5. 学习契约**

学习契约也称学习合同，是学生与教师之间的书面协议或者保证书，这种评价方法来源于真正意义上的契约或合同。在学习过程中，契约可以不断修正，它赋予了学习者自主学习的决定权，规定了学习者必须履行的学习义务，为学习者开展自主学习提供了一种基本框架。具体说来，学习契约规定了学习者将要学习什么、怎样学习以及如何检验、评价是否达到学习目标。

**6. 评价表**

评价表是以问题或评价条目组织的表单，适当地设计可以帮助学习者通过回答预先设计好的问题来产生某种感悟，有效地启发学生的反思，从而增强他们的自主学习能力，达到提高绩效的目的。

### （三）教学评价的一般过程

教学设计成果评价分为 5 个基本步骤：制定评价计划→选择评价方法→试用设计成果→收集资料、归纳和分析资料→报告评价结果。

总之，教学设计成果评价完成的是以下两个方面的工作：

一是教学评价必须对学绩测验数据所表明的教学成效做出确切的诊断。诊断教学成效即依据教学目标，运用学绩测验数据，判明学生知识技能策略的掌握程度及能力与品格的形成状况。

二是教学评价必须对教学的成败原因进行分析，并对今后教学工作的改进方面做出明确的规定。教学评价不仅要了解学生能力与品格的形成状况，而且更重要的是要找出以往学习中的断裂点和断裂带，分析其成功与失败的原因，并提出改进措施。

## 第三节 信息化教学设计

教育信息化为我们展示了未来教育的美好前景。但是，具有装备精良的信息化硬件环境和信息化教学资源，可能促进教育革新，也可能优化传统教育，但不会自然而然地创造教育奇迹，因为任何技术的社会作用都取决于它的使用者。信息技术在教育中的应用是一场全面的变革，信息技术环境变了，教学方法也得相应变革。教学方法的选择是由教师的教育观念支配的，因此，如果教师不了解如何更加有效地使用技术，不了解信息化环境下的教学设计方法，所有与教育有关的技术都没有任何意义。

在运用教育技术进行教学的实践中，人们逐渐意识到，运用现代教育技术教学并不是简单地在教学中应用技术，指导信息技术应用的理论和方法非常重要。然而，在实践中我们经常发现，很多使用信息技术进行教学的教师，基本上很少甚至没有计划，他们对信息技术能否促进学生学习，如何促进学习，信息技术具有哪些优势，在教学中如何恰当地使用信息技术等，都没有认真考虑过，导致信息技术在教学中应用的效果不明显，很多教师对技术在教学中使用的情况感到失望或困惑。因此，教师是否在学科教学中掌握和恰当使用信息技术的理论和方法，即信息化教学设计，将直接影响信息技术的作用能否得到有效、充分的发挥，直接影响到信息技术应用的效果和效益。

## 一、信息化教学设计概述

### (一)信息化教学设计的内涵

对信息技术环境下的教学活动所进行的设计，称为信息化教学设计。信息化教学设计可定义为：充分利用现代信息技术和信息资源，科学安排教学过程的各个环节和要素，为学习者提供良好的信息化学习条件，实现教学过程最优化的系统方法。

信息化教学设计是在传统教学设计的基础上发展起来的，它强调先进的教育理念(尤其是建构主义学与教的理论)指导下的信息技术的运用，强调充分利用现代信息技术，科学安排教学过程中的各个环节和要素，为学习者提供良好的信息学习环境、实现教学过程最优化的系统方法，进而培养学生的信息素养、创新精神和实践能力。信息化教学设计有两个重要特征：一是更加注重学习者的主体作用；二是更加注重利用息技术，为学习者创设有助于培养自主学习和协作学习能力、问题解决能力、实践能力的环境，帮助学习者提高学业成就，成为具有终身学习能力的学习者。上述两个特征，渗透到教学设计的各个要素中，就形成了信息化教学设计的原则。

### (二)信息化教学设计的基本原则

#### 1. 注重情境创设

由于传统教学基本上是“去情境”的，即将知识从具体情境中抽象出来，成为概括性知识，这样虽然可以反映具体情境中概念、规则、原理等的“本质”，但却忽视了知识运用的情境性和具体性，使得学习结果难以自然地迁移到真实的问题和任务情境中。美国学者布朗(J.S.Brown)等人认为，在非概念水平上，活动和感知比概括化具有更为重要的认识论上的优越性，因此，要使学习者更好地完成对所学知识的意义建构，即达到对该知识所反映事物的性质、规律以及该事物与其他事物之间联系的深刻理解，最好的办法是让学习者到现实世界的真实环境中去感知体验(即通过获取直接经验来学习)，而不是仅仅聆听别人(例如教师)关于这种经验的介绍和讲解。因此，在教学中要尽可能为学生创设真实的问题或任务情境，使学习尽可能在真实的情境中进行。但需要注意的是，这里所谓的真实情境，并非一定要是真实的物理情境。情境的类型可以是多样的，既可以是现实问题的，又可以是观念的、想象的；既可以是基于学校与课堂的，又可以是基于社会的、自然的、日常生活的；既可以是真实的，也可以是虚拟的。但不管是哪一种情境，必须能够使学习者经历与真实世界中类似的认知挑战。

**2. 注重“问题解决”和“任务驱动”**

“问题解决”和“任务驱动”实际上是情境创设的进一步深化。信息化教学设计强调将学习与更多的任务或问题挂钩，使学习者投入到问题或真实任务中，在学习者解决问题或真实性任务的过程中，鼓励学生自主探究，激发和支持学习者的高水平思维。通过让学生合作解决真实性问题或任务，使学生知道为什么要学习这些知识和技能，如何运用这些知识和技能。

**3. 充分利用各种学习资源来支持学生的自主学习和协作学习**

为了支持学习者主动探索、解决问题，信息化教学设计特别强调在教学过程既要提供丰富的、多样化的、适宜多表征形式的学习资源，还要为学生提供或选择适宜的帮助和促进他们对学习资源获取、分析、处理等的认知工具，同时还要鼓励学习者在学习过程中充分利用各种学习资源，进行自主学习，借助现代信息技术所提供的各种协作、交流工具，与其他学习者进行协作学习。

**4. 强调协作学习的重要性**

信息化教学设计特别重视协作学习的设计。这里的协作学习不仅仅指学生之间面对面的协作，还包括基于计算机和网络通信技术支持的协作学习；不仅仅指学生之间的协作，还包括教师与学生之间的协作，学生借助信息技术与他人之间进行的协作。强调协作学习的设计是因为协作学习既是社会的需要，也是学习者心理发展的需要。随着知识的爆炸式增长和社会分工的日趋细化，越来越多的工作都需要通过协作来完成。因此，是否具有协作意识与能力已成为衡量现代人才的一个重要指标。从学习者个体的角度来看，每个学习者由于成长经历不同、知识经验不同，常常会对同一知识和问题产生不同的理解，这种理解有可能是不正确的，也有可能是不完善的、浮浅的、片面的和不充分的；而协作学习过程中的充分交流与沟通，不仅可以使学习者外化和表达自己的见解，聆听他人的想法，在与他人的交流中产生观点的砥砺和碰撞，达到对所学知识的较为全面、完善的理解，而且可以促使学习者学会相互接纳、赞赏、争辩、共享和互助。

**5. 强调面向学习过程的质性评估**

信息化教学设计反对把简单的技能与知识测试作为唯一的评价依据，强调把教师与学生在课程开发以及教学实施过程中的全部情况都纳入评价的范围，强调评价与具体评价情境的交互作用，主张凡是具有教育价值的结果，不论是否与预定目标相符合，都应当受到评价的支持与肯定。尤其在对能力进行评价时，更要关注学生在整个学习过程中能力发生的变化，收集整个过程中的行为信息，做出一个评估报告，为学生能力的成长提供一个可行的改进计划或培养方案。

**6. 注重为学生提供有效的引导和支持**

虽然信息化教学设计倡导在教学中要充分发挥学生的主体作用，注重学生的主动探索和学习过程中的积极参与，但是在缺乏指导和引导的学习环境中，学习者可能会因为受挫而失去深入探究的兴趣，也可能因错误线索的引导而偏离预期的方向。因此，信息化教学设计同样强调教师在学生的学习过程中要给予指导和帮助，包括为学生提供学习资源、示范、启发和咨询，特别是在学习者对所学内容不熟悉或学习者缺乏良好的自我调控能力的情况下，更要重视教师的指导和引导作用。

上述信息化教学设计原则更多地体现了建构主义学习理论的指导，体现了以学为主的设计思想，但这并非因为建构主义学习理论十全十美，而是因为它对于我国教育界的现状特别有针对性。它所强调的以学为主，学生主要通过自主建构获取知识意义的教育思想和教学观念，对于多年来统治我国各级各类学校课堂的以教为中心的传统教学结构与教学模式产生了很大的冲击，在培养学生的自主探究学习能力和创新能力等方面具有优势。事实上，以教为中心的教学设计和以学为中心的教学设计各有优点和不足，国际教育技术界已普遍认识到只有将二者有机结合起来才能实现优势互补，实现教学过程的优化。

## 二、信息化教学设计的要素及流程

近年来，随着混合式学习逐渐被国际教育技术界所接受，愈来愈多的教师认识到以学为主的教学设计有自己的突出优点，但也有自身的缺陷，而以教为主的教学设计也同样有自身的优缺点，若能将两者有机结合，正好可以优互补。何克抗教授提出的“学教并重”的教学设计汲取了两种教学设计的优点，强调既要充分体现学生的主体地位，又要充分发挥教师的主导作用，既注重系统知识和技能的学习和培养，在教学中又要充分发挥学生的首创精神，促进学生自主探究、协作学习和创新能力的培养，所以具有较为广泛的影响力和适应性，成为我国信息化教学设计的主要模式。其设计过程主要包括：

(1)教学目标分析——确定教学内容及知识点顺序；

(2)学习者特征分析——确定教学起点，以便因材施教；

(3)教学模式与策略的选择和设计；

(4)学习情境与学习任务设计；

(5)教学媒体与教学资源的选择和设计；

(6)教学评价设计。

除了上述设计要素外，我们认为信息化教学设计还必须考虑课堂管理与帮助的设计。计算机进入课堂，不仅对教师的教学方式产生了很大的影响，而且为教师作为管理者的角色带来了新的元素。有学者指出“只有当教师在对管理问题上达到了精通的层面时，教育革新才可能发生”(Sandholtz et al，1990)。因此，信息化环境的课堂管理与帮助设计显得尤为重要。下面我们将对信息化教学设计的主要要素进行较为详细的介绍。

### (一)教学目标分析

教学目标是教学实践活动的方向标，它在教学过程中起着指示方向、规定结果的重要作用。所以，确定准确合理的教学目标被认为是教学设计的首要工作。教学目标是对学习者通过教学以后能做什么的一种明确、具体的表述。教学目标具有一定的层次性，在一般的课堂教学中，教师所要关注的教学目标的分析与编写主要是单元层次和课时层次上的。

教学目标分析是为了确定学生学习的内容或主题，即与基本概念、基本原理、基本方法或基本过程有关的知识内容，对教学活动展开后需要达到的目标做出一个整体描述，包括学生通过本节课的学习将具备哪些知识和能力，会完成哪些创造性产品，以及潜在的学习结果、增强哪些方面的情感态度与价值观。在实际分析中，对教学目标的分析常常是与教学内容的分析结合进行的。通常情况下，在确定了一门学科总的教学目标的基础上，我们需要确定为完成总目标所必需的学习单元内容或学习模块。在确定了单元学习内容或学习模块的基础上，需要进一步确定每一单元或模块的学习目标以及确定达到单元学习目标所需的知识点。所以，教学目标的分析一般包括两个重要内容：一是鉴别达到目标所需学习的知识、技能及应具有的态度和情感等；二是根据目标分类理论为特定的内容和学习对象编写具体的目标。

### （二）学习者特征分析

教学设计的最终目的是有效促进学习者的学习，而任何一个学习者都会把他原来所学的知识、技能、态度带入新的学习过程中。因此，设计的教学系统是否与学习者的特点相适应，或在多大程度上适应学习者的特征，是衡量一个教学设计成功与否的重要指标。影响学习者学习的因素是多方面的，在教学设计中究竟应考虑或分析学习者哪几个方面的因素呢？一般认为，为了能设计出对于学习者最合适的教学，应尽可能了解学习者各方面的特征。但在实践中，不可能收集学习者所有的特征，因为这个过程可能很费时，也很费力；同时，也并不是所有收集到的信息都是有用的或者说具有设计意义。因此，在进行学习者特征分析时，重在了解那些对当前教学系统设计产生直接、重要影响的因素。一般认为，对学习者特征的分析应该包括学习者的认知能力、初始知识和能力、对所学内容的学习动机和态度等，这些特征对提高教系统的适用性和针对性具有重要的影响。

**1. 学习者认知能力分析**

对学习者认知能力的分析，主要是了解学习者在不同的认知发展阶段所表现出的感知、记忆、思维、想象等方面的特征。瑞士著名发展心理学家皮亚杰的认知发展阶段理论能够为我们分析学习者的认知能力或认知发展水平提供一个清晰的框架，他将儿童认知发展划分为四个阶段：感知运动阶段、前运算阶段、具体运算阶段、形式运算阶段。在不同的发展阶段，儿童的认知具有不同的质的特点，但在同一发展阶段内，各种认知能力的发展水平是平衡的，即在不同的方面，儿童所表现出的能力是和谐的、水平相当的，任何个体都将按照固定的次序经历相同的发展阶段。

**2. 学习者特定的知识和能力基础特征**

分析特定的知识和能力基础是指学习者在学习某些特定的学科、领域的知识技能时，他与新学习相关的知识和能力的基础状况。知识和能力基础分析在个教学设计中具有非常重要的作用，只有在清晰地了解教学对象的知识和能力基础之后，教学才能做到有的放矢。那么，该如何确定每个学生的知识和能力基础呢？编制预测题是了解学习者已有知识基础的有效方法，对学习者的预备能力的了解可通过访谈和观察的方式获得。一般在编制测试题之前，需要在学习内容分析图上设定一个教学起点，将该起点以下的知识技能作为预备能力，并以此为依据编写预测题。

**3. 学习者的学习态度与学习动机**

了解学习者对所学内容的认识水平和态度，包括他们对教学传递系统的态度或喜好，对选择教学内容、确定教学方法等都有重要的影响。判断学习者学习态度的最常用方法是态度问卷量表。此外，观察、访谈等方法也可用于态度分析。学习动机是指直接推动学生进行学习的一种内部动力，是激励和指引学生进行学习的一种需要。学习与学习动机相辅相成。学习动机的分类有很多，比较有代表性的学习动机分类是奥苏贝尔提出的，分为认知内驱力、自我提高内驱力和附属内力。

需要特别说明的是，在信息化教学设计中，除了分析学习者在常规环境中的特征外，还应重视信息技术环境下对学习的技能要求及认知心理特点，尤其是学习者取得成功的学习需要具备的信息素养，如是否掌握计算机的基本操作，能否熟练应用各类工具软件，包括学科工具软件，是否掌握网络搜索技能和策略等。

### （三）模式与策略的选择和设计

通过对教学目标的分析和学习者特征的分析，解决了确定教学的终点（教学的目标）以及学习的起点（即学习者的已有基础和准备情况）问题，接下来需要考虑“如何教与学”的问题，即要为实现符合学习者需要和特征的教学目标选择恰当的教学模式与教学策略，这是教学设计中的核心环节，直接反映了设计者的教育教学思想与观念。那么，什么是教学模式与教学策略呢？

**1. 教学模式与教学策略**

教学模式是在一定的教育思想、教学理论和学习理论指导下，为完成特定的教教目标和内容而围绕某一主题形成的比较稳定且简明的教学进程结构及其具体可操作的教学活动方式。一般将教学策略理解为在不同的教学条件下，为达到不同的教学结果所采用的方式、方法、媒体的总和，它具体体现在教与学相互作用的活动中。虽然在实践层面上，教学模式和教学策略包括教学方法之间常常不是那么界限分明，相对而言，教学模式属于较高层次，规定着教学策略、教学方法；教学策略比教学模式更详细、更具体，受到教学模式的制约。在某个教学模式中，可以采用多种教学策略；同时，一个教学策略可用于多种教学模式中。

**2. 常用的信息化教学模式**

在教学理论研究与实践中，形成了适用于不同学习结果的教学模式，这些教模式有些体现了以教为主，有些侧重于以学为主。下面列举一些具有代表性的、有较大大影响的教学模式，可供大家根据不同的教学目标和学习内容选择参考。

随着建构主义学习理论的兴起和信息技术的飞速发展，形成了许多基于信息技术支持、具有典型性的以学为主的教学模式。这些模式包括早期的适用于认知领域的教学目标，以问题解决为中心，注重学生独立活动，有利于学生的探究能力和创造性思维能力的培养的引导-发现教学模式，以及近些年基于建构主义学习理论信息技术支持而形成的支架式教学模式、抛锚式教学模式、随机进入教学模式、基于网络的协作式学习模式、研究性学习模式、专题探索与网站开发教学模式、游戏化教字、教学模拟及翻转课堂教学模式等。

**3. 教学策略**

教学策略分普遍性教学策略和具体性教学策略。普遍性教学策略是指不与具体的学科知识和技能教学紧密相连的策略，如学习动力激发策略、课堂组织策略、自主学习策略、协作学习策略等。具体性教学策略是指针对某一具体知识和技能教学的策略，如语文学科的识字教学策略、作文教学策略，英语学科的听说教学策略、汇教学策略等。由于自主、合作、探究的学习方式既是信息化教学的主要特征，也是新课程改革所倡导的，下面我们将重点对自主学习策略和协作学习策略做进一步的介绍。

(1)自主学习策略

自主学习策略的核心是要发挥学生学习的主动性、积极性，充分体现学生的认知主体作用，其着眼点是如何帮助学生学。因此这类教学策略的具体形式虽然多种多样，但有一条主线贯穿始终，这就是“自主探索、自主发现”。所以通常也把这类教学策略称为发现式教学策略。在自主学习策略的设计中，应该注意以下几方面：

①重视人的设计。要在学习过程中充分发挥学生的主动性，体现学生的首创精神。环境是促进学习者主动建构知识意义的外因，理想的学习环境是必要的，但学习者是学习的内因，如果缺乏人的自主学习，意义建构就无从谈起。因此，设计的重点要放在能够促进学习发展上，而不是活动的形式上。

②目标明确。在自主学习中，学生对知识的意义建构是整个学习过程的最终目的。在学习过程中强调对知识的意义建构无疑是正确的，但如果不分析学习目标，对当前所学内容不加区分，都要求意义建构，则是不恰当的。另外，要让学生有多种机会在不同情境下去应用他们所学的知识，即将知识外化。

③自我反馈。要让学习者能根据自身行动的反馈信息来形成对客观事物的认识，获得解决实际问题的方案，即能实现自我反馈。

④重视教师的指导。教师是学习过程的组织者、指导者，教师要对学生的意义建构起促进和帮助作用。因此，在充分体现学生主体地位的同时，不能忽视教师的指导作用。

(2)协作学习策略

协作学习是以一种小组或团队的形式，组织学生协作完成某种既定的学习任务的教学策略或形式。在协作学习过程中，学习者之间以融洽的关系、相互合作的态度，对同一问题运用多种不同观点进行观察、比较、分析和综合。学习者共享学习资源，共同担负学习责任，共同享受成功的喜悦。常见的协作学习策略有讨论策略、角色扮演策略、竞争策略、协同策略和伙伴策略。

在设计协作学习策略时及在协作学习过程中，要注意以下几方面：

①建立合适的协作小组。协作学习是学习者组成一个群体，互相帮助，共同学习，通过协商和辩论，加深对问题的认识。因此形成一个适当规模和构成层次相当的协作小组，对于协作学习的成功与否非常重要。如果规模不合适或协作者之间基础相差悬殊，则可能不能形成协作或协作不充分，协作学习自然会失败。

②学习主题要具有挑战性，问题要具有争论性。协作学习的主题可以由教师指定，也可以由学生自行确定。学习者协作解决的问题可以是围绕主题的能引起争议的初始问题，可以是深化主题的问题，也可以是稍稍超前于学生智力发展水平题，这些问题是否具有可争论性关系到是否有必要组织协作学习。

③重视教师的主导作用。协作学习的设计和学习过程都需要教师的组织和引导，教师要设计有争议的问题以及评价方式。在协作过程中，教师还要关注每个学生的表现，对学生表现出的积极因素给予及时的反馈和鼓励。如果学生的讨论出现离题现象或开始纠缠于细枝末节问题，要及时加以正确引导，将其引回主题。对于学生论过程中暴露出来的某个概念或认识的模糊或不正确，要用适当的方式进行引导；对于整个协作学习的过程，教师要做出恰当的评价。

现代信息技术在学生的自主学习和协作学习方面，能够提供有效的支持。信息技术可以为学生提供探索的问题情境，提供可以利用的各种信息资源和工具，支持学生之间的合作和沟通，并更好地超越课本与教材的限制，拓展学生学习的空间。近些年，计算机技术的发展使协作学习超越了时空的限制，拓展了学习的空间。

### （四）学习情境与学习任务的设计

建构主义学习理论认为，学习总是与一定的情境相联系的，因为在情境的作用下，那些生动直观的形象才能有效地激发学生的联想，唤起学生原有认知结构中有关的知识、经验及表象，从而使学生利用有关知识与经验去“同化”或“顺应”学到的新知识。因此，信息化环境下的教学设计特别注重学习情境的创设。

**1. 学习情境设计**

所谓学习情境，是泛指一切作用于学习主体，并能对学生的学习有直接刺激作用的客观环境。在教学设计与实施过程中，要尽可能创设一个真实、完整的教学情境，以此为支撑物，启动教学，使学生产生学习的需要。在设计学习情境时，应注意如下几方面：

（1）不同学科对情境创设的要求不同。一种是学科内容有严谨结构的情况，比如数学、物理、化学等理科内容皆具有这种结构，这时要求创设有丰富资源的学习情境，其中应包含许多不同情境的应用实例和有关的信息资料，以便学习者根据自己的兴趣、爱好去主动发现、主动探索。另一种是学科内容不具有严谨结构的情况，如语文、外语、历史等文科内容一般具有这种结构，这时应创设接近真实情景的教学情境，在该环境下应能仿真学习情境，从而激发学习者参与交互式学习的积极性，在交互过程中去完成对问题的理解、对知识的应用和对意义的建构。

（2）把握教学内容、教学目标与情境创设的关系。不同的教学内容、不同的教学目标需要不同的表现手段与表现方式，要求不同的学习方法，不同情境对于不同目标的内容教学的效果是不一样的。在创设情境时，要把握好情境与这两者的关系。如提供学习资源的学习情境宜用于知识的学习，渲染气氛的情境适用于角色扮演，仿真学习情境可以用于体验式的问题解决等。

（3）学习情境的创设要符合学习者的特征。学习是个性化的行为，在创设情境时要充分考虑到学习者原有的知识、技能，考虑到学习者的学习动机、态度，考虑到学习者的年龄和生理发展特征，要能促进学习者产生积极的情感体验。

（4）学习情境是促进学习者主动建构知识意义的外部条件，是一种外因。外因通过内因才能起作用。无论是哪一种学习情境，都要为促进学习者自主学习最终完成意义建构服务。

（5）学习任务与真实学习情境必须相融合，不能处于分离或勉强合成的状态，学习情境中要能够以自然的方式展现学习任务所要解决的矛盾和问题。

（6）不能滥用媒体情境。信息技术对创设情境有潜在的优势，但是应该注意媒体情境的适度运用，不能用媒体情境代替全部真实情境，要综合各种情境的优势。

（7）由于学习情境的创设常常涉及虚拟现实、情境演示类的信息技术的应用，需要的技术与时间投入往往比较大，因此，教师在利用信息技术创设学习情境时，应考虑“教学效益”问题，即要考虑教学准备的“投入”与教学效果的“产出”之间的关系。一方面，不能滥用信息技术，情境的创设必须与学习的主题密切相关，并且有助于调动学习者学习的积极性，有助于对所学内容的学习；另一方面，不应盲目追求高技术、复杂技术，应考虑是否可用非技术或低技术的手段来代替现有的设计并取得同样的效果。

**2. 学习任务设计**

与学习情境设计密切相连的是学习任务的设计。使学习者投入到问题或真实性任务中，在解决问题或真实任务的过程中，鼓励学习者自主探究，激发和支持学习者的高水平思维，是缩小学校和社会的差距，培养学习者的自主和协作学习能力以及将所学知识和技能广泛迁移的有效途径。

学习任务可以是一个问题、一个案例分析、一个项目研究或是一个观点分歧，好的任务应该是既有效又真实的。所谓有效是指通过该任务的完成，学生能够学或用到需要掌握的知识与技能，并能够促进高级思维能力的发展。所谓真实是指该任务提供了现实世界中真实的绩效挑战。那么，该如何设计有效而真实的任务呢？下面提供了几种具体的策略。

(1)再现真实世界中的各种挑战

再现真实世界中的各种挑战需要有效而真实的任务设计与实施。这里所谓的真实情境并非是与真实世界一样的物理情境，而是要再现真实世界中的各种挑战。由于真实世界中的任务往往都是非良构的，因此，完成这类任务或解决这类问题需要学习者主动激活自身的知识和技能，并且综合、灵活运用所学知识、技能，融合各种工具和资源，有时需要运用多学科的知识和技能，通过与其他学习伙伴合作，才够完成任务。

(2)任务设计一般应明确要求

设计的学习任务要尽可能涵盖教学目标所规定的多个知识点或技能，使学生能够将课堂中学习的离散的、孤立的知识点通过完成任务的过程联系起来，体验知识运用的情境性、复杂性和灵活性。为了使学习者更好地完成任务，使任务的完成具有可操作性，一般在陈述学习任务时，应该使学习者明确任务所要达到的目标、完成任务的一些基本要求。

(3)设计的任务要使学习者有完成的可能性

虽然真实有效的任务能够培养学习者的自主探究能力，激发和支持学习者的高水平思维，但如果设计的任务太难，超出了学习者的能力水平，就会使学习者在完成任务的过程中因为遭遇太多的失败而降低完成任务的兴趣和积极性。因此，设计的任务要符合学习者的特征，要在学习者的最临近发展区。

(4)任务设计要注重渗透方法，培养学生的能力

在设计任务时，要注意引导学生从各个方向去解决问题，用多种方法来解决同一个问题，防止思维的绝对化和僵硬化。在教学过程中，要培养学生产生大量疑问、不受固定模式约束的能力，还要鼓励学生学会大胆猜想、判断，并将其猜想作为逻辑推理的一种形式和发展学生创造力的一种重要手段，帮助学生克服思维定式。同时，培养能力、领会思想方法重在渗透和潜移默化，不应该把方法当作知识向学生灌输。因此，对教学中让学生完成的任务，要注重讲清思路，理清来龙去脉，在不知不觉中渗透处理问题的基本方法，让学生在掌握了基本方法后，能够触类旁通，举一反三，开拓思路，增强完成类似任务的能力，提高自主学习能力，并尽可能多地产生学习迁移。

(5)明确任务完成后结果的类型和表现形式

真实世界中的任务解决路径从来就不是唯一的，往往从不同的角度入手就会有不同的解决方案。学生在完成任务的过程中，加深了自己对某一主题知识和技能的理解，从而使完成任务的过程充满了创造性与个性，任务的结果和类型也呈现多样化。为了使学习者进一步加深对所学和所运用的知识和技能的深刻理解，一般在设计任务时，要明确

任务完成后结果的类型和表现形式，并且要鼓励学习者尽可能用多样化表征形式来外化任务结果，允许学习者以多样化的方式表现学习的成果或任务的结果，以更好地适应学习者的个体差异。

鉴于国内目前仍以纸笔考试作为评价的主要形式，并且仍以课堂集体教学为主要的教学组织形式，侧重知识的系统教学和学习，我们认为，在实际教学中，对学习任务的设计和实施可以从两个方面着手：一是以现实课堂教学为主，在保证完成课堂教学目标和任务的基础上，优选一些与课程内容紧密结合的问题，提出项目任务，进行精心设计，课前由教师组织相关信息资源，在课堂上以小组形式让学生进行拓展、深入学习；二是与学生的活动课、选修课、特长培养等结合起来，提出一些适度超出课程范围的、综合性的研究问题和任务，让学生在更大范围内去探索实践、观察，收集、处理信息，完成研究报告。

### （五）教学媒体与教学资源的选择和设计

现代信息技术虽然在支持教与学方面具有多方面的优势，但这并不意味着只要教学中运用信息技术，信息技术就自然能够发挥神奇的作用。国内外大量的信息化教学实践表明，教学媒体和教学资源的选择、设计与开发必须充分考虑相关的影响因素，遵循媒体选择和资源设计的原则才有可能充分有效地发挥现代信息技术的作用。

在信息化教学环境下，教学媒体与教学资源的选择和设计主要包括三个方面的内容：硬件媒体类型的选择、软件资源的选择、设计与开发以及认知工具的支持。

#### 1. 教学媒体的选择

由于不同教学媒体的特性不同，各种媒体都有自己的优缺点，不存在对任何教学目标都最优的“超级媒体”。换句话说，没有一种媒体能对任何学习目标和任何学习者都产生最佳的相互作用。但是对于某些具体的教学目标来说，还是存在某种媒体，其教学效果明显优于其他媒体，并且每种媒体都有其独特的内在规律，有一套充分发挥其功能的固有法则。因此，就有了媒体选择的必要性和意义。所谓教学媒体的选择，是指在一定的教学要求和条件下，选出一种或一组适宜可行的教学媒体。那么，为了达到预期的教学目标，在功能各异、丰富多彩的教学媒体中如何选择适宜、有效的媒体呢？教学媒体的选择要依据教学目标、教学内容、学习者特征和教学条件。

#### 2. 教学资源的选择、设计与开发

在信息化教学中，为了支持学习者的主动探索和意义建构，强调在学习过程中要为学习者提供各种信息资源来支持其学习，因此，也将教学资源称为学习资源。教学资源的获得通常有三条途径：选取现成的、修改原有的和编制尚无的。若现成的资源中已有合适的，应尽可能地选取和运用，这样可以节省时间、经费和精力；当已有的资源不甚合适时，可先考虑对资源略做修改，以满足教学需要；如果选取、修改都不行，就要设计、编制新的符合要求的教学资源。有关教学资源的设计与开发，将在本书后面的章节中做更详细的介绍。

在设计和开发学习资源时，除了必须与教学目标、学习内容和学习对象适应和匹配外，同时还要遵循注意、知觉、记忆、概念形成等心理学原理和规律，以使开发出的教学资源具有科学性、教育性和艺术性，更好地解决教学中的重点和难点问题，更好地支持学生的自主学习和协作学习。

#### 3. 认知工具的支持

在“学教并重”的教学设计中，除了要为学生提供丰富的、多样化的、适宜资源的支持

外，还需要为学生提供或选择适宜的，能够帮助和促进学生对学资源的获取、分析、处理、编辑、制作等的认知工具。

认知工具是支持和扩充使用者思维过程的心智模式和设备。在现代学习环境中，主要是指与通信网络相结合的广义上的计算机工具，用于帮助和促进认知过程，帮助学生进行信息与资源的获取、分析、处理、编辑、制作等，也可用来表征自己的思想，替代部分思维，并与他人通信和协作。常用的认知工具有六类：

(1)问题/任务表征工具：可用于帮助学习者更好地分析问题、明确任务，以一定的方式(如表格)表征出来。

(2)静态/动态知识建模工具：可用于帮助学习者对知识进行建模。

(3)绩效支持工具：可支持学习者提高学习绩效，如用记录工具记录学习者学习的心得体会，支持学习者的短时记忆，记录学习者的思路、要点，用实验工具设置实验情景，通过与学习者的交互操作进行结果呈现和数据分析以检测学习者的设想。

(4)信息搜集工具：可有效地帮助学习者进行网上信息搜索及网内信息导航。

(5)协同工作工具：可便于学习者之间或学习者与教师、专家之间的交流，以利于协同工作的开展。

(6)管理与评价工具：可便于进行学习过程中的知识或任务的组织和管理，便于各种评价方式的实行。

### (六)教学评价设计

教学评价是指以教学目标为依据，制定科学的标准，运用一切有效的手段，对教学活动的过程及结果进行测定、衡量，并给予价值判断的过程。随着人才培养目标的转变，及建构主义评价观、多元智力评价观等多种评价观念的发展，与教学目标和教与学方式的变化相适应，当前教学评价(也称学习评价)方式表现出以下趋势：外部评价与自我评价相结合，强调自我评价和自我反思；结果性评价与过程性评价相结合，重在过程性评价；选拔性评价与发展性评价相结合，重在发展性评价，强调通过评价来更好地指导和促进学习者的学习；重视真实性测评和绩效评价，采用情景化的真实任务评价学习者实际解决问题的能力；在进行学业成绩评价的同时，全面评价学生的发展。

随着评价取向、评价功能的不断发展，与上述评价理念、取向和功能相适应的评价方法和工具也应运而生。除了传统的评价工具，如试卷、问卷调查表、观察表等工具外，档案袋评价、表现展示型评定、量规等方法和工具开始进入教学评价领域，并逐渐成为重要的评价方法和工具。由于传统的教学评价工具大家都比较熟悉，下面将重点介绍与新的评价理念相适应的几种评价工具和方法。

#### 1. 档案袋评价

档案袋的英文“portfolio”语义有“代表作选辑”。最初多由画家及摄影家把自己有代表性的作品汇集起来，向预期的委托人展示。后应用到教育中，主要用于汇集学生作品的样本和内容，展示学生的学习和进步状况。档案袋中可以包含各种形式的学习材料，如录像带、文章、图画、获奖证书等。档案袋评价需要收集能反映学生各方面情况的材料和信息，以全面地记录和反映学生的学习过程和发展状况。因此，资料的组织和管理的工作量大，管理、查找也不方便，并且需要占用大量的空间。在这种情况下，电子学档应运而生。建立电子学档最方便也最易用的方法就是计算机的“文件夹管理”技术。另外，还有一些公司和研究机构专门开发了支持过程性评价的发展性评估系统或平台。

**2. 表现展示型评定**

表现展示型评定通过学生实际演示某些结果以说明其是有价值的，并由此证明学生已经掌握了这些结果。展示的内容可以是一次科学实验，也可以是一次科学展示会，还可以是一次活动或表演，或是一次论文和方案设计展示。在这种评价方式中，通过详细的评分规则提供了让学生成为自我评价者的机会，并为师生之间就学生的学业成就和进步情况开展对话打开了一条通道。同样地，这种评价方式也是以关注结果开始，学生在一开始就明确自己的任务。

**3. 量规**

量规是目前比较普遍使用的一种评价工具。这种评价工具的产生源于“任务驱动”的学习活动，其成果常常是多种形式的，如电子作品、调查报告、观察心得、真实作品等。这就要求评价工具不但要关注学习过程，还要具有操作性好、准确度高，能够比较全面地评价学生的学习过程和学习成果等特点，而设计良好的量规则可以达到上述要求。

### （七）管理与帮助设计

对一种使用革新方法的课堂进行管理，比仅仅让学生保持安静、坐在他们的座位上进行学习的常规管理所涉及的范围要宽泛得多。特别是在使用计算机的课堂上，当学生利用计算机的支持进行自主学习和协作学习时，教师必须在各种各样的活动中来回管理学生的行为，监督学生在活动中所使用的资源。如果可以访问互联网，教师还必须对学生使用网络资源的情况进行管理。因此，学生在课堂网络环境下，也会表现出一些传统课堂环境下所没有的新的问题行为。那么，如何有效地调控网络环境下的课堂行为呢？除了传统课堂环境中的一些有效的调控策略同样可以用于网络环境以外，针对网络环境的特点，还可以从以下几个途径进行。

**1. 利用相关技术进行调控**

在多媒体网络教室中上过课的教师大都有一个同样的感受：学生的注意力常常被计算机吸引，而无法投入到学习中来。此时，教师可以有效利用网络教室软件“广播”功能，将教师机的内容广播给学生或锁定他们的屏幕，以更好地控制教学。此外，在某个学生发言，介绍自己的发现、作品时，教师可以将该生的屏幕内容广播给其他的学生。在学生自己学习的过程中，教师也可以利用网络教室软件来监控每个学生的学习情况，并视具体情况给学生以指导和帮助。

**2. 做好课堂常规训练**

目前，我国大多数中小学的教学班都有40多名学生，网络教室又大多空旷、宽敞，很多学生在网络教室中脱离教师的控制，只有靠近教师的学生才能跟上教学进度，很多后排学生几乎游离于教学之外：自主学习时乱点乱看，教师讲解时打闹嬉戏；或者行动拖拉，随意摘戴耳机等。我们认为，除了有效结合网络教室软件外，在每一学年开始就要制定课堂的规则制度，向学生明确提出网络教室学习的行为常规要求。对小学生，还可以运用一些押韵、朗朗上口的口令、规范来调控学生，通过外部调控，减少学生的问题行为。

**3. 提供计算机技能指导**

当课堂中增加了计算机后，教师不仅要教学生学科方面的内容，还要教他们必要的计算机技能。有多种方法可以用来帮助学生掌握和使用新的计算机技能，包括教师示范/演示、同伴示范和帮助、提供技术图示或操作手册、课堂分发材料，自然地把技术指导和学习内容整合在一起，为学生提供计算机技能指导等。

**4. 引导学生专注于学习任务**

当学生在计算机面前学习时，如何使学生专注于任务经常是更具挑战性的问题。计算机有引人注意的屏幕、各种有趣的游戏，特别是互联网上可以随意访问各种信息和资源，吸引着学生的注意力。因此，如何将学生的注意力引导到学习上，常常是令很多教师苦恼的问题。我们认为，学生游离于学习任务之外，往往是因为所布置的计算机任务是无趣的，或没有挑战性的。因此，首先设计真实的、有趣的、具有挑战性的、合作的学习任务或问题是引导学生专注于学习任务的关键。其次，要监控学生的学习。当学生开始一项新的任务大约两分钟后，教师开始巡视，一方面，确定学生是否理解了教师布置给他们的学习任务，根据学生的需求对学生提供个别帮助，当几个学生都遇到同样的问题时，教师可以进行普遍性的讲解；另一方面，教师的巡视可以起到对学生行为的监控作用。再次，经常性检查学生访问过的 Internet 站点，及时了解学生是否有访问不健康网站或游戏网站的倾向，并给予针对性的帮助和指导。最后，与学生一起制定使用计算机的规则。这些规则包括：课堂上除非教师特别允许，否则不可以擅自打开计算机或浏览相关网站；已经完成任务的学生，经过批准可以做一些其他的他们自己喜欢但是有益和健康事情，如设置个性化的屏保、搜索他们喜欢的足球队员的信息等。

计算机进入课堂，可能短期内并不会对教学带来显著的改变，却会使课堂管理产生诸多改变。所有上述管理的责任在一开始的时候似乎是困难的，而且很多教师是缺乏经验的。但是随着教师自身计算机技能的不断提高和熟练，经过一段时间的经验积累及仔细的计划和练习，管理的问题会逐渐淡出教师的视野，成为每天常规工作的一部分。教师将更多地关注如何充分利用和发挥计算机的优势，通过优化的设计，更好地促进学生的学习。

### （八）教学过程结构设计

课堂教学过程结构的设计实际上是以上述各教学设计要素的分析和设计结果为基础，综合考虑教师的活动、学生的参与活动、教学内容的组织、教学媒体的运用、教学评价设计、管理与帮助设计等方面及它们之间的相互联系，对具体的教学实施过程进行设计。

为了使课堂教学中教师、学生、教学内容及教学媒体等有机结合，形成最佳的课堂教学结构，可借助图标的形式，设计课堂教学结构流程图，并作为实施课堂教学活动的蓝图。

### （九）信息化教学设计方案的编写

一个完整的信息化教学设计方案的编写，包括教学目标或学习目标、教学内容分析、学习者特征分析、教学模式和教学策略的选择、学习任务设计、教学媒体和教学资源的选择与设计、教学评价等方面的描述。具体来说，有如下的几个步骤和内容：

(1)课程名称。

(2)概述关于课程的说明，包括说明学科名称、所需课时、学习内容、课程设计的意义等。

(3)教学目标分析，对该课程预计达到的教学目标做出整体描述。

(4)学习者特征分析,说明教师是以何种方式进行的学习者分析,比如通过平时的观察了解、预测题目的编制等,对学习者的智力因素(知识基础、认知结构、认知能力)、非智力因素(学习动机、学习风格、学习态度)进行分析。

(5)教学模式、教学策略的选择和设计。根据对学习内容、教学目标、学习者特征分析,选择和设计有助于达到预期目标、符合学习内容的特点、与学习者特征相适应的教学模式和教学策略。

(6)教学媒体选择与设计。介绍学习者完成该学习任务所需要的资源,包括学习者可能获得的学习环境、教材、文本图片或音视频资源、多媒体课件、参考网址以及认知工具等。

(7)教学活动过程流程图设计。

(8)评价。利用各种评价工具,方便学生自评、互评。

(9)管理与帮助设计,对学生所使用的各种工具平台提供技术支持、学习帮助等。

## 第四节　翻转课堂的教学设计

翻转课堂也称颠倒课堂,是相对于传统课堂的教学过程而言的。它是一种将传统课堂上的教学内容以课下学习活动内容进行倒置的教学模式。

在传统教学过程中,教师在课堂上"传授知识",把知识的内化过程留给学生课下独立完成,这就导致本应用于师生互动、同伴交流合作的课堂,被教师独占。学生在课堂上处于"被动"听课和记笔记的状态,精神还要高度集中,长此以往,学生会对学习失去兴趣,丧失继续学习的动机和热情。

翻转课堂作为一种新型的教学方式,颠覆了传统的教学过程,它将"知识传授"放在课堂之外,学生借助于教师制作的教学视频和开放的网络资源自主完成知识的建构,而课堂则成为他们完成作业、探讨问题或个性化指导的地方。因此,在翻转课堂中,学生摆脱了被动接受知识的角色,成为整个教与学活动的主体,学生在自主学习中主动建构知识。

互联网的普及和计算机技术在教育领域的应用,使"翻转课堂"的教学模式变得可行和现实。学生可以通过互联网去使用优质的教育资源,不再单纯地依赖授课教师去教授知识。翻转课堂中,学生和老师的角色则发生了变化。教师更多的责任是去理解学生的问题和引导学生去运用知识。

### 一、翻转课堂教学过程

#### (一)课下"知识获取"过程

教师依据教学目标及学生整体情况制作一些时间短、信息明确的教学视频,每个视频针对一到两个特定的问题,供学生课前观看学习。学生依据自己的特点选择观看视频的侧重点、次数和速度等,完成信息的主动加工,遇到困难时可以随时后退、多次观看视频,或者借助网络上的其他教学资源拓展思维,也可以随时在交流平台上与教师和同学讨论交流。

学生完成“知识获取”后，还需要完成一定的针对性练习题，检查自己对知识的掌握程度并巩固学习内容，并且通过学习平台把学习结果提交给教师，教师可以在课上讲解每一位学生学习的难点、盲点，以确定课上创设相应的问题情境来帮助学生对知识的深入理解和灵活运用。

### （二）课上“知识内化”的过程

在课堂上，学生可以就自己在课前知识建构过程中产生的疑惑向教师请教，接受教师的个性化指导。由于学生学习的目的性强，因此效率高。教师可以根据课程内容及学生课前观看视频和完成练习时遇到的疑惑总结出一些有价值的问题，供学生探究学习。在探究问题的过程中，学生可以采用自主探究和小组协作相结合的方式，通过自主探究，培养其独立学习的能力；通过小组协作，在相互学习和讨论中加深对知识的理解，提高协作学习的意识和能力。

### （三）翻转课堂的设计原则

翻转课堂作为一种新型的教学模式，与传统课堂相比，有着颠覆性的变化和典型的特征。具体来说，翻转课堂的设计需要遵循的教学设计原则有：

**1. 以学生为主体的原则**

由于课堂的颠倒，教师和学生的角色定位也发生的质的变化。在翻转课堂中，由于强调学生是学习过程主体，是意义的主动建构者，所以把学生对知识的意义建构作为整个学习过程的最终目的。教师只是由场上的“主演”改变为场外的“指导”，教师对学生的直接灌输减少了甚至取消了，但教师的启发、引导作用和事先的准备工作、组织工作都大大增强了。

**2. 课堂互动交流有效性原则**

翻转课堂由传统的教师面对面拓展到教室之外，教师与学生的互动交流是全程的，既包括课堂上的解惑答疑，也包括线上的交流，交流的有效性、针对性更强。

## 二、翻转课堂教学设计的内容和步骤

（1）确定教学目标。教学是促使学习者朝着教学目标所规定的方向变化的过程。教学目标是否明确、具体、规范，直接影响到教学任务能否完成，因此，首先需要分析教学目标。

（2）分析学习者特征。教学设计的最终目的是促进学习者的学习。在设计时必须要考虑学习者的哪些特征影响学生的学习过程和结果，这样才能设计出符合学生学习特点的个性化的课堂教学方案。

（3）选定教学内容，设计教学资源。通过学习目标分析和学习者特征分析，确定学生的学习起点和终点能力，找到学习需要，设计合理的教学资源供学生自主学习。

（4）设计自主学习环境，支持学生课下学习过程。翻转课堂学生获取新知识的主要渠道是通过教师事先制作的教学视频，因此自主学习环境的设计非常重要。具体包括：给学生提供一个泛在学习的机会；支持学生与教师、交流平台以及学生之间的顺畅协作；满足学生的个性化学习需求。

（5）课前学习效果评价设计。教师根据教学目标，设计一些题目，供学生自测，自行判断自己的学习效果，还可以和同学对比交流。

(6)课堂探究情景设计。教师根据学生课前知识获得和学习情况,设计有探究意义的问题情景,供学生在课堂上交流、讨论,促进知识的内化。

(7)学习成果交流展示设计。设计成果交流展示平台,促使学生将自己的探究学习成果、心得和全班同学交流讨论。

## 三、教学平台总体设计

学习系统平台的核心模块包括资源发布共享模块、交流互动功能模块、学习检测跟踪模块、资源推荐功能模块。

### (一)资源发布共享模块

教师负责在系统平台上提前发布教学视频以及与学习内容有关的优秀开放教学资源,供学生下载学习。

### (二)交流互动功能模块

该模块支持在线发帖、实时语音、视频通话功能,方便学生在自主学习过程中,遇到困惑时,和教师、同学及时交流沟通,同时可以减少学生学习过程中的孤独感。

### (三)学习检测跟踪模块

该模块方便教师及时掌握课下学生的学习进度、知识点掌握情况等,以便教师及时调整教学。

### (四)资源推荐功能模块

可以根据学生知识检测结果的数据分析,找到学生学习的难点,为学生提供个性化的学习资源,促进学生对知识的深入理解。

总之,翻转课堂可以增加学生与教师互动和个性化沟通的方法,创设学生自主学习的环境。教师不再是讲台上的"圣人",而是身边的导师。它是教师直接指导和建议式学习的混合模式。另外翻转课堂的内容被永久保存,可供查阅和修正,让所有的学生都参与到学习中,所有的学生都能获得个性化教育。

# 拓展　中小学信息化课堂教学设计

## 一、课堂教学设计模板的填写

课堂教学设计模板通常称为课堂教学设计表,除首页(上报材料时用)外,由5张基本表格组成。在填写时应注意以下几点:

1. 章节名称

按照教科书上的章、节(或课)的顺序和名称填写。

在一般情况下,是以教科书上的一节(或一课)为单位进行课堂教学设计的。如果教科书上的一节(或一课)在实际教学时需要两堂以上的课(我们把它称为学时)才能完成,那么在进行课堂教学设计时，既可以统一设计，分段教学，也可以按学时分别设计，各成体系。

如《初中化学》第二章第二节——原子，统一设计时章节名称可填写为：§2.2　原子；分别设计时则为：§2.2　原子（第一学时）和§2.2　原子（第二学时）两个设计表。

2. 计划学时

按照设计的授课实际需要填写。如上述统一设计，需要两堂课来完成“原子”这一节的教学内容，因此在“计划学时”栏中应填写“2”；若按照第二种分学时的设计方案，则在对应的“计划学时”栏中填写“1”。

3. 教学目标

应根据本课程的课程标准（教学大纲）的要求，认真研究教学内容，分析教学对象（学生）的特点，提出本节（课）的教学目标。

教学目标的编写一般包括了认知、动作技能和情感三方面的内容。按新课标的要求，教学目标应包括知识和能力、过程和方法、情感态度和价值观三方面。尤其是情感目标，应在深入研究教学内容的基础上，挖掘、提炼对学生思想、品德发展有积极意义的方面，因势利导，自然贴切。

教学目标的叙述应简洁、准确、精炼，概括性强，包括对象、行为、条件和标准四个要素。它和表下方的各知识点学习目标有着直接的关系，但又不是所有学习目标的简单相加。

另外要注意的是，教学目标涉及的范围要和上面“章节名称”栏中所确定的范围相符合。如果是一节（课）的统一设计，教学目标也应是整节（课）的；若是按学时分别设计的，则教学目标应是对应该学时教学内容的那一部分，而不是该节（课）的全部。

4. 学生特征

填写学生在学习本节（课）时的学习准备情况，作为解决教学重点、难点，选择教学策略，设计课堂教学过程的依据。如果在课程教学设计时，已经对教学对象做过分析，没有新的内容，此栏可以不填或删去。

5. 学习目标描述

学习目标描述的内容分三个部分：

（1）知识点编号。指该知识点的代号，它在本课程中具有唯一性。知识点编号由两部分组成：前边为章、节（或课）的代号，后边为该知识点在本节（课）中的顺序号，中间用短横线相连。如：

2.6-1　代表第二章第六节的第一个知识点；

3.2-3　代表第三章第二节的第三个知识点；

28-4　代表第28课的第四个知识点；

1.3.4-2　代表第一编第三章第四节的第二个知识点。

（2）学习目标。指每个知识点所具有的学习目标层次。

（3）具体描述语句。指对学习目标各个层次的具体描述。

在课堂教学的条件下，教学对象特指授课班级的学生，因此在目标描述中可以省略而不致引起误解。教学条件一般都在教室、实验室等教学场所进行，如非必要也可以省略。评价标准除了特指以外，都以达到本节课的教学目标或本知识点的学习目标层次为依据，因此也不必再重复说明。对于学习目标的具体描述，只要用动宾短语来说明与学习目标相对应的学习行为就可以了。如：

知道电路各组成部分的名称和基本作用。

画出常见电路组件的符号和简单的电路图。

掌握二氧化碳的实验室制法。

了解环境对人类生存的重要性，树立环保意识。

6. 教学重点和难点

教学重点是构成本课程知识和能力体系中最重要和最本质的学习内容。教学难点主要指由于知识的深度和知识的模糊性造成学生在学习过程中遇到的困难问题。

在填写此栏时，除应简要地说明重点、难点的内容外，更重要的是考虑如何突出和强化教学重点，突破和化解教学难点。在填写"解决措施"一栏时，应把考虑的具体措施简要地加以说明。

7. 教学媒体（资源）的选择

本栏是对课程教学设计表中教学媒体（资源）列表的具体落实，此栏共有 9 项内容：

（1）知识点编号。同前。

（2）学习目标。同前。

（3）媒体类型。指选用的教学媒体的物理形态。一般常用的媒体有图表、照片、标本、模型、幻灯、投影、电影、录音（CD）、录像（VCD）、课件（文本、图片、动画、视频、音频）、网络等。除此之外还包括教师和学生在教学过程中的活动，如演示、示范、实验、上网等。

（4）媒体内容要点。指选用的教学媒体的主要内容，用一句简洁的话来概括。一般情况下，媒体的名称（题目）大多可以反映它的内容要点。

（5）教学作用。指媒体在教学中所起的作用。它已经在表中列出，选用时只要把相应的代号如 A、B 等填入栏内即可。

（6）使用方式。指媒体在教学过程中使用的方法。它也在表中列出，只要把相应的代号如 A、B 等填入栏内即可。

（7）所得结论。指媒体使用后预期的结果。如阿基米德演示实验预期的结果是学生将认识到物体在液体中受到的浮力与排开液体的体积有关系。

（8）占用时间。指媒体使用过程需要的时间。在进行教学设计时，应充分估计到实际教学过程进行中可能出现的情况，计划好媒体使用的时间。这样有利于教学进度及课堂教学各个环节的合理掌握。

（9）媒体来源。包括自制、购入、库存、取自××资源库、网上下载等。

8. 板书设计

板书是指教师讲课时在黑板（白板）上所写的文字、公式符号和所画的图表等内容。它是整个教学思路和内容的浓缩，是课堂教学重要的一环。

板书设计的目的不仅仅是从表面上要求做到美观、整齐，充分合理地利用板面，更重要的在于板书可以使课堂讲授的主要内容按一定的形式有条理地呈现在黑板上，有助于学生更好地突破难点、掌握重点，进而提高教学质量。

因此，要求板书设计紧密结合教学内容，做到重点突出，内容完整，系统性、逻辑性强，符合视觉心理，便于学生的学习。

"板书设计"一栏，整体可作为一幅板面，也可分为 4 幅板面，或者作为 8 幅投影片（只限板书内容）使用。如果需要在板面上书写的内容较多，设计时可以只用符号"×××"代替板书内容即可，不必把字符一一写出。

我们通常所用的板书，多为逻辑式的，如：

一、×××××××

1. ×××××

(1)××××

①×××××××

其实，板书的形式是多种多样的。如果精心设计，学生得到的将不仅仅是学习的内容，而且是一种艺术上的享受和审美情趣的陶冶。

9. 课堂教学过程结构的设计

课堂教学过程结构图通常称为流程图，这是课堂教学设计的关键所在。前面所进行的教学目标、教学内容、教学对象的分析，教学策略（包括教学模式、教学方法、教学组织形式）、教学媒体（资源）的选择，课堂教学结构类型的选择与组合等工作，都将在课堂教学过程结构的设计中得到体现。

为了便于教学和交流，我们规定在课堂教学过程结构设计中统一使用下列图形符号：

▭内填写教学内容和教师的活动内容；

▭内填写媒体的类型和媒体的内容要点；

▱内填写学生在课堂教学过程中所进行的活动内容；

◇内填写教师进行逻辑判断的内容；

⬭为课堂教学过程开始和结束的符号。

10. 课堂教学过程设计思路

详细叙述课堂教学过程每一步骤的设计依据、教学结构四要素（教师、学生、教学内容、教学媒体和资源）的相互关系，以及学习理论和教学理论的指导作用等。既可以用文字叙述，也可以采用以下任意一种表格形式叙述。如果课堂教学设计只是为自己的教学使用，不准备和别人交流，可以不填写此栏，只保留流程图即可。

| 教学环节 | 教师的活动 | 学生的活动 | 教学媒体（资源） | 设计意图 |
| --- | --- | --- | --- | --- |
| | | | | |

| 教学环节 | 教师的活动 | 学生的活动 | 设计意图 |
| --- | --- | --- | --- |
| | | | |

| 教学环节 | 教师的活动 | 学生的活动 | 教学媒体（资源）的作用 |
| --- | --- | --- | --- |
| | | | |

| 教学环节 | 教师的活动 | 学生的活动 | 学习理论教学理论的应用 |
| --- | --- | --- | --- |
| | | | |

| 教学环节 | 教师的活动 | 学生的活动 | 信息技术的应用 |
| --- | --- | --- | --- |
| | | | |

| 流程图或教学环节 | 学生的活动 | 教师的活动 |
| --- | --- | --- |
| | | |

11. 个性化教学

为学有余力的学生和需要帮助的学生设计不同的教学目标，选择相应的教学策略，促进他们的发展。

12. 形成性检测

它是按照教学目标编制的一组检测题，用以考核学生对本节课（或本知识单元）的基本知识和基本概念的掌握程度。它不同于课堂练习和课外作业，需要教师自己设计、编制。

形成性检测题的编制，应按如下要求进行：

（1）将每个知识点用一个或一个以上的检测题与之对应；

（2）将每个知识点上每个层次的学习目标用一个或一个以上的检测题与之对应；

（3）将所有的检测题由简单到复杂顺序排列；

（4）在满足上述三项要求的前提下，检测题要尽量精简，要求做到题量少但满足检测的需要。这就需要任课教师深入钻研，精心设计。

13. 评价量表

在课堂教学活动中，如果需要对学生进行过程性评价和成果评价，应该设计相应的评价量表。此栏可根据需要确定其大小。如果不需要，可将此栏删去。

14. 形成性评价

形成性评价是对每节课（或知识单元）教学情况的评价，在本栏中应填写以下内容：

（1）形成性检测题的检测结果；

（2）课堂教学过程中的反馈信息；

（3）批改作业中发现的问题；

（4）遇到有测验和考试时，记录其评价结果。

此栏应在每节课后及时填写。对上述反馈信息中发现的问题，应在后续教学中及时解决，以保证教学效果最优化。

15. 教学反思

教学反思是教师在教学过程中不断思考、不断进步的总结和记录，反映了教师成长的经过。此栏在需要时填写，内容较多时，可另加附页。

**二、课堂教学设计表首页**

该首页只供参加评比、比赛和上报材料时使用，日常教学不用。

**三、课堂教学设计模板（一）**

该模板为分页式，供课堂教学设计使用。

**四、课堂教学设计模板（二）**

该模板为连页式，供课堂教学设计使用。

# 课堂教学设计表

学科名称：＿＿＿＿＿＿＿＿＿＿＿＿＿＿

授课班级：＿＿＿＿＿＿＿＿＿＿＿＿＿＿

设 计 者：＿＿＿＿＿＿＿＿＿＿＿＿＿＿

所在学校：＿＿＿＿＿＿＿＿＿＿＿＿＿＿

地址邮编：＿＿＿＿＿＿＿＿＿＿＿＿＿＿

联系电话：＿＿＿＿＿＿＿＿＿＿＿＿＿＿

电子邮箱：＿＿＿＿＿＿＿＿＿＿＿＿＿＿

设计时间：＿＿＿＿＿＿＿＿＿＿＿＿＿＿

分页式模板：

## 课堂教学设计表

课程名称________ 设计者________ 单位(学校)________ 授课班级________

<table>
<tr><td colspan="2">章节名称</td><td colspan="2"></td><td>学时</td><td></td></tr>
<tr><td colspan="2">教学目标</td><td colspan="4">课程标准：<br>本节(课)教学目标：<br>知识和能力：<br>过程和方法：<br>情感态度和价值观：</td></tr>
<tr><td colspan="2">学生特征</td><td colspan="4">如果在“课程教学设计”中已做过学习者分析，没有新的内容时，此栏可不填写或删除；若单独做课堂教学设计，则此栏必须在认真分析学习者特征的基础上详细填写</td></tr>
<tr><td rowspan="7">知识点学习目标描述</td><td>知识点编　号</td><td>学习目标</td><td colspan="3">具　体　描　述　语　句</td></tr>
<tr><td></td><td></td><td colspan="3"></td></tr>
<tr><td></td><td></td><td colspan="3"></td></tr>
<tr><td></td><td></td><td colspan="3"></td></tr>
<tr><td></td><td></td><td colspan="3"></td></tr>
<tr><td></td><td></td><td colspan="3"></td></tr>
<tr><td></td><td></td><td colspan="3"></td></tr>
<tr><td colspan="2">项　目</td><td colspan="2">内　容</td><td colspan="2">解决措施</td></tr>
<tr><td colspan="2">教学重点</td><td colspan="2"></td><td colspan="2"></td></tr>
<tr><td colspan="2">教学难点</td><td colspan="2"></td><td colspan="2"></td></tr>
</table>

| 教学媒体(资源)的选择 | 知识点编号 | 学习目标 | 媒体类型 | 媒体内容要点 | 教学作用 | 使用方式 | 所得结论 | 占用时间 | 媒体来源 |
|---|---|---|---|---|---|---|---|---|---|
| | | | | | | | | | |
| | | | | | | | | | |
| | | | | | | | | | |
| | | | | | | | | | |
| | | | | | | | | | |
| | | | | | | | | | |
| | | | | | | | | | |
| | | | | | | | | | |
| | | | | | | | | | |
| | | | | | | | | | |

①媒体在教学中的作用分为:A.提供事实,建立经验;B.创设情境,引发动机;C.举例验证,建立概念;D.提供示范,正确操作;E.呈现过程,形成表象;F.演绎原理,启发思维;G.设难置疑,引起思辨;H.展示事例,开阔视野;I.欣赏审美,陶冶情操;J.归纳总结,复习巩固;K.自定义。

②媒体的使用方式包括:A.设疑—播放—讲解;B.设疑—播放—讨论;C.讲解—播放—概括;D.讲解—播放—举例;E.播放—提问—讲解;F.播放—讨论—总结;G.边播放,边讲解;H.边播放,边议论;I.学习者自己操作媒体进行学习;J.自定义。

| 板书设计 | | | | |
|---|---|---|---|---|
| | | | | |
| | | | | |

| 课堂教学过程结构的设计 | 教学模式：　　　　教学过程结构：<br><br>▭ 教学内容和教师的活动　⊂⊃ 媒体的应用　▱ 学生的活动　◇ 教师进行逻辑判断 |
| --- | --- |

<table>
<tr><td colspan="5">课堂教学过程设计思路(在以下思路中任选一种,其余删去)</td></tr>
<tr><td colspan="5">思路 1:</td></tr>
<tr><td>教学环节</td><td>教师的活动</td><td>学生的活动</td><td>教学媒体(资源)</td><td>设计意图</td></tr>
<tr><td></td><td></td><td></td><td></td><td></td></tr>
<tr><td></td><td></td><td></td><td></td><td></td></tr>
<tr><td colspan="5">思路 2:</td></tr>
<tr><td>教学环节</td><td>教师的活动</td><td>学生的活动</td><td colspan="2">设计意图</td></tr>
<tr><td></td><td></td><td></td><td colspan="2"></td></tr>
<tr><td colspan="5">思路 3:</td></tr>
<tr><td>教学环节</td><td>教师的活动</td><td>学生的活动</td><td colspan="2">教学媒体(资源)的作用</td></tr>
<tr><td></td><td></td><td></td><td colspan="2"></td></tr>
<tr><td colspan="5">思路 4:</td></tr>
<tr><td>教学环节</td><td>教师的活动</td><td>学生的活动</td><td colspan="2">学习理论、教学理论的应用</td></tr>
<tr><td></td><td></td><td></td><td colspan="2"></td></tr>
<tr><td colspan="5">思路 5:</td></tr>
<tr><td>教学环节</td><td>教师的活动</td><td>学生的活动</td><td colspan="2">信息技术的应用</td></tr>
<tr><td></td><td></td><td></td><td colspan="2"></td></tr>
<tr><td colspan="5">思路 6:</td></tr>
<tr><td colspan="2">流程图或教学环节</td><td>学生的活动</td><td colspan="2">教师的活动</td></tr>
<tr><td colspan="2"></td><td></td><td colspan="2"></td></tr>
<tr><td colspan="5">个性化教学</td></tr>
<tr><td colspan="5">为学有余力的学生所做的调整:<br>为需要帮助的学生所做的调整:</td></tr>
</table>

<table>
<tr><td rowspan="6">形成性检测</td><td>知识点编号</td><td>学习目标</td><td>检测题的内容</td></tr>
<tr><td></td><td></td><td></td></tr>
<tr><td></td><td></td><td></td></tr>
<tr><td></td><td></td><td></td></tr>
<tr><td></td><td></td><td></td></tr>
<tr><td></td><td></td><td></td></tr>
<tr><td>评价量表</td><td colspan="3">需要时，可在此处加入评价量表；不需要时，将该栏删除</td></tr>
<tr><td>形成性评价</td><td colspan="3">本栏在每节课后必须及时填写</td></tr>
<tr><td>教学反思</td><td colspan="3">需要时填写，内容较多时可另加附页。不需要时，将该栏删除</td></tr>
<tr><td>备注</td><td colspan="3">填写对帮助过自己的人(包括参阅的文献、借鉴的案例，以及在教学设计和教学实践中帮助过自己)表示感谢和其他要说明的事项</td></tr>
</table>

连页式模板：

## 课堂教学设计表

<table>
<tr><td>章节名称</td><td colspan="5"></td></tr>
<tr><td>学科</td><td></td><td>授课班级</td><td></td><td>授课时数</td><td></td></tr>
<tr><td>设计者</td><td></td><td>所属学校</td><td colspan="3"></td></tr>
<tr><td colspan="6">本节(课)教学内容分析</td></tr>
<tr><td colspan="6"></td></tr>
<tr><td colspan="6">依据标准</td></tr>
<tr><td colspan="6">课程标准：<br><br>教育技术标准：</td></tr>
<tr><td colspan="6">本节(课)教学目标</td></tr>
<tr><td colspan="6">知识和技能：<br><br>过程和方法：<br><br>情感态度和价值观：</td></tr>
</table>

<table>
<tr><td colspan="3">学习者特征分析</td></tr>
<tr><td colspan="3">一般特征：<br><br>初始能力：<br><br>信息素养：</td></tr>
<tr><td colspan="3">知识点学习目标描述</td></tr>
<tr><td>知识点编　号</td><td>学习目标</td><td>具体描述语句</td></tr>
<tr><td></td><td></td><td></td></tr>
<tr><td></td><td></td><td></td></tr>
<tr><td></td><td></td><td></td></tr>
<tr><td></td><td></td><td></td></tr>
<tr><td></td><td></td><td></td></tr>
</table>

<table>
<tr><td colspan="3">教学重点和难点</td></tr>
<tr><td>项　目</td><td>内　容</td><td>解决措施</td></tr>
<tr><td>教学重点</td><td></td><td></td></tr>
<tr><td>教学难点</td><td></td><td></td></tr>
</table>

| 教学环境设计 |
| --- |
| |

| 教学媒体（资源）选择 | | | | | | | | |
| --- | --- | --- | --- | --- | --- | --- | --- | --- |
| 知识点编　号 | 学习目标 | 媒体类型 | 媒体内容要点 | 教学作用 | 使用方式 | 所得结论 | 占用时间 | 媒体来源 |
| | | | | | | | | |
| | | | | | | | | |
| | | | | | | | | |
| | | | | | | | | |
| | | | | | | | | |

①媒体在教学中的作用分为：A.提供事实，建立经验；B.创设情境，引发动机；C.举例验证，建立概念；D.提供示范，正确操作；E.呈现过程，形成表象；F.演绎原理，启发思维；G.设难置疑，引起思辨；H.展示事例，开阔视野；I.欣赏审美，陶冶情操；J.归纳总结，复习巩固；K.自定义。

②媒体的使用方式包括：A.设疑—播放—讲解；B.设疑—播放—讨论；C.讲解—播放—概括；D.讲解—播放—举例；E.播放—提问—讲解；F.播放—讨论—总结；G.边播放、边讲解；H.边播放，边议论；I.学习者自己操作媒体进行学习；J.自定义。

| 板书设计 | | | |
| --- | --- | --- | --- |
| | | | |

| 关于教学策略选择的阐述 |
| --- |
| |

| 课堂教学过程结构设计(本栏为课堂教学设计的重点,应详细阐述并绘出流程图) | | | | |
| --- | --- | --- | --- | --- |
| 教学环节 | 教师的活动 | 学生的活动 | 教学媒体(资源) | 设计意图、依据 |
| | | | | |
| | | | | |
| | | | | |
| | | | | |
| | | | | |
| | | | | |
| | | | | |
| | | | | |
| | | | | |

教学流程图

教学内容和教师的活动　　媒体的应用　　学生的活动　　教师进行逻辑判断

个性化教学

为学有余力的学生所做的调整：

为需要帮助的学生所做的调整：

形成性检测

| 知识点编号 | 学习目标 | 检测题的内容 |
| --- | --- | --- |
| | | |
| | | |
| | | |
| | | |

| 评价量表 |
| --- |
| 需要时，可在此处加入评价量表；不需要时，将该栏删除 |
| 形成性评价 |
| 本栏在每节课后必须及时填写 |
| 教学反思、总结 |
| 需要时填写。不需要时，将该栏删除 |
| 感谢、其他 |
| 填写对帮助过自己的人（包括参阅的文献、借鉴的案例，以及在教学设计和教学实践中帮助过自己）表示感谢和其他要说明的事项 |

## 思考与训练

1. 教学设计的定义是什么？教学设计过程的一般模式是什么？
2. 信息化教学设计的内涵是什么？
3. 什么是翻转课堂？
4. 简述翻转课堂教学设计的内容和步骤。

# 第五章　教育信息资源的获取与加工

**【内容导学】**

教育技术研究的核心是教与学的资源和过程。教育信息资源的获取、存储、加工以及开发成为未来教师必须掌握的技能。

**【学习目标】**

1.理解教育信息资源的含义；

2.掌握教育信息资源的获取与存储；

3.掌握教育信息资源的开发。

## 思政第一课　中国航天之父钱学森先生的传奇人生

**赴美留学**

1935 年 9 月进入美国麻省理工学院航空系学习，1936 年 9 月获麻省理工学院航空工程硕士学位，后转入加州理工学院航空系学习，成为世界著名的大科学家冯·卡门(Theodore von Kármán)的学生，并很快成为冯·卡门最重视的学生。

他先后获航空工程硕士学位和航空、数学博士学位。1938 年 7 月至 1955 年 8 月，钱学森在美国从事空气动力学、固体力学和火箭、导弹等领域的研究，并与导师共同完成高速空气动力学问题研究课题，建立"卡门-钱学森"公式，在 28 岁时就成为世界知名的空气动力学家。

1939 年，获美国加州理工学院航空、数学博士学位。1943 年，任加州理工学院助理教授。1945 年，任加州理工学院副教授。1947 年，任麻省理工学院教授。

1947 年，在上海与蒋英结婚。1949 年，任加州理工学院喷气推进中心主任、教授。1953 年，钱学森正式提出物理力学概念，主张从物质的微观规律确定其宏观力学特性，开拓了高温高压的新领域。1954 年，《工程控制论》英文版出版，该书俄文版、德文版、中文版分别于 1956 年、1957 年、1958 年出版。1958 年任中国科学技术大学近代力学系主任。

**遭到拘留**

1949年当中华人民共和国宣告诞生的消息传到美国后，钱学森和夫人蒋英便商量着早日赶回祖国，为自己的国家效力。此时的美国，以麦卡锡为首对共产党人实行全面追查，并在全美国掀起了一股驱使雇员效忠美国政府的狂热风潮。钱学森因被怀疑为共产党人并拒绝揭发朋友，被美国军事部门突然吊销了参加机密研究的证书。钱学森非常气愤，以此作为要求回国的理由。

1950年，钱学森上港口准备回国时，被美国官员拦住，并将其关进监狱，而当时美国海军次长丹尼·金布尔(Dan A. Kimball)声称：钱学森无论走到哪里，都抵得上5个师的兵力。从此，钱学森在受到了美国政府迫害，同时也失去了宝贵的自由，他一个月内瘦了三十斤。移民局抄了他的家，在特米那岛上将他拘留14天，直到收到加州理工学院送去的1.5万美金巨额保释金后才释放。后来，海关又没收了他的行李，包括800公斤书籍和笔记本。美国检察官再次审查了他的所有材料后，才证明了他是无辜的。

**艰难归国**

20世纪50年代初期，钱学森在美国受迫害的消息很快传到中国，中国科技界的朋友通过各种途径声援钱学森。党中央对钱学森在美国的处境极为关心，中国政府公开发表声明，谴责美国政府在违背本人意愿的情况下监禁钱学森。

1954年，一个偶然的机会，他在报纸上看到陈叔通站在天安门城楼上，身份是全国人大常委会副委员长，他决定给这位父亲的好朋友写信求救。正当周恩来总理为此非常着急的时候，时任全国人大常委会副委员长的陈叔通收到了一封从大洋彼岸辗转寄来的信。他拆开一看，署名“钱学森”，原来是请求祖国政府帮助他回国。

1954年4月，美英中苏法五国在日内瓦召开讨论和解决朝鲜问题和恢复印度支那和平问题的国际会议。出席会议的中国代表团团长周恩来联想到中国有一批留学生和科学家被扣留在美国，于是就指示说，美国人既然请英国外交官与我们疏通关系，我们就应该抓住这个机会，开辟新的接触渠道。

中国代表团秘书长王炳南1954年6月5日开始与美国代表、副国务卿约翰逊就两国侨民问题进行初步商谈。美方向中方提交了一份美国在华侨民和被中国拘禁的一些美国军事人员名单，要求中国给他们以回国的机会。为了表示中国的诚意，周恩来指示王炳南在1954年6月15日举行的中美第三次会谈中，大度地做出让步，同时也要求美国停止扣留钱学森等中国留美人员。

然而，中方的正当要求被美方无理拒绝。1954年7月21日，日内瓦会议闭幕。为不使沟通渠道中断，周恩来指示王炳南与美方商定自1954年7月22日起，在日内瓦进行领事级会谈。为了进一步表示中国对中美会谈的诚意，中国释放了4个扣押的美国飞行员。

中国做出的让步，最终是为了争取钱学森等留美科学家尽快回国，可是在这个关键问题上，美国代表约翰逊还是以中国拿不出钱学森要回国的真实理由，一点不松口。

1955年，经过周恩来总理在与美国外交谈判上的不断努力——甚至包括了不惜释放11名在朝鲜战争中俘获的美军飞行员作为交换，1955年8月4日，钱学森收到了美国移民局允许他回国的通知。1955年9月17日，钱学森回国愿望终于得以实现了，这一天钱学森携带妻子蒋英和一双幼小的儿女，登上了“克利夫兰总统号”轮船，踏上返回祖国的旅途。1955年10月8日，钱学森一家终于回到了自己魂牵梦绕的祖国，回到自己的故乡。

**归国以后**

归国之后，周恩来在各方面都给予了钱学森亲切细致的关怀，晚年的钱学森还激动地回忆起一件往事：1970 年，中国第一颗人造卫星“东方红”发射前夕，周恩来总理召集相关的科研人员在人民大会堂开会，临别之际，周恩来总理特意叫住了钱学森：钱学森，你不要太累着了。钱学森生前常对人说，对他一生影响最深和帮助最大的有两个人，一个是开国总理周恩来，一个是自己的岳父蒋百里。

1956 年初，他向中共中央、国务院提出《建立我国国防航空工业的意见书》；同年，国务院、中央军委根据他的建议，成立了导弹、航空科学研究的领导机构——航空工业委员会，并任命他为委员。

1956 年参加中国第一次 5 年科学规划的制定，钱学森与钱伟长、钱三强一起，被周恩来称为中国科技界的“三钱”，钱学森受命组建中国第一个火箭、导弹研究所——国防部第五研究院并担任首任院长。

1956 年，任中国科学院力学研究所所长、研究员。在力学所工作到 1972 年前后。在政协第二届全国委员会第二次全体会议上，被增选为政协第二届全国委员会委员。

1957 年，在钱学森倡议下，中国力学学会成立，钱学森被一致推举为第一任理事长。2 月 18 日，周恩来总理签署命令，任命钱学森为国防部第五研究院第一任院长。11 月 16 日，周恩来总理任命钱学森兼任国防部第五研究院一分院院长。同年，钱学森所著《工程控制论》获中国科学院自然科学奖一等奖，并被补选为中国科学院学部委员。1957 年 6 月，中国自动化学会筹备委员会在北京成立，钱学森任主任委员。同年 9 月，国际自控联成立大会推举钱学森为第一届 IFAC 理事会常务理事。

1958 年，为了为两弹一星工程培养人才，应钱学森关于建立“星际宇航学院”的要求，成立了中国科学技术大学，钱学森任中国科学技术大学近代力学系主任，成为中国科学技术大学的创始人之一。经杜润生、杨刚毅介绍，加入中国共产党。

1959 年，当选为第二届全国人民代表大会代表。并相继当选为第三、四、五届全国人民代表大会代表。

1959 年 9 月 19 日，钱学森专程从北京来到已从上海迁至西安的西安交通大学参观校园，看望师生。

1960 年，任国防部第五研究院副院长，并不再兼任该院一分院院长。从此，钱学森的主要职务一直为副职，由第五研究院副院长到第七机械工业部副部长，再到国防科学技术委员会副主任等，专司中国国防科学技术发展的重大技术问题。

1960 年 11 月 15 日，在聂荣臻元帅现场亲自指导下，以张爱萍将军为主任，孙继先、钱学森、王诤为副主任的试验委员会，在我国酒泉发射场成功地进行了我国制造的第一枚近程导弹的飞行试验。

1961 年，当选为中国自动化学会第一届理事会理事长。1962 年，《物理力学讲义》出版。1963 年，《星际航行概论》出版。1965 年，任第七机械工业部（导弹工业部）副部长。

1966 年 10 月 27 日，钱学森协助聂荣臻元帅，在酒泉发射场直接领导了用中近程导弹运载原子弹的“两弹结合”飞行实验，获得圆满成功。1968 年，兼任中国人民解放军第五研究院（即今天的中国空间技术研究院）院长。

1969 年，当选为中国共产党第九次全国代表大会代表和第九届中央委员会候补委员，并相继当选为第十、十一、十二、十三、十四、十五次全国代表大会代表，第十、十一、十二届中央委员会候补委员。

1970年，任国防科学技术委员会副主任，并不再兼任中国人民解放军第五研究院院长。

1979年，在中美正式建立外交关系的当年，获美国加州理工学院“杰出校友奖”(Distinguished Alumni Award)，但钱学森没有到美国接受这份荣誉。

1980年当选中国科学技术协会第一届全国委员会副主席，1986年当选中国科学技术协会第三届全国委员会主席。

1982年，任国防科学技术工业委员会科学技术委员会副主任，当选为中国力学学会名誉理事长。任国防部第五研究院院长，兼任该院一分院(即今天的中国运载火箭技术研究院)院长。《论系统工程》出版，1988年《论系统工程》(增订版)出版。

1984年，在中国科学院第五次学部委员(院士)大会上，被增选为中国科学院主席团执行主席。1992年，在中国科学院第六次学部委员(院士)大会上，被聘请为中国科学院学部主席团名誉主席。

1985年，钱学森因对中国战略导弹技术的贡献，作为第一获奖者和屠守锷、姚桐斌、郝复俭、梁思礼、庄逢甘、李绪鄂等获全国科技进步特等奖。

1986年，在政协第六届全国委员会第四次全体会议上，被增选为政协第六届全国委员会副主席，并相继当选为政协第七、第八届全国委员会副主席。

1987年，被聘为国防科学技术工业委员会科学技术委员会高级顾问。《社会主义现代化建设的科学和系统工程》出版。1987年5月3日，担任中国人体科学学会名誉理事长。

1988年，兼任政协第七届全国委员会科学技术委员会主任。获(1985年度)国家科技进步奖特等奖。《关于思维科学》出版。《论人体科学》出版。《创建人体科学》、《人体科学与现代科技发展纵横观》和《论人体科学与现代科技》分别于1989年、1996年、1998年出版。

1989年，获国际技术与技术交流大会和国际理工研究所授予的“W.F.小罗克韦尔奖章”“世界级科学与工程名人”“国际理工研究所名誉成员”称号，获得一级英雄模范奖章。《钱学森文集(1938—1956)》出版。

1991年，在中国科学技术协会第四届全国委员会第一次全体会议上，被授予中国科学技术协会名誉主席称号。当选为中国空气动力学研究会(1989年更名为中国空气动力学会)名誉理事长。当选为中国系统工程学会名誉理事长。

1994年，在中国工程院第一次院士大会上，被选聘为中国工程院院士。《论地理科学》出版。《城市学与山水城市》出版。

1995年，获何梁何利基金颁发的首届(1994年度)“何梁何利基金优秀奖”(后改称“何梁何利基金科学与技术成就奖”)。

1995年，经中共中央宣传部批准，将西安交通大学图书馆命名为钱学森图书馆，时任国家主席江泽民为之题写了馆名。

1998年，被聘为解放军总装备部科学技术委员会高级顾问。在中国科学院第九次院士大会和中国工程院第四次院士大会上，被授予“中国科学院资深院士”“中国工程院资深院士”称号。

1999年，获中共中央、国务院、中央军委颁发“两弹一星功勋奖章”。

2000年，《钱学森手稿(1938—1955)》出版。

2001年12月11日，江泽民看望钱学森，当时的副总理李岚清也一同看望。《论宏观建筑与微观建筑》《第六次产业革命通信集》《创建系统学》出版。1995年、1996年和1999年江泽民曾先后三次到钱学森家中看望他。

2001年90岁生日时，钱学森在美国的好友Frank E. Marble教授受美国加州理工学院校长D.Baltimore委托，专程到北京将“杰出校友奖”的奖状和奖章当面颁发给钱学森，并当选中国宇航学会名誉理事长。

2001年12月11日90大寿之时，钱学森为母校上海交通大学题词：“希望上海交通大学全体师生要继承和发扬母校优良传统，热爱祖国，崇尚科学，追求真理，报效人民，在二十一世纪，努力把上海交通大学建成世界一流大学。”钱学森始终心系母校，充分发扬了交通大学饮水思源的光辉传统。

2009年10月31日北京时间上午8时6分，钱学森在北京逝世，享年98岁。

# 第一节　教育信息资源概述

## 一、教育信息资源的含义

教育技术研究的核心是教与学的资源和过程。教育资源是指支持学习的资源，包括支持学与教的系统和教学材料与环境。它不仅指用于学与教过程的设备和材料，还包括人员、预算和设施，包括能帮助个人有效学习和操作的任何东西。信息技术教育资源是指在以网络和计算机为主要特征的信息技术环境下，为教学目的而专门设计的或者能被用于为教育目的服务的各种资源，包括教育环境资源、教育人力资源和教育信息资源。

教育环境资源指构成教育教学系统的各种硬件设备，如计算机设备、网络设备、通信设备等，以及维持教育教学系统正常运行的各类系统软件、应用软件、工具软件、教学软件等。

教育人力资源包括教育教学机构人员、任课教师、教辅人员、行政管理者，以及能通过互联网等现代通信工具联系到的各个领域的专家、学者。

教育信息资源指经过数字化处理，可以在多媒体计算机上或网络环境下运行的多媒体信息材料，它能够激发学生通过自主、合作、创造的方式来寻找和处理信息，从而使数字化学习成为可能。

而我们通常把教育信息资源理解为信息技术环境下的教育信息资源以及为达到某种教学目的的教学支撑系统软件与资源管理软件系统等，包括数字视频、数字音频、多媒体教学软件、教育网站、电子邮件、在线学习管理系统、计算机模拟、在线讨论、数据文件、数据库等。本章我们着重介绍教育信息资源，如不特别指出，本章的教育信息资源均指这种广义的教育信息资源。

## 二、教育信息资源的类型

### (一)按资源提供的功能服务来分

按资源提供的功能服务来分,教育信息资源可分为三类:学习资源、备课资源和科研资源。

学习资源:供学习者使用,包括各个学科的课程、讨论组、试题库、教学软件、网上教程、招生就业信息等。

备课资源:供教师备课使用,包括各种课程资料、教学软件、教案、指导刊物、学术会议资料、交流心得等。教师在教学准备过程中,需要搜集大量的资料,Internet 为教师制作各种类型的教材提供了丰富的教学资源,优化教学设计,提高备课效率。

科研资源:供教育管理部门、教育科研人员使用,包括教育方面的政策法规、各种教育新闻、教育统计信息等。

### (二)按资源的组织形式分

按资源的组织形式分,教育信息资源主要包括媒体素材、试题库、案例、教学软件、网络课程、网络教学支撑环境、教学资源管理系统等类型。

媒体素材:指承载教学信息的载体,是构成各种资源的基础,包括五大类:文本类素材、图形(图像)类素材、音频类素材、动画类素材、视频类素材。

题库:按照一定的教育测量理论,在网络系统中实现的某个学科题目的集合。题库是一种有效的教育测量工具。

案例:指网上具有现实指导意义和教学实践意义的代表性的事件或现象。

教学软件:实现信息技术与学科课程整合教学活动过程的工具软件,根据运行平台可分为网络版教学软件和单机版教学软件,网络版教学软件需要标准浏览器环境的支持。

网络课程:通过网络环境表现的某门学科的教学内容及实施的教学活动的总和。它包括按一定的教学目标、教学策略组织起来的教学内容和网络教学管理系统。

网络教学支撑环境:是网络教学正常开展的保障,可为网上教育的施教者和学习者提供完整的教学辅助、教学管理与学习指导工具,包括网络课件写作工具、多媒体素材集成软件、网上答疑、网上讨论、在线测试等系统软件、工具软件以及应用软件等。

教学资源管理系统:是对网上各类教学资源以及各类教学活动进行统一管理的数据库管理系统软件等,如网上注册以及教师以网络管理员身份登录远程服务器进行教学资源管理与数据收集都需要教学资源管理系统的支持。

## 三、教育信息资源的特点

教育信息资源是人们从事教育活动的条件和产物。与传统的教科书学习相比,数字化学习资源作为一种信息资源除了具备一般信息资源的属性,如依附性(即媒介性)、转换性、传递性、共享性、增值性、可选择性等外,由于其具有多媒体、超文本、友好交互、虚拟仿真、远程共享等特性，教育信息资源还表现出以下几个特点：

(1)信息形式的多样性。Internet信息内容以超媒体形式组织，其超媒体界面不仅可以通过网络的超链接直接得到与主题相关的其他资源，还包含精美的画面、优美的音乐、逼真的动画和视频图像，极大地丰富了信息内容的表现力，有助于人们知识结构的更新和重构。

(2)信息获取的便捷性。Internet信息检索简单、快捷、方便，可通过网络终端随时随地获取，这就避免了其他媒体信息在查找时必需的时间、空间等因素的限制。比如，我们可以通过Internet查询各在线图书馆的图书资料信息，免去了奔波于图书馆，特别是外地图书馆之间的时间和资金的浪费。

(3)信息资源的共享性。Internet信息除了具备一般意义上的信息资源的共享性外，还表现为一个Internet网页可供所有的Internet用户随时访问，不存在传统媒体信息由于复本数量的限制所产生的信息不能获取现象。Internet还提供了大量的免费检索工具、免费下载软件、免费信息资料。

(4)信息传播的时效性。网络信息的时效性远远超过其他任何一种信息，网络媒体的信息传播速度及影响范围使得信息的时效性增强。同时，网络信息增长速度快，更新频率高也是其他媒体信息所不能及的。因此，在教育技术研究过程中，查找最新信息资料，Internet是首选。

(5)信息传递的互动性。交互性是网络的主要特点之一。网络信息一改以往书籍报刊等印刷信息以及广播电视等电子信息的单向传递方式，网络信息具备同步与异步双向传递功能，用户在接收到相关的网络信息后可针对该信息随时向该信源提供反馈，网络用户既是网络信息的使用者，也可以是网络信息的发布者。

(6)信息内容的广泛性。网络教育资源内容丰富广泛，可为各个学科领域的学者提供参考。网上的教育资源丰富，如最新的教学大纲与构思、教学资料、众多模式的教学软件、网上教程、丰富的课程参考文献、课程开发工具和图像资料、一线教师的教学经验、世界各地各级学校的概况、各国各地教育管理部门的各种教育政策，以及网上期刊、各级印刷物、各种动态性信息如每日新闻、快讯、动态报道、会议通知、各种消息等。

(7)信息资源的创造性。数字化信息资源可用于多层次的探究，可以通过计算机网络工具对其直接进行操纵处理，富有创造性。

## 第二节　教育信息资源的获取与存储

### 一、教育信息资源检索的起源与发展

教育信息检索是指学习者或教师查找识别、获取学习资料、参考文献的活动及过程。

信息检索研究是伴随着科学技术的发展和信息数量的剧增而兴起的研究领域。英国科学家詹姆斯·马丁认为，人类的科学知识在19世纪是每50年增加一倍，20世纪中叶每10年增加一倍，70年代就已经缩短到每5年增加一倍。同时，信息发表分散，交叉引用频

繁，人类信息的产生能力超过了人类对信息的处理、组织和吸收能力，从而产生了信息爆炸的危机。人们越来越关注如何从浩如烟海的信息源中迅速而准确地查找到学习和研究所需要的资料，因而，信息检索的战略地位也就显得日益重要。

20世纪中叶以前，信息存储和传播主要是以纸质介质为载体，信息检索活动也围绕着文献的获取和控制展开。随着计算机技术的应用和普及，特别是因特网和其中海量信息资源的出现，教育者对各种资源的接触和利用机会不断增加，信息检索经历了从手工检索到机械检索再到计算机和网络检索的发展过程。

### （一）手工检索

手工检索是指仅用手工的方式来处理和查找文献工具，如文献、索引、目录、参考工具书等。它是一种传统而又基础的检索手段。

手工检索的主要优点有：几乎不需要特殊设备，查找方法简单、灵活，检索费用低。主要缺点是：效率低，检索速度慢，特别是进行专题检索和回溯检索时需要查阅大量工具书，费时较多，查全率也较低。

### （二）脱机批处理检索

20世纪50至60年代，计算机硬件发展迅速，但还没有连接通信网，也没有远程终端装置，只能利用计算机进行现刊文献的定题检索（SDI）和过期文献的追溯检索（RS）。所谓脱机批处理检索是指由专职检索人员定期批量处理用户的提问要求并把结果提供给用户。有些脱机批处理检索系统已经可以进行逻辑“与”“或”“非”多种运算，并可以从多种途径检索文献。但脱机批处理不能及时获得检索结果，用户在检索过程中不能与主机进行“对话”和浏览文献。

### （三）联机信息检索

联机信息检索随着计算机分时系统的出现，数据库、通信网络技术的发展而迅猛发展。所谓联机信息检索，即用户通过通信网络直接与远程检索终端相连，检索远程数据库内文献信息，检索过程中是“人-机对话”式，可以及时修改检索策略，及时显示、浏览文献信息；可根据用户的不同需求进行各种输出，及时取得检索结果。

随着联机检索的发展，现在已改变了过去依靠专线与联机检索中心联机的方式，人们可以通过Web和Telnet对联机检索中心的数据库进行检索。目前大型的国际联机检索系统有Dialog系统、Orbit系统、ESA/IRS系统、STN系统等。其中，美国的Dialog联机检索系统拥有500多个数据库，内容覆盖自然科学、工程技术、社会科学、艺术与人文科学、商业经济等各个领域。

### （四）光盘数据库检索

20世纪80年代在计算机技术、激光技术等现代新科技成果的基础上发展起来的CD-ROM光盘是一种新型电子出版物，由于光盘的数据存储容量大、制作方便、检索简单，一些大型信息服务结构纷纷将其数据库制成光盘产品出售或租赁给信息用户。光盘塔和光盘网络的出现更提高了单张光盘的利用率，使光盘的多用户检索和共享成为现实。光盘检索系统是一个相对独立的计算机检索系统，它在检索过程中不涉及远程通信网络问题，避免了国际联机检索通信费用昂贵等不利因素，适用于在通信不发达地区、联网较困难地方；有些出版商出于保密、版权及控制等方面的考虑，不愿将收费信息产品上网，这样 CD-ROM 就成为获取这类资源的最佳途径。此外，光盘检索系统还具有软件功能比较齐全，操作简单易学，不受检索时间的限制等优势，所以国内许多高校租赁或购买了多种光盘数据库，并将其挂在校园网上，供校内用户使用。

### （五）网络信息检索

90 年代以来，随着以 Internet 为雏形的信息高速公路的兴建，网络信息如潮水般涌来。由于电信网、卫星电视网、公共数据通信网等都可以为信息检索传输数据，世界各大检索系统纷纷进入各种通信网络，每个系统的计算机成为网络上的节点，每个节点连接多个检索终端，网络上的任何一个终端都可检索所有的数据库的数据，使得网络信息检索成为可能。

网络信息检索可以使人们在很短的时间里查遍全球的信息资料，使人类实现信息资源共享成为可能。网络使得网上信息资源的利用率提高，信息组织更为有序和高效。随着信息网络技术的发展，信息检索技术将向着标准化、自动化、智能化、专业化的方向发展。

## 二、教育信息资源检索的方法与策略

教育信息资源数据库中信息的查找是通过一定的检索算法来实现的，一般通过提供关键词就可以进行查询，但是结果常常不能准确定位，所以，在查询中通常要附加语法规则以有效、准确地进行搜索。

### （一）布尔逻辑运算符

不管是通过校园网联机检索学校的图书资料、教学信息，还是通过国际联机检索系统查询各类专业数据库，或者是通过网络搜索引擎查找网络教育信息资源，布尔检索都是应用最广泛、使用最简单，也是最基本的检索方法。几乎所有的搜索引擎都将布尔逻辑操作符作为最基本的语法规则。一般布尔逻辑操作符包括 AND、OR、NOT 等。

**1. AND**

AND 表示逻辑“与”，也可用“&”或“*”表示。它表示查询的结果要同时满足用户给出的所有的关键词。例如：

“教育学 AND 心理学”，表示查找的资料中必须同时包含“教育学”，也同时包含“心理学”的信息。

**2. OR**

OR 表示逻辑“或”，也可以用“|”或“+”表示。它表示查询结果只要满足关键词中的一个即可。例如：

“信息 OR 技术”，表示查找的资料中凡有“信息”或“技术”其中之一或者同时包含的资料都是符合搜索意图的信息。

**3. NOT**

NOT 表示逻辑“非”，也可以用“!”或“-”表示。它表示搜索含有 NOT 之前的关键词的资料，但是排除里面含有 NOT 之后的关键词的资料。例如：

“计算机－硬件”，表示查找包含有“计算机”，但没有“硬件”的所有资料。

### （二）教育信息搜索的基本技巧与方法

要成功地搜索到自己需要的教育信息资源，基本的技巧与方法如下：

**1. 确定搜索对象**

信息的分类是查询的基础，在查询之前应该对所要查询的信息进行分类。分类的主要内容有：所查询的信息是中文还是英文，是网站还是文章，是政府组织还是学校或学术团体等，然后根据自己的需求，运用符合自己搜索需求的检索工具。严格的分类对于信息的有效查询非常有帮助。

**2. 选用准确的关键词，构造恰当的检索表达式**

确定问题中的重要概念，选择查询关键词，并运用布尔运算符等符号构造恰当的检索表达式。关键词的选择是信息搜索中的重要技巧，为了提高结果的相关性，查询中应尽可能使用那些只在所需内容中存在的、较特殊的短句或单词，避免使用那些非常常见的词，否则将引来数以万计的无用响应；为了提高查全率，应扩大检索范围，使用同义词、近义词等方法。因此，要进行有效的搜索，还应根据查询返回结果及时调整查询。

**3. 确定搜索途径**

检索工具提供两种搜索途径：分类浏览与主题检索。首先应了解检索工具的工作特点和方法，然后确定自己查询的途径。如了解到查询工具的主题目录分类清楚、详细，可直接找到与自己所需信息有关的条目，则可以通过浏览进行检索；当自己可清楚、仔细地界定所需要信息的特点时，可以通过输入查询命令进行查询。

**4. 利用进阶检索功能**

进阶检索是指利用前一次检索的结果作为后一次检索的范围，逐步缩小检索范围。例如：要检索语文与信息技术课程整合的有关资料，在天网中英文搜索引擎（http://e.pku.edu.cn）中输入“课程整合”，返回几千条相关信息，在进阶检索框中输入“语文”，可得到几百个结果。

## 三、搜索引擎

为了帮助学习者及时准确地找到自己需要的网站和信息，Internet 有许多提供信息查询、搜索的站点，这些网站称作搜索引擎（search engine）。搜索引擎是用来对网络信息资源管理和检索的一系列软件，是一种在 Internet 网上查找信息的工具。它将各站点按主题内容组织成等级结构，用户可以依照这个目录逐层深入，直至找到所需信息；也可以在它们的各种程序中键入要查找到关键词，引擎就会在自己的数据库中找出与该词相匹配的 URL，并将结果显示给用户，用户可根据显示的结果选择并访问相关的站点。

### （一）搜索引擎的产生与发展

1993 年以前，大多数 WWW 用户查找信息的方法是利用超链接（hyperlink）从一个 Web 服务器的某一 URL 连接到其他 URL。有的服务站点为了方便用户浏览阅读，将手工收集到的信息编成 HTML 文件，按某种次序排列组织制成索引，或者将这些 URL 文件输入数据库中可以提供查询功能的站点，如 WAIS(Wide Area Information Server，广域信息服务器)等检索查询工具。这个时期的索引服务系统生成方法是用手工键入新的 URL 地址，由系统管理员将数据输入数据库中去，需要大量的人力来进行搜集、排序、编成 HTML 文件并进行维护，因此更新周期也较长，可以说是费时费力。

随着 Web 上的信息量日新月异地增加，人们迫切希望有一个 Web 发现服务系统，能够在指定的范围内自动地发现新的信息，并对其所覆盖的资料进行自动更新。于是 1994 年出现了 Robot、Spider 等计算机搜索程序，用户通过在这些计算机程序中输入需查询信息的关键词，经过其检索服务器在内部数据库找到相关的资料，并按一定的规则整理后再输出传到本地主机。这样的检索工具就是搜索引擎。

1995 年前后，以 Yahoo、Alta Vista 和 Infoseek 为代表的第一代搜索引擎上网。1996 年 Internet 网上只有十几个大型综合性搜索引擎，而如今搜索引擎的数量已经达到数千家，还出现一批专用性的搜索引擎。1998 年，以 Google 和 Direct Hit 为代表的第二代搜索引擎出现在 Internet 上，随着信息技术的不断发展，网络信息的爆炸式发展，搜索引擎技术也将飞速发展，并朝着智能化、个性化、专业化、标准化等方向发展。

### (二)搜索引擎的分类

根据组织信息的方式可将搜索引擎分为以下几种：

**1. 目录式分类搜索引擎(网站级)**

利用传统的信息分类(directory)方式来组织信息，按照分层排序的方法组织版面，即首页具有网站类别总目录，总类目录下包含各级子目录，最后一级子目录下边排列着属于这一类别的查询路径、网站站名、网址链接和简要的内容提要。用户按类来查找信息，有较高的查准率，但其查全率低。雅虎、搜狐和网络指南针等都属于分类目录检索。

**2. 全文搜索引擎(网页级)**

全文检索搜索引擎的资料库中，搜索保存的是互联网上各站点的每一个网页的全部内容，能够对网站的每个网页中的每个单字进行搜索(full-text search)，查全率高，查准率低，搜索范围较广，提供信息多而全，但缺乏清晰的层次结构，查询结果中重复链接多。

例如，利用天网中英文搜索引擎(http://e.pku.edu.cn)查找有关信息推送技术的资料，可以在搜索栏内输入关键词“信息推送”，点击“搜索 WWW 网页”，即可返回几万篇文档，每一条结果显示序号、标题、URL、编码方式(如 GB)、文件大小、时间、摘要等相关信息。由于返回内容较多，可以选择在“结果中查询”，以缩小查询范围，迅速找到所需信息。

**3. 分类全文搜索引擎**

是针对全文搜索引擎和目录式搜索引擎的缺点而设计的，通常在分类的基础上再进一步进行全文检索。现在大多数的搜索引擎都属于此类，如 21cn 网站(http://www.21cn.com)等。

**4. 智能搜索引擎**

具备符合用户实际需要的知识库，搜索时，可以根据已有的知识库来理解检索词的意义并以此产生联想，从而找到相关的网站或网页。同时，智能搜索引擎还具有一定的推理能力，能根据知识库的知识，运用人工智能方法进行推理，大大提高了查全率和查准率。较成功的有 FSA、FAQFinder 等。

## 四、网络教育信息资源

Internet 是世界上最大的信息网络系统，是人类智慧的海洋、知识的宝库，也是最大的教育信息资源库。网络教育资源是指经过数字化处理的文字、图像、声音、动画等多种形式的教育信息存放在光磁等非印刷质的载体中，并通过网络通信、计算机或终端等方式再现出来的教育信息资源。

### (一)网络信息资源的分类

网络信息资源丰富多彩，根据不同的分类方案可以获得不同的分类结果。

按其遵循不同网络传输协议与网络传输工具，网络信息资源主要包括：

(1)WWW 教育信息资源；

(2)FTP 教育信息资源；

(3)Telnet 教育信息资源；

(4)USENET/Newsgroup 教育信息资源；

(5)Gopher 教育信息资源；

(6)WAIS 教育信息资源。

按信息的存取方式分，有：

(1)邮件型：以电子邮件和邮件列表为代表。

(2)交互型：以 IRC(Internet relay chat)为代表，在网络上通过文字实现即时信息传递。

(3)公告牌型：以 BBS、网络新闻、匿名 FTP 为代表的非即时信息传播方式。

(4)广播型：在网络上向特定多数利用者即时提供图像和声音的信息传播方式。

(5)图书馆型：以 Gopher、WWW 为代表的，主要提供一次文献，并通过信息的有系统组织来提供信息的方式。

(6)书目型：包括查询人物、机构、团体的 Finger 和 Whois，查询 FTP 文档的 Archie 和 WAIS 以及集成于 WWW 技术之上的综合型检索工具 Yahoo、Altavista 等。

### (二)教育网站

教育网站是网络环境下教育资源的主要体现形式，是指通过收集、加工、存储教育资源等方式建立教学资源库，或者建立网上教育平台与信息获取及搜索等工具，通过互联网服务提供单位(ISP)接入互联网，向上网用户提供教学和其他有关教育信息服务的机构。

我国的教育网站已经形成一定规模，呈现百花齐放的态势。网站的建设有政府投资的、公司建设的、教学部门建立的、个人建立的、社会组织提供的以及多方合作建设的等；从网站的用户角度来看，有儿童的、学生的、教师的、继续教育或岗位培训以及综合性的网站等；从教育站点功能来看可分为教育职能部门网站、门户性教育网站、专业/专题网站、网上学校、电子图书杂志、教育电子商务等。下面根据教育站点的功能来探讨教育资源的分布。

**1. 教育职能部门**

目前国内许多教育行政部门，从中国教育部(http://www.moe.edu.cn)及其各司署，到各地市教育行政管理部门，相继建立了自己的网站。我们可以通过这些网站浏览国家及地方的教育方针政策，了解最新的教育动态，指导我们日常的教育研究和教学活动。

**2. 综合性教育网站**

提供综合性的服务，服务内容比较全面。一般是教育科研单位与一些热衷教育的公司企业联合创办。如中国教育信息网（http://www.chinaedu.com）是教育部信息管理中心与新宇集团联合创建的，通过提供教育资讯、教研天地、学生社区、家长时段、海外视窗等栏目为学生、教师、家庭、学校提供全方位的服务；网大（http://www.netbig.com）提供的教育服务内容也比较全面。还有面向基础教育的中国基础教育网（http://www.cbe21cn.com）、K12（http://www.k12.com.cn）等。

**3. 专业/专题研究网站**

专业或专题研究网站主要针对教学的某一方面提供丰富的信息资源。国内中小学学科专业网站逐渐增多，语文、数学、化学等学科资源网站层出不穷，其中，有教育权威机构建立的，但更多的是学科教师个人或教研组、教学研究会等制作的。这些网站的建立不仅为任课教师的备课提供大量的素材资源，也为学生提供了更广阔的学习空间。随着我国专题学习、研究性学习、网络协作学习等新型网络学习模式的不断成熟与发展，进行研究性学习、创新教育的网站也逐渐发展起来，如大眼睛科技教育网（http://www.eyecn.com）、优异研究院（http://www.uestudy.com）等。

**4. 网上学校**

网上学校（网校）是指进行各级、各类学历和学位教育或者通过培训颁发各种证书的教育网站，包括中小学的远程教育网和教育部批准的一些大学的远程教育网，以及一些企事业单位提供的网上岗位培训、继续教育的一些站点。网校不仅提供系统的网络课程，还提供在线注册、在线答疑、在线讨论、网上交作业以及与学校教学同步的教学辅导和练习等教学服务、教学管理系统。网校可以用于课堂教学的辅助学习，也可以进行继续教育、岗位培训，还可以用来攻读学位，信息网络使学习实现了社会化、终生化、现代化。这类网站有101网校（http://www.chinaedu.com）、华南师大附中网校（http://www.futureedu.com）、清华大学远程教育（http://166.111.18.8/yuanch.htm）、中国中小学教师继续教育网（http://www.jxjy.edu.cn）等。

特别要提出的是大、中、小学的主页。大、中、小学的主页是各个学校校园网的一部分，它们不但能为学校内部的教学活动提供各种信息服务，更是学校对外信息交流的一个窗口。

**5. 电子图书杂志**

网上有许多图书、报纸、杂志供我们浏览和利用，如中国期刊网，许多大学都建立了自己的镜像点，以方便师生的查询和利用。国家图书馆（http://www.nlc.gov.cn）、北京大学图书馆（http://www.lib.pku.edu.cn）等各大学、各地市图书馆均建立了网上联机检索、读者指南、电子资源等服务。此外，还有许多免费的图书站点，如超星图书馆（http://www.ssreader.com）等。网络版的报纸、杂志也有许多，如中国教育报（http://www.jyb.com.cn）、中国日报（http://www.chinadaily.com.cn），还有一些网上的免费的电子期刊，如上海的索易电子刊物（http://www.soim.com）等，都为我们的学习和生活提供了丰富的信息资源。

**6. 教育电子商务**

网上有许多与教育相关的电子商务服务，可以足不出户购买教学软件、教学文具、教学器材等。如乐友网上购物中心(http://www.leyou.com.cn)是中国规模较大、服务较完善的网上购物中心,其上有近万种图书、音像制品、教育软件,强调教育性、保健性及高质量、低价格;大洋网上书城(http://www.dayoo.com)价格优惠,送货上门,付款方式多样,深受广大用户的欢迎,在广州、北京、上海等地均开设了分店。

(三)网上教育资源的获取

查询到了这么多有用的资源,我们怎样把它们从网上下载下来呢?以下给出几种常用的方式。

(1)通过 Web 浏览器的文件菜单中"另存为"命令,将需要的页面存到本地机上,也可直接在页面上选取所需要的文字或图片,运用 Windows 的基本操作复制、粘贴,即可将所选内容保存到本地机上。

(2)通过网络工具软件离线浏览。离线浏览,就是将因特网上的网站内容整体或部分复制到本机的硬盘,这样可以随时查看,不但可以节省上网的费用,而且还可以保存网页信息以供随时调用。现在有很多专用的离线浏览器,功能强大,下载速度快,使用也很方便,常用的工具软件有 Teleport、WebZip 等。

(3)使用 FTP 进行文件传输。目前许多大学网站都提供 FTP 服务,如北京大学(ftp.pku.edu.cn),登录到 FTP 站点上,可以直接查看服务器文件夹,可以利用复制、粘贴等操作下载需要的应用软件和一些电子教材、图书资料等。

(4)使用电子邮件。我们可以通过电子邮件进行网上协作学习,师生之间、学习伙伴之间进行信息沟通和交流。在网上订阅的电子期刊,也需要通过电子邮件收取和浏览。电子邮件是我们获取网上教育信息资源的重要形式,它比其他获取方式更具有保密性、针对性强等优点。收取电子邮件可以通过 Web 方式登录邮箱,也可利用 Foxmail、Outlook 等工具直接将邮件收取保存到本地主机。

(5)使用多线程下载工具。目前流行许多网络下载工具不但支持 HTTP 和 FTP 下载,也支持多线程、多文件下载,如网络蚂蚁 NetAnts、下载专家 DownLoadExpert 等,它们安装简单,使用方便,支持断点续传,能大大加快网络下载速度。

(6)利用网络通信工具也可以获取教育信息。目前常用的网络通信工具有 NetMeeting、ICQ、QQ、Internet Phone 等,它们一般都具有呼叫及文本、语音、视频对话功能,有些还具有文件传输、共享白板等功能,可以通过网络实现信息的交换与获取。

## 第三节　教育信息资源的开发

### 一、教育信息资源的开发类型

教育信息资源的开发涉及多媒体素材的制作和多媒体信息资源的编辑整合两部分工作。多媒体教学信息资源包含文本、图形图像、动画、声音和视频影像等多种媒体信息,这些信息素材大多先通过多媒体开发工具进行数字化处理，然后利用多媒体创作工具进行集成与创作，编辑成适用于各种学习模式的各式学习资源。教学素材的准备与制作是数字化学习资源开发的基础和关键环节。多媒体教育信息资源的编辑整合主要分为多媒体演示文稿的制作、多媒体教学软件的制作、多媒体网上课件的制作和教育电视的制作等几种类型。教育信息资源开发的类型可以用表 5-1 来表示。

**表 5-1　教育信息资源的开发类型**

| 资源的开发类型 | 特　点 | 作　用 | 常用开发工具 |
|---|---|---|---|
| 多媒体素材 | 教育信息资源开发的基础和关键环节，具有开放性和再利用性 | 为教育信息资源的开发与编辑提供各种多媒体素材，可以直接作为学习资源 | 根据素材的不同类型，有不同的开发工具，如开发文本的 Word，开发图像的 Photoshop 等 |
| 多媒体演示文稿 | 制作简单，直观形象，交互性不强，一般仅用来演示 | 用于工作汇报、电子教案、教学文稿和教学软件等场合应用项目制作与演示 | PowerPoint 等 |
| 多媒体教学软件 | 制作较简单，交互性能强，但系统开放性不强，一般很难二次开发 | 用于课堂演示、课外自学等多种学习形式 | Authorware、Director、Toolbook 等 |
| 网上教学软件 | 静态页面制作较简单，但具有交互功能的动态页面需要有一定的编程经验；通过网络浏览器运行浏览；可以通过网络传输、下载、共享；系统开放性较强 | 用于网络环境下的各种教学模式 | Frontpage、Dreamweaver |
| 数字电视教材 | 通过一系列活动图像按一定顺序串接起来表达教学内容；开发制作过程较复杂，一般需要开发小组协同工作；压缩后可以在网络上使用 | 利用电视表现手段呈现事物现象的本质特征；贮存再现，克服时空局限性；传送方式多样化，适宜多种教学方式 | Premiere 等 |

## 二、多媒体素材的制作

多媒体素材按照媒体类型可分为五大类：文本、图形图像、音频、动画、视频，素材的准备与制作是一项十分繁重而细致的工作。

### （一）文本素材

文本主要指字母、数字和符号等。学习内容的表达，如概念、定义、原理的阐述、问题的表述、菜单、标题、按钮、导航等都离不开文本，文本是传播教学信息的重要媒体元素。文本一般可分为纯文本（文本）和图形文本。

**1. 文本输入与处理**

常用的文本文件格式有 TXT、RTF、DOC、DOT、WPS 和 PDF 等。通过计算机文本编辑软件，可以很方便地利用键盘输入文件。键盘是文本输入的最主要手段之一，随着科技的进步，近年来也出现了语音输入、手写输入等手段。对于现成的印刷品，人们还常通过扫描仪将印刷文稿转化为由像素组成的图像，利用光学字符识别（OCR）技术，将图像识别成为可任意编辑处理的文本文件。扫描输入适合于文本的规模制作。

**2. 图形文本**

在图形处理软件中输入文本，可以将文本做成图形格式。其优点是可以对文字进行一些特殊效果处理，如渐变字、透视字、变形字、立体字等。教学软件制作时运用图形文本，显示时可以不受字库、文本样式等因素的制约。

### （二）图形图像素材

图形图像是信息技术教学中表达教学信息的最有力的手段之一，对于帮助学习者分析、理解教材及解释观念或现象都有重要的意义。

**1. 图形图像的类型**

图形图像可分为两种类型，一种是矢量图（vector graphic），另一种是位图（bitmap）。其区别见表 5-2。

**表 5-2 矢量图和位图的区别**

| | 基本单位 | 显示过程 | 变换 | 存储空间 | 表现较复杂图画 |
|---|---|---|---|---|---|
| 矢量图形 | 图元 | 依照图元顺序 | 无失真 | 较小 | 不适于 |
| 位图图像 | 像素点 | 按照像素顺序 | 有失真 | 较大 | 适用于表示真实照片图像和包含复杂细节的绘画等 |

**2. 图形图像文件格式**

了解有关图形图像的文件格式，对于正确选择、使用、制作图形图像文件至关重要。常用的图形图像文件格式见表 5-3。

**表 5-3 图形图像文件格式**

| 格　式 | 来　源 |
|---|---|
| BMP | 位图文件格式（Microsoft Windows DIB） |
| GIF | 无损压缩图像，图像最多只能达到 256 色，可对图像进行交织处理，将图像做成透明、动画等形式，常用于制作网页图像文件 |
| PCX | 最早的位图格式之一，能支持 24 位图像 |
| TGA | 支持 32 位色，包括 8 位 Alpha 通道显示实况电视能力 |
| EPS | 公共输出标准，为 PostScript 打印机和图像照排机上打印图形文件而开发 |
| JPEG | 有损压缩图像格式，可以很好地再现全彩色图像，较适合摄影图像的存储，常用于制作网页图像文件 |

续表

| 格　式 | 来　源 |
|---|---|
| TIFF | Macintosh 和 PC 机上广泛支持的位图格式 |
| DCS | 按 CMYK 分色的格式 |
| PICT | Macintosh 系统中自身图形格式，支持任何深度、任何尺寸和任何分辨率的图像 |
| WMF | Windows 元文件 |
| DXF | Auto CAD 2-D 格式 |
| PAL | 调色板文件 |
| PCD | Photo CD 格式 |

还有一类文件格式是图形图像制作工具提供的特殊格式，一般只在本身的制作环境中使用，如 Photoshop 中的.PSD，Core Draw 中的.CDR 等。

**3. 图形图像的制作**

(1)利用专门图形图像制作工具。如 PhotoShop、Corel Draw、Firework、Auto CAD、3D Max等，它们的优点是"即见即所得"，非常直观，且都提供了各种各样的绘图工具与处理手段，可以制作专业级的图形对象。

(2)屏幕捕捉或屏幕硬拷贝。利用 CapPicture、SnapIt、HyperSnap 等截图软件，可以捕捉当前屏幕上显示的任何内容，操作简单，使用方便，图像的色彩与清晰度都能满足需求。Windows 也提供了直接拷贝屏幕的功能，按下 Alt＋PrintScreen 即可将当前的活动窗口显示画面置入剪贴板；按下 PrintScreen 即可全屏幕拷贝，并置入剪贴板。

(3)扫描输入。利用扫描仪可将一些现成的照片、图画、图片等素材通过光电转换变成数字图像输入计算机中。

(4)利用数码照相机。数码照相机将依赖空间、时间的图像转化成数字图像，暂存到相机的存储卡中，再利用输入转换工具可直接导入电脑中，且输入的图像清晰度高，色彩鲜艳，输入速度快，这是多媒体图像制作一种重要途径。

(5)视频帧捕获。利用 Video for Windows、超级解霸、金山影霸等视频播放软件，可以将屏幕上显示的视频图像进行单帧捕捉，变成静止图像储存起来。但由于视频图像本身已经过压缩，因此在色彩、清晰度方面都相对较差，所以抓取下来的图像文件分辨率较低，不适于制作大尺寸画面。

(6)引用或购买，甚至下载现成的图像库。已有相当一批商品化的图像光盘素材库进入市场，如底纹、花卉、壁纸等专集，用户可以根据需要选择购买。这些图像素材有些可以直接在多媒体教学软件中使用，有些只需适当处理即可使用。当然，从网上下载也不失为一个好途径。

**4. 图像处理的一般步骤与方法**

所谓图像处理，是指利用图像处理软件在图像上进行色彩校正、修补、合成等各种操作，最终使图像达到最佳效果。图像处理的一般步骤与方法是：

(1)输入：在图像处理软件中导入需要加工的图像。

(2)图像的调整、校正与增强：如调整亮度、对比度、色彩平衡、色相、图像尺寸、画布尺寸、分辨率、色彩模式等。校正是纠正数字图像颜色和灰度,使之与原图一样。

(3)选择与屏蔽:标记图像上的一块特别区域,使编辑操作保证对标记出的区域进行,而不影响其他部分。

(4)修描:擦除一些缺陷或修改一些细节,使图形看上去更完美。

(5)绘画及艺术化处理:根据软件提供的多种工具,以改变图形上某些部分的色彩。还可利用软件提供的各种滤镜实现不同的艺术效果,或对图像进行变形处理等。

(6)图像合成:把两幅或多幅图像的一部分像素合并,定义单一的图案,或在图像中进行剪切和粘贴来修改图像的内容。

(7)输出:保存文件,也可通过打印机或绘图仪等将经过处理的图像输出到纸张上。

### (三)动画素材

动画可用来模拟事物的变化过程、规律,说明科学原理,能够增强学习内容的直观性、生动性、趣味性。动画是利用人类视觉暂留的特性,通过把一连串微小变化的画面按照一定的时间间隔显示在屏幕上,从而产生画面中物体运动的效果。只要以每秒24帧(幅)以上的速度播放连续的静态画面,就使人感觉不到画面的切换而只是看到画面中物体的连续运动。动画也包括缩放、旋转、扫换、淡出淡入等画面显示的特殊效果。

**1. 动画的类型**

动画从其制作动画的画面效果上分,主要有两大类:一类是二维(平面)动画,其主要特点是:色彩鲜艳、清晰度高、容易掌握和使用;另一类是三维(立体)动画制作,其主要特点是立体感强、动画效果逼真。常见的动画格式有GIF、FLI、FLC、SWF、AVI、MOV、PIS等。

**2. 动画的制作**

(1)利用多媒体制作工具所提供的动画工具

多媒体制作工具一般都提供了一些简单的二维动画制作功能。如Authorware提供了固定目的地、固定轨迹、刻度轨迹、线性刻度轨迹和*X-Y*刻度五种位移动画效果。此外,利用制作工具本身的一些特殊效果显示功能如划变、百叶窗等也可以产生一些有趣的简单动画。

(2)利用专门的动画创作软件

如果要创作逼真的、专业级的动画,必须考虑选用专门的动画创作软件,如Animator Pro、Animator Studio、3D Studio、3D Max、Flash等。利用专门动画创作软件的优点是制作周期短,修改方便,动感逼真,可以制作出比较复杂、立体感非常强的动画。

### (四)音频素材

声音在信息技术教学中的主要作用:一是通过语音增强画面的表现效果以及起到辅助说明的功效;二是通过背景音乐,对画面内容起到烘托作用。当然,对于语言及音乐类的教学软件,音频则成为主要的媒体对象了。多媒体教学软件的数字化音频主要包括语音、音乐、效果声。

**1. 音频的种类**

(1)数字化波形音频(wave audio)。它是对模拟声波按照一定的频率进行数字化采样所形成的波形文件,其格式以.WAV文件最为常见。它是声音的实际表达,波形数据代表声音的瞬时能量或响度。波形音频的最大优点在于它重放时声音质量的一致性,它很容易编辑,不需要专门的乐理知识,但波形音频需占用大量存储空间。

(2)CD-DA 激光唱盘音频。它是一种特殊的数字音频,其质量要求较高,采样频率固定为 44.1 kHz,每个采样使用 16 位存储。CD 音频在播放处理时不是由计算机的 CPU 处理的,而是由 CD-ROM 中特定的芯片处理,因而在播放 CD 音频时,CD-ROM 不能传送其他数据。只能由用户读出,仅用于播放。

(3)MIDI 音频。即 musical instrument digital interface(乐器数字接口),是一种专门用于音乐数字化的国际标准。与数字化波形音频不同的是,MIDI 音频并不直接记录声音,它只记录发送给 MIDI 设备的一系列指令,实际发声的是合成器或音源。它不像数字音频那样对连续的模拟乐声进行数字化,而是对产生乐音的音符进行数字化。它用一些特定的数字表达产生音符的键号、通道号、持续时间、音量和力度等。Mac 机和 PC 机都能使用 MIDI 文件,并且其大小为 CD 级数字化波形音频文件的 1/1000~1/200,不占用很多的内存、硬盘空间和中央处理器资源,比较适合于大量乐器声的应用。

在多媒体教学软件中,MIDI 一般用来制作各种电子音乐素材及部分音效素材,如教学软件的背景音乐。而波形音频的应用较广,不但可以制作成音乐、音效素材,更多是用来制作语音素材。

(4)MP3 音频。采用压缩技术的音频格式,可以将 CD 质量的音频文件压缩至原来的 1/10,甚至更小,且声音质量的损失非常小。在 Internet 上用得比较多,可用于给主页加上主题音乐。

**2. 音频制作的硬件条件**

多媒体教学软件中音频素材的制作需要一定的硬件条件。硬件用于声音的输入、输出及压缩、存储等,主要包括声效卡、话筒、CD 播放机、CD-ROM 驱动器、电子琴等,专业一些的设备还有 DAT 数码录音机、MD 机等。

**3. 音频制作的软件**

音频素材制作所需的编辑软件主要用于录制、编辑、合成和特殊效果等处理音频数据。常用的音频处理软件有 Windows 系统本身提供的录音机、声卡本身附带的软件包、Creative Wave Studio(录音大师)、CoolEdit、Macromedia Sound Edit 等。MIDI 音乐创作方面有 Twelev 公司的 Cake Walk 等工具软件。

**4. 音频素材制作的途径**

(1)引用或购买现成的音频素材。在不至于引起版权争议的情况下,使用一些现成的 .WAV、.MID 和 MP3 格式的声音库(主要是音乐和音效)是最直接、最方便的方法。而且这些声音素材都是经过专业人员精心制作而成的,既具有较高的质量,又可以节省时间。

(2)自行制作、录音编辑、MIDI 合成等。通过麦克风等音频输入设备利用音频编辑软件进行编辑合成。

(3)现有音频的格式转换。由于多媒体创作工具对音频格式的支持有差异,为了得到符合要求的格式,常利用一些转换工具进行转换。如把 AIF 声音文件通过 CoolEdit、Goldwave 等软件转换成 WAV 格式,供 Authorware 等软件调用。

**5. Creative SB 简介**

Creative Wave Studio 录音大师是随 SB Creative 16/32/64AWE 等系列声卡附带的声

音制作软件。录音大师可在 Windows 9x/Windows 2000 环境下录制、播放和编辑 8 位(磁带质量)和 16 位(CD 质量)的波形数据。录音大师不但可以进行简单的录音,还可以运用众多特殊效果和编辑方式如反向、添加回音等,制作出独一无二的声音效果。此外,录音大师还能够同时打开多个波形文件,使编辑波形文件的过程更为简单方便。它还可让输入及输出声音格式文件(VOC)和原始数据文件(RAW)。

录音大师的窗口操作界面分为六个区域:标题栏、菜单栏、工具栏、编辑窗口、预览窗口以及状态栏。工具栏是一组用于快捷操作的图标按钮,用户只要将鼠标光标移至相应的图标上停留约 1 秒钟即可出现相应图标功能的提示。编辑窗口是显示声音波形的地方,可以同时打开多个编辑窗口,以使编辑工作易于进行。预览窗口显示当前活动编辑窗口中波形的全部数据。在预览窗口中可以通过鼠标拖曳的方式选择波形中的一段数据。速度指示器(在左下角,播放时才显示,呈黄色)指示波形文件播放的进度。

录音时,应根据实际连入声卡的声音源,在混音器中设置录音源以及音量或电平的大小。混音器的设置是否合适,可以在播放声音的同时查看录音对话框中录制电平的大小。多媒体计算机中的光驱可以在软件驱动下直接播放 CD 光盘的语言或音乐,通过录音大师可以直接将 CD 盘中的声音采集存储成 WAV 格式的文件存到磁盘中,有些播放器软件(如“超级解霸”等)还允许将其压缩存储为高质量的 MP3 格式的文件。

录音大师还能进行反向、添加回音、倒转波形、饶舌、插入静音、强制静音、淡入与淡出、声道交换、声音移位、相位移、转换格式、修改频率、放大音量、波形音频等特殊效果制作。

### (五)数字视频素材

视频影像表现的是真实景物,又是完全活动的,图文声并茂,因此,适宜地运用视频可以增强教学资源的表现力与感染力。用电视摄录设备制作的视频信号一般都是模拟信号,如果要在电脑中使用这些视频,首先要将这些视频信号数字化。用以实现把模拟视频信号转换成数字视频信号的设备称为视频压缩卡或视频捕获卡。通过视频压缩卡,配合专门的视频处理软件,便可以把一般的录像带等视频信号转换到电脑中,供课件制作使用。

常用的视频文件格式:VCD 的文件一般为 DAT 格式,MPEG 压缩标准的 MPG 格式,Windows 系统的 AVI 格式,Quicktime for Windows 的 MOV 格式,以及网页上常用的流媒体 RM 等格式。

一般而言,如果视频资源主要应用于 PC 平台的 CAI 软件,则采用 AVI 格式;如果主要应用于苹果机的 CAI 软件,则采用 QuickTime 格式;用于单独欣赏的视频资源,最好制成 MPEG 格式;对于需要在网络上实时传播的视频,最好采用流媒体格式。视频资源数字化时,色彩等级数应该大于 256。

**1. 视频卡和视频制作软件**

用户通常采用视频卡和视频制作软件来共同完成视频资料的录入和编辑任务。常用的视频卡有 Creative Video Blaster 系列等。在进行多媒体视频制作中,由于广播级的视频卡比较贵,因此视频卡一般选用一些支持 VCD、非编辑性编辑及视频叠加的中低档类,如 Creative 公司的 Video Blaster SE100、FS200 或 RT300。

常用的视频制作软件包括视频卡附带的软件包和其他通用类视频制作软件。在视频素材制作时,用户可以使用视频卡附带的软件包,也可以使用一些通用类视频制作软件,如

Premiere、Ulead Media Studio 等。Premiere 是 Adobe 公司提供的 Windows 9x/Windows 2000 环境下功能强大的视频图像动态捕获与制作软件，它可以同时制作图像和声音，目前已被许多视频卡所支持。

**2. Premiere 简介**

在数字视频影像制作中，Adobe 公司的 Premiere 是一个功能十分强大的专业的视频影像集成制作软件，可以在各种操作系统平台下与硬件配合使用。Premiere 是在 Windows 9x/Windows 2000 下利用“Microsoft Video”和“Quick Time”技术，用图片、图像、声音、动画、视频和其他的素材来创作、记录和播放数字化视频影像。一般的用户只要掌握了 Premiere 软件的制作基本技术，就可以制作出优秀的视频影像作品。

Premiere 的主要功能包括：实时采集视频信号；将多种媒体数据综合制作为一个视频文件；具有多种活动图像的特技制作功能；可以配音或叠加文字和图像等；可以编辑 MPG 格式的视频文件。Premiere 的主界面主要由不同用途的窗口和菜单栏命令项及其下拉式菜单命令组成。在 Premiere 的显示界面中一共可以出现十几个不同的窗口，如 Project Window（项目窗口）、Monitor Window（监视器窗口）、Timeline Window（时序窗口）窗口等。

Premiere 影像素材制作主要包含视频影像素材（MOV，AVI 等）的采集、视频影像的剪辑、音频的编配、影片播放速度的改变、视频影像的字幕制作、直接叠放的效果制作等。

## 三、电视教材的制作

电视教材是根据课程教学大纲的培养目标要求，用视频图像与声音去呈现教学内容，用视频录像技术进行记录贮存与重放的视听教材。

### （一）电视教材的制作过程

编写文字稿本和分镜头稿本是电视教材编制的准备阶段，电视教材的制作是一项集体的创造性劳动，其工作过程可概括为摄像、编辑、配音和评审四个阶段。

**1. 摄像阶段**

摄像阶段就是根据分镜头稿本对每个镜头画面内容、景别与拍摄技巧的要求，分别摄录在磁带上。这些未经编辑的镜头画面称为录像素材。

摄像可以按分镜头稿本的镜号顺序拍摄，但更多的是将同一地点或同一场景的镜头集中在一起拍摄，这样可以省时省力。摄像一般分为外景拍摄和演播室内拍摄两种。当要表现自然景观、动植物生态、生产和施工现场以及记录新闻事件等，采用外景实地拍摄更为真实，而要拍摄教师的讲授、实验演示操作、剧情需要的表演，以及字幕、图表、图片、动画特技等，在演播室内进行则更方便。演播室内通常可用几台摄像机摄像，通过特技机可以进行分割画面、迭化、淡变、加字幕等多种多样图像制作。

在整个拍摄过程要做好拍摄记录，这个工作称为场记，它是把拍下的每个镜头处于哪一盒录像带、镜头所处的圈数、是分镜头稿本的第几个镜头等事项，在拍摄现场及时记录下来，使编辑时更容易查找素材。

**2. 编辑阶段**

编辑是按照分镜头稿本的序号、长度和技巧，将录像素材上的镜头画面逐一串接复制，一般通过电子编辑系统来完成。

编辑前要做好准备工作，首先把录制的素材全部观看一遍，对照分镜头稿本检查，看看是否有漏拍，增拍、删改的镜头是否注明在稿本内。核对场记表上的镜号、录像带圈数等与画面内容是否相符。比较、选择相同的镜头，并记录在场记表上，然后根据已拍的素材，对分镜头稿本进行修改和重新整理，缺少的镜头还要考虑补拍。

在做好编辑准备工作后，便可进行具体的编辑，应根据素材带具体情况和质量要求合理选择编辑方式。如果制作素材带的设备和重放的录像机稳定性好，在编辑时又是逐个镜头汇集，可以采用组合编辑方式；如果素材来源较杂，稳定性难保证，或者需要在已编好的节目中插入素材内容，则宜采用插入编辑。插入编辑时为了保证编辑的稳定性，应在编辑带上预先录好稳定的控制磁迹信号，如黑场信号或彩条信号等。

在编辑过程中，要严格按照新整理的分镜头稿本进行编辑，正确操作编辑录放像机，选择好每一镜头的入点和出点，防止编辑点的图像跳动和视觉跳动。完成编辑后，还要重放已编辑的图像，检查编辑点的衔接是否准确、稳定、平滑、自然。

**3. 配音阶段**

图像编辑工作完成之后，就进入配音阶段，视频节目的声音由三部分组成：解说词、效果声和音乐。三者中解说又是最重要的一种，因此在配音时要注意安排好主次关系。

讲授型和表演型视频节目的解说多采用同期配音，而图解型视频节目的解说则采用后期配音。配解说要注意与画面密切配合，旁白解说的速度要适中，一般以每秒三个字为宜。音响效果声既可以在现场录制，也可以在后期选用专门的效果声录音带配音。音乐配音时，乐曲多选自现成的录音带，应根据画面内容需要合理地选用。配音音乐要控制好音量，绝不能让音乐掩盖解说词。

在具体配音时，三种声音往往是先个别录制，然后用调音台将其混合为一路信号记录在已编辑好画面的录像带的第二声道。如果用录像机配音和混音，可以先在录像带的第一声道配解说，第二声道配音乐和效果声，然后利用录像机的相应功能，将两路信号混合后转录到已编辑好画面的录像带的第二声道，这样，一部视频节目就基本完成了编制工作。

**4. 评审阶段**

电视教材编制完毕后都要组织有关学科专家与有经验的教师、教材编导和制作人员对视频节目的质量进行评议和审查，然后才投入使用和交流发行。通常从视频节目的教育性、科学性、技术性、艺术性几方面进行评审。

### （二）电视教材的数字化

电视教材根据其记录方式的不同可分为数字视频教材和模拟视频教材两大类。其中数字视频教材经压缩后可以直接在网络上使用，并且具有易存储、传输复制无信号衰减等优点，而模拟视频信号则必须经过数字化处理之后才能在网络上使用，其保存期限受录像带等介质的影响，传输、复制过程中也有信号衰减，所以数字电视教材的编制与开发是今后电视教材的发展方向。图 5-1 描述了模拟视频教材的数字化流程。数字视频电视教材制作设备如图 5-2 所示。

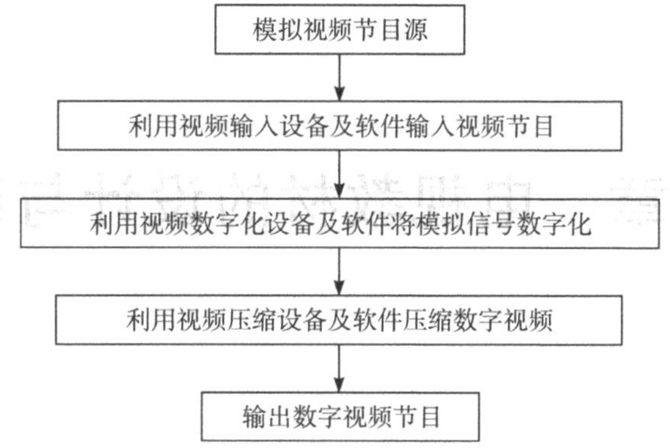


**图 5-1　模拟视频教材的数字化流程**

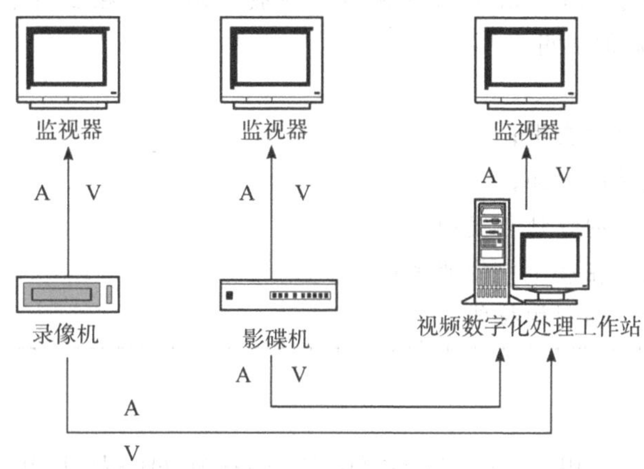


**图 5-2　数字视频电视教材制作设备**

## 思考与训练

1. 什么是教育信息资源？教育信息资源有哪些类型？
2. 教育信息资源的检索方式有哪些？
3. 教育信息资源开发的类型有哪些？

# 第六章　电视教材的设计与制作

【内容导学】

用电视和电视教材，可以组织多种形式的教学活动。在社会和学校的教学工作中，电视获得了广泛的应用。

【学习目标】

1.了解电视的教学应用；

2.掌握电视教材的内涵；

3.掌握电视教材的设计与编制；

4.掌握电视设备在教学中的使用；

5.掌握电视教材编制的技能。

## 思政第一课　八十多年前的“新媒体人”——中国电影教育开山宗师孙明经的影像人生

2019年春，南京大学新闻与传播学院讲师李晓峰从北京匆匆返回南京，他的行李箱里，装着一批珍贵资料。那是约80年前，在南京大学前身之一金陵大学任教的孙明经先生使用过的上百卷教学幻灯片，以及他主编的几十卷《电影与播音》杂志(下称《影音》)。

中华人民共和国成立初期，全国高校院系调整，孙明经率金陵大学影音部师生和器材北上参与建设新成立的中央电影学校(北京电影学院前身)，这批资料也随他们北上，如今兜兜转转，又回到南京。南大正在建设孙明经纪念馆，这批由孙明经后人捐赠的资料将成为馆中的重要内容。

孙明经是谁？这位生于1911年，最早认识到影像的力量并投注一生精力的“影像知识分子”有着辉煌的履历：24岁，孙明经参与拍摄的《农人之春》成为第一部在国际大赛中正式获奖的中国电影。25岁，他开始主持金陵大学教育电影部工作，并协助恩师魏学仁拍摄了世界第一部彩色日全食电影，也是中国第一部彩色电影——《民国二十五年之日食》。蔡元培评价说，如果人类近代科技史可以比作世界运动会，那么这部电影是继中国科学家发现周口店“北京人”头盖骨之后得到的第二块金牌。27岁，孙明经在金陵大学创建电化教育专修科，后改为影音部，这是中国现代高等教育史上第一个电影专业。31岁，他创办并主编了中国最早的电影与播音教育学术期刊《影音》。36岁，他受聘为联合国教科文组织首批中国委员，拍摄了中国第一部彩色有声纪录片《民主前锋》……

今天，孙明经被称为“中国电影高等教育的第一位专职教师”“中国电影高等教育的开山宗师”，他为我国培养了大批影视领域人才，并在教学之外，独立摄制了63部纪录片、科教片，主持摄制了47部影片。

毕其一生，孙明经用影像记录历史、理解世界，用影像传播知识、参与抗战，用摄影机和照相机体现中国知识分子的良知与尊严。

他曾被遗忘，又终被铭记。2003年，媒体报道中国电影资料馆发现了多达90盒赛璐珞胶片，这些电影全部拍摄于20世纪三四十年代，多数出自孙明经之手，当时的报道将孙明经和这批影片称作中国影史上“被遗忘的辉煌”，此后至今，人们逐渐了解他的故事，认识他工作的价值。

**中国大学电影专职教师第一人**

1926年，孙明经的父亲孙熹圣带着立志要一辈子研究电影的儿子拜访时任金陵大学文理科科长、后任职金陵大学校长的陈裕光，请教报哪所大学，学什么专业才能成为研究电影的学者的问题。当时，中国的高等院校还没有专门教授电影的专业，陈裕光为孙明经定制了一套培养计划。他认为电影融光、机、化、电的成果于一身，建议孙明经报考金陵大学化学系，从化工入手，再电机，再物理，读正科同时，选修文学、戏剧、音乐、农林、教育、宗教、政治等专业相关课程。那一天，陈裕光对15岁的孙明经说，希望“中国没有大学电影专职教师的历史，自小弟大学毕业时为止”。

第二年，16岁的孙明经果然考入金陵大学化学系，他在这里完成了长达7年的本科教育，修满化学系、电机系、物理系三系学分，并选修了国文、戏剧、神学、外语、音乐、美术、天文、测绘等课程，这些知识在他后来的工作中都派上了用场。

1934年，23岁的孙明经从物理系毕业，留校工作。1938年，他如陈裕光期待的那样，开创了中国现代高等教育史上首个电影学科，结束了中国没有大学电影专职教师的历史。

回头看，孙明经像是时代特地为中国电影和电影教育事业拣选、预备好的人选，注定要走上这样一条道路。

孙明经的父母从事教育事业，都毕业于中国最早的现代大学之一——登州文会馆大学部(位于今山东省蓬莱市)，这所由外国传教士开设的学校较早开展了照相术教育。据传，该校曾在招生时摆出三件东西：一张照片、一台显微镜和一架望远镜，用以吸引更多优秀的中国学生。

1898年，作为新教具的电影机由海外运达登州文会馆，孙明经的父亲孙熹圣协助洋教习开箱安装并尝试操作，他们一起讨论“cinema”怎么译成中文，孙熹圣见证了这个单词从“电造活动影”“电活影”最终简化为“电影”的过程。

无独有偶，20世纪30年代初，孙明经随老师杨简初研制中国第一台电视原理样机时，也见证了杨简初教授将“television”的译名“电视”第一次应用在教学中的过程。

孙熹圣后来到南京任教，开始在教室和校园中放映影片，是中国“校园电影”的早期推动者。

孙明经的母亲隋心慈则对拍照颇有兴趣。1901年，隋心慈拿着当时连快门都没有的相机，借助麻绳、线轴、黑平绒布和铜铃等工具完成了一次自拍，从此，自拍成了这个家族数代人的传统。

1918年，7岁的孙明经从初级小学毕业，他手持毕业文凭，用母亲自创的方法自拍了一张和父亲的合影，也是从这年起，他开始接触不同型号的相机。

家庭之外，孙明经成长的年代正是知识界开始重视电影"影以载道"巨大能量的年代。

20世纪20年代初，金陵大学邀请美国植棉专家郭仁凤来校主持良种棉花种植和先进技术推广工作，郭仁凤将电影、幻灯片等引入教学，带领学生拍摄了教导中国棉农科学种植良种棉花的教学影片，在植棉区放映推广。孙明经的家人告诉记者，这件事影响了年幼的孙明经，促使他萌生了研究电影的志向。

20世纪30年代是中国电影史上的第一个高峰，诞生了《姊妹花》《渔光曲》《大路》等经典故事片。同时，蔡元培等有识之士开始积极倡导用不识字者也能看懂的电影作为唤起民众的教育工具，这正是孙明经投身电影实践和电影教育的历史背景。

**"拿摄影机写游记的今日徐霞客"**

1934年，孙明经本科毕业，开始在金陵大学进行教育电影拍摄。其间，他进行过4次万里科考拍摄：1937年的西北考察，1939年的四川和西藏考察，1940年的美国考察及1943年的云贵考察，留下大量照片与影片。据说，蔡元培看了他的作品后很赞赏，称孙明经是"拿摄影机写游记的今日徐霞客"。

"徐霞客"是不容易当的，孙明经曾在四川和西藏考察期间留下这样的记录："由于设备重，纬度高，天气炎热，一两日之内，一竿夫逃跑，二竿夫被马拽坠崖，另一竿夫急病倒地，旅途艰难。"

但他并不畏难，在一封给友人的信件中，孙明经说："从我的经验里，深深地体会到拍电影也必须多用腿，多跑一点路，才能多得几个有价值的镜头，多得几个好角度，多得一些实际材料。世界是一个广大的摄影场，自然界有无穷的形形色色的摄影对象，动植物是很动人的主角。"

今天，我们仅看他在1937年的拍摄活动，就能想象青年孙明经是如何手持摄影机、照相机饱含热情地奔走于中国广袤的土地与山川的：1937年1月，孙明经组织了对山西大同、云冈石窟和五台山的拍摄考察；2月，他对北京市内和西郊拍摄考察；3月，在河北定县对学者晏阳初进行的乡村实验进行拍摄考察；6月，对江苏徐州、连云港以及淮北盐田、山东枣庄中兴煤矿等地进行拍摄考察；紧接着，他又参加了以历史学家顾颉刚为团长的暑期西北考察团，赴内蒙古等地拍摄考察……卢沟桥事变后，不断扩大的战事令孙明经的这次考察被迫中止。7月30日，他发出了此行中写给未婚妻吕锦瑷的最后一封信，信件末尾说："中华民族到底是不甘屈辱的，伟大的民族抗战终于开始了。"

抗战全面爆发后，孙明经把之前拍摄的《首都风景》《连云海港》《青岛风光》《云冈石佛》《绥远移民》等展现祖国大好河山的风光片剪辑成影片《还我河山》，"目前该片所笼罩之区域，大半沦陷，国人睹景生情，当益增抗战情绪，而急欲打回老家去也。"这一时期，他所拍摄的《防空》《防毒》等国防教育影片在城市和乡村广泛放映。

1938年，孙明经赴四川自贡考察井盐，当时，日军占领沿海，封锁海道，导致国内海盐奇缺，孙明经的任务是要用影像告诉国民，即使海盐断路，中国内陆也还有大量井盐，照样可以保证供给。他此行拍摄的照片及电影《自贡井盐》在当时起到了安抚民心、鼓舞士气的作用，也成为记录自贡地貌和盐业情况的珍贵史料。

纪录片导演、北京师范大学教授张同道认为，孙明经的电影作品记录了中国早期现代化建设的进程，例如他拍摄了代表当时国内最高科技成果的钱塘江大桥、现代化煤矿、工业制造等题材，也拍摄了在晏阳初进行乡村实验的河北定县村民选举、孩童接种疫苗等景象。他的镜头往往对准各行各业的普通劳动者，如煤矿工人、机械工人、绣花女子、漆器绘制人，在《竹器》《漆器》《湘绣与纸伞》《景德镇》《烟台花边》《中国柑桔》《北平鸭》《中国桐油》《中国羊毛》等影片中，他记录和介绍了当时的中国民间手工艺和特产。"这些影片记录了1934年到1948年中国的基本国情风貌，虽然出现在影片里的多数不是名人与重大事件，却是普通中国人、中国社会、地理名胜、工业风貌的直接呈现。这对于后人认识20世纪三四十年代那一段特殊的历史、对于中国社会发展的研究具有不可替代的价值。"张同道说。

**他的弟子有张艺谋、顾长卫……**

1949年南京解放，第二年春天，孙明经招收了新中国成立后第一班也是他在金陵大学所教的最后一班学电影、广播、摄影的学生，其中包括后来的北京电影学院院长沈嵩生。同年，中央电影训练班在南京开办，孙明经为该班设置教材，并为先期300人的研究班开课，后来担任北京电影学院院长的刘国典以及张艺谋在电影学院摄影系时的系主任韦章等人均是该班学生。

1952年，孙明经从南京来到北京，此后一直任教于北京电影学院，直到退休。他是北京电影学院摄影系首任摄影技术教研室主任，他的学生沙占祥在回忆文章中说，孙明经"独立挑起了当时无人能胜任的全部摄影技术课程及相关教材的建设工作"，开设了"摄影物理""电影摄影机""曝光控制与影调调节""照明技术""电影摄影机及其操作技术"等专业课程，还协助妻子、中国摄影化学学科奠基人吕锦瑷开设了"感光材料及其加工""彩色原理"等课程。

1957年，46岁的孙明经被打成右派。"文革"期间，他多年积攒的胶片和资料等被装在7个半麻袋里抄走烧毁，孙明经失声痛哭。

1978年，67岁的孙明经得到平反，重上讲台。一天晚上，他突然敲开北京科教电影制片厂原副厂长、北京电影学院原党委副书记鲁明的家门，鲁明以为他是来讨说法的（反右时，鲁明曾和沈嵩生受命审查孙明经的影片，他们当时汇报说实在找不出反动内容），但孙明经的来意却是请求帮忙：他多年无缘看到科教影片，因而特别渴望看看北京科影厂的科教片。鲁明回忆说，"这件事对我触动很大，孙明经此时心想的依然是他苦苦追求的电影事业，而淡忘了他那漫长痛苦的岁月"，他感叹，这真是一个伟大的灵魂。

晚年的孙明经一只眼睛几近失明，但仍利用自己的外语优势，翻译了200余万字国外电影电视最新进展的相关资料，装订成册，赠给电影学院的教师们阅读。

他在电影学院教的最后一班学生，是1978级摄影系，当时年近70岁的孙明经主动开设了新课"磁带电影"并编写讲义。他是这批学生的毕业答辩老师之一，在摄影系"78班"的毕业合影上，孙明经坐在前排，后排的学生中可以看到张艺谋、顾长卫等人的身影。

北京电影学院原院长沈嵩生在生前给老师孙明经的信中写道："敬爱的孙明经先生，您作为先驱者之一，为推动中国电化教育事业奋斗了一生；您作为一位老教授，为北京电影学院的筹建和发展付出了满腔热血。中国电影教育历史的每一篇章，都留下了您的印迹。”

1992 年，81 岁的孙明经在北京病逝，他儿时的梦想是做个一辈子研究电影的学者，他做到了。

**那个年代的“新媒体人”**

这几年，南大讲师李晓峰时常往返于南京与北京。在 2011 年听闻孙明经其人其事后，他花了大半年跑中国电影资料馆看孙明经拍摄的老电影和相关文献，又多次拜访孙明经的后人。

2012 年和 2013 年，李晓峰相继主持拍摄了关于孙明经的纪录短片《南京大学@1936》和《电影教育的拓荒者：孙明经》，颇受好评。他计划在南京大学美术馆举办一场面向公众的孙明经主题展览，作为南京大学正在建设中的孙明经纪念馆的一次“准备活动”。

“孙先生是个一度被遗忘的人，也是在中国电影史乃至世界电影史上都有重要地位的人物，他的摄像机就像一只眼睛，通过它，我们可以看到很多已经遗失的记忆，尤其可以看到中国早期电影教育的整体面貌。”2019 年 7 月 8 日，李晓峰带领由南京大学社会学系、历史学系、外国语学院及新闻与传播学院的学生组成的采访团来到北京，他们要在 10 天时间中对孙明经的后人、学生等相关人士进行一次尽可能全面的口述历史访谈，李晓峰将这次活动命名为“中国电影早期教育记忆拼图”。

“孙先生晚年曾自我总结说，‘我这一生，从影，从教，从文’，其实这还不够全面，他是个有着多张面孔、在不同领域都有开创性贡献的人，他身上有电影人、学者和行者的气质。”李晓峰说，他拿孙明经的三张照片举例：一张照片中，孙明经着西装，戴眼镜，手持胶卷，十分“洋派”；第二张照片里的他则手持相机，身穿长袍，很“民国范儿”；第三张摄于四川和西藏考察路上的照片，他穿棉袄棉裤，唇边留着胡子。在李晓峰看来，孙明经是个如此立体而多面的人物，这使得人们在今天纪念孙明经也有着多种的角度和意义。“可以把他视为中国电影高等教育的开山宗师来纪念，可以从他是名鞠躬尽瘁一辈子、培养了无数优秀学生的教育家角度来纪念，包括他技术出身的背景，一生对各种前沿科技积极的了解和传播，都是值得我们纪念的。”

南大教授杜骏飞曾说，孙明经一生都走在影音学术的前沿，如果他活在当代，一定会做与新媒体相关的研究。的确，以今天的眼光回顾过去，孙明经正是他那个年代的“新媒体人”，他对传媒技术的发展和变革有着前瞻性的嗅觉：1935 年，世界首部介绍电视的专著《电视》出版，同年，孙明经完成了对该书的翻译引介；20 世纪 40 年代，大多数国人还不清楚电视为何物，他两次将电视作为其主编的《影音》杂志封面；1946 年，他在《影音》上翻译了美国科学研究发展处处长 V.布什的文章，展望计算机未来的发展方向，预见到其对影视领域的影响……

2016 年，李晓峰在南京大学新闻与传播学院的支持下复刊了孙明经 1942 年创办的《影音》杂志，他把孙明经担任主编 7 年间的 63 期杂志一页不落地看完，为这份诞生于动荡时期，而始终坚持以超越时代的眼光关注和推广世界先进理念、思想与技术的杂志深深感动，希望在今天将孙明经的精神延续下去。“现在，我们的影视市场和新媒体这么火，大家经常看电影，讨论电影市场，讨论国内外电影差距等各种问题，但很少有人知道中国电影教育是怎么开拓的，开山宗师是谁，我们不应该忘掉在这方面做出巨大贡献的人。”李晓峰感慨，他在自己的工作室里，放了张 2 米长的孙明经照片，一位电影灯光师问他这是谁，他说：“做木工的要拜的祖师爷是鲁班，做我们这行应该拜的人是他。”

# 第一节　电视的教学应用

## 一、电视的教学特点与功能

### （一）电视的教学特点

（1）广播电视能实时、迅速、远距离、大范围传输图像、文本和声音，并且以传输活动图像为主的教学信息和体现事物的运动变化过程最为擅长。

（2）电视会议网络系统能使学与教的过程实时和双向交互化。

（3）电视制作与动画特技手段，能突破宏观、微观限制，突出观察事物的重点，呈现看不见、摸不着的事物。

（4）电视录像的再现功能，能突破时间、空间限制，将过去的或外界的事物重现于课堂，开阔学生的视野。

（5）电视同时传输图像、文本、声音及多媒体信息，具有教育信息容量大的特点。

### （二）电视的教学功能

利用电视和电视录像教材进行教学，在提高教学质量和教学效率、扩大教学规模和促进教学改革等方面均能起到良好的作用，表明了电视媒体有多方面的科学功能。

**1. 用电视手段、艺术、符号表达知识，有利于提高教学质量与教学效率**

利用电视手段能呈现事物现象的本质属性。电视教材的图像画面，除真实地重现大自然事物、现象的变化过程外，还能运用电视的摄像技巧、录像编辑与重放技巧、电视动画与特技等技巧，突破时间、空间、宏观、微观的限制，突出事物、现象的本质属性：

能变小为大，变大为小。例如，用特写镜头放大被观察事物。用航空摄像将动植物生态缩小展现在屏幕上。

化快为慢，化慢为快。如录像的慢放与静像功能，对快速运动的物体或瞬间即逝的现象进行细致的观察与分析。借助录像编辑技巧和延时摄像技巧，可以把植物生长、液体结晶等要长时间慢变化的过程，缩短在很短时间内呈现，从而提高教学效率。

变远为近，变内为外。通过长焦镜头，能远距离看清楚自然环境中野兽的生活习性。利用内窥镜摄像可以拍摄到人体内部组织的情况。通过电视动画将原子结构、化学反应、人体病理变化等看不见、摸不着、拍不到的景象形象地表现出来。

化虚为实、化实为虚。运用电视特技分析、综合、比较、抽象、概括事物的本质，呈现事物整体与局部的关系、操作的正确与错误、实物与图形的关系等，增强学生的理解力与记忆力，从而提高教学质量与教学效率。

电视是时空综合艺术、视听艺术、摄影艺术与音乐艺术相结合，图声并茂，有极大的艺术感染力，能给学习者以美感，在教学中以情动人，增强教学效果。

电视是具有图、文、声多种符号的媒体，可以将图片、照片、图表、实物、模型、投影片、幻灯片、录音、电影、计算机等教学媒体结合运用在电视教材中，能发挥多种教学媒体功能，组织最优化的教学过程。而且，直观形象的图像符号和抽象概括的字幕与解说符号相互结合，对同样的教学内容，电视教学所用的时间很可能是单纯运用口头语言符号讲授所用时间的几分之一或十几分之一。

**2. 用有线和无线的电视方式传播知识，有利于扩大教学规模**

电视可以通过有线传输、无线广播、计算机网络传输等方式，将教育信息传送到世界各地的广大学校、企业部门甚至每一个家庭，使得千万人都有可能同时进行学习，打破了过去学校中的班级教学范围，使一个优秀教师能教更多个学生。因此，不管哪一级哪一类学校，幼儿、成人和老年人都可在电视播送的适当课程中学习，因而极大地扩展了教学的规模。总之，电视远距离教育对实施继续教育、职业技术教育和终身教育起着重要的作用。

**3. 用录像方法储存知识，促进教学改革**

利用磁带、录像带和光盘记录、储存、重放的电视教材，师生可以控制时间、步调进行教与学。大中小学校开展的课堂多媒体组合教学改革试验，由于电视录像与幻灯、投影、录音、计算机等多种媒体的进入，取得了丰硕的成果。而且，学生除了在教师指导下通过电视教材学习外，自己也可以自控时间与步调，选择适合的电视教材有效地进行个别化学习、小组协作学习与训练等。电视教材成为学生学习的认识工具，使传统教学产生了很大的变革。

## 二、电视的教学应用

用电视和电视教材，可以组织多种形式的教学活动。在社会和学校的教学工作中，电视获得了广泛的应用。

### （一）现代远程教学

我国现代远程教育工程是以数字卫星宽带高速传输信道与交互式的中国教育科研网(CERNET)为基础，发挥两者优势，共同构成覆盖全国和适应不同层次的现代远程教学，形成以数字卫星视频传输系统和计算机网络相结合的多元化网络，为师范教育、职业教育、高等教育、基础教育和各种继续教育提供数字电视节目和多媒体数据广播通道，提供实时和非实时交互的教学环境，为众多教学单位和部门及个人快速获取教育资源提供便捷的途径，加快贫困边远地区和西北地区中小学的教育信息化进程。远程教学因教师与学生分离，要做好教学辅导、个别答疑、指导实验、批改作业和考查考试等教学工作。

### （二）课堂教学

在学校课堂教学中，利用电视等现代教学媒体，与传统教学媒体相互配合，开展多种媒体组合教学组织形式。通过教学设计充分发挥教师的主导作用，体现学生的主体地位，师生双方共同参与其中。例如，当介绍青蛙捕食害虫、青蛙被天敌毒蛇袭击等知识时，可以选择电视媒体呈现，以弥补传统课堂教师无法讲清的现象。

### (三)示范教学

示范教学是指教师在指导学生进行教学实践时,利用电视教材为学生提供典型的示范,供学生观察模仿。如在实验课前,利用电视教材展示实验的标准操作、仪器设备的正确使用方法等;在体育训练课前,利用电视教材展示优秀运动员的标准示范动作;在学生进行生产实践前,展示先进生产者的生产过程操作;在师范院校的学生进行教育实习前,展示特级教师的课堂教学实况等。这样使得学生带有深刻印象去指导自己的实践活动。

### (四)训练教学

利用电视进行训练教学,在国外被称为"微型教学"或"微格教学"。它是利用电视教学手段对学生的技能、技巧进行分小段式的反复自我观察与训练,达到迅速纠正错误动作,掌握正确技巧的一种新型教学方法。训练教学往往要与示范教学结合起来,在训练中,随时利用电视教材展示标准的示范,借以对照仿效,特别对一些复杂的动作与技巧更是如此。

### (五)学生自学

电视教材不仅提供了丰富的感知材料,而且还有电视教师在屏幕内做分析与讲解。因此,学生利用电视教材自学,要比自学文字教材容易得多。电视教材确实是一种学生自学的理想认知工具。

### (六)素质教育

应用电视设备和电视教材对学生进行素质教育,是深受青年学生欢迎和行之有效的好形式。例如,许多学校利用校内闭路电视,宣传本校的新人、新事、新风尚;组织学生观看张海迪、雷锋的有关电影、电视剧,在学生中引起强烈的反响;在课堂教学和课外活动中,利用电视教材对学生进行德育、体育、美育、劳动技术教育与心理素质等多方面的教育,不但丰富了学生的课外活动,扩展了学生的知识面,对开发学生的潜能、提高社会文化素养,培养学生的创新精神和实践能力都有十分重要的意义。

# 第二节　电视教材制作系统

电视教材是根据教学的需要,运用电视录像技术和影视语言,以画面和声音相结合的形式表达教学内容的一种视听教材。它具有丰富的表现力,除了能够辅助课堂教学,还能够独立完成某些教学任务。因此,它往往既是教学内容的体现,又是教学方法的运用,在现代教育技术中占据着重要地位。

## 一、电视教材制作系统的组成

系统分为两大部分,一是前期素材摄录部分,二是后期录像编辑部分。前期素材摄录部分包括摄像机、录像机、话筒、特技信号发生器(简称特技机)、字幕叠加器和作为素材的录像带。后期录像编辑部分包括电子编辑系统、音频合成系统、连接线、特技信号发生器、录像带、素材带、话筒等。

电子编辑系统如图6-1所示,包括两台编辑录像机、两台监视器和编辑控制器。其中一台编辑录像机作为素材带的重放之用(简称放机),另一台编辑录像机作为录像用(简称录机),制成编辑带,两台监视器分别作为放机、录机监视器。放机与录机之间用视频复制电缆、音频复制电缆连接。编辑控制器具有分别控制编辑放机和编辑录机的入点和出点(素材带信号进入或停止进入编辑带的时间)的功能,以及预演(在录制前预先检查编辑组接是否符合要求)、重演(录制后重看),编辑出、入点的修正,画面检索、按时分秒帧计数显示、快速或慢速检索画面、静像及出、入点的记忆等功能。

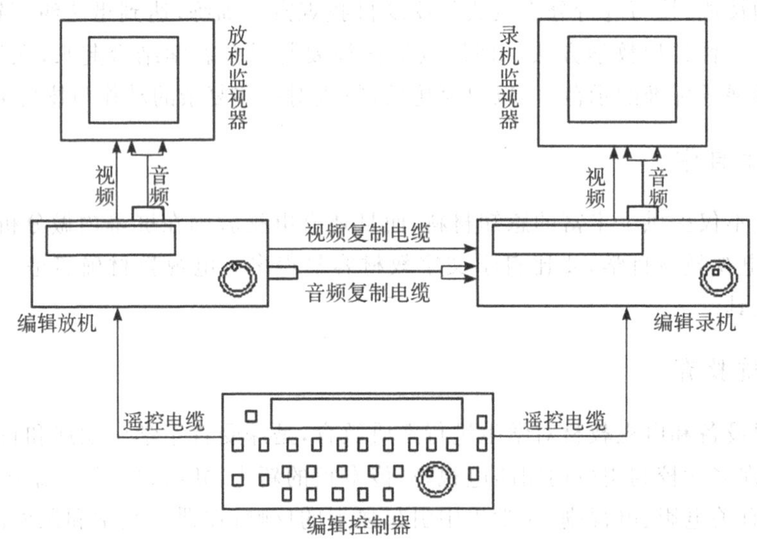


**图6-1 电子编辑系统**

## 二、电视教材编辑的工作原理

电视教材的编辑组接是电视教材后期制作的重要环节,它是按电视编导的意图,把各个电视画面和声音的素材按特定的规律组接起来,形成完整的电视教材。前期拍摄的各种内容素材经筛选、编排、充实、叠加字幕、特技处理和声音合成后方能编制成完整的电视教材,从而提高电视教材的视听效果。

电视教材的编辑通常是利用电子编辑系统,以镜头组接方式先编画面图像,后配声音(人声、音乐、音响效果)。镜头的组接是电视教材编辑工作的基础,熟练掌握编辑组接技术,严格把握编辑组接质量,是对电视教材编制人员的基本要求。

## 三、电视教材编辑方式

利用电子编辑系统进行电视教材编辑,通常采用两种编辑组接方式,即组合编辑和插入编辑。

(一)组合编辑

这是一种汇编方式,又称连续编辑,是按分镜头稿本的镜头顺序将不同场景分段录制在素材带上的图像信号、声音信号1、声音信号2、控制磁迹(CTL)信号同时完整地记录在编辑带上。如同写文章逐句逐段写下去一样,是最常用的、最基本的编辑组接方式。

(二)插入编辑

这是指在已编辑成的磁带中,用插入的方法,或同时或分别更换部分视频信号、音频信号的一种编辑方式。编辑时,将要插入的视频或音频信号磁迹准确地记录在被更换磁迹的位置上,在更换了图像信号磁迹或声音信号磁迹的同时,保留了原有控制磁迹。插入编辑方式灵活,可以用于音填画、画填声以及修改内容时。

(三)编辑的操作

(1)按磁带编录方式选择组合编辑或插入编辑。

(2)确定编辑点。对放机中的素材带和录机中的编辑带都要寻找和确定它们的编辑入点。

(3)预演。通过监视器预先观看编辑组接的效果。

(4)修改。若编辑点不合适,修改编辑点。

(5)正式编辑。预演合格后,可按自动编辑键,编辑机自动完成编辑录制工作。

编辑完毕后,通过重放已编辑好的图像,检查图像编辑点是否衔接准确、稳定、平滑、流畅、自然,如有问题则要用插入编辑,重新编辑直至满意为止。

## 四、声音的合成

声音合成是将解说、音响效果、音乐按电视教材分镜头稿本的要求,有目的、有层次、有重点地组合起来,配录在编辑带上。一般在编辑组接完所有镜头后再进行声音合成。

为了保证声音的录制质量和声画的正确配合,可采用如下方法进行声音合成。

(1)预录解说。电视教材中的解说十分重要,通常将全部解说单独录在另一盘录像带的声道上,作为解说的母带。

(2)预录音乐、音响效果。将选择好的电视教材中音乐、音响效果分别录制在两盘录音带上,作为音乐、音响效果的母带。

(3)混音合成。将解说母带放入编辑放机,将音乐、音响母带分别放入录音机,选择好要混录的内容,送入调音台,通过调音台调整各路声音信号电平和输出电平,经调音台混合后的声音送入编辑录机。根据编辑录机中的编辑带画面内容,将要混录的声音逐段插入编辑带上。

## 第三节　电视教材的设计与编制

电视教材是根据教学的需要，运用电视录像技术和影视语言，以画面和声音相结合的形式表达教学内容的一种视听教材。它其他媒体教材具有更丰富的表现力，除了能够辅助课堂教学，还能够独立完成某些教学任务。因此，它往往既是教学内容的体现，又是教学方法的运用，在现代教育技术中占据着重要地位。

### 一、电视教材的设计

教材设计涉及教学目标、策略和对象等一系列教学设计的原理和原则，这里只是结合电视教学的特点来讨论普遍规律中教材设计的类型、设计编制教材应注意的一些问题，以及应遵循的一些基本要求。

#### （一）电视教材的设计原则

**1. 目的性原则**

采用任何媒体，都是为了实现整体目标而使教学过程获得优化，这是毫无疑义的，但正因为电视的艺术表现力强，教育对象面宽，在设计电视教材时，容易产生喧宾夺主或离题万里的问题。电视有灵活的时空自由表现的能力，但如果运用不当也可以成为违背科学、误人子弟的包袱。作为教材，它必须有特定的教学目标和特定的对象，这是不同于故事片、新闻片，乃至科普片的精髓所在。

**2. 抽象直观度原则**

电视教材以提供直观形象材料著称，从中可获得丰富的感性认识，课堂搬家式的电视教材被认为是没有发挥电视特长的拙劣之作，这是事实；但学习者获得的尽是感性认识就不可能深入掌握事物的本质和规律，故必须在感知的基础上，通过大脑的思维活动将感性上升到理性的高度，故电视教材应力图把直观和抽象巧妙地结合起来，运用之妙在于掌握直观和抽象的“度”。既要体现电视视觉形象欣赏的心理定式，又要不断提出问题，启发思考，发挥音响画龙点睛、提示引导的作用，以激起学习者的求知欲。

抽象与直观的水乳交融和辩证统一还体现在电视教材能以学生为主体的指导思想上，教材的深浅程度、内容的铺陈和展开都要适应自学的需要，能使学习者顺利地成为教学过程的调适者和控制者。这在远距离教学中尤其重要。

**3. 效益性原则**

与常规媒体相比，无论是电视片的制作还是电视教材的具体运用，都要付出相当大的代价，所以浅显的内容，除了偶尔用作提高刺激强度的“兴奋剂”外，一般无须采用电视，对于单纯静态表现的数据、公式、标本之类的内容，用电视表现手法更是得不偿失。

广播电视教育属资金密集型的现代化教育，电视教材的设计、制作和播发占了办学成本的大部，唯有在注册的学生数量大、单位成本大幅度下降的前提下，电视教学和教材编制才有其生命力，这是远距离教育的效益性原则，也是经济学分析的重要依据。

### （二）电视教材的类型

不同的课型、不同的学科乃至不同的教学形式，应设计成不同的教材类型，这里拟从电视具有普遍性意义的角度来分类。

**1. 讲演记录型**

这是指系统性课堂教学的实况录像或直播，这种类型在师生的情感交流、反馈、随机调教进程以及可视度方面显然比传统小型课堂教学的效果要差，但它仍然有以下可取之处。

第一，大教室讲授可利用电视弥补后排听讲的障碍，也可用作扩大教室规模和利用录像作补课之用。

第二，在远程教学中选择优秀教师示范讲授，一人讲演万人受益，因而成为远距离教学的基本模式。

第三，在教学中可适当穿插模型、演示、实物、外景、计算机终端显示屏幕的录像资料等，丰富了讲课的内容。

**2. 专题解析型**

专题解析型指针对某一教学专题精心编制的一种辅助教材，它常以精湛的画面构图和精练的解说旁白来代替教师讲授。由于它最能发挥电视的表现特长，因而在解决教学中的重难点问题、自学辅导或扩大知识面等方面较为有效，随着音像出版业的发展和学校制作力量的强化，这类教材软件已在各科教学中丰富起来。

**3. 示范纪实型**

这是一种在技能技巧类训练项目中利用录像现场实录的范例性教材，可供学习者观摩、对照和模仿，必要时还用特技将学习的动作进行分解，或以慢动作逐帧来显示；反之，也可将个别的动作加以综合连贯和加速。

**4. 情景表演型**

这是用戏剧的表演形式去展示教学内容，生动活泼的表演容易唤起学习者的情感反应，使学习者印象深刻，寓教于乐，长久不忘。这类教材一般适用于文学、艺术、语言、历史、经济等社会科学方面的课程。

**5. 资料汇编型**

资料汇编型指针对某一课程以提供生动逼真的感性材料或案例为主的电视教材，这类电视片通常只作教学中的插播或科学研究之用，大多以辑录电影、电视资料为主，并非要求有很强的系统性和逻辑性。文理各科都可适用。

## 二、电视教材的创作

电视教材的编制和创作不论是哪一种类型，都要求有专业教师的参与、编导者的构思和制作人员的摄录，在创作中还要注意课程规划的宏观控制和多媒体教材的协同问题。

### （一）电视教材的编制过程

电视教材的创作编制人员应由学科专业教师、教学设计人员和编制人员三部分成员组成。专业教师根据教学的课程目标与大纲撰写稿本并参加录制的全过程;教学设计人员制定教学策略,确定电视片的类型和表现手法,提出教学建议和评估等;编制人员则首先根据文字稿改编成分镜头稿,再组织摄、录、编的运作等。具体过程如下:

**1. 准备阶段**

(1)选题。根据教学要求、电视特点和拍摄条件选好、选准欲编制电视教材的主题。

(2)编稿。包括文字稿和分镜头稿,后者是拍摄和编辑电视画面和伴音的依据,或者说它是编制电视片的蓝图,应尽可能详尽和具体。

(3)分工。根据分镜头稿组织摄制人员各司其职。

(4)检查。对场景、器材、音响、灯光、美工、素材等准备工作进行检查落实,必要时进行预演(讲)。

(5)计划。制定经费预算、拍摄方法、编辑方式等的计划方案。

**2. 拍摄阶段**

(1)导演的现场组织和指挥,专业教师的参谋和建议。

(2)根据现场情况对分镜头稿本进行具体落实、修改和补充。

(3)对需要声画同步的场景(讲演型教材尤其如此)做好同期录音。

(4)做好场记,为编辑工作做好准备。

**3. 后期编辑**

(1)审视素材,依据分镜头稿核实拍摄内容,选出适于编辑的画面。

(2)确定编辑方式(组合编辑或插入编辑)。

(3)在编导和专业教师指导下编辑。

(4)依据稿本对画面配解说词、音乐和音响。

**4. 审定发行**

(1)组织专业教师、创作人员与有关领导审看初样。

(2)修改电视教材的画面与解说词。

(3)整理稿本,完成稿本与教学指导书。

(4)复制发行。

### (二)稿本的编写

电视教材依据分镜头稿本来拍摄,分镜头稿本又按文字稿本来编写,所以稿本的水平在很大程度上决定电视片的质量,专题片与表演型片尤其离不开这张施工蓝图,因此稿本的编写是电视教材编制中的一个中心环节。

**1. 文字稿本**

文字稿本是讲稿、教案和分镜头稿之间的过渡性文件,由专业教师编写,要完成这一任务,最好采用画面与解说相对应的文体格式。

(1)图文穿插式。由画面与解说词交替排列的文体。

(2)同步对列式。画面与解说左右对应,条理清楚,便于阅读,最为常见,如表 6-1 所示。

表 6-1　《氧气的性质和用途》文字稿本(部分)

| 画面内容 | 解说词 |
|---|---|
| 1. 标题:在一群游动呼吸的金鱼画面上,蹦出标题字"氧气的性质和用途" | 氧气,是动植物生存、生长不能缺少的要素之一 |
| 2. 登山队员身背氧气袋在奋力攀登 | |
| 3. 带着氧气筒的潜水员在水下工作 | |
| 4. 飞行员在登机(空中已有刚起飞的飞机) | 在我们的生活中,不管是什么人,只要是到空气稀薄的地方去都要带上氧气袋 |

### 2. 分镜头稿本

分镜头稿本要求把文字稿描述的内容用电视手法体现出来,为此需要依次分切成一个个可参照而予以实施的具体镜头,成为摄录、编辑和审片时的主要依据,它的格式如表 6-2 所示。

表 6-2　分镜头稿本格式

| 镜号 | 机号 | 景别 | 技巧 | 时间 | 画面内容 | 解说词 | 音乐 | 音效 | 备注 |
|---|---|---|---|---|---|---|---|---|---|
| | | | | | | | | | |

(1)镜号。镜头的序号。由于摄录时常按时间、地点上的方便而打乱次序来拍摄,所以必须按镜头号做好场记,以方便编辑时的检索。

(2)机号。摄像机编号。在多机拍摄时,明确各摄像机的拍摄任务和要求,也方便现场调度指挥和编辑。

(3)景别。根据教学要求与视觉规律选定被摄体的取景范围,是用摄像机代替学习者以不同的视角和位置观察事物的手段,一般分为远景、全景、中景、近景、特写和显微等,电视教材用得最多是近景和特写。

(4)技巧。包括各种拍摄技法,如推、拉、摇、移、跟甩、升降与虚实等,还包括画面组接的方式,如切变、淡变、划变、迭叠、键控等。

(5)画面。具体拍摄的内容,一般以文字来描述,为摄像员提供形象的摄制依据。为此,有时以简图来表示,更为明晰。

(6)解说。与画面一样均源自文字稿本,但解说词的写作应显得更为严谨、精练,通俗易懂,妙趣横生,紧扣画面,因为解说词就是画面配音时的旁白。

(7)音乐。注明配乐的内容、起始位置。音乐对画面有时可起背景烘托和情绪渲染的作用,但作为教学片应慎用,以免转移学习者的注意力。

(8)音效。提供难以用言词表达的实际声响,富有真实感与表现力。

(9)时间。标明镜头所占用的时间(电影片通常用胶卷长度表示),主要以解说能正确地配合好画面为准,一般控制在每秒 2～3 个字为宜。

(10)备注。记事用栏目。

**3. 稿本结构**

稿本是一种特殊形态的教案，在结构上需要有鲜明的主线，严密的逻辑性、系统性和哲理性。整个电视片大致可分为三个层次：

(1)开头部分。用以点明主题，不论是采用提出问题形成悬念，还是采用背景画面烘托氛围，开头部分都要求简洁明朗，扣人心弦。

(2)展开部分。是电视片的核心和主体，需循序渐进，丰满流畅，主次分明，重点突出处不惜重墨浓彩，次要问题则在保持系统性的基础上尽量做到紧凑和简化。

(3)结尾部分。应是深化主题的启发性总结，既是内容的概括，又是悬念的释疑，更是老概念的形成和升华、新概念的思考和探索。

## 三、电视教材的应用

### (一)电视教材应用的基本环节

利用电视教材进行教学与其他媒体教学方法一样并没有一成不变的统一模式，只要认为对教学有利的都是可取的方式，但每种方式事先都应有所考虑和计划，才能有的放矢地达到预期目标。以辅助型教学为例，列举出以下一些主要环节。

**1. 提示**

在电视教材播放前，教师应预先说明电视教材内容的要点和应注意的方面。进行提示相当重要，因为电视常一闪而过，只有引导，学习者才不会忽视重要的细节，才会有针对性地视听。

**2. 播映**

在播映中教师也要参与观摩活动，并注意学生动态，必要时可停帧或逐帧慢放，以便教师补充说明，或提供给学习者以思考的余地，使理解更为深透。

**3. 小结**

播放后做出小结将有助于知识的深化、扩展和巩固，也有助于教师承上启下地讲授。

**4. 课后活动**

吸收学习者的反映，适当布置与电视有关的作业，进行阶段性考核，以检查教学质量。有条件的也可将录像带借给学生，让其自行复习或补课。

在课堂教学中何时播放电视教材由教师在备课时预定。一般说来，开始时播放可为这堂课的教学做铺垫，激发学习动机和求知欲；课间播放或边讲边播放可解决教学中的“疑难杂症”，促使问题迎刃而解；结束时播放可起到总结概括、巩固知识、增强记忆和拓宽视野的作用。

### (二)电视教材应用方式

应用电视教材进行教学，灵活多样，并可不断创新。目前常用的有以下几种：

**1. 情景展示法**

用以配合课文内容展示情景，它有多种作用，如用情景来阐明文字、挂图、书本难以表达的动态场面和音响；用情景可引起学习者的一系列情感反应，获得高品位的艺术享受，提高鉴赏水平；用相互关联的多种情景让学生自行综合，发现它们之间的共同特征和内在联系。这种发现法的学习方式，有利于学生形成概念和知识的迁移。

**2. 悬念释疑法**

教师常利用电视片中设置的(或临场设置)悬念去激发学生的思维活动，一旦释疑，才进入下一循环中去，学生则在设疑—解惑—再设疑—再解惑中循序渐进最后达到预定的教学目标。在设疑之后还可以组织学生讨论，共同寻找答案，最后从电视片中找到正确的结论。

**3. 实验操作法**

示范教学尽管不能代替学生的亲身实践，但利用示范型教材，指导学生实验操作、形体表演，或先实验操作后用电视教材加以验证，或边放映、边对照、边仿效等，都是技能训练中行之有效的技法。

**4. 微型教学法**

微型教学法是师资培训时为分析和提高特定的教学技能(或其他训练中的技能技巧)而使用的方法，通常实习者用20分钟左右时间进行教学实践，着重于教学的某一特定内容。这一过程由录像进行记录，紧接着指导教师从播放录像中分析这堂微型课，进行共同评价、反复训练，从不断反馈中促使行为规范和强化。微型教学法步子小，技能单一，思想集中，又连续性取得反馈，因而容易取得技能训练的良好效果，这类教学法可以推广到语言实验教学、模拟器教学等许多方面。

## 拓展　电视设备的使用与电视教材的编制技能训练

**一、一体化摄录机的使用技能训练**

(一)训练目标

1. 掌握一体化摄录机的各种拍摄方法。

2. 掌握一体化摄录机的各项调整方法。

3. 掌握录像、监视、重放素材的方法。

(二)训练器材

1. 一体化摄录机；

2. 电池；

3. 充电器；

4. 录像带。

(三)训练要求

1. 对照说明书，观察一体化摄录机的外部结构，了解各开关、键钮等的名称和作用。

2. 学会光圈、变焦、聚焦、白平衡、色温等的调整方法。

3. 学会摄像构图中的摄像机位、高度选择与景别运用。

4. 学会摄像机运动镜头的操作方法。

5. 练习拍摄3～5分钟的录像素材，做好记录，以用来进行评价。

6. 写出实践报告。

**二、电视接收机的使用技能训练**

(一)训练目标

1. 掌握电视接收机的正确使用方法。

2. 掌握电视接收机与室内电视接收天线、有线电视终端的连接和各种调整方法。

(二)训练器材

1. 彩色电视接收机；

2. 彩色电视接收机的遥控器；

3. 室内接收天线；

4. 有线电视终端；

5. 射频连接线。

(三)训练要求

1. 对照说明书，观察彩色电视接收机的外部结构，了解各开关、键钮、接线端的名称和作用。

2. 学会彩色电视接收机与室内电视接收天线和有线电视终端的连接。

3. 学会电视接收机的天线、频道预选、频道调节及亮度、对比度、色饱和度和音量的调整。

4. 学会用遥控器调整彩色电视接收机。

5. 学会调节场同步旋钮，使电视图像达到稳定。

6. 写出实践报告。

**三、录像机的使用技能训练**

(一)训练目标

1. 掌握录像机的正确使用方法和转录方法。

2. 掌握录像机与电视机组成的播放与收录系统的调整方法。

(二)训练器材

1. 录像机；

2. 彩色电视接收/监视两用机；

3. 录像节目带；

4. 连接线。

(三)训练要求

1. 对照说明书，观察录像机、彩色电视接收/监视两用机的外部结构，了解各开关、键钮、接线端的名称和作用。

2. 学会以射频和视音频两种方式连接录像机和电视机(或监视器)。

3. 学会录像机与电视机组成的播放与收录系统的调整方法。

4. 学会使用录像机进行放像、录像、收录电视广播，以及录像机之间的相互转录等。

5. 学会录像重放画面无声、无图像或画面上出现杂波、色彩失真等简单故障的原因及排除方法。

6. 写出实践报告。

**四、影碟机的使用技能训练**

(一)训练目标

1. 掌握影碟机的正确使用方法。

2. 掌握影碟机与电视机组成的播放系统的调整方法。

(二)训练器材

1. VCD 影碟机；

2. 彩色电视接收/监视两用机；

3. VCD 影碟；

4. 连接线。

(三)训练要求

1. 对照说明书，观察影碟机的外部结构，了解各开关、键钮、接线端的名称和作用。

2. 学会以射频和视音频两种方式连接影碟机和彩色电视接收/监视两用机，并进行播放调整。

3. 学会正确使用 VCD 机。

4. 学会判断重放画面无声、无图像、停转、彩色不稳定、读不出数据等故障的原因及排除方法。

5. 写出实践报告。

**五、视频展示台与电视投影机的使用技能训练**

(一)训练目标

1. 掌握视频展示台与电视投影机的正确使用方法。

2. 掌握视频展示台与电视投影机的各种调整方法。

(二)训练器材

1. 视频展示台；

2. 电视投影机与遥控器；

3. 连接线；

4. 银幕。

(三)训练要求

1. 对照说明书，观察视频展示台与电视投影机的外部结构，了解各开关、键钮、接线端的名称和作用。

2. 学会视频展示台与电视投影机的视音频连接方法。

3. 学会在用视频展示台展示非透明资料(如书刊等)、透明资料(如幻灯片等)和实物时，照明布光的方法、变焦与聚焦方法等。

4. 学会用遥控器调整电视投影机的亮度、色饱和度、对比度与音量等。

5. 写出实践报告。

**六、虚拟演播室系统使用技能训练**

(一)训练目标

1. 通过实地观察，加深理解虚拟演播室系统的组成。

2. 理解虚拟演播室系统各部分的功能和整个系统的工作原理。

3. 掌握虚拟演播室系统的正确使用方法。

4. 掌握虚拟演播室系统的各种调整方法。

5. 掌握使用专用跟踪摄像机采集前景视频信号的方法。

6. 掌握使用三维计算机图形发生器实时产生一个逼真的虚拟背景环境的制作方法。

7. 掌握使用虚拟演播室系统制作的合成图像(活动的前景与虚拟的背景)具有正确透视关系的方法。

8. 学会使用虚拟演播室系统制作一组电视特技的教学镜头。

(二)训练器材

1. 虚拟演播室系统一套;

2. 蓝室;

3. 专用跟踪摄像机(配有运动检测和识别系统);

4. 彩色电视监视器;

5. 录像机;

6. 录像素材带;

7. 录像空白带;

8. 话筒;

9. 调音台;

10. 连接线。

(三)训练要求

1. 对照系统说明书详细了解虚拟演播室系统的组成和各部分的功能,了解系统各种设备的开关、键钮、接线端的名称和作用。

2. 学会虚拟演播室系统各种设备参数的调整,以达到系统的协调运作。

4. 学会使用专用跟踪摄像机采集前景视频信号。

5. 学会使用三维计算机图形发生器实时产生一个逼真的虚拟背景环境。

6. 学会使用虚拟演播室系统把蓝室中演员的表演与三维虚拟的背景合成为真实的透视关系。

7. 学会使用虚拟演播室系统制作一组电视特技的教学镜头。

8. 写出实践报告。

**七、电视教材的编制技能训练**

(一)训练目标

1. 了解电视教材的编制程序。

2. 学会电视教材的文字稿本编写。

3. 学会电视教材的分镜头稿本创作。

4. 学会电视教材的制作过程。

5. 学会制作一部电视教材。

(二)训练器材

1. 摄录机;

2. 录像机;

3. 半自动线性编辑系统一套;

4. 电视特技机系统一套;

5. 彩色电视监视器;

6. 录音机;

7. 录像素材带;

8. 录像空白带;

9. 录音素材带;

10. 话筒;

11. 调音台；

12. 连接线.

(三)训练要求

1. 选择适当的教学内容，根据电视教材的编制程序，完成选题、编写稿本、收集素材、制作电视教材、试用和评价的全过程。

2. 学会根据电视教材分镜头稿本，拍摄、收集录像素材。

3. 学会使用半自动线性编辑系统对录像素材进行图像编辑。

4. 学会对图像编辑好的录像带进行配音，合成为完整的电视教材。

5. 写出实践报告。

(四)电视教材评审表

**电视教材评审表**

| 评审项目 | 评审标准 | 权重 | 评审等级 | | | |
|---|---|---|---|---|---|---|
| | | | 优 | 良 | 中 | 差 |
| | | | 4 | 3 | 2 | 1 |
| 教育性（25分） | 观点正确，思想性强 | 1.75 | | | | |
| | 选题恰当，适合教学对象需要 | 1.5 | | | | |
| | 突出重点，分散难点，深入浅出，易于接受 | 1.25 | | | | |
| | 注重启发，促进思维，培养能力 | 1.75 | | | | |
| 科学性（20分） | 符合科学原理，表述准确，术语规范 | 1.75 | | | | |
| | 内容真实，逻辑正确，层次清楚 | 1.5 | | | | |
| | 场景设置、素材选取、操作示范符合有关规定 | 1.75 | | | | |
| 技术性（20分） | 画面清晰，色彩真实，文字醒目，对比适中 | 1.75 | | | | |
| | 声音清晰，音量、音乐适当，音乐、音响和谐 | 1.75 | | | | |
| | 声画同步，组合顺畅，画面无扭曲、抖动现象 | 1.5 | | | | |
| 艺术性（20分） | 创意新颖，构思巧妙，节奏合理 | 3 | | | | |
| | 技巧、特技选用恰当，画面生动，声音和谐 | 2 | | | | |
| 效益性（15分） | 投资合理，效益好，经济适用 | 2 | | | | |
| | 作品生命周期长，发挥作用大 | 1.75 | | | | |
| 总　分 | | | | | | |

## 思考与训练

1. 电视教材的编制应注意哪些设计原则？

2. 电视的教学特点与功能是什么？

3. 简述电视教材制作系统的组成。

4. 电视教材的制作过程是怎样的？

# 第七章　多媒体课件的设计与制作

**【内容导学】**

多媒体课件的设计与制作是计算机辅助教学中非常重要的一部分内容，高质量多媒体课件的设计与开发是一项复杂的系统工程，涉及教育学、心理学、传播学、计算机技术、美学等多学科知识，必须在相关教学理论的指导下，按照科学的方法与步骤，对多媒体课件进行教学设计与艺术设计，并运用计算机技术来完成开发。本章介绍多媒体课件的基本概念、特点、类型、开发过程等基本知识；介绍 PowerPoint 2013 多媒体课件制作软件的基本特点、操作方法及使用技巧；介绍了微课的特点、设计策略以及设计制作方式。

**【学习目标】**

1.理解多媒体课件的基本概念、特点、类型及其发展趋势；

2.掌握多媒体课件的设计开发流程；

3.了解 PowerPoint 2013 软件的特点，掌握利用其制作多媒体课件的基本方法与技巧；

4.了解微课的特点、设计流程、设计策略以及设计制作方式。

## 思政第一课　余也鲁：中国广告教育奠基人

余也鲁(1921—2012)，男，江西奉新人。获美国斯坦福大学人文科学院传播学硕士学位。曾任香港浸会学院社会科学院院长兼传理学系主任，香港中文大学讲座教授兼传播研究中心主任，亚洲传播教育及专业设计专门顾问。曾任香港海天书楼总编辑，海天资讯企业董事会主席，澳门东亚大学、香港理工学院、香港岭南学院及厦门大学学术顾问，国内多间大学客座教授。

1967 年到香港浸会学院创设四年制传理学系，并任社会科学院院长。1974 年出任香港中文大学新闻与传播学讲座教授，兼任传播研究中心主任及传播学主任。1978 年创设研究院传播硕士班，担任班主任。曾主编英文《传播季报》，著有《传播教育现代》

《杂志编辑学》《门内门外——与现代青年谈现代传播》《中国传播资料摘萃》等。

1983年开始招生的厦门大学新闻传播系广告专业是中国广告教育的开端，余也鲁是发起人，当时任香港中文大学传播学院主任。尽管中国广告刚刚恢复没多久，余也鲁已经从广告界蓬勃发展的趋势看到对人才需求必将成为一大难题。为此，他力主厦门大学拟议成立的新闻系应包含大众传播的研究，并在新闻专业外另设广告专业。

余也鲁为此付出的心血难以想象，收集国外资料，培训师资，联络境外专家讲学，事事亲力亲为；乃至为了选择一位优秀的英文教师，打越洋电话，同美方候选人交谈半个钟头，了解到对方能力才放心。

他外表上给人最深的印象就是那副厚厚的黑边眼镜。他的眼镜深达1800度，这是由于他经常读书、不断学习、不断研究、从不休息造成的。父母爱读书，受家庭的影响，他从小就养成了爱读书的习惯。父母要他睡觉，中午时就躲在蚊帐里看书，晚上就钻进被窝里看书。“别人活一生，我就可以活三生”，他自己如是说。

余也鲁自20世纪60年代末先后首创浸会学院传理系、香港中文大学新闻传播系及广告与公众关系学科。乘改革开放之东风，适应国内传媒发展所需，以深厚的学养和丰富的经验，应厦门大学之邀协助创立中国第一个以传播为名的厦门大学新闻传播系，开启中国广告教育先端。他提出新闻传播系下设国际新闻及广告学两个专业。余也鲁是中国广告教育奠基人。

## 第一节　多媒体课件概述

### 一、多媒体课件的定义

20世纪90年代以来，多媒体技术在教育教学中的应用日益广泛，课件多以图、文、声、像等多种媒体来呈现教学信息。

一般来说，多媒体技术是指把文字、声音、图像、动画和视频等多种媒体信息通过计算机进行交互式综合处理的技术。采用多媒体技术来辅助教学，能使学生的多种感官得到刺激，最大限度地汲取信息与知识。从教育心理学角度看，人们从听觉获得的知识大约能记忆15%，从视觉获得的知识大约能记忆25%，但如果同时使用视听觉两种手段，就能记忆知识的65%。可见，在教学中，相对于普通教学方法，应用多媒体技术可以大大地提高教学效率。

多媒体课件主要是指在现代先进的教学理论指导下，以计算机与多媒体技术为支撑，依据教学目标设计的用于执行教学任务的多媒体软件。

多媒体课件是计算机多媒体技术在教育领域中应用的典型范例，它的核心内容是以计算机多媒体技术为教学媒介而进行的教学活动。多媒体课件的主要表现形式是利用数字化的声音、文字、图片以及动态画面，形象地展现学科中的可视化内容，强化形象思维，使抽象概念更易于接受。实践证明，多媒体课件从真正意义上优化了课堂教学，提高了课堂效率，已经在教育领域得到了广泛的应用。

## 二、多媒体课件的特点

多媒体技术的主要特点体现在它的集成性、多样性和交互性。其中交互性也是基于多媒体技术的新型媒体与传统的单向信息传递的电视、电影等视听媒体的主要区别。基于多媒体技术的多媒体课件具有以下特征：

### （一）友好的交互环境

多媒体教学课件提供了图文并茂、丰富多彩的人机交互式学习环境，学习者可以根据自己的实际需求，选择适合自己的学习内容，推动学习进程，而不是由教师事先安排好，学生只能被动接受。友好的交互环境可以充分发挥学习者学习的主动性，体现学习者的认知主体作用。

### （二）形式多样、形象直观的信息呈现方式

多媒体课件中教学信息的显示包括文字、声音、图像、动画、视频等多种形式，为学习者提供了视觉、听觉等多种感官的综合刺激。这种方式更能引起学生的学习兴趣，提高学习积极性。这种形象直观的信息呈现方式可以为学习者创设多样化的情景，使学生获得生动形象的感性素材，比传统教学的黑板更直观、形象，更具有吸引力。

### （三）丰富的学习资源

多媒体课件提供了大量的图文并茂的多媒体学习资源，创设了丰富有效的教学环境，扩展了学生的知识面，这是纸质媒体、录像片等其他媒体等难以做到的。

### （四）超文本的组织结构

超文本是一种用计算机来实现连接课件中相关页面的结构，在一个课件页面中把某些文本通过链接引向其他的相应页面，读者在浏览页面时可以通过该链接交叉引向其他的相应页面。超文本结构信息组织的联想式和非线性符合人类的认知规律，便于学生进行联想思维，同时也为学习者提供了多种不同学习对象的教学方案和学习途径。

## 三、多媒体课件的类型

随着多媒体计算机技术的发展和广泛应用，多媒体课件的种类也越来越多，可以从不同的角度进行分类。

### （一）根据使用对象分类

(1)助学型。旨在辅助学生自主学习以掌握一定的知识或技能。

(2)助教型。旨在辅助教师更好地完成课堂教学任务。

### (二)根据内容与作用分类

(1)课堂演示型。此类多媒体教学软件通常是为了解决某一学科的教学重点与教学难点而开发的,它注重对学生的启发、提示,反映问题解决的全过程,主要用于课堂演示教学。这种类型的教学软件要求画面直观,尺寸比例较大,能按教学思路逐步深入地呈现。

(2)学生自主学习型。此类多媒体教学软件具有完整的知识结构,能反映一定的教学过程和教学策略,提供相应的形成性练习供学生进行学习评价,并设计友好的界面让学习者进行人-机交互活动。利用这种类型的多媒体教学软件,学生可以在个别化的教学环境中进行自主学习。

(3)模拟实验型。此类多媒体教学软件借助计算机仿真技术,提供可更改参数的指标项,当学生输入不同的参数时,能随时真实模拟对象的状态和特征,供学生进行模拟实验或探究发现时使用。

(4)测验训练型。此类多媒体教学软件主要通过问题的形式来训练、强化学生某方面的知识和能力。

(5)资料工具型。此类多媒体教学软件包括各种电子工具书、电子字典、各类图形库、动画库、声音库等。它只提供某种教学功能或某类教学资料,并不反映具体的教学过程,可供学生课外查阅资料,也可根据教学需要事先选定有关片断,配合教师讲解,辅助课堂教学。

## 四、多媒体课件设计开发流程

多媒体课件的设计开发是一项复杂的系统工程,需要全体开发人员的通力配合,需要对开发过程的各个步骤和任务做出具体的规定来作为行动的指南。一般而言,多媒体课件的开发要经过分析、设计、开发、试用评价、出版发行等环节,如图 7-1 所示。

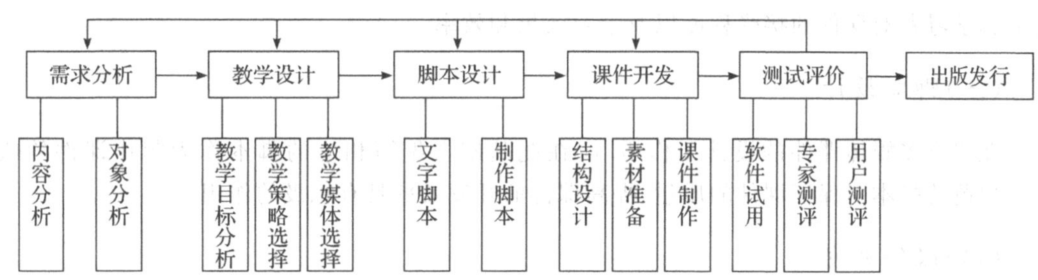


**图 7-1　多媒体课件设计开发流程**

### (一)需求分析

需求分析主要包括内容分析与对象分析。

(1)内容分析主要包括对教学内容的选择,确定教学内容的重难点,确定适合于多媒体课件来展现的、优于传统教学的知识内容。

(2)对象分析主要是分析学习者在进行新的学习或练习时,其原有知识水平或心理发展水平对新的学习的适合性,包括学习者年龄、受教育水平、学习动机、文化背景和计算机操作能力等。多媒体课件的设计必须与学习对象的特征相适应，帮助学习者由直觉思维向抽象思维过渡，引导学生学习抽象概念，逐步发展学生的逻辑思维能力。

(3)成本估算通常也是多媒体课件开发过程中不可缺少的。成本费用一般包括开发人员的劳务费用、参考资料费用、耗材费用等。

### (二)教学设计

教学设计是课件中最能体现教师教学经验和教师个性的部分，是教师教学思想最直接和最具体的表现。主要包括教学目标分析、教学方法选择和教学媒体选择。

(1)教学目标分析。教学目标分析就是要明确如何将学习者在开始学习时的起点能力通过教学系统开展的教与学的活动转换成学习结束应能达到的终点能力，从而达到教学目标。因此，教学目标是由从事教学实践工作的教师根据教学的实际需要决定的，而不是由课件开发者决定的。课件的教学目标分析不仅要将教学内容划分到教学单元，而且要进行知识点的划分。教学单元的划分一般要考虑教学目标的先后次序和连续性，并应在时间上加以限制。而知识点的划分一般要考虑知识内容的属性和知识内容之间的逻辑联系。

(2)教学方法选择。在“黑板＋粉笔”的传统教学方式中，教学方法常被描述为诸如讲授法、讲练结合和讨论法之类的呈现方式。随着媒体技术的快速发展，现代教学方法主要是与教学媒体使用有关的方法。一般而言，教学方法没有优劣之分，但必须考虑其在教学中的适用性。因此，熟悉各种能与教学媒体的应用有效结合的教学方法是教师有效运用教学方法的前提。海涅克等人概括了10类与选择和利用教学媒体相关的教学方法：呈现法、演示法、讨论法、个别指导、训练与实践法、合作学习法、游戏法、模拟法、发现法、问题解决法等。教师只有在教学实践中不断尝试，才可能确定对于特定的对象和内容哪种方法更好，哪种媒体与哪种方法结合最有效。

(3)教学媒体选择。教学媒体选择的主要任务是选择适合教学内容的合适媒体并合理地使用这些媒体。媒体的种类、媒体的多少及媒体的安排方式都将直接影响到课件的教学效果和学习者对课件的接受程度以及学习效果和效率。

### (三)脚本设计

在完成多媒体课件的设计工作后，应在此基础上编写相应的脚本作为制作课件的依据。规范的脚本对保证课件的质量、提高课件的开发效率具有积极的作用。

### (四)课件开发

(1)结构设计。结构设计的任务是勾画出课件的总体结构框架，解决各模块之间的链接，并给出各种要采用的类型模板。

(2)素材准备。多媒体课件可以使用的信息有文本、图形、图像、动画、视频、音频等，这些信息称为多媒体素材。在实际制作过程中，准备素材消耗的时间和精力常常是最多的。例如，要制作一个生物课件，需接收集与本课相关的图片、动画以及声音等素材。这些素材有的可以找到，但需要进行加工和处理才能够使用；有的不容易找到，只有自己进行制作。素材准备的时间往往远远超过创作课件的时间。因此，掌握获取素材与处理素材的办法和技巧非常重要。

(3)课件制作。多媒体课件制作工具很多,常用多媒体课件制作工具有 PowerPoint、Authorware、Flash 等,处理媒体素材的常用工具有 Photoshop、Flash、Director、3DMax、Maya、课件梦工厂、Powercreator 等。制作课件时最好选择功能强大、容易上手、兼容性好的多媒体课件创作工具。

### (五)调试运行

课件制作完毕后对课件进行反复调试和修改是必不可少的重要环节。课件制作过程中,开发人员、设计人员和用户之间在对课件的理解上会存在一定的偏差,所以要根据用户需求对课件进行修改和调试,尤其在公开出版发行之前,必须对课件进行必要的测试和评价。

运行调试是在课件的编制过程中随时进行的。在系统编辑过程中,开发人员可以运行系统,并设置断点,跟踪系统的运行状态。也可以逐段运行,观察系统编辑后的效果,并随时中断系统运行,返回到编辑状态;在课件基本完成后,必须进行测试,测试者一般为选好的模拟用户,测试的目的是排除软件中较为明显的错误与缺陷,尤其是技术方面的缺陷。

### (六)交付使用

对于大型的多媒体课件,还应制作多媒体课件的安装程序,将多媒体课件刻录成光盘,编写使用手册,印制多媒体课件包装。

## 五、多媒体课件的评价

多媒体课件的评价就是衡量和估计这个课件对学生的教育价值,判断其应用效果。教学效果的评价分析应分为两部分进行:一部分是分析课件本身对教学效果的影响,可以使开发者清楚地看到软件结构、素材质量以及编制质量对教学效果的影响,从而能发现问题所在,尽快改进教学软件的不足之处;另一部分是学习内容与学习水平的确定、媒体内容的选择与设计以及教学过程结构的设计对教学效果的影响,将有助于对学习内容与学习水平进行更深入细致的分析,有助于选择最佳的媒体内容,有助于设计出更好的教学过程结构。因此,详细分析影响教学效果的因素对多媒体课件的开发有着重要的意义。

多媒体课件作为重要的教学资源,目前公认的对其评价的要素包括以下几个方面:

(1)科学性。包括概念的科学性、问题表述的准确性、引用资料的正确性等。

(2)教育性。包括认知逻辑合理性、直观性、启发性、针对性、思想方法创新等。

(3)技术性。能恰当运用多媒体,运行可靠,易操作等。

(4)艺术性。语言文字规范、简洁、明了,画面和声音具有较高的艺术性等。

(5)使用性。界面友好,操作简单方便、灵活,容错能力强,文档齐备等。

# 第二节　多媒体课件制作软件之 PowerPoint 2013

## 一、PowerPoint 2013 简介

Microsoft PowerPoint 是微软公司出品的 Office 办公系列软件重要组件之一，可集成视频、音频、文字、图片与动画等素材，可用于教育教学及企业展示与汇报、总结等多方面，用途非常广泛。PowerPoint 2003 具有使用方便、效果华丽、智能工作的优点，其丰富多彩的图标颜色已让人印象深刻。而PowerPoint 2013相对于 PowerPoint 2003，具有一些革命性的改变，内容更加丰富，功能更为强大，主要体现在界面、内容、功能、操作及服务上。

## 二、PowerPoint 2013 的特点

从界面上看，PowerPoint 2013 具有全新的外观，更加简洁，适合在平板电脑上使用；演示者视图可自动适应投影设置；主题提供了诸多变体，可更加简单地打造所需外观；与其他人协作时，可以添加一些批注以提出问题和获得反馈。启动界面如图 7-2。

**图 7-2　PowerPoint 2013 启动界面**

从内容上看，素材及功能得到了扩展与改进。在 PowerPoint 2003 中，多媒体素材(包括图像、声音、照片和动画)相对较少，而 PowerPoint 2013 进行了较大的改进，图片素材丰富且制作速度大大提升。PowerPoint 2013 还提供了多种艺术效果，基本涵盖了常用的滤镜效果。此外，PowerPoint 2013 引入了如 Photoshop 等平面设计软件里的“图层”概念与应用，用图层可以轻松实现复杂的画面设计与改进，使所有的元素都是处在一定的“层”上，通过叠加、并列、交错等应用轻松实现对各类元素的操作。

从操作上看，PowerPoint 2013 更加便捷与灵活。“选择窗格”的出现给 PowerPoint 2013 的动画制作带来了翻天覆地的变化。通过选择窗格可以清楚地调整对象的层。当需要给某个对象添加或编辑动画时，只要在选择窗格里单击该对象名称，则选中对象，即使该对象被别的对象遮盖，也不影响操作。此外，PowerPoint 2013 可以将特殊字体存成图片，再插入幻灯片中，这样可以有效地避免文件移动时的字体丢失问题。

### （一）简洁的界面

PowerPoint 2013 继承了 Win 8 metro 风格，平面化，没有多余的修饰。这给操作带来了很大的帮助，不再被无关设计干扰。在 PowerPoint 2013 中，界面上最大的变化就是将工

具栏进行显性显示,采用了革命性的 Ribbon 界面,以此来适应平板电脑普遍应用的发展趋势。Ribbon 界面是一种命令工具条的集合,将软件的功能集成到窗口上方的一系列标签中。使用 Ribbon 界面可以使得软件的功能和特性更容易被用户发现,以此加快软件整体学习的速度。PowerPoint 2013 中的工具栏将主要的功能用图标的方式集中在整个视窗的上方,为使用者提供了更加直观与方便的操作体验,从长远来看,在操作速度与操作的直观便捷性上会得到大大提高。如图 7-3 所示。

图 7-3 显性工具栏

现在几乎可在任何设备(包括 Windows 10 PC、平板电脑、手机等)上与 PowerPoint 进行交互。使用典型的触控手势,在幻灯片上轻扫、点击、滚动、缩放和平移,真正地感受演示文稿。

## (二)模板、主题变体及宽屏模式

PowerPoint 2013 提供了许多新模板,如报表、贺卡、图表、管理方案、行政公文等,还提供了主题、最近的演示文稿、较旧的演示文稿或空白演示文稿来启动下一个演示文稿,使用者可以根据使用目的来进行选择,用最简单的方法做出最合适而美观的演示文稿。如图 7-4。

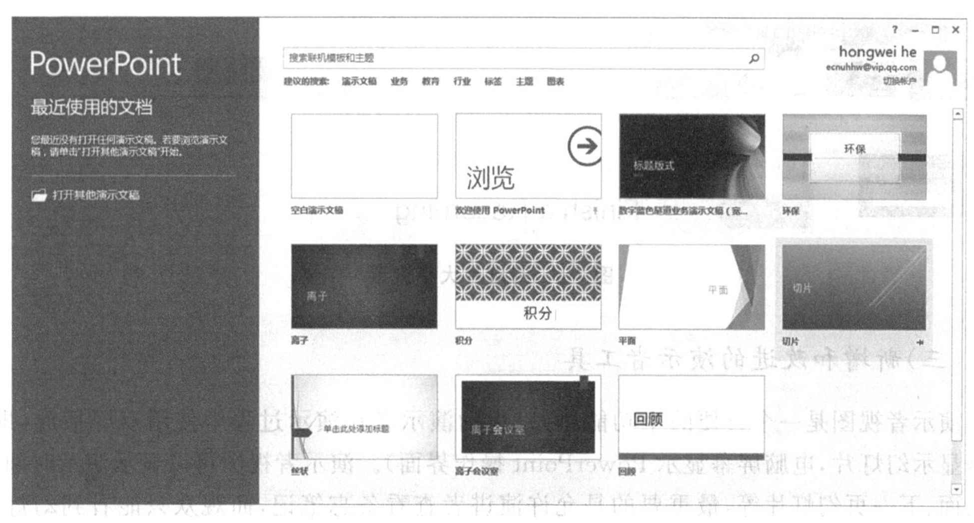


图 7-4 主题模板库

PowerPoint 2013 的主题提供了一组变体,如不同的调色板和字体系列,从"设计"选项卡即可选择一个主题和变体。通过变体的改变可以细微地调整某个主题的配色细节。如图 7-5。

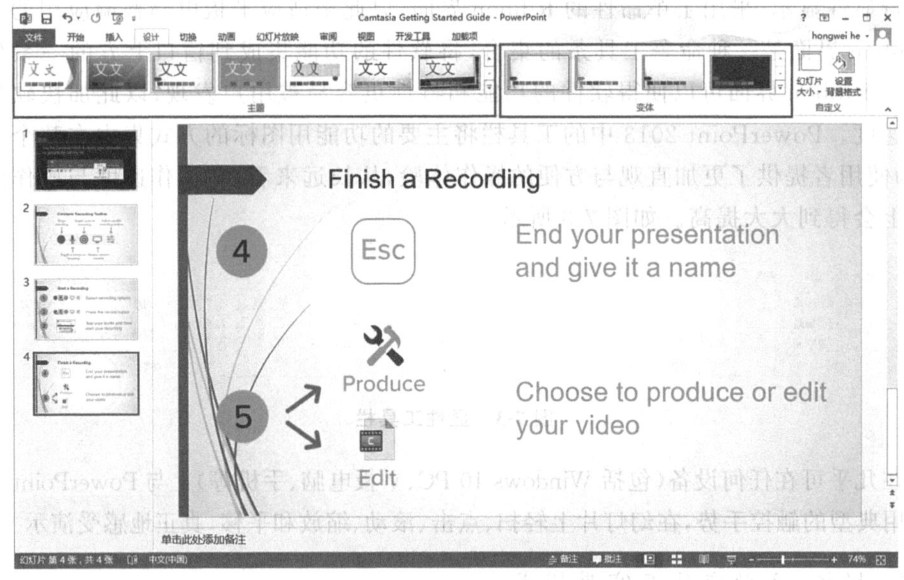


图 7-5 主题和变体设置

此外，PowerPoint 2013 提供了新的宽屏主题以及标准大小。世界上的许多电视和视频都采用了宽屏和高清格式，PowerPoint 2013 也是如此。它具有 16∶9 版式，新主题旨在尽可能利用宽屏。宽屏模式的设置位于“设计”选项卡里。如图 7-6。

图 7-6 幻灯片大小设置

### (三)新增和改进的演示者工具

演示者视图是一个方便的小功能，可以帮助演示者在演示过程中使用双屏播放(即大屏幕显示幻灯片，电脑屏幕显示 PowerPoint 操作界面)。演示者视图可以显示演示时间、当前页面、下一页幻灯片等，最重要的是允许演讲者查看备忘笔记，而观众只能看到幻灯片。如图 7-7。在以前的版本中，很难弄清谁在哪个监视器上查看哪些内容。改进的演示者视图解决了这一难题，使用起来更加简单。演示者视图还可以单击放大镜放大图表、图示或者需要强调的任何内容，也可使用“幻灯片浏览”来浏览到演示文稿中的其他幻灯片。PowerPoint 2013 还可以自动感知计算机设置，并为演示者视图选择合适的监视器。

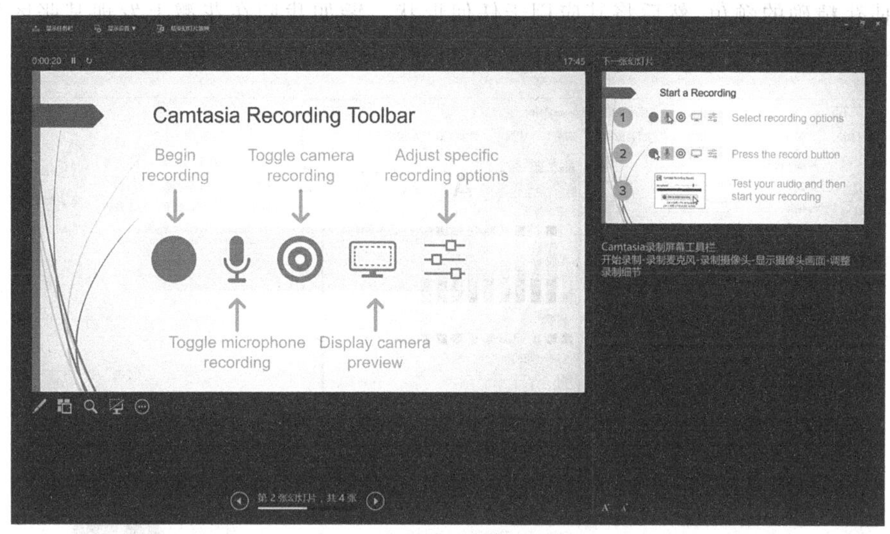


图 7-7　演示者视图

## （四）合并形状

PowerPoint 2013 第一次将合并形状单独列出，并增加了“拆分”（以前是联合、组合、相交、减除），强化了 PowerPoint 的形状编辑功能。选择幻灯片上的两个或更多常见形状进行组合以创建新的形状和图标如图 7-8。

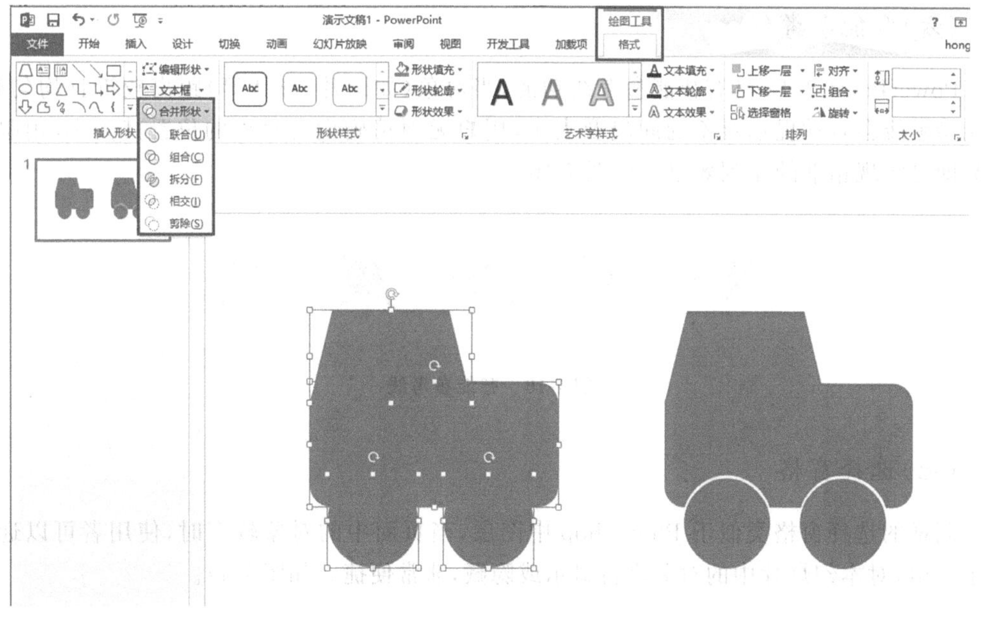


图 7-8　合并形状

## （五）取色器

新的取色器是个很小的工具，却有着四两拨千斤的功用。它可实现颜色匹配，从屏幕对象中捕获精确的颜色，然后将其应用于任何形状。譬如我们在花瓣上发现某张图配色还不错，就可以复制该图片到某一页幻灯片上，再取色使用，如图 7-9 所示。

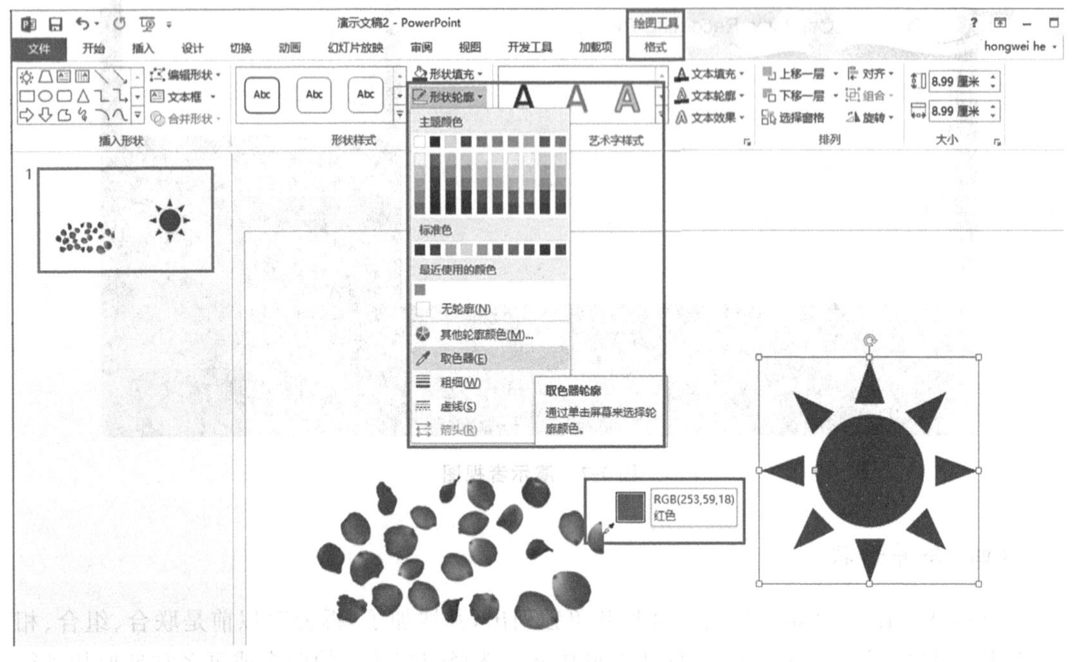


图 7-9　取色器

## （六）智能参考线

PowerPoint 2013 具有智能参考线功能，当对象（如图片、形状等）距离较近且均匀时，智能参考线会自动提示对象的间隔及大小，用户无须精确设置对象的位置其大小，用眼睛目测即可实现精准的排列效果。如图 7-10。

图 7-10　智能参考线

## （七）选择窗格

新增的选择窗格类似于 Photoshop 中图层，当页面中的对象较多时，使用者可以通过这个窗格，对本幻灯片中的对象进行显示或隐藏，非常便捷。如图 7-11。

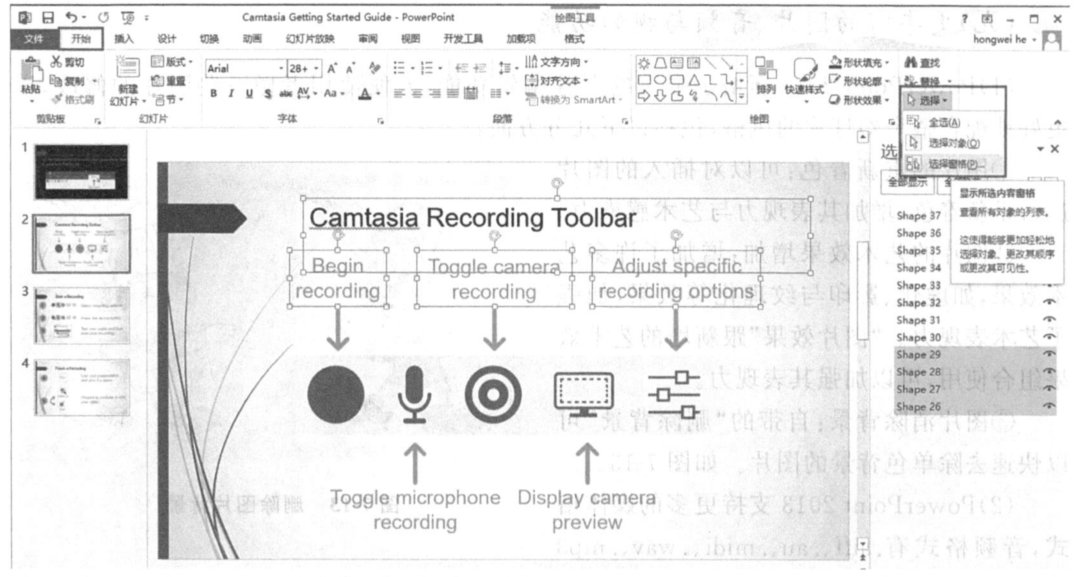


**图 7-11　选择窗格**

## (八)更加完善的 SmartArt 图形

在 PowerPoint 2013 的"插入"选项卡中，新增了许多 SmartArt 图形，并将这些图形进行归类，应用 SmartArt，使用者可以方便地从逻辑上表现自己想要展现的内容，并且操作便捷，美观大方。如图 7-12。

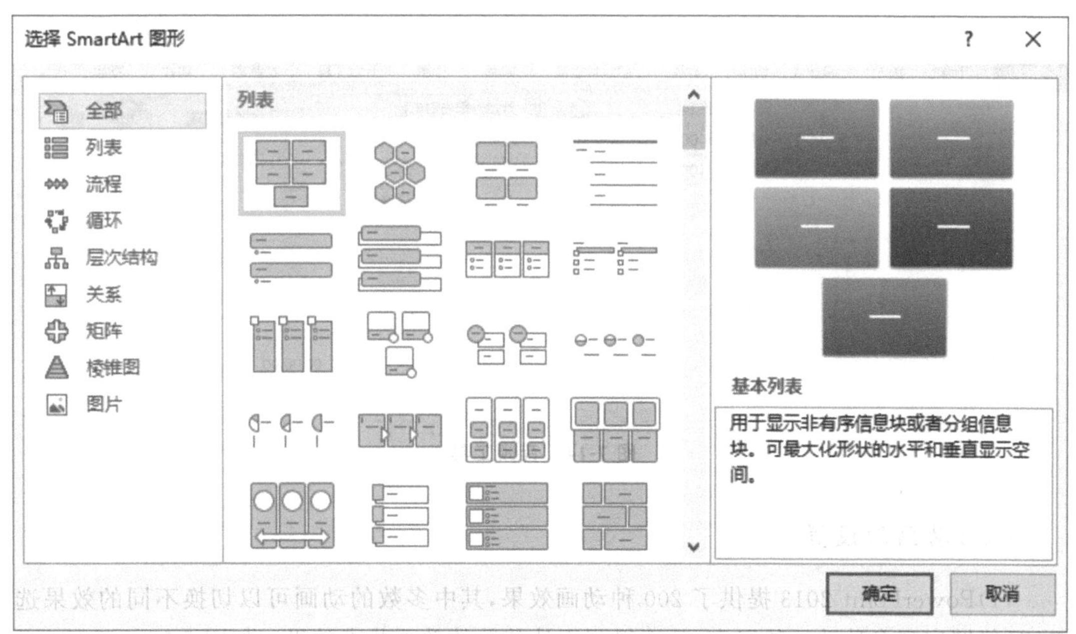


**图 7-12　插入 SmartArt 图形**

## (九)更丰富的图片、音频与视频功能

(1)PowerPoint 2013 新增了强大的图片编辑功能，方便使用者做一些图片的修改，以更好地配合整个幻灯片的风格，包括以下几分方面：

①图片的重新着色：可以对插入的图片进行重新着色，增加其表现力与艺术感染力。

②图片的艺术效果增加：增加了许多艺术效果，如虚化、影印与纹理化等效果，加强了艺术表现力。“图片效果”跟新增的艺术效果组合使用，可以加强其表现力。

③图片消除背景：自带的“删除背景”可以快速去除单色背景的图片。如图 7-13。

图 7-13　删除图片背景

(2)PowerPoint 2013 支持更多的媒体格式，音频格式有.aiff、.au、.midi、.wav、.mp3等，视频格式中有.asf、.avi、.mpeg、.wmv 等。另外，采用了默认文件的嵌入，方便文件的携带和播放。“在后台播放”功能可以让用户在查看幻灯片放映时播放音乐。

(3)PowerPoint 老版本中的视、音频长短的剪接及淡入淡出等基本操作都需要专业剪辑软件完成。随着视、音频素材的广泛应用，演示文稿中应用视、音频素材更加频繁，PowerPoint 2013 与时俱进增加了自带功能，可方便对视音频素材进行操作。另外，还增加了一些视频播放样式，如细微型、椭圆、强烈型，为视频素材的呈现增加了艺术性与表现性。如图 7-14。

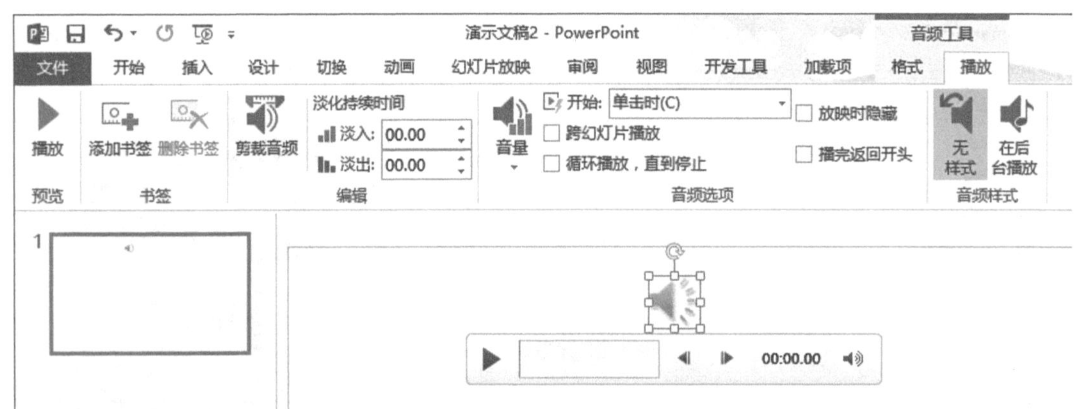


图 7-14　音频工具

## (十)动画的设置

(1)PowerPoint 2013 提供了 200 种动画效果，其中多数的动画可以切换不同的效果选项，还能够实现多种动画的组合，从而得到不计其数的动画艺术效果。如图 7-15。

(2)PowerPoint 2013 中新增了动画刷功能，当使用者需要做一些重复的动画效果时，通常会感到烦琐不便和无趣。动画刷可以像 Word 中的格式刷一样复制动画效果，非常神

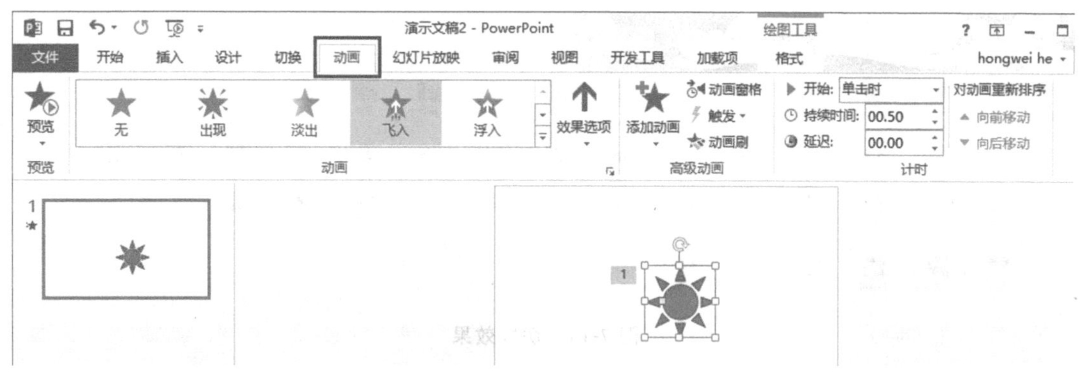


**图 7-15　动画效果设置**

奇与高效。

(3)触发器能实现交互功能,使用触发器可以让动画效果选择性地出现,并且可以通过鼠标点击随意控制动画出现的先后顺序。如图 7-16。

(4)在创建动作路径时,PowerPoint 会显示对象的结束位置,原始对象始终存在,而“虚影”图像会随着路径一起移动到终点。如图 7-17。

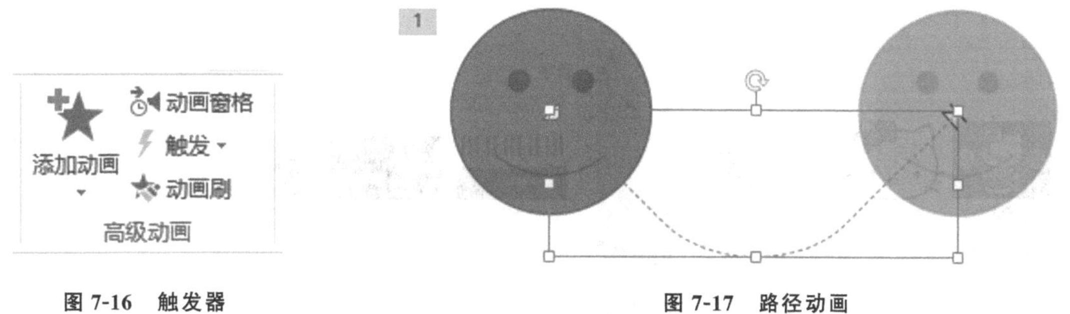


**图 7-16　触发器**　　**图 7-17　路径动画**

(5)动画窗格和选择窗格功能类似,它能将每一个动画效果单独显示在窗口中,这样在制作过程中就不用担心动画效果太多而造成操作不便的情况,同样也可以更好地控制动画的出现与消失时机。

### (十一)华丽的切换效果

PowerPoint 2013 的幻灯片切换功能大大增强,添加了像“涟漪”“蜂巢”“涡流”“碎片”“摩天轮”“轨道”等许多 3D 切换效果,让幻灯片在切换上更华丽、更炫目,使观看者印象更加深刻。如图 7-18。

### (十二)多样的文件保存格式

在 PowerPoint 2013 中,文件格式有了进一步的拓宽,除了原有的诸如 XPS 文档、PowerPoint模板、RTF 元文件之外,还可将文件保存为 pdf 格式和 Windows Media 视频(＊.wmv)格式,大大方便了各平台与系统的播放。

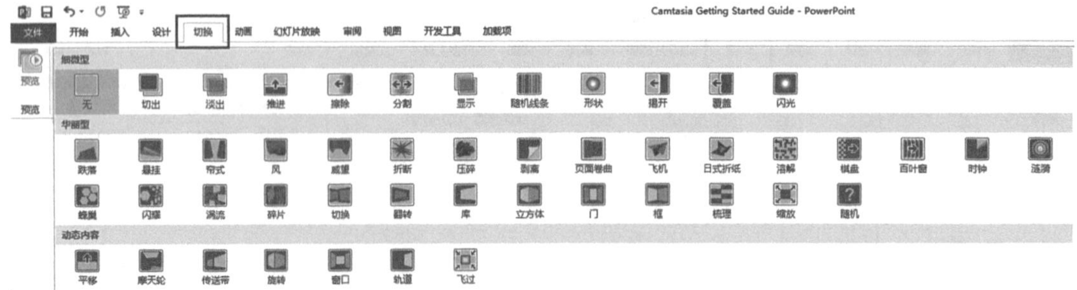


**图 7-18　切换效果**

## (十三)服务升级

PowerPoint 2013 提供的联机服务,相较于以前的版本,显得更加丰富,图片质量更高,模版数量更丰富。如图 7-19。

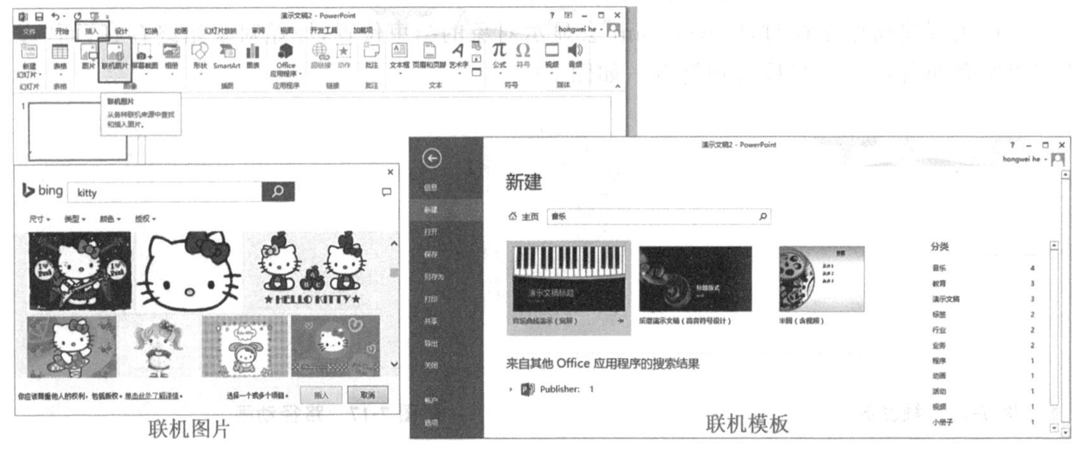


**图 7-19　联机服务**

用户可以轻松地将 Office 文件保存到自己的 SkyDrive 或组织的网站中,每次联机时都可以访问,还可以与同事同时处理同一演示文稿,并查看彼此所做的更改。

PowerPoint 2013 中用户还可以通过多种方式利用 Web 共享 PowerPoint 演示文稿,可以发送指向幻灯片的链接,或者启动完整的 Lync 会议。该会议可显示平台以及音频和 IM,观众可以从任意位置的任何设备使用 Lync 或 Office Presentation Service 加入会议。

此外,PowerPoint 2013 还提供了更为丰富的 Office 应用程序,如图 7-20 所示。用户只需注册一个 Microsoft 的账号,即可获取 Office 应用商店里的程序,其中大量插件是免费的。如 Pro Word Cloud 是 Office2013 应用商店里面的一款免费插件,它可以让文本内容瞬间变成一张字体云的图片,并且它根据词频来调整生成的图片中文字的大小,也就是说图片中字体最大显示最突出的就是词频最高的词语,快速实现可视化效果。如图 7-21。

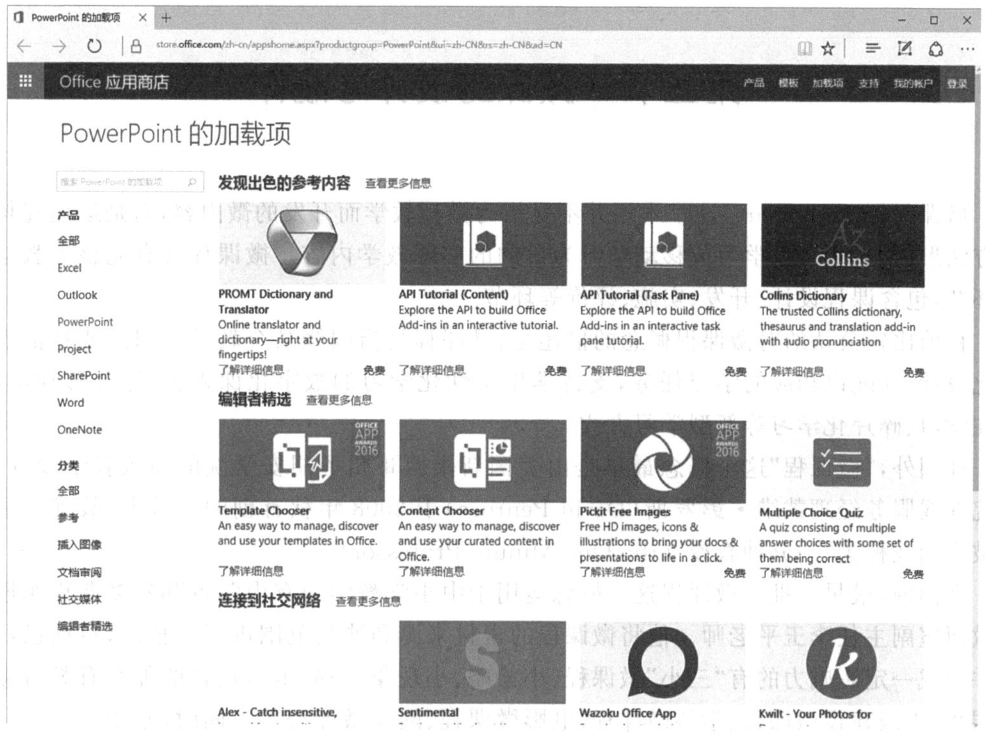


图 7-20　Office 应用商店

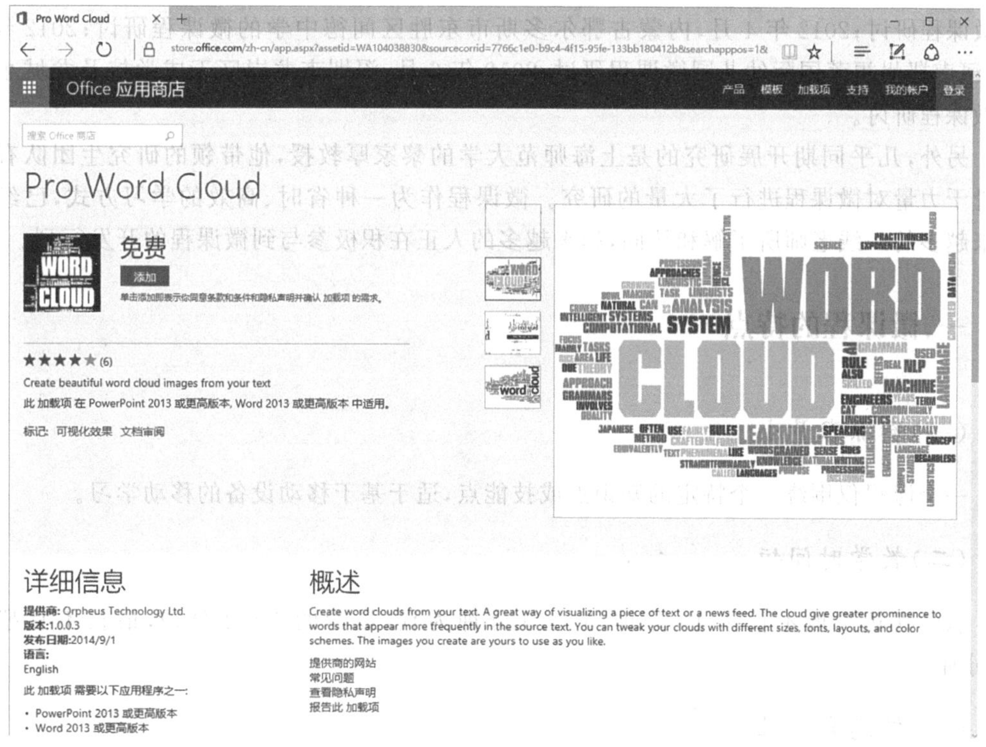


图 7-21　Pro Word Cloud 字体云

## 第三节 微课的设计与制作

微课程(microlecture)这个术语并不是指为微型教学而开发的微内容,而是运用建构主义方法形成的、以在线学习或移动学习为目的的实际教学内容。微课程具有完整的教学设计环节,包含课程设计、开发、实施、评价等环节。

目前比较公认的对微课程概念的描述是:微课程是指围绕某个教学知识点或技能点精细化设计,并配以相应的学习任务,支持学生个性化学习的数字化课程包,适合移动学习、泛在学习、碎片化学习等新型学习方式。

在国外,"微课程"这个概念最早是由美国新墨西哥州圣胡安学院的高级教学设计师、学院在线服务经理戴维·彭罗斯(David Penrose)于2008年秋首创的。后来,戴维·彭罗斯被人们戏称为"一分钟教授"(the One Minute Professor)。

在国内,最早一批将微课程这一概念运用于中小学教学的有内蒙古鄂尔多斯市东胜区的教研室副主任李玉平老师。他将微课程的素材来源和涉及范围进行了拓展,目前已经起步并形成一定影响力的有"三小"微课程(小策略、小现象、小故事),包含的种类有教育叙事微课程、班级建设微课程、学科微课程、电影微课程、阅读微课程等。同时,基于微学习研究的微课程网站已经建成,基于高质量学习的微课程研讨已经在全国各基地学校进行多次。如:2011年12月,深圳龙岗清林小学的微课程研讨;2012年3月,山东省东营市胜利胜采小学微课程研讨;2012年4月,内蒙古鄂尔多斯市东胜区闻德中学的微课程研讨;2012年5月,河南郑州福莱国际幼儿园微课程研讨;2012年6月,深圳市龙岗区天成学校及龙城小学的微课程研讨。

另外,几乎同期开展研究的是上海师范大学的黎家厚教授,他带领的研究生团队有一支骨干力量对微课程进行了大量的研究。微课程作为一种省时、高效的学习方式,已经被越来越多的一线老师所了解和认同,越来越多的人正在积极参与到微课程的开发行列。

### 一、微课程的特点

#### (一)资源容量小

一个课程仅围绕一个特定的知识点或技能点,适于基于移动设备的移动学习。

#### (二)教学时间短

教学视频一般不长于10分钟,5～10分钟为宜,最少的1～2分钟,最长不宜超过20分钟。

#### (三)信息自足性

包含必要信息,如教学目标、教学内容、教学活动、教学评价等,能够在语意上表示其自身意义，无须再参考其他信息来理解。

(四)内容基元化

具有不可再分性，不能再进一步划分成更小的单元。

(五)数据易传播

可以视频、动画等基于网络流媒体播放，适合移动学习、泛在学习、碎片化学习等新型学习方式。

(六)更适合自学

主要供学习者自主学习，一对一地学习。

## 二、微课程设计策略

(一)规划选题

微课程设计过程中，规划选题是一项非常重要的工作，不是所有的内容都适合制作成微课程，因此选题要精准，要基于课标系统规划，再经过教学设计分析聚焦一个内容相对固化、适合利用多媒体表达的知识点。规划选题要遵循以下基本原则：

(1)教学设计先行，系统规划先行。首先确定微课程在整体教学设计中的地位，是课前预习、课中讲解还是课后复习。其次要分析教材和学生，课前预习选题可选择简单知识点，课中讲解要选择重点或难点，课后复习则最选择易错或易混淆知识点。

(2)教学内容聚焦某一知识点或技能点。可借鉴可汗学院的知识层次分类从知识单元到知识点，再进一步把知识点细分为微学习活动，突出微课程与教学活动的整合，最后再用概念图形式表示知识点之间的逻辑关系。

(3)课程结构松散耦合。微课程的组成内容是相对独立的，但以一定的结构关系合理巧妙地关联在一起，从而构成课程内容，以保证课程内容的模块化和关联化。

(二)内容设计

微课程设计包括微课程视频的设计和微课程任务单的设计。

**1. 微课程视频的设计**

微课程学习时间的碎片化不等于课程设计的碎片化，它是课程内容的浓缩，具有完整的结构。微课程视频的设计一般包括导入、阐释和小结三个环节。

(1)导入。一般采用目标导入、情景导入、故事导入、范例导入、问题导入、游戏导入、试验导入、复习导入等，在导入结束的时候，用一句话点明学习目标。微课程导入的主要目的是创设情境激发兴趣，概括来说具有如下功能：

①建立新旧知识的联系；

②吸引学习者的注意力；

③激发学习者的认知需求；

④安定学习者的学习情绪；

⑤启迪学习者的智慧；

⑥沟通师生间的情感；

⑦确定全课程的基调；

⑧将无意注意转变为有意注意。

(2)阐释。阐释阶段要紧紧围绕学习目标，精细化设计，去掉不必要的表述，让阐述更精练；要反复推敲解说词，让解释更精确；要创新方法，从特别的角度来阐述问题，让表达更精彩。

(3)小结。在结束的时候要有简短的回顾和总结。总结可用简短的语言或思维图的方式，一般不超过一分钟。见表 7-1。

**表 7-1　案例:如何克服演讲前的焦虑与恐惧**

| 核心概念与方法:克服演讲焦虑与恐惧三调节、六大招 | | |
|---|---|---|
| 环节 | 内容 | 时间长度 |
| 导入 | 问题导入 | 50 秒 |
| 阐释 | 克服演讲恐惧六大招 | 3 分 43 秒 |
| 小结 | | 40 秒 |

**2. 微课程学习任务单的设计**

学生任务单旨在帮助学生在学习过程中明确学习内容、目标和方法，并提供相应的学习资源及评价。它是一种以表单为呈现方式、和微课程配套的学习学案，主要包括学习目标、学习资源、学习方法、学习指南、学习任务、学习测评、困惑建议、学习反思、后续学习预告等。

## (三)类型选择

**1. 理论讲授型**

理论讲授型微课程适用于概念、公式、定律、原理的讲授，注重知识的内在规律或逻辑。这类微课程设计的难点在于如何通过深入浅出的讲授，使抽象枯燥的知识变得具体形象、浅显易懂、生动有趣。对于重要的概念，在设计的时候不仅要说清楚它是什么，还要说清楚它不是什么。

关键概念或新概念出现时，要配合使用字幕或提示性文字。使用字幕不必像电视剧一样将所有的台词都打出字幕，这会增加学生的阅读认知负荷，只需呈现关键词语即可。

讲解的时候可以尝试采用有别于教科书的讲解方式。微课程不是课堂授课的电子化，在讲解的时候我们需要用简约的、新颖的讲解方法为学生解释知识点，可以结合一些生动的、鲜活的案例深入浅出地解释理论或概念。重“实践逻辑”而非“学术逻辑”，重“问题解决”而非“知识习得”，重“任务驱动”而非“求知驱动”，重“以例释理”而非“以理释例”。常见的方法有以下几种，如图 7-22 所示。

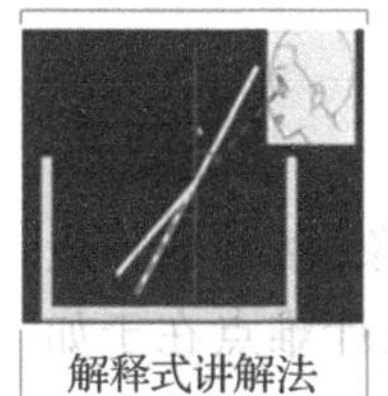
解释式讲解法

案例式讲授法

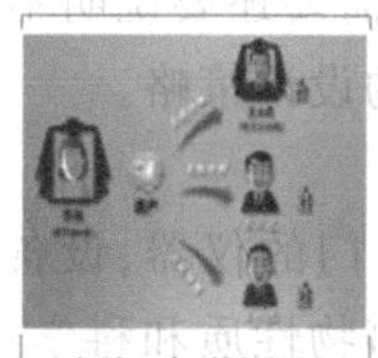
剖析式讲授法

故事式讲授法

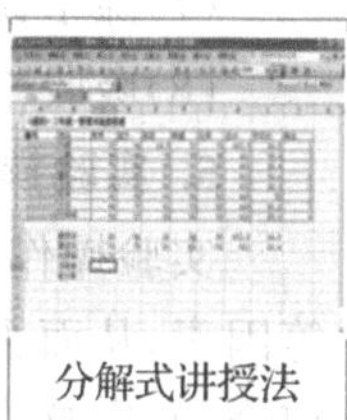
分解式讲授法

**图 7-22　理论讲授型微课程常用教学方法**

**2. 推理演算型**

推理演算型微课程适用于逻辑推理、数学演算等，注重推演过程的理解。此类微课程的设计难点在于如何完整呈现推演过程，常用的方法有以下几种：

(1)运用学科软件作为辅助，将内容具体、形象化，从而有效揭示数与形的联系，提升课堂效率。

(2)巧妙运用“摄录”手法，即拍摄、录电脑、录平板、录纸张，清晰呈现演算过程。

(3)运用视频编辑软件，调整播放速度，增加颜色、图形、标注等提示性信息，设置交互等。

**3. 情感感悟型**

情感感悟型微课程适合培养学生的学习兴趣、学习责任、正确的价值观和积极的人生态度、高尚的道德情操等。此类微课程的设计难点在于如何通过故事演绎、视觉传达、音乐气氛等引发学生共鸣、共情。设计此类微课程时应注意以下几点：

(1)突出“小”“近”“新”“活”的特点，让故事本身富有感染力。“小”即以小见大，管中窥豹；“近”即贴近生活，贴近学生的经历与体验；“新”即形式创新；“活”即着重于对情境的感同身受，引起学生共鸣。

(2)倾向叙事而不是解释、说教和评价，提高讲授的吸引力。

(3)画面设计要体现技术性和艺术性的统一。恰当运用音乐增加故事的感染力。

(4)将知识技能教育与情感态度教育相融合。

(5)培养学习者的设计、策划、语言、艺术等综合素养。

(6)数字故事是情感感悟型微课程常用的方式。所谓“数字故事”，就是在教学活动中编写故事，并加入文字、图像、音乐、视频等多媒体元素，创造可视化故事的过程。

**4. 技能训练型**

技能训练型微课程常用于帮助学生了解和掌握动作技能、操作技能以及语言技能等，以学习者参与和体验为特点。此类微课程的设计难点在于如何全面、完整、直观地呈现示范的过程和细节，它直观形象，利用视频的瞬间、慢动作、停镜、重放等特技可以让学生更快更熟练地掌握动作技能的要领。设计此类微课程需要注意以下几点：

(1)动作规范、正确，操作速度适当；

(2)综合运用图片、图示、动画、视频等方式进行示范；

(3)实景拍摄时，注意构图与背景，突出主体；

(4)避免一镜到底，合理利用“中近特”等多机位拍摄；

(5)根据具体内容采用聚焦、慢镜头、重放的后期制作策略；

(6)关键操作或部位需要配合文字或标注；

(7)除了说清楚应该怎么做,根据需要还要说明不应该怎么做;

(8)吸收学生参与示范也是不错的设计策略。

**5. 实验操作型**

实验操作型微课程适合于利用专门的仪器、设备来控制或模拟研究对象、条件或环境等因素,从而去发现、认识自然现象、事物性质和科学规律。此类微课程的设计难点在于如何全面、完整、直观地呈现示范的过程和细节。

**6. 方法探究型**

方法探究型微课程常用于习作方法探究、解题技巧的专项突破等,如图 7-23 所示。此类微课程的设计难点在于通过案例剖析形成技巧策略或方法规范。

**图 7-23 方法探究型微课程案例**

## 三、微课程制作流程

微课程的制作过程可划分为如图 7-24 所示的五个步骤,这个流程从某种意义上说和炒菜的过程类似。策划脚本是准备菜谱,选择工具就是准备炒菜的锅碗瓢盆,素材采集就像准备原材料,加工合成就是炒菜的过程,而整合发布就是将做好的菜装盘。

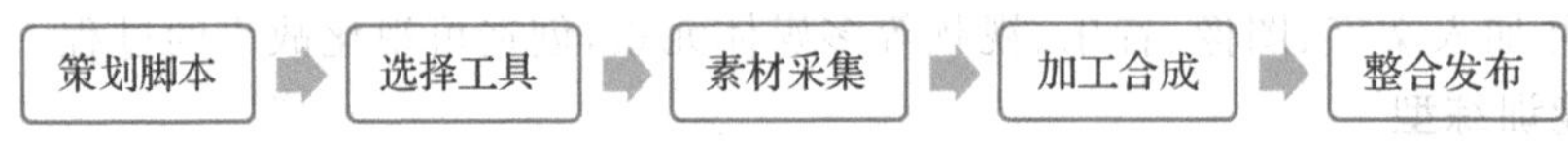


**图 7-24 微课程制作流程**

### (一)策划脚本

需要策划的脚本通常包括图像、字幕、解说、音乐以及所有内容的时间规划等。

### (二)选择工具

制作微课程的工具包括拍摄工具、录屏软件、视频编辑软件以及 PowerPoint 等。拍摄与剪辑是微课程制作中最常见的一种形式,手机、相机、DV 等都可以完成拍摄,拍摄完成后还需要使用会声会影、Camtasia 等视频编辑软件对拍摄的视频进行后期编辑制作。录屏以及 PowerPoint 加录屏也是常用的一种形式。

### (三)素材采集

采集多媒体素材时应注意选择精度高、风格统一的素材;拍摄素材时应注意声音、用光和构图等问题,录屏时也要注意声音和精度。

### (四)加工合成

加工合成时可利用视频处理软件加入片头、字幕、标注、视频剪辑特效、变焦效果、转场效果、旁白、音效、光标效果等,还可以用图片美化工具使画面更美观。

### (五)整合发布

视频制作完成后即可打包发布微课程,方便学生学习和老师交流。

## 四、微课程设计与制作方式

微课程的制作常用的方式有拍摄、录屏、PowerPoint 制作、动画等。其中,理论授导型、情感感悟型常用的手法是 PowerPoint 和录屏一起使用;技能训练型、实验操作型微课程常用的手法是拍摄、录屏和动画;推理演算型微课程常用的制作手法是拍摄、手绘板加电脑录屏、PDA 录屏、录课笔等。

### (一)基于拍摄

(1)常用拍摄设备有手机、相机、DV 等,如图 7-25 所示。

图 7-25　常用拍摄设备

(2)手机拍摄注意事项

随着手机硬件的高速发展和软件的不断更替,智能手机普及率节节攀升,带有高端摄像头的智能手机已经成为普通家庭的必备通信工具。在微课程的拍摄制作过程中,智能手机因其便携的操作性已经成为广大用户最基本最简便的拍摄设备。利用手机进行微课拍摄需要注意以下几点:

①背景干净。拍摄背景往往最抢戏,所以一定要把背景尽可能清理干净。

②姿势要稳。拍摄时尽量保持稳定,减少手抖情况发生,尽可能选用手机支架。

③变焦靠走。一般的手机摄像头都不具有变焦功能,想放大主体,只能靠近主体。

④注意用光。一般情况下,侧面射入的光线能更好地突出物体的质感。

⑤镜头清洁。指纹及灰尘最容易弄脏镜头,拍摄前最好用眼镜布或镜头纸擦拭干净。

在设计画面时都要注意以下几点:

①色相要“靠谱”。拍课程素材讲究还原拍摄对象本真的色彩，要尽可能避免色彩失真。如图 7-26 所示三张照片的色相哪张比较正常？从这三张照片可以直观看出色温设置对照片色彩的影响，正常环境的色温在 5400 k 左右，将白平衡设置为相应的数值则可得到比较真实的色彩。如果我们将拍摄设置降低到 3700 k 时，画面就会偏蓝偏冷，而在 9000 k 时则会偏红偏暖，呈现夕阳的效果，所以可以根据作品主题来设定白平衡。每次摄像前要调整白平衡，可以根据原本白色的墙壁颜色是否偏色来调整。

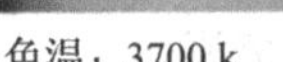
色温：3700 k

色温：5400 k

色温：9000 k

**图 7-26　不同色温对图片颜色的影响**

②声线要“清纯”。声音也是画面的一部分，有些画面未尽事宜是通过声音交代的。录音时首先要保证清晰，高保真。其次要纯净，去噪音。注意音量过爆也会制造杂音。最后要避免声画不同步现象的出现。录音时需要选用可靠的录音设备。

③先“稳”再求进。摄像时首先要稳，稳定的画面给人一种安全、真实、美好的享受，如果画面抖来抖去，会让人眼花缭乱、焦躁不安，看不清主体，这样就很难理解拍摄者的拍摄意图。条件允许时，尽可能使用三脚架。另外，画面构图讲究“横平竖直”，切忌歪七扭八，找不着地平线。推拉镜头时速度要均匀，并且要从稳定画面开始，到稳定画面结束。不要一开机就推拉摇移，或者推拉摇移还没到位就戛然停止，起落不稳的画面会给剪辑造成很大麻烦。无论推拉摇移，都是围绕维持画面稳定来开展的。拍摄时尽可能选择自动变焦方式。

④主角即焦点。拍摄的时候要注意背景的干净，相对单一的背景会让主体更加突出，切忌背景过于杂乱，喧宾夺主，干扰学习者的注意。另外要找准画面主体进行对焦，聚焦人物时，切忌让镜头在人物关节处截断，譬如画面构图时尽量不要让画面在手肘、腰部、膝盖等部位截断。

⑤巧设多机位。针对技能训练型、实验操作型微课程，经常需要多角度来呈现画面，需要考虑多机位拍摄。根据拍摄要表达的主要内容来选择景别，合理利用中景、近景和特写等景别。

⑥适当留空白。主体的四周留有适当的空白，以适应观众的欣赏习惯。

⑦多选择平拍。拍摄角度讲究“视线平视”，尽量多使用平拍，少使用俯拍或仰拍。

⑧布光要均匀。拍摄时尽量选择光线充足且布光均匀的环境，尽量避免阴阳脸、明显的光斑或阴影。条件允许的话，可以采用正侧逆三点式布光，如图 7-27 所示，减少阴影，人也显得立体。若室内光线过强，可以拉上透光的窗帘。一般使用简单的正面布光即可。

⑨着装有讲究。录制时尽量不要穿白色、大红或者窄条纹的衣服。白色容易曝光过度，大红容易溢出，窄条纹衣服容易产生拖影现象。计算机能表现的颜色是有限的，很大一部分颜色肉眼能看到，但电脑的显示器无法表现出来，这部分颜色我们称为溢出。由于数码相机对红色不敏感，穿红色衣服过于鲜艳，拍摄时容易失去细节、层次，以至溢出。当然，

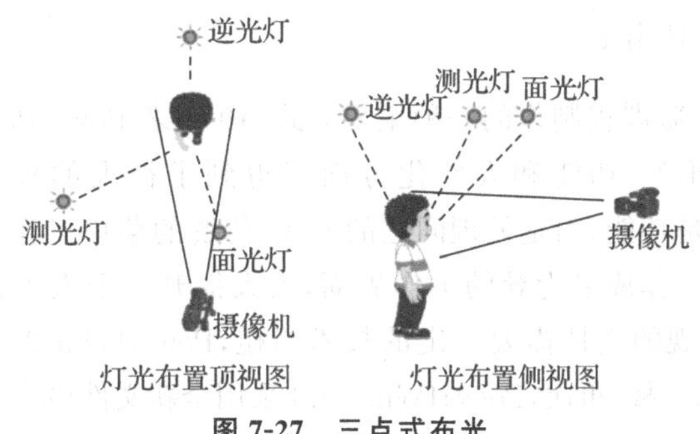


图 7-27　三点式布光

红色溢出可通过后期减少“饱和度”,适当调整“明度”来进行弥补。

⑩黄金构图法。以黄金螺旋分割画面,或将拍摄主体放在螺旋井处,既符合审美,又能给人以思考和想象的余地。黄金分割的创始人是古希腊的毕达哥拉斯,他在当时十分有限的科学条件下大胆断言:一条线段的某一部分与另一部分之比,如果正好等于另一部分同整条线段的比(即 0.618),那么这种比例会给人一种美感。后来,这一神奇的比例关系被古希腊著名哲学家、美学家柏拉图誉为“黄金分割律”。摄影摄像的画面构图也能应用黄金分割定律,研究表明,最能引起视觉注意的坐标不是正中的点,而是画面中的黄金分割点。以黄金螺旋分割画面,或将拍摄主体放在螺旋紧处,是符合审美观的一种构图方法。如图 7-28 所示。

图 7-28　黄金螺旋构图法

来源:电影《神探夏洛特》

在摄影摄像构图中,常使用概略方法,就是利用九宫格横纵相交的 4 个点进行构图,将主体安排在这 4 个点附近,能使主体更加鲜明、突出,更好地发挥主体在图面上的组织作用,有利于周围事物的协调和联系,容易产生美感,得到较好的视觉效果。如图 7-29 所示。

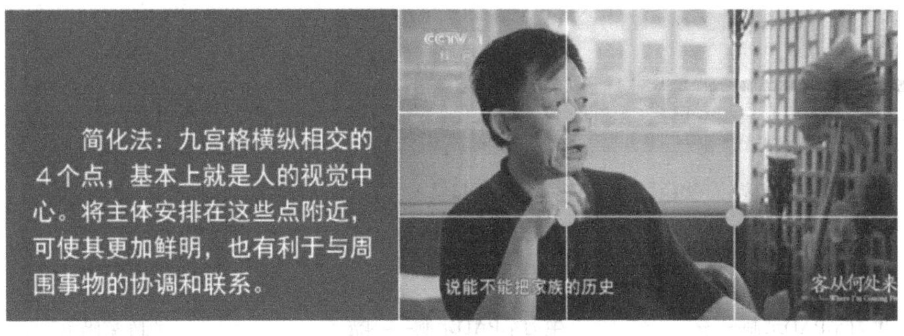


图 7-29　九宫格(井字)构图法

来源:纪录片《客从何处来》

## （二）基于 PowerPoint

应用 PowerPoint 是微课程制作的一种主要方式，10 年来 PowerPoint 的版本从 2003 经历 2007、2010 到 2013，其外观、功能和人性化方面都得到了很大的提升。首先，用户在使用PowerPoint时关注的不是功能，而是处理问题的方法，传统的菜单操作方式已无法满足用户需求，PowerPoint 2013 以工作成果为导的工作界面，大大提升了个人工作效率；其次，用户利用以前的版本设计专业美观的文档需要一定的技术门槛，PowerPoint 2013 增强的图形表现和处理能力，大大减低了技术门槛；再次，PowerPoint 2013 采用全新文件格式，体积更小，传输更方便。

## （三）基于录屏

微课程制作中常用录屏方式有录电脑、录平板、录纸张。

常用电脑录屏软件有 WebEx Recorder、Screen2swf、屏幕录像精灵、Camtasia Studio、超级录屏、Screen CAP、BB FlashBack、Bandicam 等，其中目前使用率最高的是 TechSmith 公司推出的 Camtasia Studio。相对其他录屏软件来说，Camtasia 具有如下特色：

（1）采集源包括屏幕、声音、摄像头；

（2）录制品质流畅清晰；

（3）编辑功能入门快；

（4）视频后期处理能力强大；

（5）丰富的视频输出格式；

（6）支持实时编辑预览。

后期编辑过程中可能会经常遇到视频格式不兼容、视频文件损坏、视频尺寸不统一、视频无法下载等问题，需要特别注意。编辑时可以利用调整剪辑速度、变焦、加标注等技巧对拍摄或录制的视频进行编辑处理。下面介绍几种常用的录屏软件和硬件，如图 7-30 所示。

手绘板+录屏

生力军PAD录制——PUPPET PALS角色扮演

生力军PAD录制——StoryMaker情景故事

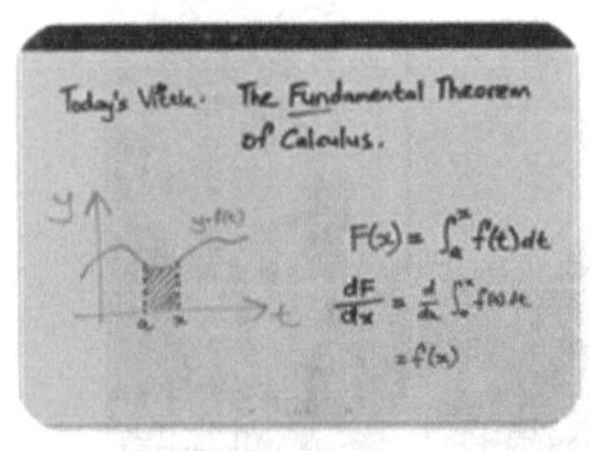


生力军PAD录制——Vittle步步惊“情”

生力军PAD录制——酷学习+玩转涂鸦

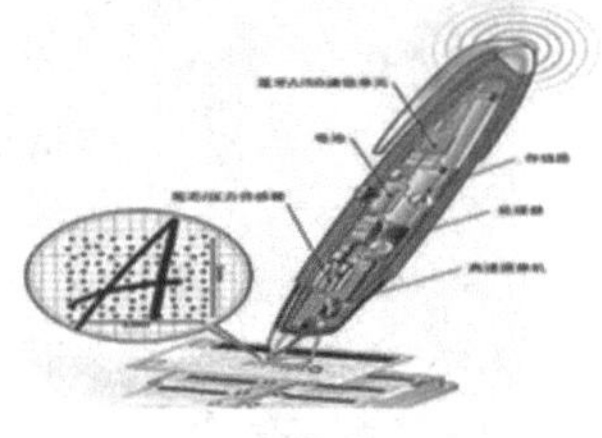

点阵数码笔

**图 7-30 常用录屏工具**

其中点阵数码笔是一种常见的录课笔，它是一种利用超声波和红外线的接收及发射感应技术，把传统书写与电脑记录有机地结合在一起的新型书写工具。这种点阵数码笔通过在普通纸张上印刷一层不可见的点阵图案，由其前端的高速摄像头随时捕捉笔尖的运动轨迹，同时压力传感器将压力数据传回数据处理器，最终将信息通过蓝牙或者 USB 线向外传输。点阵数码笔的使用步骤如图 7-31 所示。

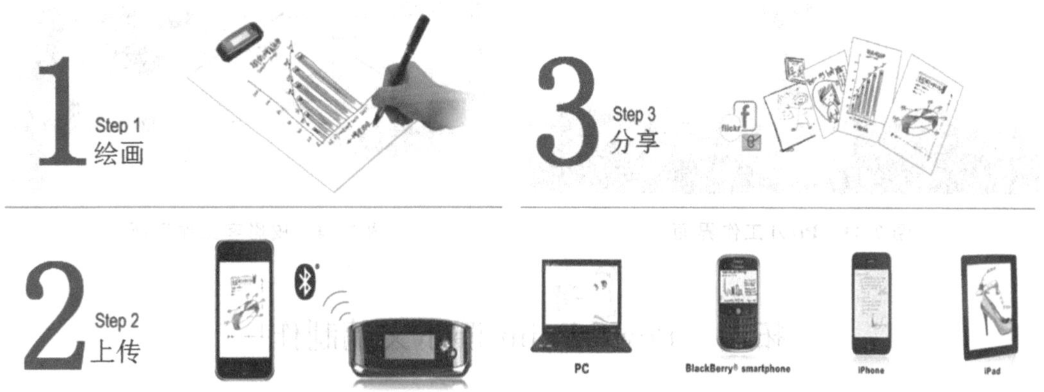


**图 7-31　点阵数码笔的使用步骤**

（四）基于动画

动画凭借其短小精悍的“体型”、幽默辛辣的解说，以及天马行空的画面成为微视频制作工具的重要一员。在微课程的制作过程中应根据教学内容的需要选择合适的动画，实现静态内容无法实现的效果，如物理教学课件中的实验过程就可以利用动画使演示效果更加直观清晰。常用的动画制作工具除了大家比较熟悉的 Flash 之外，以下几种也是微课程制作过程中经常用到的：

（1）PowerPoint。PowerPoint 2013 提供了 200 种动画效果，其中多数的动画可以切换不同的效果选项，还能够实现多种动画的组合，从而得到不计其数的动画艺术效果。如图 7-32 所示是利用 PowerPoint 制作出来的机械能守恒动画演示。

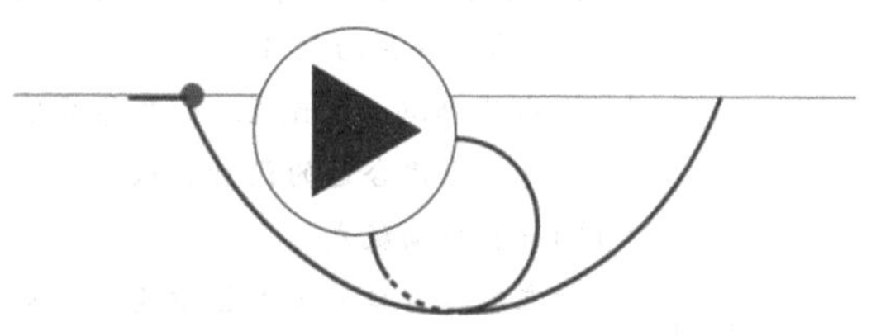

**图 7-32　机械能守恒 PPT 动画演示**

（2）Prezi① 是一种主要通过缩放动作和快捷动作使想法更加生动有趣的演示文稿软件，其工作界面如图 7-33 所示。它打破了传统 PowerPoint 的单线条时序，采用系统性与结构性一体化的方式来进行演示，以路线的呈现方式，从一个物件忽然拉到另一个物件，配合旋转等动作则更有视觉冲击力。

（3）皮影客②是一款帮助普通人快速制作动画的软件，它拥有全球领先的动画云技术，将动画制作的过程模块化，分为场景、分镜、人物、动作、对话等不同的模块，用户只需要通过简单的操作将这些模块相组合，就可以制作出一部准专业水准的动画。其界面如图 7-34 所示。

---

①　Prezi 下载地址：https://prezi.com/

②　皮影客下载地址：http://pro.piyingke.com/

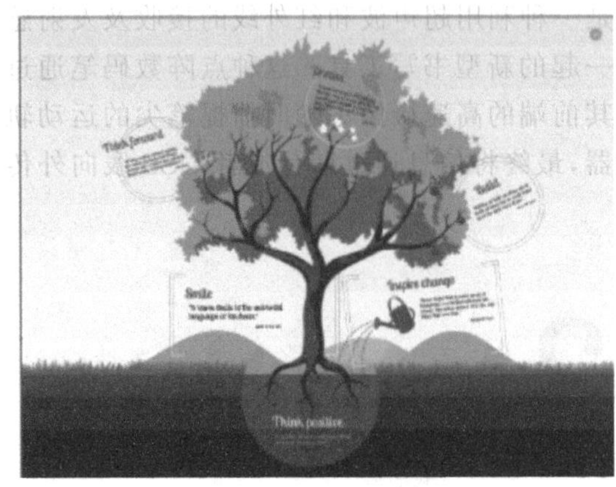

图 7-33 Prezi 工作界面

图 7-34 皮影客工作界面

## 拓展 PowerPoint 演示文稿制作

| PowerPoint 教学演示文稿制作 | |
|---|---|
| 学习任务 | 选择一个与自己所学专业相关的主题，制作一个教学演示文稿 |
| 实践目的 | 1. 学会利用 PowerPoint 2013 制作简单的多媒体演示文稿；<br>2. 掌握制作电子幻灯片的一般过程和技巧；<br>3. 了解一组幻灯片的播放控制和过渡处理。 |
| 使用环境（工具） | Win 7 操作系统，预装 PowerPoint 2013 及相关素材。 |
| 解决问题步骤 | 1. 设计演示文稿，确定教学内容和教学策略。注意教学内容的组织结构、教学策略、媒体的选择与表现形式等，最好能写出简易的制作脚本或每张幻灯片的设计卡。 |
| | 2. 创建第一张幻灯片。<br>(1)启动 PowerPoint 2013，熟悉菜单命令窗口；<br>(2)选择应用合适的设计模板；<br>(3)选取自动板式；<br>(4)在编辑窗口的文本框中输入相应内容；<br>(5)保存演示文稿。 |
| | 3. 添加新的幻灯片。 |
| | 4. 插入图片、声音、视频图像等多媒体素材。 |
| | 5. 设置幻灯片间的跳转关系，插入超链接。 |
| | 6. 在浏览视图状态下，设置幻灯片的切换效果和动画效果。 |
| | 7. 将制作好的演示文稿播放给老师或同学观看，并请他们提出评价意见。 |
| 评价意见 | |
| 个人体会 | |

## 思考与训练

1. 多媒体课件的定义是什么？
2. 什么是微课？其设计流程及制作方式如何？
3. 简述多媒体课件设计开发流程。

# 第八章　信息化教学评价

**【内容导学】**

评价是教育技术学一个重要的理论与实践领域。教育技术的最终目标在于促进学习，那么在这个目标的引导下，所进行的教育技术理论与实践能否够达到最终目标——促进学习，需要通过教学评价来进行判断。信息时代给教学带来了新的变化，对于信息化教学的评价也提出了新的需求。

**【学习目标】**

1.能够明确信息化教学评价的基本概念，列举教学评价的类型及功能；

2.能够比较传统教学评价与信息化教学评价的不同；

3.能够结合评价量表，对具体教学设计案例进行评价；

4.能够应用相应量表，对课堂教学活动进行评价；

5.能够结合本单元的评价工具，对自己的学习过程进行评价。

## 思政第一课　伟人恩师杨昌济

在学生时代，能让毛泽东特别敬重的老师，首推杨昌济。在与斯诺的谈话中，毛很有感慨地说："给我印象最深的老师是杨昌济……一个道德高尚的人……努力鼓励学生立志做一个公平正直、品德高尚和有益于社会的人。"

杨昌济(1871.4.21—1920.1.17)，又名怀中，字华生，湖南长沙县人，曾留学日本和英国，中国著名伦理学家，教育家。

1913年后回国任教于湖南省第一师范等校。支持新文化运动，宣传《新青年》的主张。先后在《新青年》、《东方杂志》发表论文，提倡民主与科学。关心毛泽东、蔡和森等一批进步青年，促成新民学会的成立。参加筹备湖南大学，被誉为"湖南大学蓝图设计第一人"。1918年后任北京大学教授。1920年1月17日，病逝于北京。

1. **人物生平**

(1)悲苦童年

杨昌济的高、曾祖父都是"太学生"，祖父杨万英是"邑庠生"，但没有做过官，一生在家乡以教书为业。父亲杨书祥，字书樵；母亲向氏，平江县石洞人，其父出身进士，做过前清国子监学录，乃诗书世家。向家与杨家世代联姻，对杨家子弟影响甚深。

清同治十年（1871年）四月二十一日（农历），杨昌济诞生于长沙县清泰乡板仓冲下屋杨家（今长沙县开慧镇开慧村）。杨家原居长沙县金井的蒲塘，18世纪末，在杨昌济高祖父时迁移至此。

杨昌济，字华生，1903年留学日本前改名怀中。父亲杨书祥，读过不少古书，长期在乡下教私塾。母亲向氏，出身于理学世家，住平江石洞。杨昌济的长兄杨昌运，字荣生；一个姐姐；弟弟杨昌恺，字瑞生，过继给叔父为子。杨昌济排行第三。

清光绪三年（1877年），7岁进馆发蒙，蒙师是自己的父亲杨书祥。

入学第二年（1878年）父亲病逝，母亲也相继撒手归西，杨昌济开始了一个人求学之路。

（2）考取功名

光绪十四年（1888年），17岁的杨昌济与表姐向振熙结婚。

光绪十五年（1889年），应长沙县学试，补邑庠生，为学政张亨嘉赏识。张亨嘉取士不重八股，重通经史，留心经世之学，很欣赏杨昌济的才识。

（3）私塾教学

光绪十六年（1890年），应试举人不中，为生活计，在家设馆授徒，常与密友杨守仁讨论国事，认为“非改革不足以图存”。

光绪十七年（1891年），在家乡教私塾，同时继续准备举业，潜心研究宋明理学。《达化斋日记》从这年记起，其内容大多记述其排除各种杂念专心读书的心得及个人思想修养、待人接物等方面的经验体会。

光绪二十年（1894年），在家乡教私塾。生一女名杨琮。7月，中日甲午战争爆发。杨昌济对战事十分关心，见清兵一败涂地，而清朝当局还一味妥协，非常着急。冬天，写《杂感》诗八首，抒发自己对时局的忧虑。同时，对清政府仍然存在幻想。

光绪二十四年（1898年），杨昌济进入岳麓书院读书，积极参加谭嗣同、唐才常等在湖南组织的维新改良活动，加入了他们组织的“南学会”，成为通讯会友，借此机会向谭嗣同等求教学问，交流思想。同年，儿子杨开智出生。

戊戌变法失败后，避居家乡，研究经世之学。无论是研究学问还是做人，都具有坚忍精神，他说：“吾无过人者，惟于坚忍二字颇为着力，常欲以久制胜。”

光绪二十六年（1900年），杨昌济继续隐居乡间授徒、自学。这一年，长女杨琮不幸夭亡。

光绪二十七年（1901年），杨昌济继续隐居乡间授徒、自学。11月，女儿杨开慧出生。杨开慧（1901—1930），号霞，字云锦，湖南长沙板仓人。1920年冬，杨开慧和毛泽东结婚，1922年初加入中国共产党，成为毛泽东的助手。大革命失败后，毛泽东去领导秋收起义，开展井冈山根据地斗争；杨开慧则独自带着孩子，参与组织和领导了长沙、平江、湘阴等地武装斗争，发展党的组织，坚持革命整整3年。1930年10月，杨开慧被捕，她拒绝退党并坚决反对声明与毛泽东脱离关系，随之被害。

（4）赴日留学

光绪二十八年（1902年）。继续隐居乡间授徒、自学，参加赴日留学考试，获官费留日资格，回乡作出国前的准备。

光绪二十九年(1903 年)东渡日本留学,主攻教育学。启程前,改名"怀中",表示身在异邦,心怀中土。

光绪三十二年(1906 年),杨昌济从弘文学院顺利毕业,升入东京高等师范学校专修教育学。

光绪三十四年(1908 年)在东京高等师范学校肄业。是年,在杨毓麟、章士钊等好友的极力推荐下,清政府派往欧洲的留学生总督蒯光典调杨昌济去英国继续深造。

(5)留学英伦

清宣统元年(1909 年)春,杨昌济留学英国,进入苏格兰的阿伯丁大学哲学系,学习哲学、伦理学和心理学。

宣统二年(1910 年),在爱丁堡文科学习,同时注意研究英国教育状况、英国国民生活习俗。

宣统三年(1911 年),在阿伯丁大学文科学习。四月,"广州起义"失败,革命者牺牲很大。杨昌济、杨毓麟闻之痛极。7 月(农历六月),杨毓麟感国事日非,加之脑疾复发,在英国利物浦蹈海而死。杨昌济对老友逝世极感悲痛,亲自为料理后事,并写《蹈海烈士杨君守仁事略》,以志纪念。10 月,武昌起义成功,送别章士钊回国。

(6)归湘任教

1912 年夏,杨昌济结束了在阿伯丁大学 3 年的学习生活,获得文学士学位。随后,他前往德国进行了为期 9 个月的考察,还去瑞士游览了一番。在德国,杨昌济重点考察教育制度,但也很留意政治、法律等各项制度。考察完毕,随即启程返回阔别 10 年的祖国,回到了故乡长沙。

1913 年回到湖南后,湖南督军谭延闿想聘请他当省教育司司长,辞不就,出任湖南高等师范学校教授,教伦理学、心理学、教育学,同时兼任湖南第四师范学校修身和心理学教员。10 月,袁世凯派汤芗铭为湖南查办使,汤一到任,即将杨德麟等逮捕枪决。杨昌济曾为营救杨德麟四处奔走,对袁、汤屠杀革命党人无比愤慨。

1914 年在湖南高师讲学,上半年兼任第一师范修身、教育学两科教员,下半年只教修身课。夏天,所著《论语类钞》由宏文图书社出版。

1915 年在湖南高师讲学,上半年兼一师修身课。一师学生毛泽东等发起驱逐校长张干的运动,张干要开除毛泽东等人的学籍,杨昌济与徐特立等教员出面,要求张收回成命。对毛泽东这个"资质俊秀"的高个子青年,杨昌济认为是"海内人才,前程远大"。

1917 年上半年,仍任湖南高师教授,兼任一师修身、教育学教员。向《新青年》推荐发表毛泽东("二十八画生")的《体育之研究》。北洋政府决定撤销湖南高师,杨昌济坚决反对。为此,他与同仁呈文湘政府,历数保留高师并创办湖南省立大学的重要性。他还特地写信给当时北洋政府教育总长、留日同学范源濂,力争保留高师,同时请他解决学校钟点过多、学生负担过重的问题。下半年,高师奉命撤销。经湖南省政府备案,成立湖南大学筹备处,由杨昌济等人主持其事。之后任湖南商专教务主任,兼修身课教员,同时任一师修身教员。在湖南任教期间杨昌济支持新文化运动,宣传《新青年》的主张。关心毛泽东、蔡和森、萧子升等一批进步青年,并促成新民学会的成立。萧子升、蔡和森与毛泽东是杨昌济的三位得意弟子,他们品学兼优,志趣相投,人称"湘江三友"。毛泽东、蔡和森后来接受了马克思主义理论,都成了中国共产党与中国革命的领导人,而青年时代的激进分子萧子升则坚持信仰无政府主义，新中国成立后长期旅居国外从事文字教育事业。

(7)任教北大

1918年6月，应蔡元培先生之聘，任北京大学伦理学教授。他为赴法勤工俭学学生筹措经费，推荐毛泽东到北大图书馆工作，促成了爱女杨开慧与毛泽东的婚恋关系。

1919年五四运动时，发表《告学生》一文，表达对青年的热切期望，并参与发起北大哲学研究会，著文号召青年敢说敢做。杨昌济关心毛泽东、蔡和森、萧子升、陈昌等一批进步青年。支持成立新民学会，筹备创立湖南大学。

1920年1月17日，杨昌济病逝于北京德国医院。临终前曾致信好友章士钊(时任广州军政府秘书长、南北议和代表)，推荐毛泽东和蔡和森，信中说："吾郑重语君，二子海内人才，前程远大，君不言救国则已，救国必先重二子。"后归葬长沙县板仓。因世居板仓，所以杨昌济后来被人称为"板仓先生"、"板仓杨"。

**2. 人物成就**

(1)学术思想

就学术思想的总体而言，杨昌济的学术思想充满着进步主义的色彩，杨昌济的学术思想在我们近代学术思想中占有重要地位。

在教育学上，他考察了日本、英国，德国等国的教育系统后，将国外完善的教育学理论引入中国，提出了教授、训练、养护的教育办法，即注重德智体美全面发展的教育培养模式。在今天看来也是具有进步意义的。

在伦理学上，杨昌济对于封建伦理道德的批判可谓是振聋发聩，他给予了当时的封建卫道士狠狠的一击，从科学的角度破除了长期以来封建伦理道德对我国伦理道德思想的禁锢。杨昌济是我们近代系统引进西方伦理学思想的第一人。

杨昌济的学术思想具有：贯通古今，博通中外；有批判地吸收和借鉴；折中调和的相对保守；资产阶级改良思想贯穿始终等特征。

(2)教育思想

杨昌济的教育思想承接明朝大思想家王阳明的"知行合一"而来，又接收了西方泡尔生等教育家现代教育思想，提出了：知行统一，注重实践，反对空谈；以道德教育为中心，提出"立志、理想、爱国、殉国、勤勉、存诚、立功、勇敢、坚忍、贵我通今"十方面内容；教育普及应与提高相结合；大力发展高等教育，反对赶时髦的留学之风；注重发现、爱护和培养人才，此乃"悠悠万事，唯此为大"；洋为中用，反对全盘西化。

杨昌济经常以爱国和进步的道德思想教育学生，引导他们做有益于社会的光明正大的人。教育学生要树立远大的理想和为国家为民族献身精神，要加强自身的道德修养并善于"自理其身"；要能够耐得住清贫和寂寞，在任何艰难困苦的环境中都不自甘沉沦。

杨昌济还教育学生要注重身体力行的作用，他认为一个人要想树立一种奋发向上、积极进取的人生观，就必须从我做起，从现在做起，讲求实际。他还认为，要做到身体力行必须珍惜时间，兢兢业业地按时完成自己的本职工作，并强调"凡事有可今日为之者，即宜今日为之，断不可留待明日，有因一日之迟而误事机者矣。且明日又有明日当为之事，今以今日当为之事留待明日，是先夺去明日一分之日力，而明日当为之事必有不能即办者矣。如此逐日积压，事愈多而心愈纷，如欠债然，将终身无有肃清之一日"。

杨昌济为了更好地教育自己的学生，不断对教育进行深思，建立了比较完善的教育教学思想体系，概括起来主要有以下几个方面的内容：

其一，关于教育的本质。在杨昌济看来，所谓教育是“有目的、备方案，予人以意识的感化”。他对教育本质的认识不仅概括了教育的三要素——教育的主体(人)、教育的客体(人)和教育的目的(感化人)，而且还包含了教育的性质、任务、对象和方法等内容，从根本上揭示了教育是人类社会特有的一种现象，是按照一定的社会要求，对受教育者的身心施以影响的一种有目的有计划的活动。这种对教育本质的认识，看到了教育者与受教育者之间的互动，即感化。教育是一个教育者感化受教育者的互动过程，是一棵树摇动另一棵树，一个心灵颤动另一个心灵的互动过程，它充分尊重了受教育者的主观能动性。

其二，关于教育的目的与作用。杨昌济认为，教育的目的是把受教育者培养成为适应社会需要的有用之才。因此，他强调培养学生的生存竞争能力的重要性，以便使他们认识自然和社会的环境，掌握自然和社会的发展规律，并引导他们关心国家的前途和社会的进步，养成一种“公共心”。针对当时中国的状况，他主张培养五种类型的人才：一是竞争型人才；二是管理型人才；三是科技型人才；四是实业型人才；五是教育型人才。而在这五种人才中，他认为当务之急是培养教育型人才，因此，他主张大力发展师范教育。关于教育的作用。杨昌济认为，教育的作用在于“倡民族之精神”，“救人心之陷溺”，图社会“根本之革新”，最终达到感化人之目的。

其三，关于教育的方法。杨昌济对启发学生智力的教育方法的阐释可以概括为两点：一是“教授”，二是“训练”。两者有着不可分割的联系，即为教授之时同时为训练，为训练之时同时为教授。当然，两者的目的和侧重点也有所不同。“教授”的目的是授予学生以智识，培养其“发达身心之能力”；而“训练”则主要是端正学生的意志和性格的发展方向，使他们养成优良的品质和良好的习惯。

(3)体育思想

第一，体育事关国家之兴亡。

杨昌济重视德、智、体的全面发展。强调人的身心同样需要锻炼。他认为，一个人没有强健的体魄，就会缺乏勇毅的精神和坚忍的意志。对恶劣的环境没有抵抗力，平时吃不得苦，耐不得劳，学问和事业的成就会大受影响，而国家的独立、繁荣有赖于建立强大的海、陆军，军队战斗力的强弱又来源于国民体质的好坏，因此一个国家若不注重体育，人民体质羸弱，国势必然衰颓。他还认为，一个国家和民族不可没有尚武精神和刚强的民风。因此，他指出“国家之兵力，国民之生产力，无不关系于体育”。体育对于个人的生存发展和国家民族的兴衰是至关重要的。虽然杨昌济已经意识到了体育的重要性，提出国民要加强体育锻炼。但这是建立在强种强兵、救亡图存的思想基础上，他注重的是体育的社会功能，强调了体育真正的目的是增强体质、促进人的身心全面发展。

第二，教育不可不置重于体育。

其一，积极养护体质，杨昌济特别重视积极养护。他认为体操“既使之强壮，又使之健美，又使之敏捷，三者毕皆体育之目的可谓已达矣”。即体操能使人的头、腰、手、足和全身都得到活动的机会；能促进人体各个部分的均衡发展；能促进人体形成良好的身体姿态，避免弯腰驼背，使体型更加健美；还能提高人的力量、柔韧、灵敏等素质，三者加在一起便是体育健身之目的。因此，他主张中、小学都开设体操课，社会上的成人也可坚持体操运动。

其二，消极养护体质，所谓消极养护，是指保护学生的身体免受损害，防止发生意外事故。杨昌济强调教师和家长应加强养护，注意防止发生事故。青少年由于生性活泼，喜欢各种游戏运动，因此遇到意外的可能性也多，这是学校老师必须注意的，刀剪之类的锐器，家长必须谨慎收藏好，以免误伤；一些危险游戏也应该严加禁止。

其三，减轻学业负担。杨昌济认为："学生成绩能力之测定，不以钟点之多少，而以教材实质之善否、教授方法之合否、注意力集中与否、精力之充足与否为断。"为了追求优秀的学业成绩而加班加点的做法有损学生的身体健康，他提倡减轻学生负担，反对搞突击战、疲劳战。杨昌济不仅反对学校授课钟点过多，而且也反对给学生布置过多的家庭作业的做法。他认为家庭作业的分量一定要限制，否则会使学生疲于应付，脑力过损，同时挤占了学生的娱乐活动和业余爱好。他说："教师布置家庭作业，自以为尽心教授，而不知过犹不及。结果事与愿违，效果并不会好。"

其四，搞好个人与环境卫生，搞好个人与环境卫生是人体进行正常生命活动的基本保障，也是预防各种疾病的前提。杨昌济指出："吾国人有一极大弊病，即不洁是也。衣服不洁，口齿不洁，体肤不洁，器具、书物不整，随地唾涕，当道便溺，浴室、厕所尤为不洁。而欲改良习惯，不可不赖教育。故教育者，必养成生徒爱清洁、爱整齐之习惯，断不许丝毫潦草。"

关于个人卫生，他认为不仅要搞好皮肤卫生，勤于沐浴，还要注意保护视力卫生，他教育学生不要在黄昏时看书，不在光线暗淡处看书，眼睛与书要有适当的距离。

关于环境卫生，他强调学生活动的场所要干净整洁。须备痰盂、置纸篓等物。严禁吐痰和乱扔纸屑；勤扫地，勤抹桌椅，常开窗保持空气的流通和新鲜；扫地前要洒水，用湿布抹黑板，以防止空气污染。他还特别强调了饮食卫生，指出"不洁之物有害卫生，有法可设不思变计，是为忽视生徒之体育，长此不变，可为寒心"。因此，他主张将学校的"会食制"改为书院的"分斋制"，以斋舍为单位，多设小厨房，并且每一小厨房招数人承办，由学生轮流进行检查监督。

**3. 后世影响**

在杨昌济的教育、培养下，以毛泽东、蔡和森等为代表的湖南早期党史人物群体在成长道路上深受其影响，主要体现在三个方面：在知与行、理论与实践的关系上，杨昌济强调"博学、深思、力行"三者不可偏废，毛泽东等则认为"知也，信也，行也，为吾人精神活动之三步骤"。

在对待中西文化的态度上，毛泽东等人接受了杨昌济的思想观点，认为"世界文明分东西两流，东方文明在世界文明内，要占半壁的地位"。

在经世方法与手段上，早期湖南党史人物群体也曾一度致力于教育经世。蔡和森认为："胡林冀之所以不及曾涤生者，只缘胡夙不讲学，士不归心，影响只能及于一时。"因此，他不仅自己想当一名教师，而且提议新民学会会员中"多出几个小学教师"，"造幼龄之小学生"，他认为这是"远大之举"，不可等闲视之。

总之，在湖南早期党史人物群体成长的道路上，杨昌济无疑是起了一个启蒙先师的作用。毛泽东等湖南早期党史人物群体的早期言行，无一不受深杨昌济的影响。如果说，毛泽东等人在早期实践活动中，致力于教育经世的探求是失败了，但是，杨昌济以"欲栽大木柱长天"为核心的教育经世的目的和宏愿却是成功了，他成功地培养了一批"柱长天"的"大树"。

# 第一节　信息化教学评价的内涵

教育质量的提高首先取决于课堂教学质量的提高，要提高教学质量就必须对课堂教学提出一定的质量要求，而对教学是否达到了一定质量要求的判断就是教学评价。以大数据、人工智能、物联网等新媒体新技术的支持为显著特征的信息化教学是现代教育一种新的表现形态，其评价理念、评价方式因现代教育理念、新型教学方法以及信息技术等因素的介入发生了显著改变。作为教学活动的关键环节，以学生为中心、将评价过程与教学过程相整合的信息化教学评价日益成为重要的研究内容。

## 一、信息化教学评价相关概念

"信息化教学"是指教育者和学习者借助现代教育媒体、教育信息资源和现代教学方法进行的双边活动。在传统形式的教育中，教师的任务是传授知识，控制着学生对信息的访问，其结果必然是以教师为中心的教学。而在信息化教学中，教师不再维持自己作为主体的角色，而是通过帮助学生获得、解释、组织和转换大量的信息来促进学习以解决实际生活中的问题。也就是说，在信息化教学中，教学形式应该是以学生为中心的，学生承担着自我学习的责任，他们的角色由被动的接受者变为主动的知识建构者，并将最终被培养成为具有创造能力、创新精神、独立的终身学习者，这也决定了其教学评价必须要与各种相关的信息化教学要素相适应，从而也必然要对传统的教学评价方式进行改革创新。

"教学评价"是指根据教学目的和标准，运用一切可行的评价技术手段对教学活动的过程及其结果进行测定、衡量，并予以价值判断的过程。也可以说，是对"学生的学"和"教师的教"进行系统的调查，并评定其价值的优缺点以求改进的过程。教学评价的实质是对教学活动给以价值上的确认，并引导教学活动向预定的目标发展。

"信息化教学评价"是指在现代教育理念的指导下，运用一系列信息技术支持的评价方法和工具，对信息化教学过程进行测量和价值判断，为教学问题的解决提供根据，并保证教与学的效果。为了评价学生的学习成果，学习测量和评价的策略需要有所转变，尤其要注重收集学习过程中的多维数据并分析学习行为，为学生和教师提供可操作的反馈。

## 二、信息化教学评价的新特点

### （一）师生协作共同制定评价标准

在信息化教学评价模式下，评价标准是由专家、教师、学生、企业等多方参与共同制定的，要求学生知道如何回答和解决诸如"需要解决的问题是什么？""我们怎样才能知道自己已经取得了进步？""我们如何才能得到提高？""我们怎样才能达到优秀？"之类的问题。在确定评价目标、评价标准、评价程序、评价方法过程中更加关注学生的未来发展，引导评价对象沿着以培养创新创业精神为核心的素质教育轨道上发展。

### （二）评价嵌入整个教学过程之中

实行多元化评价主体和基于评价标准的全面评价，将评价镶嵌在真实任务之中，促进信息化教学过程与学生学习评价的有机融合，重视评价信息的收集与规范操作，关注学生在实际任务中所表现出来的提问的能力、寻求答案的能力、理解的能力、合作的能力、创新的能力、交流的能力和自我评价的能力，使学生的这些能力在评价过程中得到发展和提高。

### （三）借助信息化工具和新技术开展评价

技术增强的学习正在影响着教育教学的方方面面，教与学的方式变得更加多样化、灵活，在线学习、合作学习、移动学习、混合式学习成为主要趋势，学生不再局限于传统的课堂之中，而是在信息丰富的环境下体验、实践和创造，开展正式学习和非正式学习。在此背景下，开展教学评价越来越依赖信息化工具和新型技术，运用人工智能开展教学过程监测、学习分析和学业水平诊断成为趋势，逐步推动可穿戴设备支持下的伴随式评价和形成性评价，建立基于大数据的多维度综合性智能评价，精准评估教与学的绩效。

### （四）注重对数字化学习资源的评价

学习资源的来源十分广泛，特别是互联网在学习中的介入，更使学习资源呈现了取之不竭之势。然而这些资源的质量跨度是很大的，如何选择适合学习目标的资源已不仅是教师的重任，也是学生终身学习所要获得的必备能力之一。在信息化教学评价中，对学习资源的评价受到更广泛的重视。

### （五）基于学生表现和过程的评价

在信息化教学中，教学形式是以学生为中心的，学生承担着自我学习的责任，他们的角色由被动的接受者变为主动的知识建构者，并将最终被培养成为具有处理信息能力的、独立的终身学习者。这就决定了信息化教学评价应该是基于学生表现和过程的，用于评价学生应用知识的能力，关注的重点不再是学到了什么知识，而是在学习过程中获得了什么技能，因而信息化教学评价通常是不正规的、建议性的。

### （六）关注学生自我评价能力的培养

面对不断更新的知识，学生要作为一个合格的终身学习者，自我评价将是一个必备的技能，培养学生的这种技能本身就是信息化教学的重要理念，也是评价工作的任务之一。培养学生自我评价的能力和技术作为信息化教学的目标之一，鼓励学生进行自评或互评，并对评价的进程和质量承担责任。

## 三、信息化教学评价的流程与方法

### （一）信息化教学评价的流程

信息化教学评价的流程一般可以分为四个阶段，如图 8-1。

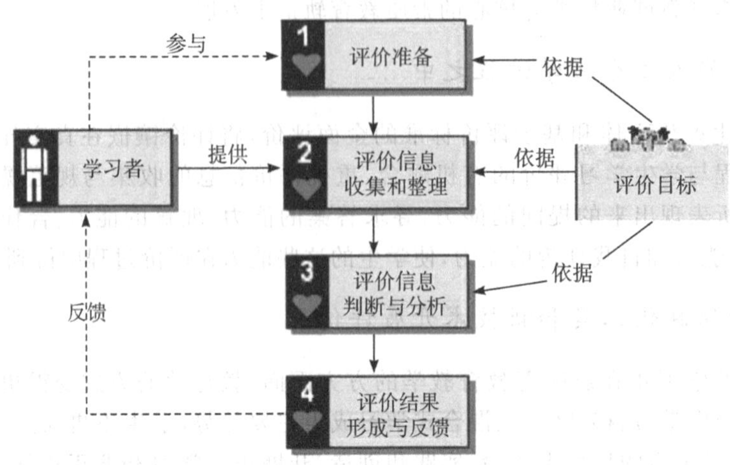


图 8-1　信息化教学评价的流程

**1. 准备阶段**

在信息化教学中,学生具有较大的自主权和控制权。在教学评价进行前,要预先通过提供范例、制定量规、签订契约等方式使学生对自己要达到的目标有一个明确的认识。在准备阶段需要明确评价的理念和目标,设计评价量规体系,选取评价工具,确定收集和处理评价所需信息的方法。

**2. 信息收集整理阶段**

信息化教学中的评价是一个进行中的、嵌入的过程,也是随时并频繁进行的,目的是衡量学生的表现与教学目标之间的差距,进而及时改变教学策略,或者要求学生改变他们的学习方法及努力方向。因此,在信息收集整理阶段需要通过测验、查阅资料、问答、观察、调查问卷等方式,收集各类测试结果、评价量表、学习档案袋、学习社区积分等过程性信息,并进行初步整理。

**3. 信息判断分析阶段**

判断分析包括定性描述分析和定量分析评判,可通过计算机辅助分析和人工分析相结合的方式实现学习信息的判断和评价。通过深入细致地分析学习信息,还有可能揭示出蕴含在评价信息中的其他信息,从而使评价作用得以真正发挥,起到推动学习的作用。在分析判断过程中要关注学生在实际任务中所表现出来的提问的能力、寻求答案的能力、理解的能力、合作的能力、创新的能力、交流的能力和评价的能力,评价的重点是如何使学生的这些能力得到发展和提高,而不仅仅是判断学生的能力如何。

**4. 结果形成与反馈阶段**

在对各种初步评价结果进行统计和全面细致分析的基础上,形成综合评价结论。综合评价结论包括对学生学业成绩和综合能力的评价,结果的呈现要体现对评价对象的尊重与激励。评价结果信息的反馈要及时,评价反馈内容要全面客观,反馈要与指导意见相结合,并且注意后续的跟踪指导,确保改进效果。

### (二)信息化教学评价常见方法

信息化教学中借助信息化的教学评价方法,可以综合质性和量化评价方式,开展过程性评价，克服传统教学评价中的不足之处。在教学评价中充分利用信息化工具的优势，能够更好地发挥教学评价的激励和引导作用，真正做到教学和评价结合在一起，更好地促进学习者的发展。

依据不同的分类标准，教学评价可作不同的划分。譬如，按评价基准的不同，教学评价可分为相对评价、绝对评价和自我评价；按评价功能的不同，教学评价可分为诊断性评价、形成性评价和总结性评价；按评价分析方法的不同，教学评价又可分为定性评价和定量评价等；按评价内容的不同，可分为过程评价和结果评价。

为适应互联网＋时代社会对高素质职业技能人才的要求，职业院校的信息化教学注重将形成性评价与终结性评价相结合，常见的信息化教学评价方法有：

**1. 诊断性评价方法**

这种评价也称教学前评价或前置评价，一般是在教学活动开始之前，为使计划更有效地实施而进行的评价。通过诊断性评价，可以了解学习的准备情况，也可以了解学生学习困难的原因，由此决定对学生适当对待。常用的诊断性评价方法主要有网络投票、网络调查问卷、学前测试等。

**2. 形成性评价方法**

形成性评价是在教学进行过程中，为引导教学前进或使教学更为完善而进行的对学生学习结果的确定。它能及时了解阶段教学的结果和学生学习的进展情况、存在问题等，以便及时反馈，及时调整和改进教学工作。形成性评价进行得较频繁，如一个单元活动结束时的评估、一个章节后的小测验等。形成性评价一般又是绝对评价，即它着重于判断前期工作达到目标的情况。对于提高教学质量来说，重视形成性评价比重视总结性评价更有实际意义。常用的形成性评价方法主要有学习契约、电子档案袋、量规评定法、数字徽章以及基于学习大数据的精准评价等。

**3. 终结性评价方法**

这种评价又称事后评价，一般是在教学活动告一段落时为把握最终的活动成果而进行的评价，例如学期末或学年末各门学科的考核、考试，目的是验明学生的学习是否达到了各科教学目标的要求。总结性评价注重的是教与学的结果，借此对被评价者所取得的成绩做出全面鉴定，区分等级，对整个教学方案的有效性做出评定。常用的终结性评价方法主要有概念图、测验和考试等，可利用网络课程或在线测评系统来帮助实现。

我们将重点介绍电子档案袋、大数据精准评价和数字徽章这三种信息化教学评价方法。

## 第二节　电子档案袋

在我国传统教学评价中，通常只对学习者的学习结果进行评价，以量化为主，用分数或等级显示学生的学习结果。随着学生作为学习主体的意识觉醒，质性评价逐渐被推崇。电子档案袋作为质性评价的一种，一定程度上解决了传统教学评价的不足，从学生的努力、进步、获得成就的过程对学习者进行全面评价，帮助促进了学习者的发展。

## 一、电子档案袋的特征与类型

档案袋最初是画家、摄影家、时装设计师等艺术家用以对自己作品进行收集，以便向预期的委托人展示他的技艺或成就。20 世纪 80 年代后，随着美国政府对于“课程主体”的呼吁与倡导，质性评价逐渐被认可，为了更真实的反映学生的智能发展状况，档案袋评价成为最著名、使用最广泛的评价方式。在教学过程中，学生有意识地收集自己的作品或其他能记录自己学习过程的证据，教师通过这些证据随时评价学生的学习效果，评价教学效果，改进教学。美国学者加德纳在“零点项目”中，利用档案袋进行评价，贯穿整个学习过程，展示了学生在特定领域中学习的成果，突出了质性评价的特点，引发了更深层次的学习思考。

在课程教学的过程中，内容成为档案袋评价的核心，而不同内容的档案袋也有不同的价值。美国学者格莱德勒以档案袋的功能为标准(如表 8-1 所示)，将其分为展示型、文件型、评价型、课堂型以及理想型，并根据不同的档案袋内容提出了不同的建构意义。依据建构主义的原理，学生通过对自己的作品进行了主动的、深层次的反思，提高了学习的质量，促进了课程的学习。

**表 8-1 格莱德勒以功能为分类标准对档案袋的分类**

| 类型 | 内容 | 意义 |
|---|---|---|
| 理想型 | 作品产生和入选说明，系列作品，以及代表学生分析和评价自己作品能力的反思 | 提高学习质量，帮助学习者成为自己学习历史的思索者和非正式的评价者 |
| 展示型 | 主要由学生选择出来的最好和最喜欢的作品集，自我反思与自我选择比标准化更重要 | 给家长和其他人参加的展览会提供学生作品的范本 |
| 文件型 | 根据一些学生的反映以及教师的评价、观察、考察、轶事、成绩测验等得出学生进步的系统性、持续性记录 | 以学生的作品、量化和质性评价的方式，提供一些系统的记录 |
| 评价型 | 由教师、管理者、学区所建立的学生作品集，评价的标准是预定的 | 向家长和管理者提供学生在作品方面所取得成绩的标准化报告 |
| 课堂型 | ①依据课程目标描述所有学生取得成绩的总结；②教师的详细说明和对每一个学生的观察；③教师的年度课程和教学计划及修订说明 | 在一定情景中与家长、管理者及他人交流教师对学生成绩的判断 |

随着信息技术的发展，计算机网络在各个领域的普及，档案袋也逐渐和网络有机结合，用来保存、管理和展示学生的日常信息，从而发展成为电子档案袋。华东师范大学的王吉庆教授认为“电子档案袋是通过信息技术和档案技术的结合，全面地收集、保存、查阅、分析、综合、判断学生的学习信息，实现对学生形成性评价、多元性评价、真实性评价和综合性评价的一种评价方法①”。他将电子档案袋评价看成是信息技术和档案技术的结合，所体现的理念是实现学习过程的评价，实现教师评价、学生自评、互评相结合的多元性评价，实现

① 王吉庆.信息技术课程与教学论[M].杭州：浙江教育出版社，2003.

对学生的真实性评价。

因此作为一种面向过程的评价手段，电子档案袋有如下特征：

(1)电子档案袋注重过程，反映的是学习者在整个学习过程的学习作品、学习心得、学习资料以及学习反思，主要关注学习者的成长或改变的历程，以及期间的表现性行为，注重评价的发展性功能。

(2)在当下"活到老学到老"终身学习理念下，电子档案袋不拘泥于时间的限制，它能伴随着学习者一起成长，长期记录，拥有普适性。社会上的每一个人都可以建立自己的电子档案袋，随着各自不同的人生发展阶段，倡导优良的学习风气，并且当前的学习者在从低年级入学后都有"档案袋"长期跟随，可以发展成为一种评价方式，用于学习者自我鉴定。

(3)电子档案袋充分关注学生的学习过程和个性差异，学生可以充分发挥自己的才智、潜能和创新精神，使档案袋内容具有独特的个性和特色，从而使学生的智力和情感得到全面、积极、主动的发展，促进学生潜能、个性、创造性地发挥，使每个学生都具有自信心和持续发展的能力。

(4)电子档案袋对于学习者的自我调整非常及时，学习者在学习一段时间之后，可以查看电子档案袋，回顾学过的知识，反思学习过程中的不足，有效地调整接下来的学习。同伴之间也可以互相学习，取长补短，教师可以对学习者的电子作品进行评价，创新评价方式，在教学活动中开展相互讨论，促进与学生的沟通与交流。

由此可以看出，电子档案袋作为一种过程性评价[①]，充分尊重学生的主体意识，能够反映出学生在学习过程中的成长和改变。教师作为学习的引导者和组织者，可以通过观察、讨论等多种途径对学习者的学习进行有效的评价，并将评价信息放在电子档案袋中，以促进学生的发展。

## 二、电子档案袋评定法的价值

在传统的教学评价中，教师是唯一的评价主体，考试是唯一的评价方式。教师利用阶段性的考试检验学生对教学内容的学习程度，只注重学生对知识的掌握程度，评价内容统一，评价标准统一，忽视了学习者不同的认知水平、文化背景和学习风格。学习者通常只是听从教师的指挥，被动接受，缺乏主动权。

电子档案袋作为一种过程性的学习评价工具，打破了教师片面评价的局面，评价的主体多元化，包括教师、学习者本人、学习伙伴和家长，建立了多渠道的管理者共同参与、交互作用的评价制度，他们从不同的角度、不同的视角对学习者进行评价，从而对学习者产生不同的促进作用。作为以学习者为主体的评价方式，电子档案袋具有以下优点：

(1)电子档案袋的宗旨是以学习者为中心，学习者拥有了完全的自主权和控制权，可以按照自己的兴趣和爱好来学习，根据学习目标的指导，在学习过程中搜集适合自己的学习资料，完成要求的作品，并且可以随时回顾，形成一个复习的过程，通过与同伴之间的交流，来弥补自己的不足之处，促进开展自主学习。在这个过程中，电子档案袋与教学有机地结合在一起，不仅调动了学生者的学习积极性，还全面地促进教学评价的正确进行，学生通过

---

① 马海涛.美国教学档案袋评价述评[J].比较教育研究，2004，25(1)：78-82.

自我反省感受了自己的进步,一定程度促进其潜能与创造性的发挥。

(2)电子档案袋评价以学生的阶段性作品为呈现方式,由多元主体进行评价,不以单一考试检验学生,不分等级和数字成绩,体现了一定的公平性。电子档案袋贯穿整个学习过程,记录了学习者的整个成长历程,实现的是学习、课程和成果一体化的评价,学习者可以选择自己擅长的方式、熟悉的工具去发挥自己的能力,展现个人对主题的独到见解,体现了个性化的学习理念,也更有利于学习者多元智能的全面发展。

(3)传统的教学评价对学习者的消极评价多于积极评价,教师对待学习者持否定态度较多,较少对其进行肯定、表扬、启发和帮助,忽视了评价对于学习者的促进作用。电子档案袋以"评价促发展"为基本理念,学习者可以积极参与到评价标准制定之中,也能够用自己制定的标准来指导自己,主动去学习知识,并可以随时回顾自己的作品,查漏补缺,促进长期发展。

(4)电子档案袋支持知识的共享,为学习者获取专业知识打开了方便之门,学习者通过电子档案袋链接找到相关资料,可以分享自己下载的文件和信息。学习者也可以在电子档案袋中的评论区域,与同伴进行学习心得与观点的交流和探讨,提升了专业知识,促进了学习者的参与积极性和学习积极性。

随着技术的不断创新与发展,互联网与教育领域的不断融合,MOOC、SPOC 等多种教育资源对传统教学的不断冲击,单一的书面知识已经很难再提高学习者的学习兴趣。电子档案袋通过与网络的链接,可以支持学习者在线完成教学任务,找到相同的兴趣爱好者来一起交流学习、合作学习,契合学习者全面、多维度的思维。学习者在网络学习环境下,可以自由选择学习资源(MOOC、在线课堂、视频教程等),完成教学任务。而在网络环境下,电子档案袋按照时间的先后顺序记录着学习者的学习历程,对学习者进行自我监管和帮助,提高学习者的学习能力,也使评价者可以在不同的时空、不同的地域更客观地对学习者的学习成长经历进行灵活的评价。

## 三、评价应用案例:厦门城市职业学院基于电子档案袋的反思教学①

众所周知,电子档案袋是记录学生学习过程的评价手段,学习者不仅可以在学习过程中搜集适合自己的学习资料,完成要求的作品,还可以根据学习目标的指导,随时回顾,达到复习的目标。面对生源类型层次复杂,基础水平参差不齐的高职学生,基于电子档案袋的反思教学可以调动学生的学习积极性,让学生在"做中学、学中做"的循环中习得知识和技能,契合高职学生以能力为本位的目标,实现职业教育的教学优化。

以厦门城市职业学院"二维动画项目的设计制作"课程为例,在课程中实施基于电子档案袋的反思教学,以培养学生利用 Flash 软件学习二维动画设计制作项目为主要目标,利用电子档案袋辅助教学,并将其作为评价机制,促进学生对二维动画项目设计、开发和评价技能的掌握。

"二维动画项目的设计制作"课程一共 18 周,分为概念分析、设计、开发、评价四个阶段,

① 梁蕊.基于电子档案袋的团队反思教学在高职的应用——以"二维动画项目的设计制作"课程为例[J].厦门城市职业学院学报,2016,18(1):76-80.

每个阶段有相应的课程任务和作业，电子档案袋全程记录学习者的学习过程，包括学习者查找的相关资料、实训练习内容，以及反思心得等。如图 8-2。

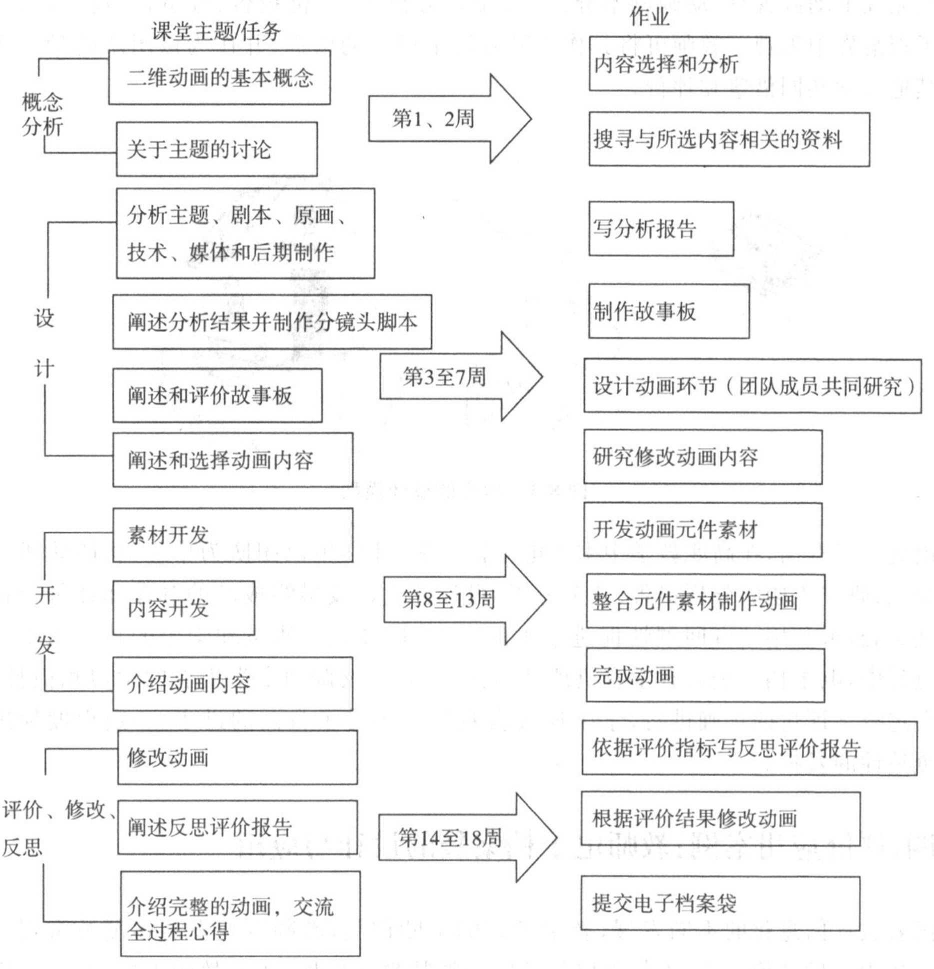


**图 8-2　“二维动画项目的设计制作”流程**

在“二维动画项目的设计制作”课程学习中，每个团队需要选择一个主题用于整个学期的研究，并且完成以下流程：

(1)确定主题：由团队成员讨论确定主题，教师可以陪同参与并提供一些建议，从技术实现难易、主题意义等方面对主题的可执行度进行综合考量。

(2)任务分工：确定主题后，要根据主题内容完成分镜脚本、动画制作、后期等环节的设计，团队的负责人需要根据成员的意愿和特长分配相应任务。

(3)内容分析：完成任务分工后，团队成员要各司其职，从互联网、图书馆、课本以及教师等途径寻找与课题相关的资源，并准备研究主题和相关活动。

(4)设计开发：确定主题和完成分工后，由各团队制作流程图或故事板，展现设计阶段的工作情况，供大家评定，并将作为设计成果的一部分收入团队的电子档案袋中。在学生设计、制作动画完成后，教师组织各个团队展示作品，分享设计心得，并相互打分，促进进步。

以某一学生团队为例，在前期的讨论设计后，小组确定主题为“乌龟与兔子”动画短片的设计与制作(图 8-3)，前期设计阶段完成了作品介绍、分镜头脚本、动画人物造型，设计实践阶段完成了动画视频、动画剧本介绍(文字)、分镜头、评价报告、故事权、场景设计等，并在电子档案袋中展现。教师可将其作为最后评定成绩的依据，并作为该团队的学习成果供班级其他同学共同借鉴和评价。

图 8-3 学生的设计模型

由此可以看出，在高职教学中引入电子档案袋，让学生以团队为单位，将团队成员的资料和分工、研究主题的分析报告、任务分工、设计开发以及最终成品的制作和评价分析写入电子档案袋，可利用其可回顾性促进学生的反思，提高教学质量和学生的技能水平。整个学习过程中，电子档案袋与教学有机地结合在一起，不仅调动了学生者的学习积极性，还全面地促进教学评价的正确进行，学生通过自我反省感受了自己的进步，一定程度促进其潜能与创造性的发挥。

## 四、评价应用案例:教师电子档案袋的设计与应用

随着教育信息化的不断发展，教学模式的不断创新，教师专业发展逐渐被重视。电子档案袋作为一种评价方式，不仅可以帮助展示教师教学成果，还对教研工作的开展、隐性知识的挖掘具有促进作用。美国学者凯·伯克(Kay Burke)曾经说“一个职业性档案袋系统能够吸引教师变为他们自身专业发展的设计师”，因此帮助教师建立电子档案袋，能够提升教师参加教研活动的兴趣，促进教师个体之间的信息交流、经验分享、思想碰撞以及教师智慧的激发，促进了校际协作教师教研活动的有效开展。

教师电子档案袋的内容十分丰富，它涵盖了教师学习、工作以及教学研究的全部信息，包括教师素养、教育教学、教育管理、教学科研、继续教育等成果的全方位记录。教师在教学过程中的教案设计、教学资源、听课记录、评课记录、练习复习、试卷试题、教学反思、工作学习中的心得体会、计划总结、自我评价等都会被记录①。

教师档案袋的内容如表 8-2 所示。

① 李华，官海萍，朱欢乐.基于网研平台的教师电子档案袋设计与应用研究[J].中国电化教育，2013(2):52-56.

表 8-2　教师电子档案袋的内容

| 序号 | 模块 | 目的 | 具体内容 |
| --- | --- | --- | --- |
| 1 | 个性化自我简介 | 建立个人履历档案，便于协同教学研究者了解自我 | 个人基本信息，如专业、学历学位、职称、教龄、志趣爱好、性格特征、交友等 |
| 2 | 教学与研究 | 明确自身研究的方向、目标，开展有意义的教学研究活动 | 教师工作和学习背景，开设的课程，自己的教学理念、教学能力、教学风格，自我推荐的教案、课件、教学录像、教学网志等 |
| 3 | 教研契约 | 为教师教研活动提供支持、保证，便于对自己参与教研活动的评价 | 教师生产的作品、反思作品、对本人及他人作品的评价、本人的教育思想观点、教学工具的创造性应用、教研成果的应用实践、对自己教研成果的自我评定 |
| 4 | 评价性材料汇集 | 便于对教师进行评价，评定教师的教学活动 | 教师创新的教学案例、教师对自我教学的反思性评价、同伴互评、专家建议与评定等 |
| 5 | 教学实践过程资料积累 | 积累教学实践过程资料，为教学研究提供依据 | 电子教案、说课稿、教学录像、多媒体课件、听课笔记、课后反思、评课记录等 |
| 6 | 教研反思总结 | 在研究自身经验和改进教育教学行为的过程中实现专业发展 | 教学内容、教学过程、教学方法、教学策略、教学设计、教案设计、课件设计等的反思 |
| 7 | 未来实践设想与计划 | 在持续学习和不断完善自身素质的过程中实现自我发展，发展成为专业教育者 | 依据教育教学实际规划选择未来教学内容的计划；对同伴、同行的意见建议，专家的指导性建议的采纳与应用，进行规划并付诸实施；具体的实践方案、计划步骤、规划蓝图等 |

由此可见，教师电子档案袋能具体直观地反映教师的进步和所取得的成绩，是教师专业学习和教学生涯个性化、直观化的鲜活体现和历史见证，使教师一系列的成果、作品、案例发布在交互平台上交流时，提供给他人的是自己进步的信息，展示的是教师自己的成就，面对成就回顾工作历程时将产生自豪感、成就感。

# 第三节　大数据精准评价

## 一、学习分析:大数据支持的精准评价

随着信息化进程在教育领域的推进，教育领域部署了众多的学习管理系统，在这些软件系统中存储着海量的学习者信息及学习过程数据。如何利用这些数据，使这些数据转变为信息、知识，并为教学决策、学习优化服务，已成为教育工作者以及学习者们所关注的内容。学习分析技术旨在获取与学生学习相关的数据，并对数据进行分析与解释，由此辨析学生所处的学习情境，评价学生的学习表现，探析学生的学习过程，总结学生的学习成果，

在此基础上为学生提供即时准确的学习反馈，为教师提供系统的教学改进建议，有利于个性化学习与教学的实现①。

为了获取学生的教育大数据，在课堂教学过程中有效、精准地关注学生的学习状态，如注意力集中、听讲、发言、思考、课堂练习、情绪、身体等情况，监测学生的学习行为、课堂学习时间、课堂参与讨论发言等成为大数据精准评价的基础。在技术的支持下，平板电脑、智能手机、各种传感器等可穿戴式设备逐渐进入课堂②，被应用于教学的各个环节，成为有力的教学工具，使得学习行为、学习状态、学习结果等各类教育信息成为可捕捉、可量化、可传递的数据。为了系统地获取这些数据，需要对学生的学习活动状态进行识别与跟踪，目前已有学者利用学生的坐姿测量系统、眼部识别系统和噪音识别系统获取学生在课堂的行为状态③，可以较准确地解读和分析判断出学生的学习情况，如到课情况、思想集中情况、课堂活跃情况、身体疲倦情况，同时有较高的实时性，实现了对学生的精准有效关注。

在传统教学中，教学评价只能聚焦于外显的教与学的行为，如通过作品的内容分析、测试成绩的差异性分析以及量表统计来分析学生的学习行为，这些评价方式较为单一，忽视了学生个体之间的差异性。大数据应用于教育领域后，能连续地、自然地采集学生过程中的行为表现、情感体验、认知变化、学习情境适应等信息，依靠数据化认知提供学习改进方案，创建有效学习的新形态。

由此可见，数据是进行精准评价的基础，只有采集了学生学习过程中常态化的海量数据，教师才能看到学生发展进步的动态过程，对学生进行行客观理性的学情分析和学业水平评估。而利用大数据对学生的学习行为进行分析和评价，需要建立大数据支持的多元评价维度，不仅要有学习结束后的总结性评价，还要有实时运算提供的过程性和即时性评价，因此需要综合分析多种数据，建立多种评价方式共存的数据分析模型。随着大数据与可穿戴技术、情感计算的结合，研究者可以整合学习者心理行为、体态表现、情感表征等生物数据和行为数据，为学生个体和群体刻画数字化学习肖像，揭示学习者真实学习状态，既能透视知识缺陷，也可以发现能力特长。基于有意义的大数据的分析与反馈，能建立起师生之间的双向教学反馈流，使师生之间的互动趋向更为一致，双方沟通更为顺畅。

综上所述，学习分析技术对于学生、教师、管理人员、研究人员以及技术开发人员均具有重要价值：教师可以从学习者行为角度了解学习过程的发生机制，以基于学习行为数据的分析为学习者推荐学习轨迹，开展适应性学习、自我导向学习，在数据分析基础上为学生提供更有针对性的教学干预。依据评价标准对学生各项素质的优势与不足、对生命发展做出价值判断，及时诊断发展问题与困难，精准预测发展潜力与空间，真正促进学生生命成长。

---

① 魏顺平.学习分析技术：挖掘大数据时代下教育数据的价值[J].现代教育技术，2013，23(2)：5-11.

② 武法提，牟智佳.电子书包中基于大数据的学生个性化分析模型构建与实现路径[J].中国电化教育，2014(3)：63-69.

③ 郑怡文，陈红星，白云晖.基于大数据在课堂教学中对学生精准关注的实验研究[J].现代教育科学，2016(2)：54-57.

## 二、大数据精准评价的意义与过程

随着教育的变革与发展，信息化教学逐渐成为常态，信息化教学评价出现了电子档案袋、主题网站等多种形式，但多数信息化课堂教学仍以教师主导教学为主，以过程性数据收集与事后评价为主要评价方式，缺少多来源数据的预测性评价和动态评价，无法支持个性化学习的开展。进入大数据时代，借由“在线”和“数据化”的课程记录，教师有能力透视隐藏的学习特征，凸显动态与差异，读懂课堂，读懂学生。通过采集真实状态下的全样本评价数据，确保数据“次多量大”，提高评价结果的可信度。

在传统教学中，有限的数据分析能力使得教学评价只能聚焦于外显的教与学的行为，如借助现场观察或视频记录、编码分析的方法来归类教师的教学行为，通过作品的内容分析、测试成绩的差异性分析以及量表统计来分析学生的学习行为。因此，教学评价是以抽样和统计为主的截面式分析。大数据技术应用于教育领域后，能连续地、自然地采集学生过程中的行为表现、情感体验、认知变化、学习情境适应等信息，依靠数据化认知提供学习改进方案，创建有效学习的新形态，具体表现为：

(1)大数据时代借助“在线”和“数据化”的课程记录使教师有能力透视隐藏的学习特征，凸显动态与差异，有效支持分层差异教学模式①。教师根据不同的分层原则和教学目标，预置采用不同的分层或聚类算法，再根据数据分析结果开展分层教学，如推送适应不同层次学生的学习资源，推荐不同的学习策略和路径，开展精准、个性化的教学。例如，在基于平板电脑或智能手机的学习互动系统，允许学生点击测试题选项，输入答案内容，辅之以学生的认知、行为和情感等数据，共同构成有意义的大数据，使得传统课堂中被隐藏的学习差异得以呈现，帮助学习者定位个体在特定群体知识掌握或者学习状态上的问题，便于师生共同采取补救和改进的措施。

(2)数据驱动提供教学智慧，支持有意义的教师决策②。大数据以学习活动过程中产生的大量交互数据为基础，对学习过程中的登录和点击等行为数据、测试和作业等表现数据、投入和成就等情感数据，配合学生背景和特征等属性数据进行综合收集、分析，并以可视化方式及时且动态地呈现学生群体及个性状态，帮助师生共同发现课堂学习中的典型问题、共性问题、个性问题和潜在问题，成为打开学习过程黑箱的钥匙，为教与学提供了科学决策的基础。例如，在校园混合课程情境下，教师一方面收集传统环境下能获得的学习者个人属性特征、前期知识基础、兴趣态度等非智力因素，另一方面积累学习者混合学习的学习表现数据，通过多元回归等算法，用多个预测因子判断学生在课程中下阶段的学业表现，并根据预测结果，对存在学业潜在危机的学生群体开展混合式、个别式、深度的教学干预，能够动态调整教学步调，选择合适的教学策略。

(3)大数据促进课堂教学模式创新，灵活再造教学流程③。传统教学流程多由教师“提

---

① 杨鸿，朱德全，宋乃庆，等.大数据时代学生综合素质评价：方法论、价值与实践导向[J].中国电化教育，2018(1)：27-34.

② 郑燕林，李卢一.对大数据支持的学习分析与评价的需求调查——基于教师的视角[J].现代远距离教育，2015(2)：36-42.

③ 付达杰，唐琳.基于大数据的精准教学模式探究[J].现代教育技术，2017，27(7)：12-18.

前备课、新知讲授、课中提问、布置作业和测试反馈”，以及学生“课前预习教材、课堂听课、完成课后作业和阶段性考试反馈”等活动组成，因此容易存在主观性强、反馈不及时、缺乏全面深入的互动交流等问题。在大数据的支持下，教学流程呈现出可动态架构、可快速监测、可智慧调控等特征，比如支持教师教学的流程可以包括快速而准确的“学情统计、资源发布、教学设计、课题导入、新任务下达、精讲与点评、个性化推送、批改作业”等活动，支持学生学习的流程也可以包括精准而个性化的“预习与作业、课前讨论、展现分享、合作探究、随堂测试、巩固提升、完成作业、总结反思”等活动。基于多源数据的持续性收集、即时性分析和可视化呈现，使教学步骤的调整和教学流程的再造不再受限于预置的静态教学设计，而是根据有意义的大数据做出科学决策，因人而异，因势而为，教学流程的灵活重组变得有理可循、有据可依，从而创设出基于数据认知、促进知识建构的智慧教学环境。

(4)大数据能够提升学生的学习质量，改善学生的元认知，优化学习策略。大数据不仅从知识掌握的精度和速度上给出新的解决方案，还在学生元知识的改进和强化上提供有力的帮助，不仅提供了基于数据分析的学业诊断报告，还配合数据分析结果，为学生提供基于学习策略、方法、能力方面的改进建议。同时，针对不同学习特征的学习者，大数据向其推荐恰当的学习同伴，以便学习者能及时解决学习问题，尽快完成学习任务，提高学习效率与质量。

价值是教育评价的生长点，是学生综合素质价值取向的重要基础。基于大数据的学生评价采用常态化、智能化的数据采集技术，获取的数据从学业成绩拓展为学生每学期、每门课程、每节课、每次作业、每次活动的情况，数据采集地点从课堂延伸到图书馆、食堂、宿舍、家庭、社区等，对评价对象的判断经历了从局部到整体、从表象到本质的持续分析过程，对评价对象的认识是整体的、深刻的，能够及时诊断发展问题与困难，精准预测发展潜力与空间，促进了学生的当下发展与未来发展，真正促进学生生命成长。

## 三、评价应用案例：基于大数据分析的精准化教学①

精准教学(precision teaching)是 Lindsley② 于 20 世纪 60 年代根据 Skinne 的行为学习理论提出的一种教学方法，旨在通过设计测量过程来追踪小学生的学习表现并提供数据决策支持，其中最大的“精准”在于教学评价，在于衡量教学是否达到目标、学生是否真正掌握知识或技能。在大数据的支持下，通过检测学生学习的行为过程及其反应，进而提升精准教学的流畅度。精准教学模式如图 8-4。

明确教学目标是实施教学的逻辑起点，也是检验教学成败的重要依据。据此，精准教学的首要任务便是确立精准化的教学目标。在精准教学中，必须设计精准化的教学目标，即对学生掌握的知识或技能程度必须有一个精准的解释和描述，每条教学目标应转化为对应的问题，每个问题则应分解、细化为可以量化描述的小问题。其次是建立大数据教学资源库，实施个性化资源，推送海量的数字化教学资源具体到每一位学生，根据学生的学习特

---

① 付达杰，唐琳.基于大数据的精准教学模式探究[J].现代教育技术，2017，27(7)：12-18.

② Lindsley O R. Precision teaching: Discoveries and effects [J]. Journal of Applied Behavior Analysis，1992(1)：51-57.

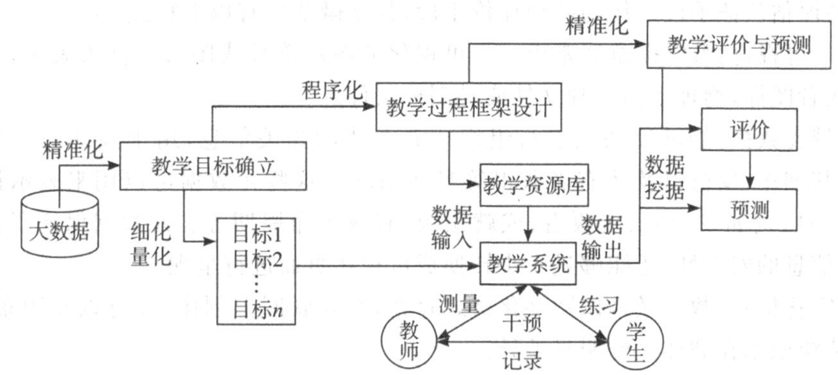


图 8-4　基于大数据分析的精准化教学模式

点，实施个性化教学。在大数据环境下，测量、记录呈现的学生学习行为，判断学生能否顺利达成教学目标，然后进行相应的教学干预。针对个别学生的特殊问题，通过即时通信工具，进行实时点对点的干预纠正；针对反映比较多的普遍问题，则通过交流工具统一干预纠正。在不断干预学生的过程中，便完成了教学评价，通过反复的练习、测量与干预，构成了一个循环迭代的过程，最终以实现全部学生达到教学目标所要求掌握的知识或技能为终点。

# 第四节　在线学历微认证：数字徽章

## 一、数字徽章的内涵与特征

徽章是一种符号或是标识，用于标记拥有者的成就、技能、素质或是兴趣。很早以前，人们就在军队、法院、童子军等场合用各类徽章来标识人们的层级、成就和技能，后来，实体标识形式的徽章慢慢开始演化。随着信息技术的发展，出现了以电子形式存在的“数字徽章(digital badge)”。与实体徽章的意义相似，“数字徽章由个人或者组织颁发给特定的人或人群，以证明他们完成某些知识的学习，掌握了某项技能，或者获得了某种经验”①。数字徽章可以在任何经过认证的网站上进行展示，从而识别出电子徽章的发布组织，以及持有者获得该徽章所掌握的知识、技能和经验等信息。

MOOC 的兴起大大推动了电子徽章的应用和普及②。在互联网时代开放资源和大规模在线开放课程的影响下，徽章评价直观、形象，具有高度的灵活性，能够满足各类学习方式的需要。相比传统评价方式，数字徽章以它特有的电子形式，易于保存和免于维护，成为

① Devin Soule. The 5 Things You Need To Know To Get Badgin.[EB/OL].http://www.youtopia.com/info/digital-badges-the-5-thingsyou-need-to-know/,2013-227.

② 魏非.祝智庭.微认证：能力为本的教师开放发展新路向[J].开放教育研究，2017，23(3)：71-79.

一种新型的评估认证手段。作为新型评价手段，数字徽章具有以下特点①：

（1）图形可视化：数字徽章通常由一个可视化的图示符号或图形文件来表示，形式上表现为符号或者图标，物理上为图片文件或是图标文件。

（2）携带元数据：能够反映其发行组织或者个体的相关信息，用于验证和追溯徽章来源，以了解其创作、发行以及持有者获得等具体情况。这些元数据可以用来表示该徽章的相关必要信息，例如发布者、接收者、成就层级、有效生命周期等。元数据保证了数字徽章的有效性、信息的安全性，还能够进一步转换成可视化页面进行呈现。

（3）数字化格式：数字徽章以数字化格式存在，在互联网上创作、发行以及颁布和展示，这是它和传统徽章在载体上的明显差异。

（4）可识别的独一性：网络上有一套专门的技术标准和技术框架来保证其顺利进行，保证不同著作系统所创建的开放式数字徽章之间进行识别、交换、展示和互操作，从而让发布者、持有者能够有效地应用它们。

（5）对认证内容的代表性：数字徽章能够反映持有者在获取该徽章时所形成的能力层级，如内容领域、具体所拥有的知识技能等。

（6）颗粒度的弹性化与可聚合性：依据所认证内容的多少和层次，数字徽章的颗粒度有大有小，还能够在适当条件下进行组合，形成代表更大或更高层级的新数字徽章。

数字徽章的应用前景非常广泛。从形式设计上来说，徽章可以用来表示持有者完成了某门课程、参与了某项训练或掌握了某项技能。在一些场合，徽章还具有明显的激励作用。当我们把一项大型任务分解成许多易完成的小单元并赋予徽章时，徽章就能用来充当不断获取进步的指示器。徽章的发布者可以在大学课程、野营活动、娱乐活动、雇员培训、职业认证、个性化学习中使用徽章，而持有者则可以用徽章来创建自己的成就履历，通过积累徽章来证明自己的专业技能，并与潜在的雇主和机构进行分享等。

在信息化教育中应用数字徽章，需要具备三个前提：一是建立徽章和徽章体系，二是制定评价规则和评价活动，三是部署实现徽章的技术架构。由于电子徽章具有电子化和可验证的特点，它的发布、获取和展示依赖于一定的技术平台支持。徽章的发布一般在学习管理系统中进行，或是通过特定的发布工具；而徽章的存储和展示则可以有多种方式，如学习管理系统的个人空间、个人博客、数字背包等。颁发者（issuer）确定徽章的内容以及颁发的标准，即符合何种情况、达到何种标准可授予徽章。他们也负责设计电子徽章的外观。获得者（earner）被告知和徽章相关的任务以及通过条件，如参加课程、通过测验等。需要在规定的限制内（时间、次数等）完成发布者规定的任务，方可达到获取徽章的标准。颁发者确认获取者已经符合预设标准，以自动或人工的方式向其颁发徽章。颁发者同时还需要记录和维护徽章相关的记录，即徽章的元数据。元数据中包含有发布者的名称，获奖人的邮件地址，指向徽章颁发标准的链接，以及徽章的简短描述等内容。有时还包括其他更多的信息，如发布时间、过期时间、指向获奖人获取本徽章证据的链接。获取者收到电子徽章，可在学习平台上展示，也可在个人网页、博客、个人空间中展示他们从各处获得的徽章，还包括如 LinkedIn 这样的履历展示、职业介绍网站和社交网站。

---

① 胡小勇，李馨，宋灵青，等.在线学习的创新与未来：数字徽章——访美国宾西法尼亚州立大学凯尔·派克（Kyle Peck）教授[J].中国电化教育，2014(10)：1-6.

## 二、数字徽章的优势

随着MOOC的崛起和风靡，Coursera、Udacity和edX等MOOC平台将数字徽章的应用推向了高潮，以此方式对学习成员进行评估和认证。一些传统的教育机构，如美国的普渡大学、斯坦福大学、伊利诺伊大学等也开始了应用数字徽章认证学习活动的教育试点。因此，数字徽章作为一种新颖的评估认证方式，在教育领域内迅速走红。

### （一）数字徽章作为学习成果的评价机制

数字徽章是对学习成果的呈现，对于个人而言，徽章的集合能够表现拥有者的成就。而对于群体来说，徽章体系可以表现出整个认证系统的知识、技能层级和结构。传统的以课程为单位的评价方式对于知识和技能的表达过于片面，通过数字徽章可以了解学习者的知识技能结构，更好地为学习者和评价者服务。

### （二）数字徽章作为激励参与的动机

数字徽章作为目前流行的游戏化设计中的一种要素，可以引导和激发学习者的热情，提供学习的外部动机。完善的徽章体系能够即时标识学习者的学习情况，不仅能够增强学习者的学习体验，而且能够指示学习者目前的技能水平和下一步的学习路径，继续激发学习者掌握新技能。

### （三）数字徽章作为学习规范化和社会化的推动要素

数字徽章能够促进社会性的学习活动。通过学习空间中个人徽章的展示，在线学习者能够发现与自己拥有同一兴趣的学习者并进行交流，不仅能够自组织自己的学习进程，而且可以自组织各自的学习群体，增强在线学习体验，培养学习者之间的协作以及团队意识。

此外，数字徽章也具有吸引其他用户参与活动的功能。Mozilla的Open Badges项目使得徽章可以在任何地点展示，其他网站上的用户看到某一成员展示的徽章，则可以点击徽章查看颁发者的信息，或是直接跳转到发布徽章的网站中。这吸引了对此徽章有兴趣的其他用户加入学习活动中。随着电子徽章这种评价方式的推广和普及，徽章又能够起到简历的作用，相比传统的学历认证，数字徽章更加灵活和具体，能够适时反映拥有者满足市场最新需求的能力和素养。因此，数字徽章在信息化环境中的作用日趋明显，逐渐成为申请工作职位、学校、资格考试或者参与某项兴趣活动时的必需品。

## 三、评价应用案例

### （一）Stack Overflow网站中的徽章应用（非正式学习）①

Stack Overflow是目前全球IT界最受欢迎的技术回答网站之一，用户可以在该网站提

---

① Shawiz Doward. How do"badges" work? [EB/OL]. http://meta.stackoverflow.com/questions/17853/how-do-badges-work, 2013-03-13.

交问题、浏览问题、索引相关内容。由于该网站高质量的内容和较好的回应度,它已经成为广大程序员查询解决方案和参与讨论的非正式学习场所。Stack Overflow 网站关注问题质量,正是基于电子徽章系统建立起信任评价体系,实现了对参与者的有效激励。

Stack Overflow 网站设计了铜质、银质和金质三种等级的徽章。铜质徽章比较容易获取,主要用于帮助用户掌握如何使用本网站系统;银质徽章获取较为困难,需要提出特别有意义的问题或者答案才能获得,用于表彰用户对论坛内容的贡献;金质徽章最难获得,主要是用于奖励对论坛有突出贡献和重要成就的用户。用户获取的所有徽章在其个人资料栏目中展示,包括已获得的徽章总数以及各徽章的等级。如图 8-5。

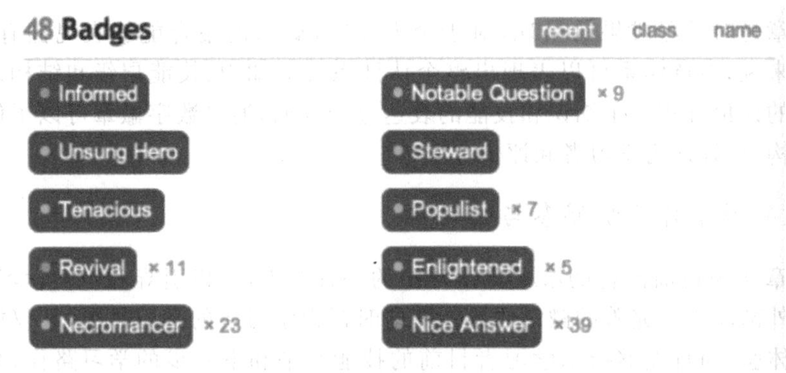


**图 8-5 Stack Overflow 网站中的数字徽章**

Stack Overflow 用户可以通过两种方式查看徽章。第一种是在页面的徽章板块查看某一徽章的情况,可以看出目前网站共用多少用户获取该徽章以及获取该徽章的用户名。第二种是用户通过访问某用户的个人主页来查看用户的徽章获取情况,包括用户获取的徽章总数、用户获取某一徽章的情况以及用户获取某一徽章的细节等信息。Stack Overflow 中用户获取的徽章大多数对网站功能的权限没有实质影响,仅用于展示出用户的成就,是一种荣誉的象征,并且 Stack Overflow 的徽章只在该网站内部流通,保护了用户的隐私。

### (二)Moodle 学习管理系统中的徽章应用①

Moodle 是目前在世界各地广泛使用的开源学习管理系统之一,在基础教育领域内非常普及,影响巨大。在 Moodle 社区中,很多学习者要求展现自己的学习成就,为此 Moodle 推出了支持电子徽章的 Certificates Wall Profile 插件。该插件主要为在 LMS 中使用电子徽章作为在线教育认证方式而开发。Certificates Wall 网站是一个专门管理个人成就、证书的网站。用户通过注册,可以在这里创建一面墙,然后可以把自己的个人证书、奖励和各种通行证等放在这里,通过适当的接口可以在各种社交网络以及简历中分享自己的证书。Moodle 平台正是基于此实现其展示徽章的功能。用户可以通过该插件管理自己网站或者外部的各种徽章,包括查看、搜索和下载徽章等。如图 8-6。

Moodle 中的徽章分为网站徽章(site badge)和课程徽章(course badge)两类。前者主

① Ghenrick. Open badge and Moodle[EB/OL].http://www.somerandomthoughts.com/blog/2013/05/06/open-badges-and-moodle/,2013-5-6.

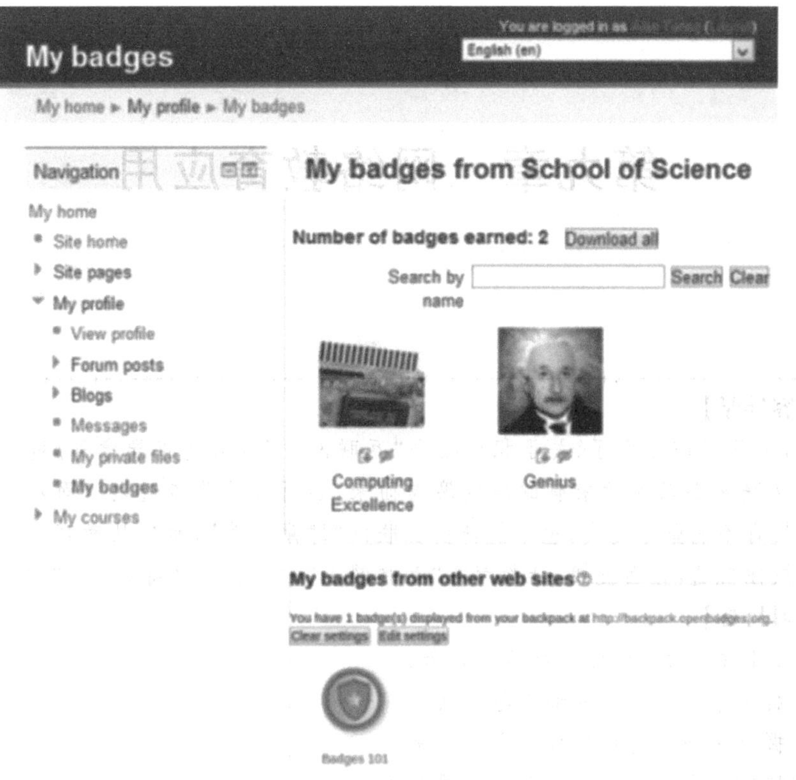


图 8-6　Moodle 学习管理系统中的数字徽章

要使用于用户网站，后者主要用于用户注册的课程或者课程的相关活动中。因此，管理徽章环节也分为两种形式：网站徽章管理和课程徽章管理，两者是相互独立的。开设某门课程的教师可以查看学生的课程徽章情况。

数字徽章的评估认证是在大规模开放教育资源的开放、非正式学习日益欢迎的情况下发展起来的，它需要课程的组织者、学习者、管理者和评价者等各方面的参与和共同的努力。不仅需要基金会等组织的引领，更需要每个组织和每个参与者的努力，不断认识、不断创新，日益丰富徽章的应用领域。在此过程中，组织者和学习者应该相辅相成，更好增强在线学习者的学习体验，真正使网络学习和其他非正式学习变得更加可信、可计量。

## 思考与训练

1. 什么是信息化教学评价？信息化教学评价的内涵是什么？
2. 如何利用电子档案袋开展教学评价？
3. 大数据精准评价的意义是什么？如何利用大数据开展教学精准评价？
4. 数字徽章的内涵与特征是什么？

# 第九章　网络教育应用

**【内容导学】**

2015年国务院印发了《关于积极推进“互联网+”行动的指导意见》被正式纳入国家战略，互联网正以前所未有的速度席卷而来，各行各业莫能避之。面对“互联网+”的挑战，教育不能坚守避战，也不能任由互联网“肆意妄为”，而应从教育变革的真正需求出发，抓住机遇，直面挑战，让教育在“互联网+”的“风口”飞得更高、更稳、更远。

**【学习目标】**

1.理解网络教育、移动学习等的概念。

2.了解网络教育的常见形式与特点。

3.掌握利用网络进行教育教学的方法。

4.掌握常用网络教育资源教学应用方法。

## 思政第一课　认清中美贸易战的实质

当今世界正处于百年未有之大变局。与以往逻辑不同的是，中国是引发这场百年大变局的关键因素之一，导致国际格局出现所谓“后西方”现象。与此同时，工业革命4.0改变线性进化逻辑，出现所谓“后真相”现象，中国同样是工业革命4.0弄潮儿。在此背景下，美国不惜动用长臂管辖，利用西方对中国崛起的担心，挟霸权以令盟友，大打安全牌、规则牌、文明牌，逼迫世界各国在中美间站队，甚至鼓吹中美经济、科技脱钩，重塑全球化体系。

美国对华贸易战源于贸易，根在战略打压中国崛起。有些美国势力，包括建制派，对中国采取抵消战略，抵消我国产业政策、国企竞争优势，将中国锁定在全球产业链中低端。为此他们不仅要美国的企业跟中国脱钩，而且要美国的盟友也跟中国脱钩，打造以美国为平台的新的全球供应链体系，把中国孤立在新的全球体系之外，形成两套体系的“新冷战”，发挥美国冷战经验丰富的优势，彻底打掉中国赶超美国的势头。

这种美国需要敌人的战略文化，就是创造敌人然后战胜敌人，对此不要有任何的幻想。这是美国的DNA，这种战略思维贯穿美国整个历史，从建国之初的孤立主义，到后面“西进运动”，羽翼逐步丰满后提出“门罗主义”，再到后来的全球主义，无不如此。

美国的斗争哲学植根于新教徒伦理：要么把你皈依掉，皈依不掉就把你妖魔化。所以一会儿有中国威胁论，一会儿又有中国崩溃论。美国不仅从经济方面，而且从体系、高新技术和安全领域等多方面来实施这套斗争哲学。这不是我们通过妥协就能减缓的，也决非特朗普本人造就。这是美国斗争哲学的本质决定的，对此我们要有清醒的认识，坚持伟大斗争。

日前，习近平总书记在中央党校(国家行政学院)中青年干部培训班开班式上发表重要讲话指出：共产党人的斗争是有方向、有立场、有原则的，大方向就是坚持中国共产党领导和我国社会主义制度不动摇。凡是危害中国共产党领导和我国社会主义制度的各种风险挑战，凡是危害我国主权、安全、发展利益的各种风险挑战，凡是危害我国核心利益和重大原则的各种风险挑战，凡是危害我国人民根本利益的各种风险挑战，凡是危害我国实现"两个一百年"奋斗目标、实现中华民族伟大复兴的各种风险挑战，只要来了，我们就必须进行坚决斗争，而且必须取得斗争胜利。我们的头脑要特别清醒、立场要特别坚定，牢牢把握正确斗争方向，做到在各种重大斗争考验面前"不畏浮云遮望眼""乱云飞渡仍从容"。

应对美国贸易战，哪些方面中国不会让步？会不会有休战协议？不难从中品味。一句话，坚决进行有理、有利、有节的伟大斗争。中美博弈迟早会来，绝非特朗普心血来潮或竞选考量，这也倒逼中国要在工业革命4.0时代高质量、全方位、独立自主发展，建立对冲美国霸权体系的自信，打造更具包容性的"一带一路"体系和人类命运共同体价值观。

当然，我们也不要把美国看死。时至今日，全球化不仅没有成为美国化，反而在分化美国，形成"四个美国"：商人——汉密尔顿主义，传教士——威尔逊主义，军人——杰克逊主义，律师——杰弗逊主义。不仅美国不是铁板一块，西方更非铁板一块，美国在波兰打华为安全牌，不会制造类似韩国萨德事件，毕竟没有人愿意成为美国对付中国的牺牲品。中国拥有世界上门类最全、独立、完整的产业体系，在全球产业链、供应链、价值链中的地位无可替代，指望与中国脱钩，甚至拉盟友下水，制造两种体系的对抗，发起对华新冷战，违反市场基本原则和全球化规律，违反人性，只能贻笑大方。

# 第一节　网络教育概述

一所学校、一位老师、一间教室，这是传统教育。一个教育专用网、一台移动终端、几百万学生，学校任你挑，老师由你选，这就是"互联网＋教育"。在教育领域，面向中小学、大学、职业教育、IT培训等多层次人群提供学籍注册入学开放课程，但是网络学习一样可以参加我们国家组织的统一考试，可以足不出户在家上课学习，取得相应的文凭和技能证书。"互联网＋"教育的结果，将会使未来的一切教与学活动都围绕互联网进行，老师在互联网上教，学生在互联网上学，信息在互联网上流动，知识在互联网上成型，线下的活动成为线上活动的补充与拓展。

传统的教育融入互联网的元素后，教育内容持续更新，教育样式不断变化，教育评价日益多元，也形成了网络教学平台、网络教学系统、网络教学资源、网络教学软件、网络教学视频等诸多全新的概念。一言以蔽之，中国教育正进入一场基于信息技术的伟大的变革中。

## 一、网络教育及相关概念

### (一)网络教育的概念

由于网络教育有着丰富的内涵与表现形式,至今还未有一个被普遍认可的概念,不同的学者从不同的角度提出了不同的观点。主要有以下几种。

**1. 网络教育是一种手段**

持此种观点的学者认为:“网络教育是基于网络支持的教育手段。”任何人都可通过网络学到知识,这种新的教育手段,使得学习者、学习方法、学习环境乃至学习时空都发生了根本性的改变。

**2. 网络教育是一种学习方式**

此观点强调学习者的“学”,认为网络教育是以计算机、多媒体、通信技术为主体,与学员个人自主的个性化学习和交互式集体合作学习相结合的一种全新的学习方式。

**3. 网络教育是一种教育理念**

有学者认为“网络教育是一种教育理念,是对人类教育自由的崇尚与人性自然的顺应,即为人类的教育消除各种限制与障碍提供最大限度的自由”。

这里的网络教育不仅仅是一种方式方法,更是一种观念,是将教育融于受教育者的自然生活之中,按需求教育者的生存方式、生存需要、生活习惯、生活节奏、生活状态、生活喜好,来设计提供多种教育的形式,指导需求教育者主动地发自内心地积极选择最适合自身的形式来寻求教育。

**4. 网络教育是一种后现代教育**

此种观点认为网络教育会促使国家由大众学校教育的潜在垄断提供者变为通过市场使消费者有权选择教育的服务者,从而构建一种允许多样、选择、自由的消费者的制度理性。

综合各方观点,我们认为网络教育是:以现代教育思想和学习理论为指导,以计算机网络、卫星通信网络和电信通信网为媒介,充分发挥网络的各种教育功能和丰富的网络教育资源优势,向教育者和学习者提供一种网络教和学的环境,传递数字化内容,开展以学习者为中心的非面授教育活动。

### (二)远程教育

远程教育是为了解决师生双方由于物理上的距离而导致的、表现在时空两个维度上的教与学行为间的分离而采取的重新整合教学行为的一种教育模式,随着社会的发展,这种教育模式将具有实践上和理论上的不同表现形式(谢新观,2001)。从这里我们可以看出,网络教育是远程教育的一个发展阶段和一种形式,包含于远程教育。

### (三)数字化学习(e-learning)

数字化学习是一个将数字化传递的内容同(学习)支持和服务结合在一起而创建的有效学习过程,也是通过应用信息科技和互联网技术进行内容传播和快速学习的方法。它的概念要比网络教育宽泛。

（四）基于 Web 的教学(web-based instruction，WBI)

基于 Web 的教学是指利用包含 WWW 各种特性和资源的超媒体教学程序来创造一种有意义的学习环境，在这种学习环境中学习得到促进和支持。Web 是计算机网络的一部分，教学是教育的一部分，所以基于 Web 的教学包含于网络教育。

## 二、网络教育应用的研究内容与特征

（一）网络教育应用的学科性质

网络教育应用是研究网络教育现象和规律，以期对网络技术应用于教育过程提供全面指导的一门学科。它是网络技术、教学论、学习论相互交叉形成的一门边缘学科，涉及计算机科学、通信技术、教育学、心理学、教育技术学等诸多的学科领域，体现出了明显的跨学科性。

（二）网络教育应用的研究内容

网络教育应用的研究内容包括学科的本体研究、对网络教育环境下教师与学习者的研究、网络教学与学习过程的研究、网络教育资源和网络教育支撑系统设计与开发的研究、网络教育的教学模式研究、网络教育的评价研究等，如图 9-1。

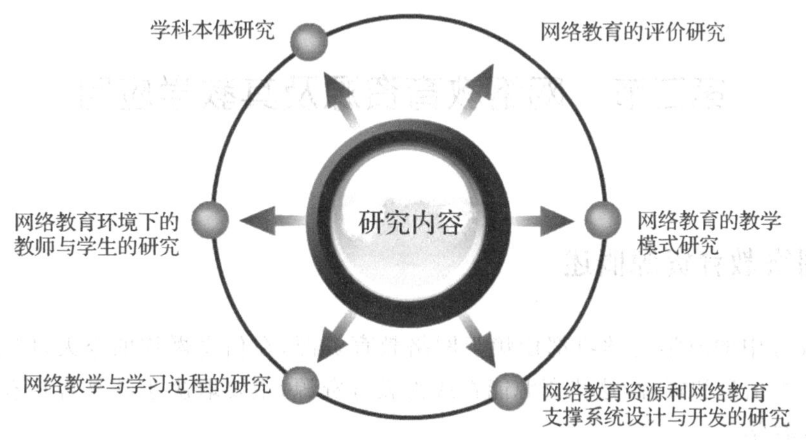


**图 9-1　网络教育应用研究内容**

（三）网络教育的基本特征

**1. 教育时空立体化**

网络教育突破了传统教育中时间与空间对学习的限制，在各种网络环境和网络技术的支持下，现代社会变成了一个学习广泛存在的社会，即“泛在社会”。教育者及学习者可以不受限于时间和地点，这能使教、学双方都能节省时间和费用，从而提高效率。

**2. 学习资源丰富化**

网络教育能够将教学信息通过文字、声音、图表、视频、动画等多媒体形式表现出来，能够更加形象直观地展示出一些数据或者各种各样现实生活中无法看到的场景，当然也包括制作、存储、自动管理和远程传输。将多媒体资讯表现和处理技术运用于网络教育课程讲解和知识学习各个环节，使网络教学这个教学模式具有资讯容量大、资料更新快和多向演示、模拟生动的显著特征，这种利用现代技术达到的效果是传统教育模式无法达到的。

**3. 学习方式的自主化与个性化**

在网络教育中，学习者可根据自身条件与喜好选择适合自己的学习方式，实现了学习方式的自主化。计算机网络所具有的数据库管理技术和双向交互功能，使得系统能对每个网络学员的个性资料、学习过程和阶段情况等实现完整的跟踪记录、贮存。教学和学习服务系统可基于系统记录的个人资料，开展针对不一样学员的个别式个性化学习建议，指导教学和应试等。网络教育为个性化教学提供了现实有效的实现方法和条件。

**4. 教学管理自动化**

计算机网络的教学管理平台具有自动管理和远程互动处理功能，被应用于网络教育的教学管理中。远程学生的咨询、报名、交费、选课、查询、学籍管理、作业与考试管理等，都可以通过网络远程交互的方式完成

**5. 学习活动合作化**

网络教育具有丰富的教学交互手段和突出的教学交互功能，可以为学生与教师之间、学生与学生之间进行教学互动和协作学习提供交互环境和平台，学生通过教学交互获得需要的教学资源、学习指导和支持服务。

# 第二节　网络教育资源及其教学应用

## 一、网络教育资源概述

网络教育中的教学与学习都依赖于网络教育资源，在信息爆炸的今天，网络拥有着极其丰富的各类信息和资源，这些资源能否成为教育资源，主要取决于其是否具有教育性，能否促进教育教学。

### (一)什么是教育资源

教育资源是指教育系统中支持整个教育过程达到一定的教育目的，实现一定的教育教学功能的各种资源。用技术主义的观点来看，任何教育活动都是信息传递活动，教育的过程就是信息交互的过程。因此，信息资源是教育系统的最根本的资源。

从广义上说，教育资源通常包括物质资源(即教育系统中运用的各种设备、媒体、器材、工具等)、人力资源(即教育系统中的教学科研人员、教学管理人员、教学支持人员及学生等)、信息资源(是指在教育系统中传递的各种信息，主要包括教学内容以及伴随教学内容

产生的其他信息)。

### (二)网络教育资源的概念

一般而言,我们将网络资源中与教育相关的部分称为网络教育资源。我们所说的网络教育资源包括网络环境资源、网络信息资源、网络人力资源。网络环境资源是指构成网络教育空间的各种物理器件,如计算机设备、网络设备、通信设备等,以及形成网络正常运行空间的各类系统软件、应用软件;网络信息资源则是指在网络上蕴藏着的各种形式的与教育相关的知识、资料、情报、消息等的集合;网络人力资源则通常包括具备或开发或建设或应用各种网络教育资源能力的个体,如网络硬件结构设计、维修人员,网络系统开发人员、网络系统安全维护人员、教育网页开发人员、网络用户等。

在这三部分资源中,网络信息资源是核心,因为其他两部分资源是为信息资源的建立、传播和利用而服务的。不同于以往以书籍、报刊、磁带、磁盘、胶片、广播、电视等为物质载体的传统教育信息资源,网络教育信息资源是一种以网络为承载、传输媒介的新型的信息资源,是从网上获取的,所以我们也将基于网络的教育信息资源称为网络教育资源。

### (三)网络教育资源的分类

根据全国信息技术标准化技术委员会教育技术分技术委员会颁布的《教育信息化技术标准》,网络教学资源包括以下几种类型:媒体素材、题库(item bank)、案例(case)、课件(网络课件)、网络课程、专题学习网站,如图 9-2。

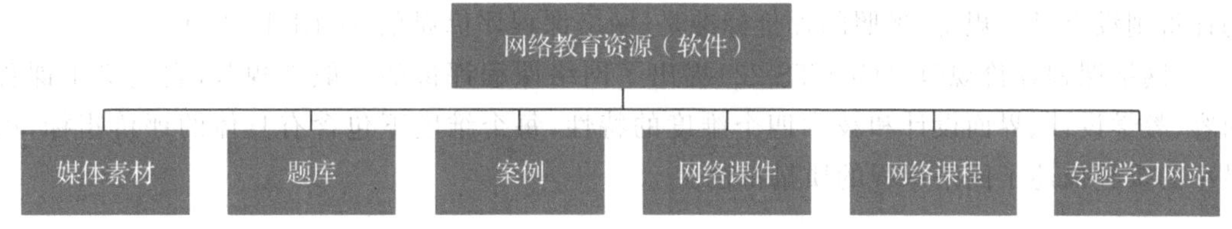


**图 9-2　网络教育资源的类型**

媒体素材指传播教学信息的基本材料单元,包括文本、图形(图像)、音频、视频、动画等。

题库是按一定的教育测量理论,在计算机系统中实现的某个学科题目的集合,是在数学模型基础上建立起来的教育测量工具。

案例指有现实指导意义和教学意义的代表性的事件或现象。

课件是对一个或几个知识点实施相对完整教学的辅助教学软件。

网络课程是通过网络表现的某门学科的教学内容及实施的教学活动的总和,包括两个组成部分:按一定的教学目标、教学策略组织起来的教学内容和网络教学支撑环境。

专题学习网站是围绕某一专题的教学(学习)网站,一般包括如下几方面的功能:(1)本专题结构化的知识展示;(2)扩展性的学习资源;(3)交流讨论答疑空间;(4)自我评测系统。

### (四)网络教育资源的评价标准

对网络教育资源进行评价,关键是要确立评价的标准体系。目前,世界上有很多标准化(学术)组织都正在致力于基于网络的教育资源标准化的研究,并起草了一些相应规范,其中影响较大的有:美国高等教育协会的非营利机构 EDUCAUSE 下的一个项目组 IMS (Instructional Management System)的学习资源元数据规范,IEEE LTSC 的 LOM 模型,及 OCLE Dublin Core 的 Dublin Core 元数据标准等。这些标准的推广使用,从源头上保证了网络资源的规范。

我国教育部门对网络教育技术标准化建设工作也极为重视。2000 年 11 月,教育部组织国内 8 所重点高校的有关专家开展网络教育技术标准研制工作,并成立了教育部教育信息化技术标准委员会(Chinese e-Learning Technology Standardization Committee),简称 CELTSC。该委员会通过跟踪国际标准研究工作和引进相关国际标准,根据我国教育实际情况修订与创建各项标准,最终形成一个具有中国特色的现代远程教育技术标准体系。其中直接与网络教育资源的评价相关的标准有《教育资源建设技术规范》和《网络课程评价规范》。

《教育资源建设技术规范》(CELTS-31)中将评价标准分为通用标准和分类标准。通用标准主要考察该资源的科学性、教学性、技术性、规范性,在此框架内再做了进一步的细分;分类标准则从媒体素材[包括文本类素材、图形(图像)类素材、音频类素材、视频类素材、动画类素材]、题库、课件与网络课件、案例、文献资料、常见问题解答、资源目录索引、网络课程等各个方面对教育资源的特性做了具体的规定。

在网络教育资源建设技术规范的改进版本《教育资源建设技术规范》(CELTS-41)中,主要从两个方面进行对教育资源建设进行规定,即从用户和管理者两个角度,对教育资源的评价则没有具体规定,参照的评价标准是《网络课程评价规范》(CELTS-22)。

《网络课程评价规范》(CELTS-22)提出了网络课程评价的一般性规范,它定义了课程内容、教学设计、界面设计和技术四个维度的特性,每个维度下包含有具体的评价指标,以最小的重叠描述了网络课程的质量特性。

## 二、国家教育资源服务平台的使用

网络教育资源相较于以往的教育资源,有着无可比拟的优越性,但其同时也存在着不可回避的缺点,即信息容量的无限性和信息组织的无序性。网络上的教育资源极其丰富,且会随着时间呈几何数级增长,使得网上教育资源趋于无限。这种无限性给网络信息资源的教育利用带来几乎无限的可能性,而无序性又给这种资源的实际利用带来很大的困难。曾有人这样描述网上教学资源的无限性与无序性给我们带来的困扰:“我们生活在信息的海洋,但却在忍受着知识的饥渴。”因此,找到“对的”网络教育资源,无疑会起来事半功倍的效果,为我们的教学和学习带来很大的便利。

《国家中长期教育改革和发展规划纲要(2010—2020 年)》提出了要大力开发教育资源,同时要积极推动资源应用,并提出应建设国家资源库。在此背景下,2012 年 12 月 28 日,国家教育资源服务平台正式开通(网址:http://www.eduyun.cn/),这是中央政府提供教育基本公共服务的一次创新。平台的建设和使用加快了教育信息化的进程,推进了数字教育资源共建共享。如图 9-3。

图 9-3　国家教育资源服务平台首页

## (一)功能服务

国家教育资源服务平台服务的用户包括专家、教师、学生、家长等，平台为各类对象提供了不同的功能。如面向教师用户包括以下功能：个人空间、用户中心、资源库、应用中心、发现、教育社区、班级主页、学校主页和消息中心等(如图 9-4)。而面对学生用户，则主要提供个人空间、用户中心、资源库、应用中心、发现、教育社区、班级主页、学校主页和消息中心等功能服务。

图 9-4　国家教育资源服务平台教师功能服务

用户中心：包括个人资料、头像设置、安全设置、申请加入学校、申请加入班级、隐私设置、账户余额、消费记录等。

资源库：点击进入“资源库”，用户可以通过关键字搜索或用学段、学科、年级、版本、资源类型等分类检索资源,并可以查看"资源库"推荐的资源。

应用中心:点击进入"应用中心",用户可以通过关键字搜索或应用分类查找所需应用,并可以查看"应用中心"推荐的应用。

发现:按照教师、课程、素材、文章、班级、学校、机构等大类,并选择相应的子类,发现相对应的资源、人物等。

教育社区:专题教育社区首页。

学校主页:所在学校的学校主页,可以查看学校公告新闻、学校应用、学校资源、学校班级、教师成员、学生成员等,和本校教师和同学交流讨论。

班级主页:所在班的班级主页,包括班级公告通知、班级成员、班级文章、班级相册、班级资源、班级问吧及班级留言等栏目,和本班教师和同学交流讨论。

消息中心:包括系统通知、提醒消息、与我相关、应用消息和我的私信等。

### (二)用户注册与登录

国家教育资源服务平台中不同角色申请不同的账号,不同账号类型登录后会拥有不同的权限,账号注册流程如图 9-5 所示。

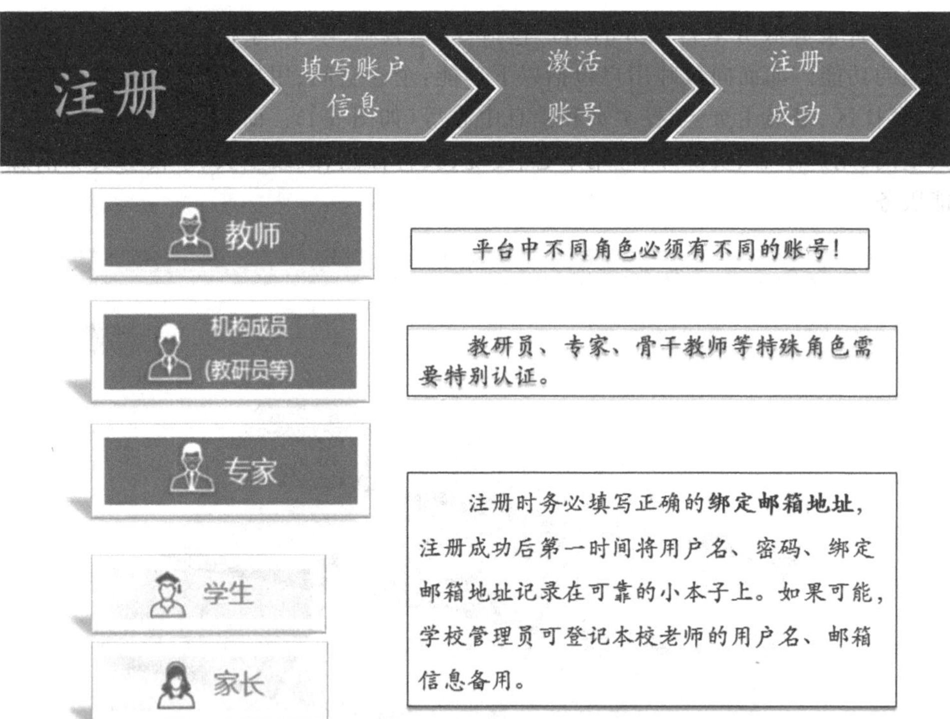


**图 9-5　账号注册流程**

### (三)资源的查找与利用

国家教育资源服务平台中有着丰富的教育教学资源,用户可根据不同的需求查找下载自己所需资源,也可将自己的资源上传,方便快捷地实现资源共享。用户可根据教育资源分类获取自己所需资源：根据资源所属的学段、学科、年级、版本、资源类型等检索资源，方便用户快速获得所需资源。也可通过资源搜索获取资源，如通过限制资源的所属学段，如小学资源、初中资源，并采用关键字模糊搜索所需资源。还可以根据资源热点标签快速查找资源下载量较多的热点资源。

同时，资源库中还分别根据不同学段资源（小学资源、初中资源、高中资源、职教资源等），分学科、分类型进行资源展示、推荐。

**1. 素材的查找**

素材搜索包括两种方式：一是根据关键字模糊搜索，二是将素材类型作为筛选条件搜索。如图9-6。

**图9-6　素材的查找**

搜索到的素材以列表的方式呈现，用户可查看素材基本信息、素材使用情况及评价等，作为自己选用的参考。

**2. 教育资源的查看**

点击资源的某一分类，打开如图所示的资源类列表页，用户可以根据资源的属性，如科目、年级和教材版本等资源加以分类，或参考资源的下载量、用户评分、更新时间等查看资源。如图9-7、图9-8。

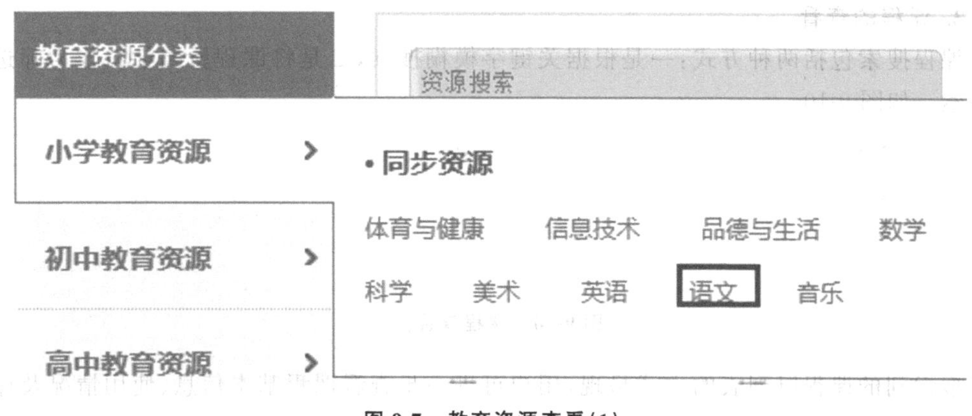


**图9-7　教育资源查看(1)**

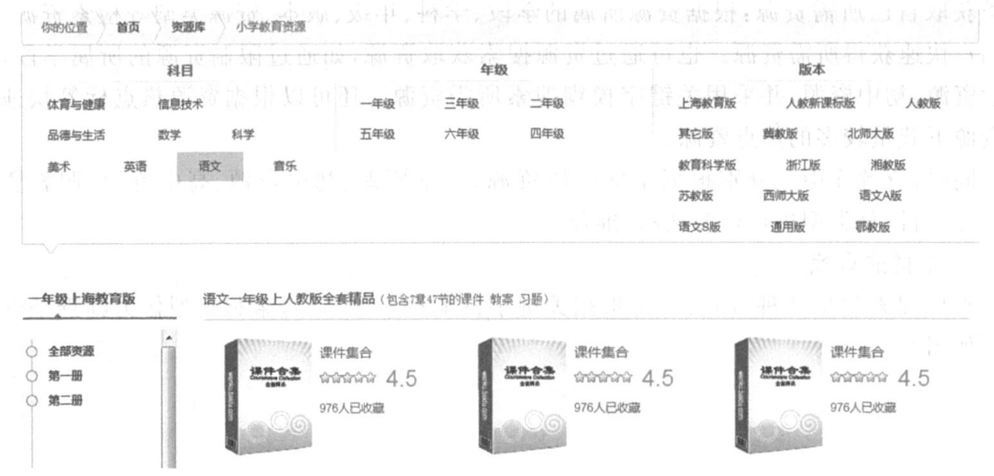


图 9-8 教育资源查看(2)

点击进入某一资源，进入该资源的详细页面，用户可以详细了解资源的具体内容，并可以查看其他用户对资源的打分和评语。如图 9-9。

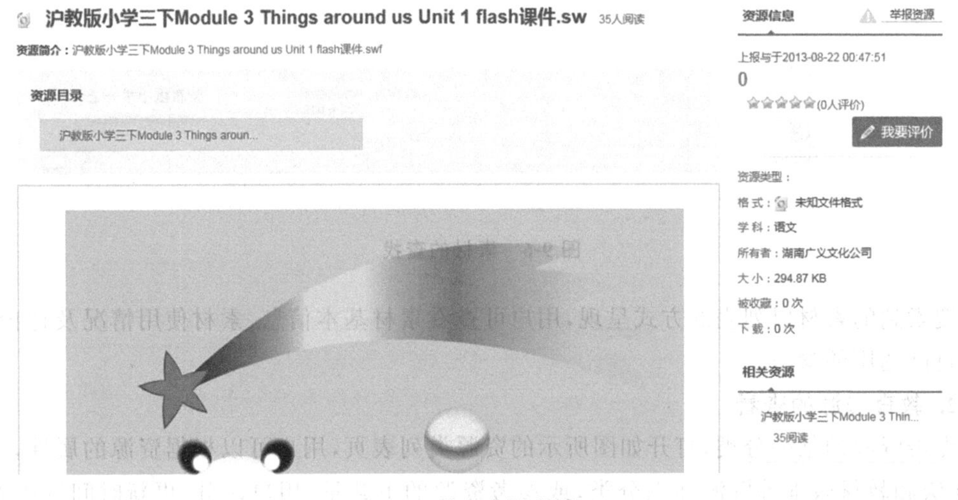


图 9-9 教育资源查看(3)

### 3. 课程的查看

课程搜索包括两种方式：一是根据关键字模糊搜索，二是将课程所属学科作为筛选条件搜索。如图 9-10。

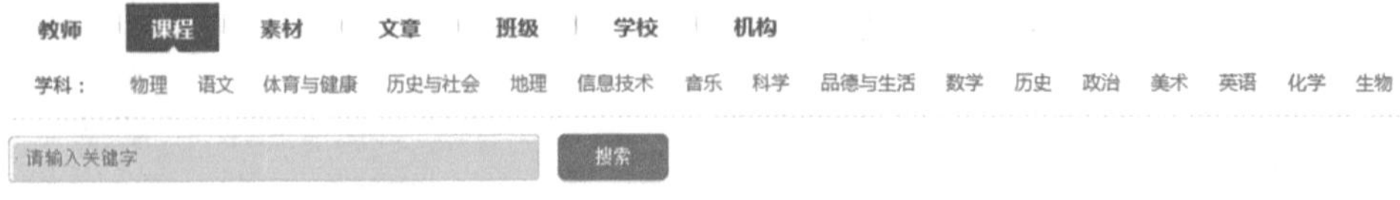


图 9-10 课程查看(1)

搜索到的课程以列表的方式呈现，用户可进一步查看课程基本信息、使用情况及评价等，并作为自己选择的参考。如图 9-11。

课程

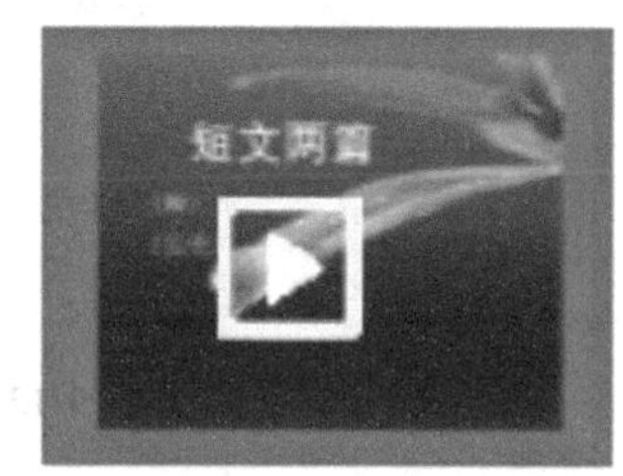


《童趣》精品课件　　《短文两篇 蝉 贝》课件...

**图 9-11　课程查看(2)**

近年来，国家教育资源服务平台在教育部的组织下，开展了“一师一优课　一课一名师”活动，全国各地的教师都开展了“晒课”活动，网络教育资源得到了极大的丰富。如图 9-12。

**图 9-12　“一师一优课　一课一名师”活动页面**

**4. 应用的查看与下载**

应用中心按照应用的类型导航进行分类，方便用户快速找到所需应用，应用中心还提供应用推荐、应用搜索、最新应用、热门分类、人气排行榜、收藏、购买等功能。

使用时，点击某一应用，如“应用”的“学习管理”，呈现应用分类列表。如图 9-13。

点击某一应用图标，打开应用详情页面。用户可以进一步了解该应用，查看其他用户对应用的打分和评语，并可以进入应用、将应用分享到空间、对应用评价打分等操作。如图 9-14。

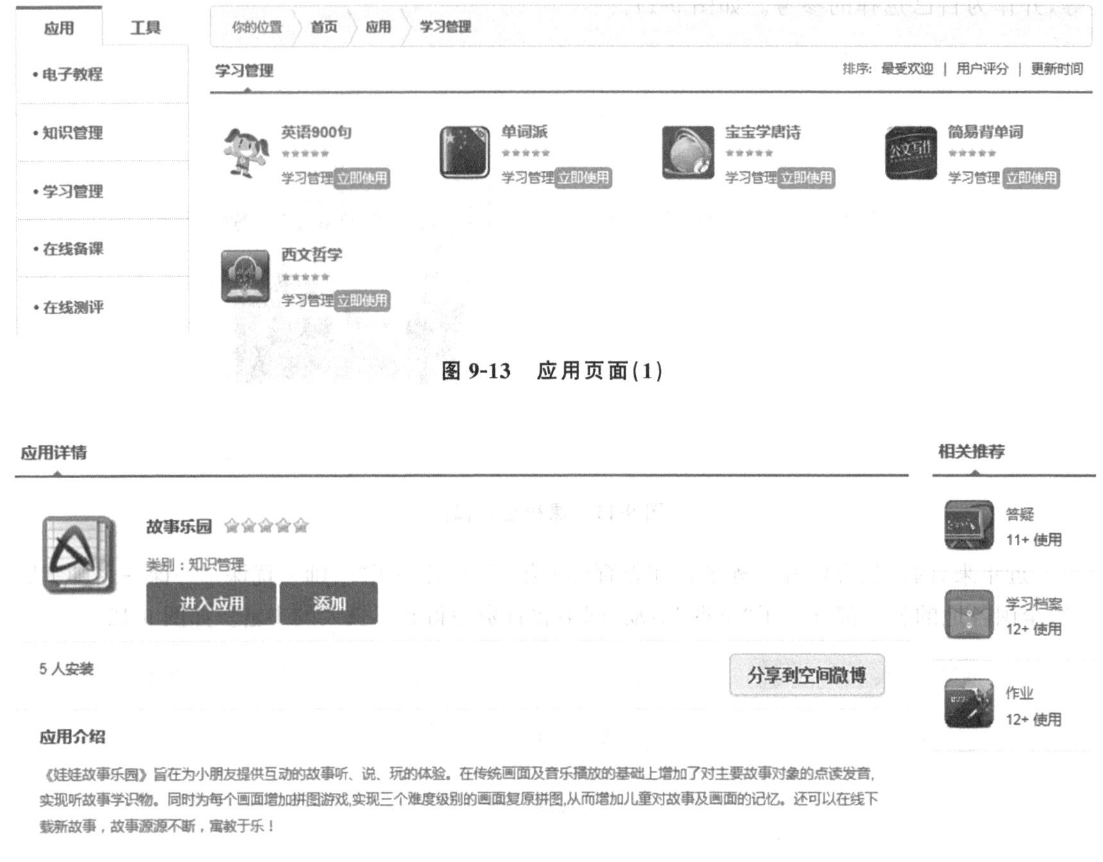


**图 9-13 应用页面(1)**

**图 9-14 应用页面(2)**

# 第三节 MOOC 的运用

## 一、MOOC 的定义与发展

近年来，MOOC 作为一种新的网络教育形式，以迅雷不及掩耳之势进入人们的视野，并迅速席卷全球。MOOC 是英文 Massive Open Online Course 的首字母缩写，字面意思是“大规模在线开放课程”，中文往往称为“慕课”。MOOC 这一专用名称是由两名加拿大学者于 2008 年提出的；同年，另外两名加拿大学者应用这一概念开设了第一门真正的 MOOC“联结主义与联结知识”在线课程。当时，这门课程的学生规模是 2300 多人。

到了 2011 年，斯坦福大学的两位教授将“人工智能导论”课程免费放到网上，很快吸引了来自 190 多个国家的 16 万名学习者关注，最终有 2.3 万人完成了这门课程的学习。之后他们开始致力于创办和推广大规模在线开放课程，就有了 Udacity 的诞生。随后，斯坦福大学的另两位教授联合创办了 Coursera 营利性平台，于 2012 年 3 月正式上线，与全球上百家大学、社会教育机构和国际组织合作，提供数量众多的在线课程。2012 年秋，在麻省理工学院原有 MITx 基础上，由 MIT 和 Harvard 合作的 edX 宣布上线。该网站定位于非营利，在合作院校上更具选择性，并致力于通过研究线上、线下混合教学模式，以提高线下的面授教学和学习效果。以这三大平台（图 9-15）为代表的 MOOC 模式吸引了大量学习者、媒体和资本市场的关注，因此，2012 年被美国媒体誉为“MOOC 元年”。

coursera

http://www.udacity.com　　http://www.coursera.org　　http://www.edx.org

**图 9-15　慕课三大平台**

面对全球 MOOC 的快速发展，中国高校和各类教育机构也行动起来。2013 年 5 月，北京大学和清华大学正式宣布加入 MOOC 平台 edX，这标志着 MOOC 的浪潮正在影响着中国大地，这也是中国 MOOC 的起始之年。2013 年 7 月，复旦大学、上海交通大学签约 Coursera。2013 年 7 月初，在上海交通大学举办的在线教育发展国际论坛上，本土化的 MOOC 联盟宣告成立，包括清华大学、复旦大学、上海交通大学在内的 12 所国内高校宣布携手打造“在线开放课程”共享平台。2014 年起，上海交通大学自主研发“好大学在线”；爱课程携手网易云课堂打造“中国大学 MOOC”；清华大学牵头成立“学堂在线”；大陆高校与台湾地区大学合力构建“ewant 育网”；教育部与财政部支持建设“爱课程”；北京慕课科技中心推出专门提供 IT 和网络技术教育的“慕课网”等。此外，除了直接提供课程资源的 MOOC 平台外，支持和辅助在线教育的 MOOC 社区也应运而生，其中较为著名的有果壳网开发的“MOOC 学院”、国内领先的 MOOC 在线教育“MOOC 中国”。MOOC 社区主要提供课程聚类信息、选课、课程点评、学员笔记（多为中文）分享及讨论等。MOOC 社区在一定程度上拓展了在线教育的社交功能。果壳网与 Coursera 合作推出“教育无边界字幕组”，Coursera 上越来越多顶尖课程配备了中文字幕，可以帮助更多的中国学生进行学习。

## 二、MOOC 的特点和影响

从字面含义来看，一般认为，MOOC 具有“大规模”“在线”和“开放”三大特点。

“大规模”意味着学生规模巨大、数据量巨大以及课程数量规模大；“开放”意味着课程和教学资源向所有人开放，而不限于特定用户，无论学习者在哪个地方，只要有上网条件就可以免费学习优质课程；“在线”意味着学习者获得课程是通过网络的，主要或所有的教学环节通过在线实现，不受时空限制。这三个特点互为支撑，正是因为“在线”才更大限度保证了“开放”和“大规模”，而“开放”则是“大规模”的一个重要前提，“大规模”又是提高“在线”学习体验的重要基础。从教学特点和技术特点来看，MOOC 呈现出如下的基本特征：(1)以“短视频＋交互式”练习为基本教学单元的知识点组织和学习模式；(2)注重交互式练习和学习者交流的快速反馈；(3)依托网络社区的互动交流，体现社会化学习；(4)基于“学习大数据”的个性化服务；(5)课程技术平台的统一性和规范化；(6)有组织的学习和自主学习的统一;(7)基于人工智能技术的学习功能开发与应用。就MOOC本身的发展而言,在诚信保证、课程标准与评估机制、可持续发展模式等方面还需要进一步探索。而对于中国大学来说,MOOC既是挑战,也是机会。MOOC为优质教育的普及和促进教育均衡发展提供了一个可能的解决方案。就大学教育教学而言,各界看法还有相当多的争议,支持人士认为MOOC以提升教学质量为己任,而部分参与MOOC的教师、学生以及观察者对此表示怀疑。现在看来,传统课堂不可取代的结论已得到广泛认同,但传统课堂与MOOC如何结合及如何利用MOOC来促进课程质量的提升仍然是人们不断探索的。对于大学组织来说,MOOC的影响可能逐渐引发大学地理界限的虚化、大学人员组织的非教员化、大学职能的偏转以及大学国际化等方面的变化。在更宏观的层面,对于高等教育体系和社会来说,MOOC将可能促进大学教育体系的重构,创造新的教育商业模式,推动公平民主学习型社会的发展。

## 三、MOOC与网络公开课的区别

接触MOOC课程之前,大家所面临的最大疑问可能是:MOOC是网络公开课吗?它与现有的网络公开课有什么区别?MOOC是在传统网络公开课的基础上发展而来的,为了更好地诠释MOOC课程和传统网络公开课的区别,可以进行直观的比较。

如图9-16,传统网络公开课往往是课堂实录,它以最直接、简单的方式实现了课程资源的共享,使世界各地的人可以通过网络获取知识。但是,网络公开课是传统课程的重放,对于学生来说,观看学习的过程如同旁听。MOOC与网络公开课的最大区别是:MOOC课程是"理想课堂"的重现,让学生有真实选修之感。MOOC对"理想课程"的重现,体现在以下方面:

图9-16 网络公开课截图

在讲授方式上，没有限制和束缚，可大胆创新；

不仅是知识传授，更要设计课程学习的全周期；

分章节、每周放出新课；

需要学生参加讨论，有作业和考试；

有最终成绩，有证书或学分。

## 四、MOOC的课程形式

MOOC课程所有的学习单元都是一个模块。视频只是其中的一种模块，将它们精心地排列组合，就是MOOC的设计过程。MOOC不再以学时为单位，而以模块为单位。学习单元可以分成以下两类：

授课视频：它是课程知识点的主要载体，最能反映课程特点和授课人魅力。

非视频单元（习题、讨论、实验、阅读材料等）：有效配合授课视频的讲解，增强学习的参与感和互动性。学习单元好比一幕一幕的戏，MOOC设计则要设计每幕戏演什么、怎么演以及幕与幕的起承转合。不同的MOOC平台上，虽然课程模块的显示形式不同，但基本上都要包含上述学习单元。

图9-17为学习者进入学堂在线MOOC课程“电路原理”某一知识点所看到的内容。页面左侧列出了目录，学习者点击某一节后，即可进行学习。通过点击右上方菜单，学习者还可以查看课程公告，进入课程讨论区进行交流等。

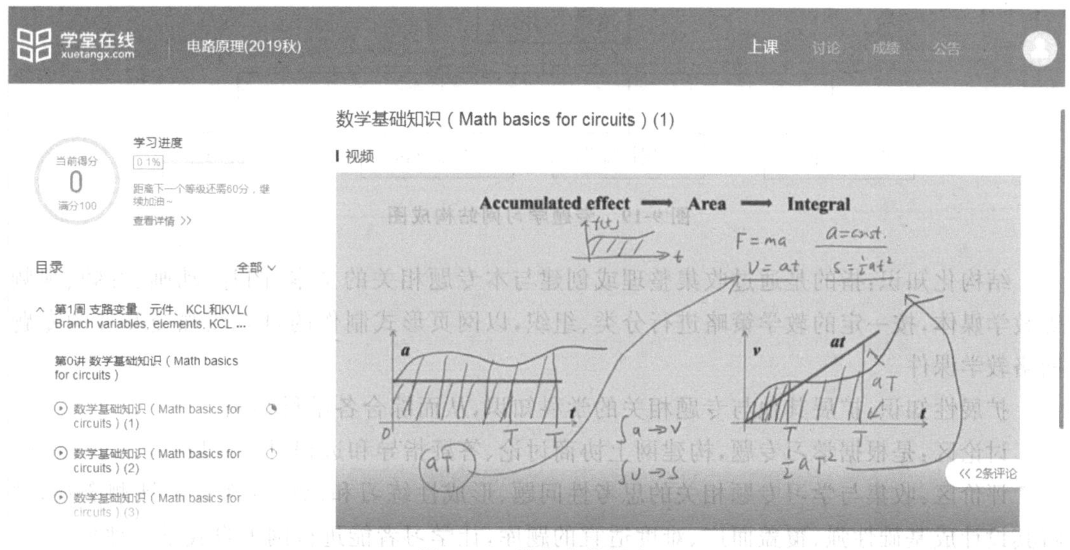


图9-17 学堂在线课程

如Coursera一门MOOC课程（图9-18）中，左侧为课程所有资源列表，点击“Video Lectures”后，可显示出该课程的所有视频单元目录，学习者可以点击进入观看视频，也可以下载后观看。通过点击左侧的菜单，也可以查看习题、实验、课程公告等信息。

尽管不同的MOOC平台课程展现方式不同，但其共同点是课件都包含视频单元和非视频单元。此外，还需要课程信息、讨论区、Wiki、课程进度、课程大纲等辅助功能。

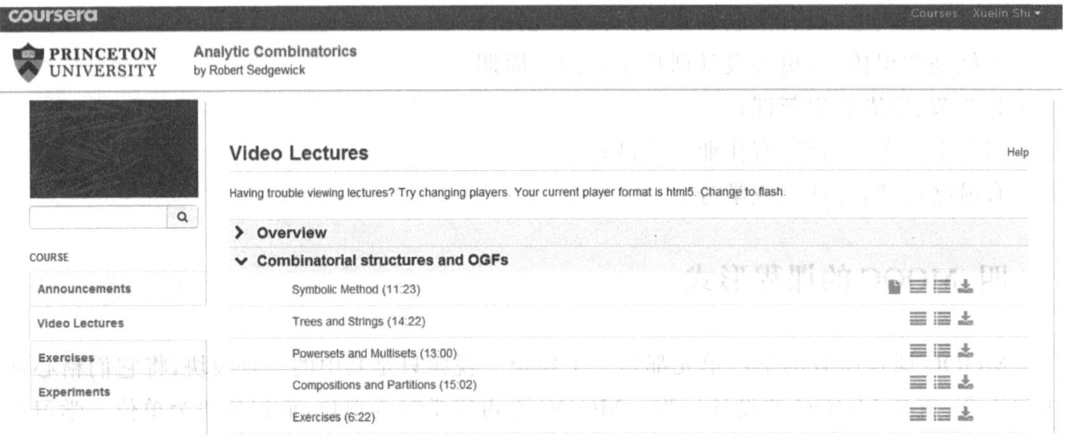


图 9-18　Coursera 课程组成

# 第四节　专题学习网站的教学应用

专题学习网站是在因特网的环境下，围绕某一专题或几个专题进行较为广泛深入研究的资源学习型网站。专题学习网站通常由以下四个基本部分组成，如图 9-19 所示。

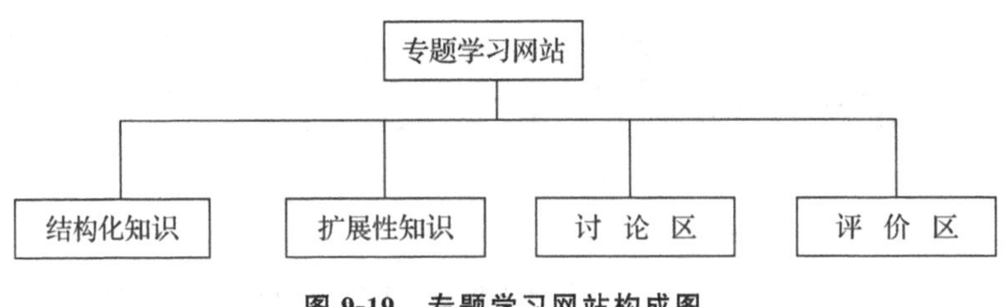


图 9-19　专题学习网站构成图

结构化知识：指的是通过收集整理或创建与本专题相关的文本、图片、动画、音频、视频等教学媒体，按一定的教学策略进行分类、组织，以网页形式制作的具有较强交互性的专题网络教学课件。

扩展性知识：扩展其他与专题相关的学科知识，从而综合各学科知识。

讨论区：是根据学习专题，构建网上协商讨论、答疑指导和远程讨论区域。

评价区：收集与学习专题相关的思考性问题、形成性练习和总结性考查的评测资料，并将其设计成基础性强、覆盖面广、难度适宜的题库，让学习者能进行网上自我学习评价。

关于专题学习网站教学应用的研究目前还处于起步阶段，下面介绍两种相对成熟的模式：

## 一、开发性学习模式

基于专题学习网站的开发性学习模式是华南师范大学教育信息技术学院的课题研究

成果。该模式是指围绕某一专题进行较广泛、深入的学习与研究，并要求学生通过构建专题学习网站来培养创新精神和实践能力。

这种模式的学习过程通常是：学生根据一定的要求，参与网站的设计开发；教师提出学习要求，学生利用网站自主与协作学习；学生的自主学习成果，通过评价整合成为网站资源；学生利用网站提供的形成性练习和在线测试功能，检测自己的学习效果。这种学习模式可以分两种情况：一是通过专题学习，学生进行专题学习网站的设计与开发，并在学习过程中不断完善和发展；二是在专题学习前已有相应的专题学习网站，学生以这个专题学习网站为平台进行专题学习，并利用学习成果丰富和完善原有的专题学习网站。在课堂教学中，通常采用的是后者，这种学习模式主要由“案例学习”“专题研讨”和“实践设计”三大教学环节组成。

### （一）教学环节

#### 1. 案例学习环节

指学生利用专题学习网站提供的大量案例进行自主学习，以示例教学策略为主。具体过程一般为：

（1）呈现案例：教师根据教学目标与教学内容提供教学案例。

（2）示范讲解：教师围绕一个典型案例，引导学生观察，并详细讲解。然后教师和学生围绕案例，提出思考问题，引发学生思考。

（3）观察思考：学生利用专题网站提供的案例进行观摩、思考和分析。

（4）交流讨论：学生交流学习心得与体会。

#### 2. 专题研讨环节

指学生围绕问题，利用专题网站的协作交流平台进行在线讨论，以基于问题的学习策略为主。具体过程一般为：

（1）提出问题：教师根据教学内容，精心设计问题，或者引导学生自己提出问题，并发布到专题学习网站中。

（2）自主学习：学生围绕感兴趣的问题，从专题学习网站中浏览相关的资源进行学习。

（3）协作研讨：学生以小组的形式利用专题网站提供的交流工具讨论问题。

（4）指导监控：教师参与学生的讨论过程，及时发现问题，并给予指点引导。

#### 3. 实践设计环节

指学生利用专题学习网站提供的实践任务和研究工具，进行作品设计，以基于任务的学习策略为主。具体过程一般为：

（1）布置任务：教师根据教学目标与教学内容，设计实践任务与要求，并提供实用性强的实践工具，便于学生完成任务。

（2）分析讨论：学生参考专题学习网站提供的教学设计案例，进行观摩学习，并以小组的形式分析、讨论如何完成任务。

（3）设计作品：学生以小组的形式，利用专题学习网站提供的设计工具完成实践任务，并将设计作品上传至专题学习网站。

（4）评价反馈：教师展示专题学习网站中学生设计的作品，组织指导学生对作品进行评价。

“案例学习”“专题研讨”和“实践设计”这三大教学环节突出了理论学习与实践训练的有机结合，专题学习网站为三大主要教学环节的实施提供了网络教学环境的支撑。学生最终完成的学习成果一方面充实和完善原有的专题学习网站，另一方面又可以作为其他学生学习的资源和实践案例。

### （二）特点

这种基于专题学习网站的开发性学习模式在实际教学中进行应用时，往往需要多课时才能完成。其主要特点体现在：

**1. 学习目标强调培养实践能力**

基于专题学习网站的开发性学习模式，其学习目标与传统的学习模式相比较，无论是知识内容的掌握，还是专题学习网站的开发，都更注重学生实践能力的培养。

**2. 学习内容围绕特定学习专题**

基于专题学习网站的开发性学习模式，其学习内容都是围绕特定的学习专题，这种学习专题可以分为不同的单元，每一单元又可以划分为若干个知识点。这种专题学习比较强调知识的内在联系以及专题的特点。

**3. 学习环境基于专题学习网站**

基于专题学习网站的开发性学习模式，主要学习环节都离不开专题学习网站的支撑。一方面，专题学习网站是实现这种学习模式的平台工具；另一方面，专题学习网站又是这种学习模式中师生共建的学习资源。

**4. 学习过程重视学生自主协作**

基于专题学习网站的开发性学习模式，在学习过程中非常重视学生的自主学习与协作学习。利用专题学习网站的特有功能和资源内容，我们可以让学生通过“专题学习”模块进行自主学习，也可以通过“协作学习”和“专题资源库”等模块进行协作学习。

**5. 学习效果注重学生自主创新**

- 创设探究情境；
- 明确探究任务；
- 学生自主探究；
- 师生协作交流；
- 拓展探究任务；
- 学生自主检测。

基于专题网站的开发性学习模式，以学为主，体现学生学习效果的重要指标是学生电子作品的制作，这种电子作品既要反映学生对专题知识内容的理解和创新，还要体现学生对信息技术的掌握和应用，是学生综合能力的一种体现。

## 二、自主探究型教学模式

基于专题学习网站的自主探究型教学模式坚持“学教并重”，注重发挥教师的主导作用，引导学生自主探究学习，把“以教师为中心”和“以学生为中心”的不同教学模式的长处吸收过来，克服了各自的消极因素，在课堂教学中应用较广。

（一）教学流程

(1)创设探究情境：教师根据教学目标，创设符合学生认知特点，能激发学生探究兴趣、活跃学生思维的问题情境。

(2)明确探究任务：教师提出问题，抛出任务，或者引导学生自己提出问题和要探究的任务，并明确探究的要求和方法。

(3)学生自主探究：学生围绕问题和任务，利用专题学习网站和其他网站的相关资源和各种学习辅助工具进行自主探究式学习。在探究过程中，教师和学生是平等的互动关系，教师是组织者、引导者和协作者，学生是学习的主体，教学在师生平等对话中动态生成。学生在自主探究过程中，既有个体独立钻研，又有群体合作研讨。

(4)师生协作交流：在学生个人或小组探究的基础上，利用专题学习网站的协作交流系统开展集体互动交流，实现学习成果共享。

(5)学生自主检测：学生利用在线测评功能自我检测，并及时反馈给教师，教师随时进行教学调控。

(6)拓展探究任务：师生共同回顾探究过程和成果，进行适当总结，教师可根据需要引导学生进行深层次的探究。

（二）特点

自主探究型教学模式需要教师研制探究内容，安排探究过程，进行探究评价，根据内容、过程和评价的需要，合理地利用网络技术，通过课内和课外两个渠道引导学生自主探究。这种教学模式主要有以下五个特点：

**1. 关注多元发展目标**

这种教学模式确定的课堂教学目标，在关注、培养学生探究能力的同时，也要关注学生探究的过程和方法，培养良好的探究品质。教师在制定教学目标时应有所考虑。例如，对小学科学《太阳系和九大行星》，教师可拟定如下三维教学目标：

- 知识与技能：知道九大行星的名字、概况及与太阳的关系，初步了解国内外探索太阳系的情况；
- 过程与方法：能借助网络资源发现问题，提出自己所要了解和研究的问题，能在自主和协作探究中解决问题；
- 情感、态度与价值观：体验网上探究的乐趣，激发学生的民族自豪感和紧迫感。

**2. 创设网络探究情境**

自主探究型教学以问题解决为中心，信息技术提供的问题情境有利于引发学生质疑问难，发展学生的假设推断能力和创新思维能力。教师在教学中要鼓励学生对自己或别人提出的问题进行大胆合理假设，可通过以下途径创设网络探究情境：a.基于课本的问题；b.基于拓展学习的问题；c.基于社会生活的问题；d.基于学生自己感兴趣的问题。在课堂上，这些问题有时是学生根据学习内容确定研究的，有时是教师有意识地设置并引导学生探究的。例如，在教学苏教版小学社会第五册《新疆的沙漠与绿洲》一课时，教师可以自制“走进新疆”专题学习网站，在导入阶段这样引导学生自主质疑：

师：今天我们要去游览美丽的新疆，大家对新疆这个地方怀有哪些好奇？

生：为什么新疆的水果那么甜？

那里的人是怎样生活的？有哪些风俗习惯？

新疆的气候和我们这里有什么不同，造成气候差异的原因是什么？

……

**3. 采取“任务驱动”教学策略**

在实际教学中，我们会发现学生的问题不一定是教学的重点，教师要根据教学需要，将教学的重点、学生理解的难点和兴趣点有机整合，归纳出有研究价值的问题和任务，引导学生展开探究，并适时加以指导，这样的教与学才更加有效。例如，在小学语文《桥》网络课上，教师通过“研究性学习”栏目(http://www.gaopeng.com/bridge/renwu)，引导每位学生扮演一个角色，如小小文学家、历史学家、桥梁设计师、新闻记者、统计学家、艺术家等等，让学生根据自己的角色分别选择任务展开探究活动，教师通过专题学习网站给予必要的技术支持和现场指导，学生在运用网络探究解决问题的过程中，会逐渐体会到网络探究的优势，从而增强运用网络自主探究的自觉性和积极性。

需要注意的是，利用网络获取信息是学生开展探究活动的第一步，教师应指导学生有目的、有选择地浏览信息，才能提高学生学习的效率和学习的能力。在完成任务的过程中，教师要注意指导，帮助学生收集并合理筛选有价值的文字和图片等资料，根据主题制作成电子作品。由于是学生自主收集信息资源，因而各人的视角不同，关注和研究的内容也存在差异，这就需要教师指导学生进行个性化的学习。

**4. 营造“个体研究-集体研讨”学习环境**

网络为学生的探究学习提供了广阔的个性空间，学生在老师的引导下，根据自己的实际情况，对自己感兴趣或存疑惑的问题进行个体研究，这是培养学生探究能力的关键。如果没有个体对问题的深刻理解，集体研讨也就失去意义，学生的探究也将难以向纵深发展。同时，网络又为学生创造了宽松和谐的协作环境，学生在独立钻研的基础上，在教师的指导帮助下，通过集体研讨共享智慧和思维成果，并互相补充，达到对当前所学内容的全面正确理解，完成对所学内容的意义建构。在集体研讨过后，教师可以引导学生继续进行深层次的个体研究，促使学生的探究活动不断走向深入。例如，社会和语文学科都有关于兵马俑的教学，社会课和语文课老师可以协同教学，组织学生自主探究学习：

社会课上，首先让学生结合课文内容，提出值得研究的问题，如秦始皇陵和兵马俑在中国历史上的意义，如何评价秦始皇等，然后引导学生利用兵马俑专题学习网站和其他相关网站，进行个体学习和思考；学生将自己收集到的资料进行简单加工、处理后，在小组中进行交流，发表自己的见解，在组长的带领下完成研究报告或其他电子作品。

语文课上，学生结合自己的研究报告或其他电子作品，学习文本，加深对语言文字的理解，感悟作者谋篇布局和语言处理的精妙。在充分学习和研究的基础上，进一步修改研究报告或电子作品，并发送至网上实现资源共享。

这样，过去需要5课时才能完成的学习任务(社会2课时，语文3课时)，教师利用网络资源进行学科教学整合后，3课时就完成了，不仅避免了重复劳动，而且激发了学生探究的兴趣，提高了学习效率和学习能力。

**5. 拓展网络探究学习天地**

课堂学习时间毕竟是有限的，信息时代学生学习的内容和范围将不再局限于课堂和教材。在不加重学生负担的前提下，我们提倡学生利用课外时间，充分发挥专题学科网站的作用，利用“聊天室”或通过发电子邮件进行师生之间、生生之间的网上交流，进行远程“探讨”。比如，南京市游府西街小学综合实践活动课《桥》的教学，教师课前让学生对身边的桥梁展开调查，课堂上上网了解桥的历史、桥的种类、桥的功能和世界名桥四个方面的内容，然后对家乡的桥梁进行评价，完成自己的研究报告。学生在报告中写道：“桥给人们的生活带来方便，南京天桥不如世界名桥美观，有损城市形象，建议专家设计既美观，又实用的桥梁，满足人们的身心需求。”探究式教学和研究性学习让学生学会关注生活，关注社会，热爱生活，以至能主动去创造生活。教师还可将有价值的研究报告提交给有关部门。实践证明，凡是能经常上网收集、整理、应用资料的学生，不仅知识面广，视野开阔，而且有自己独特的见解和创新的做法。

## 第五节　移动学习及其资源开发

### 一、移动学习

移动学习（mobile learning）是一种在移动设备帮助下的能够在任何时间、任何地点发生的学习，移动学习所使用的移动计算设备必须能够有效地呈现学习内容并且提供教师与学习者之间的双向交流。

正确理解移动学习的内涵应该从以下几个方面来把握：

首先，移动学习是在数字化学习的基础上发展起来的，是数字化学习的扩展，有别于一般学习。Sun公司的e-learning专家Michael Wenger针对移动学习提出了他独到的见解，他认为移动学习并不是什么新鲜事物，因为在传统学习中印刷课本同样能够很好地支持学习者随时随地进行学习，可以说课本在很早以前就已经成为支持移动学习的工具，而移动学习也一直就在我们的身边。

其次，移动学习除具备了数字化学习的所有特征之外，还有它独一无二的特性，即学习者不再被限制在电脑桌前，可以自由自在、随时随地进行不同目的、不同方式的学习。学习环境是移动的，教师、研究人员、技术人员和学生都是移动的。

最后，从它的实现方式来看，移动学习实现的技术基础是移动计算技术和互联网技术，即移动互联技术；实现的工具是小型化的移动计算设备，如智能手机、iPad等终端设备等。这些工具具有：可携带性（portability），即设备形状小、重量轻，便于随身携带；无线性（wireless），即设备无须连线；移动性（mobility），指使用者在移动中也可以很好地使用。

## 二、移动学习的本质特征和学习优势

移动学习的本质特征可归纳为高便携性、高可用性和微型化(图 9-20)。

移动学习本质特征

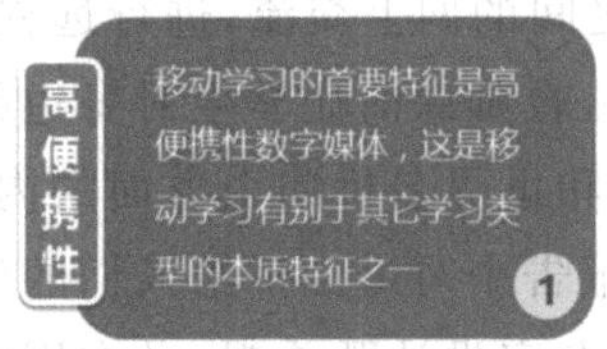


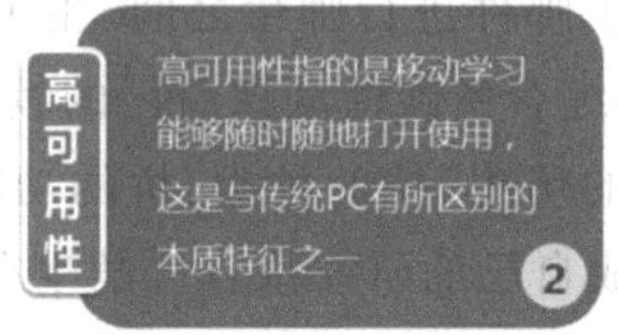


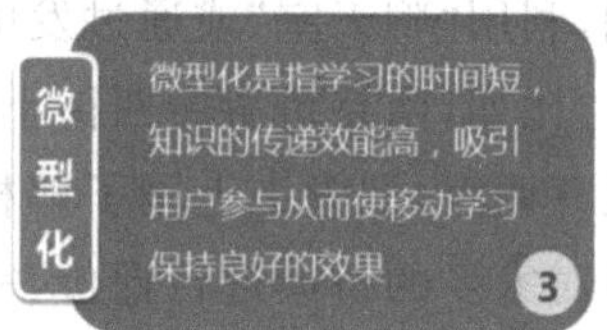


**图 9-20　移动学习的本质特征**

移动学习高便携性、高可用性和微型化的本质特性也使其具有以往学习方式不可比拟的优越性。

**1. 灵活多变的学习方式**

学生可利用片断时间，随时随地打开智能手机和平板电脑登录移动学习平台，方便浏览最新资讯、阅读新书、学习课程。

**2. 教育设备投入减少**

移动时代人人必备手机，智能终端的普及率逐年提高。采用移动学习方式，无须过多的设备投入，就能进行移动教学和学习。

**3. 先进高效的学习理念**

移动学习平台一般都会采用学习过程管理，将课程划分成精心提炼的章节，分段按时推送，辅以大量学习补充资料，并在过程中增加了许多分享互动环节，促使学生可以结合实际情况进行思考，加强记忆的同时也提升学习效果。

**4. 学习效果可跟踪分析**

移动学习平台可对学员学习资料下载、经验分享、登录次数等关键数据统计，了解到学员的学习习惯及学习主动性，可以对学员学习效果有效跟进和掌握。

## 三、移动学习的发展趋势

### (一)智能化

与基于 PC 的网络学习不同，基于移动设备具有接收推送信息的特性，移动学习具有智能化、人性化的特点。如在一个用户的问题得到回答时，传统网络环境下，用户关闭浏览器之后，就很难得到响应；而在移动学习环境下，即使用户退出学习软件，也可以接收到答案的短信，从而使得学习的交互特性得到充分体现。

### (二)进一步的微型化

“微型化”是移动学习本质特征之一。自 2013 年起，在中国掀起了开发微课程的热潮，无论是高等教育、中小学教育，还是企业培训，都认识到了微时代的到来，这使得网络课程的形式更加生动活泼、短小精悍。

### （三）开创新型学习模式

新型学习模式正在兴起。几年前人们还认为“移动终端只能作为 PC 的一种补充”，现在人们讨论的就是“什么时候移动终端可以取代 PC”。现在大量应用可以在移动终端上完成，比如浏览网页、购物、学习等。移动终端具有 PC 所不可比拟的优势，如基于位置的服务、基于各种感应器的教学、基于可移动式虚拟现实体验学习等，这些都必将开创新型的学习模式。

## 四、移动学习资源开发

### （一）移动学习资源开发原则

**1. 适合的原则**

学习地点的不确定性是移动学习的最大特点，由于学习地点的移动性，学习者周围的学习环境将不同于安静的教室、宁静的书房和秩序井然的图书馆等固定学习场所。应关注在移动学习环境和容易受干扰的情况下适合于学习者学习的资源开发。

**2. 零散的原则**

没有相对完整的学习时间是移动学习者，特别是成人移动学习者的又一特点。移动学习资源开发时应遵循零散的原则，给成人学习者以步步为营，各个击破的学习成就感，激发他们的学习成就动机，从而达到有效学习。

**3. 简单的原则**

手持设备 CPU 处理能力和内存都是有限的，成人学习者的学习时间又是分散的，且容易受外界干扰，这些都决定了开发移动学习资源必须坚持简单的原则，即界面简洁，操作简单，少图像，少视频，必须用图形说明的应以二维矢量图为主，文字说明应简洁明快，色彩搭配合理，可以用颜色提示知识点的重点难点

**4. 少输入原则**

一键多能是手持设备的共同特点，哪怕是使用配有外置专用键盘，对手持设备来说输入大量的文字也不是件方便的事。所以在开发移动学习资源，尤其是交互设计方面要尽量减少文字输入，按钮设计上也应简洁。

**5. 短文本、多级联**

移动设备小巧便于携带的同时也显露了它的一个弱点，就是屏幕较小，现在的无线网络带宽也是有限的，因此在开发移动学习资源时应遵循短文本，菜单以级联形式为主。

### （二）移动学习资源设计要点

**1. 界面设计**

- 视觉设计上，应颜色均匀，亮度适中，考虑在不同工具上的显现效果；
- 听觉设计上，应使音量适中并使用字幕；

● 不同移动操作系统(如苹果、安卓、Windows、蓝莓等)界面有各自的风格,可设计不同版本以匹配。

**2. 媒体设计**

● 用文本呈现基本概念或事实性学习内容;

● 用图片呈现直观形象的概念或事实性学习内容;

● 用声音呈现语言学习、绘画等教学内容;

● 用视频呈现真实场景重现的教学内容;

● 用动画呈现形象化、过程化的知识内容。

**3. 内容设计**

● 短小精悍,知识模块化组织;

● 提供知识结构图,实现体系化;

● 及时更新,自动提醒;

● 移动学习模块持续的时间控制在 30 秒到 10 分钟之间。

**4. 交互设计**

常见交互方式有浏览内容、短消息、提问、表态(赞一个)、讨论、练习、社交(加好友、关注、发私信)。

● 菜单简洁,不常用下拉形式;

● 导航清晰,快速返回、回主页;

● 全文搜索,快速定位信息。

**5. 可用性设计**

可用性是指产品在特定使用环境下为特定用户用于特定用途时所具有的有效性、效率和用户主观满意度;

● 结合移动终端的特性,设计开发可用、有用、易用的学习资源;

● 投入使用前,进行可用性测试。

### (三)移动学习资源开发流程

如图 9-21。

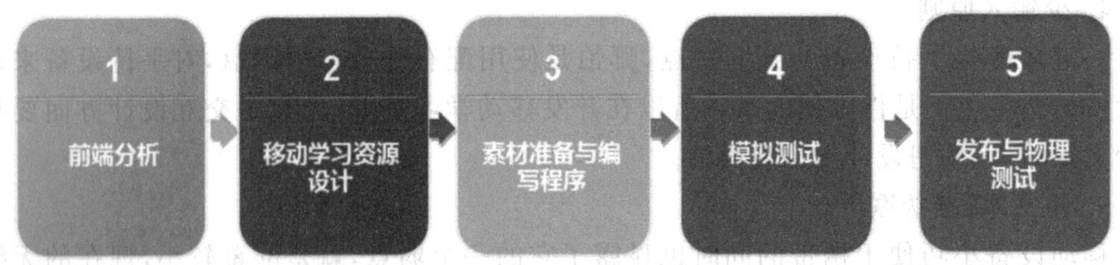


图 9-21 移动学习资源的开发流程

**1. 前端分析**

针对具有教育性质的移动学习资源的开发,首先要运用教学系统设计的原理对所要开发的资源进行整体分析,即前端分析。其中包括学习者分析(此处依据学习任务对部分特点进行概括)、学习目标分析、实验内容分析及所需移动设备的分析。

**2. 移动学习资源设计**

根据已有的分析进行设计，包括界面导航设计和内容结构设计。根据终端尺寸及分辨率的多样化对资源的开发进行规划和设计。

**3. 素材准备与编写程序**

收集相关的图片、声音和文字素材后进入开发阶段。此时可按照首页中已经设计好的导航的顺序进行应用程序编写。

**4. 模拟测试**

将开发好的程序在模拟器中测试，如使用 Flash Lite 模拟器可以在移动设备上测试，完善应用程序设计并修复存在问题，节省开发时间，提高开发效率。

**5. 发布与物理测试**

学习资源发布成 WAP 后，供用户下载到真实移动设备上进行测试，即物理测试。模拟器并不能模拟目标设备的所有方面，如设备的处理器速度、颜色深度或网络延迟等。因此，在一个或多个目标设备上测试应用程序是非常重要的一个环节。

## 五、微信公众号的教育应用

信息技术的飞速发展，给教学交互带来更多技术的支持。网络环境下支持教学交互的方式有网络直播系统、视频会议系统、IP 电话答疑系统、E-mail、留言板、论坛、Blog、移动短信系统等。随着智能手机的普及，3G、4G 及无线网络的发展，手机成为人们的个人信息中心，使用智能手机开展移动学习，就离不开使用手机进行的教学交互。微信是目前比较流行的一款即时通信服务软件，通过手机、平板，用户可以快速对语音、视频、图片和文字等进行信息的传输，并提供公众平台、消息推送等功能。使用微信的公共平台可以搭建师生教学交互平台，增加交互的及时性，提高交互效率，促进有意义的学习。

### （一）微信公众号的主要类型

微信公众平台目前分成订阅号、服务号、企业号及小程序几种类型（如图 9-22 所示），申请注册微信公众号时类型选择一经申请不可更改。

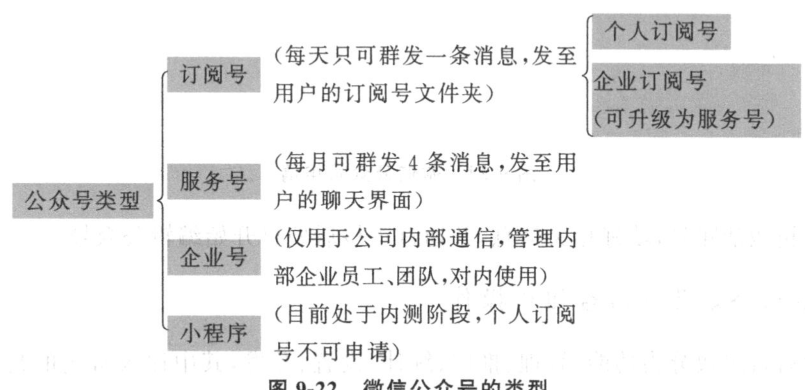


**图 9-22　微信公众号的类型**

（1）订阅号：主要偏于为用户传达资讯，认证前后都是每天只可以群发一条消息，群发消息收至订阅号文件夹，群发消息不会提示推送。如“青年文摘”“新浪娱乐”都属于订阅号。

(2)服务号:主要偏于服务交互,认证前后都是每个月可群发4条消息,群发的消息显示在聊天列表,下发消息即时通知“粉丝”。如“漳州农商银行”“微信公众平台”。

(3)企业号:主要用于公司内部通信使用,需要先有成员的通信信息验证才可能关注成功。如果想用来管理内部企业员工、团队,对内使用,可申请企业号。

(4)小程序:是一种不需要下载安装就可以使用的应用,目前处于内测阶段,暂时不接受个人订阅号申请。

## (二)微信公众号的注册

注册微信公众号时,首先需要进入微信公众号平台 http://mp.weixin.qq.com,并选择公众号类型进行注册(如图 9-23)。

**图 9-23 微信公众号申请**

利用邮箱激活账号,填好相关信息,并通过审核后便可开始编辑公众号。

## (三)微信公众号的后台组块操作

微信的后台组块分为功能、管理、推广、统计、设置、开发,其中比较常用的是功能、管理和设置。

### 1. 功能组块

包括群发功能、自动回复、自定义菜单、投票管理及待添加的功能插件(图 9-24)。

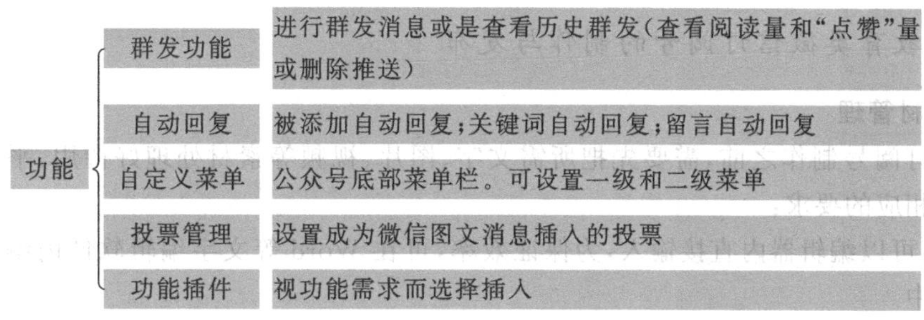


图 9-24　微信公众号功能组块

群发功能:个人订阅号每日可发一次消息(图文消息、文字、图片、语音、视频)。可查看当天的群发消息或历史消息,删除推送则读者点击链接后无法查看消息内容。

自动回复中包括被添加自动回复、消息自动回复以及关键词自动回复。被添加自动回复是在“粉丝”关注公众号后自动跳出来的文字、图片、语音或视频。消息自动回复是指“粉丝”在后台留言后,后台及时以文字、图片、语音或视频回复,一般一个小时内回复1～2条内容。关键词自动回复是“粉丝”的留言中涉及关键字时后台以文字、图片、语音、视频或图文消息进行回复,关键词由自己设置,可设置多个关键词及其规则。

自定义菜单即公众号界面下方的导航条,可以设置3个一级菜单和5个二级菜单。其中每个菜单可以设置跳转网页或者是发送消息(图文消息、图片、语音、视频)。

**2. 管理组块**

该组块是所有组块中最常用也是最基本的,功能包括:

消息管理:可与“粉丝”进行互动,查看及回复消息,当消息超过48小时便不能回复,需等“粉丝”自动发起聊天。

用户管理:可以查看所有“粉丝”并且对“粉丝”进行备注及分组或拖入黑名单。

素材管理:素材(图文消息、图片、语音、视频)存储地,删除素材不影响已推送的文章。

**3. 设置组块**

设置组块分为账号详情及功能设置。账号详情中可查看和修改公众号头像、名称、功能介绍。功能设置中可设置是否允许通过名称或微信号搜索及是否添加图片水印。如图9-25。

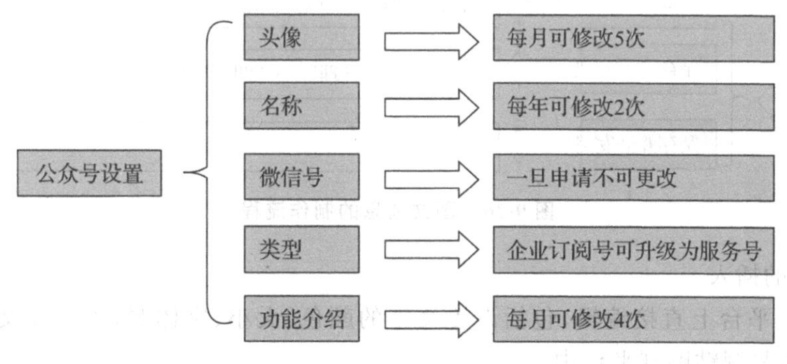


图 9-25　微信公众号设置组块

## (四)教育类微信订阅号的制作与发布

### 1. 素材管理

微信订阅号制作之前,需要先把所需文字、图片、视频等素材处理好待用,平台对各种素材有着相应的要求:

文字:可以编辑器内直接输入,为保证效率,可在 Word 等文字编辑软件内编辑好再复制到平台中。

图片:支持大部分图片格式,大小不超过 5 M。一次性至多上传 20 张图片。可以对图片进行分组安放。

音频:自己上传的音乐资源,支持 mp3、wma、wav、amr 格式,文件大小不超过 30 M,语音时长不超过 30 分钟。

视频:自行上传的视频需等后台转码才可以插入文章中(转码需时不一定)。视频不能超过 20 M,超过 20 M 的视频可于腾讯视频上传后添加;视频时长不少于 1 秒,不多于 10 小时,支持大部分主流视频格式。

### 2. 图文信息的新建

如图 9-26。

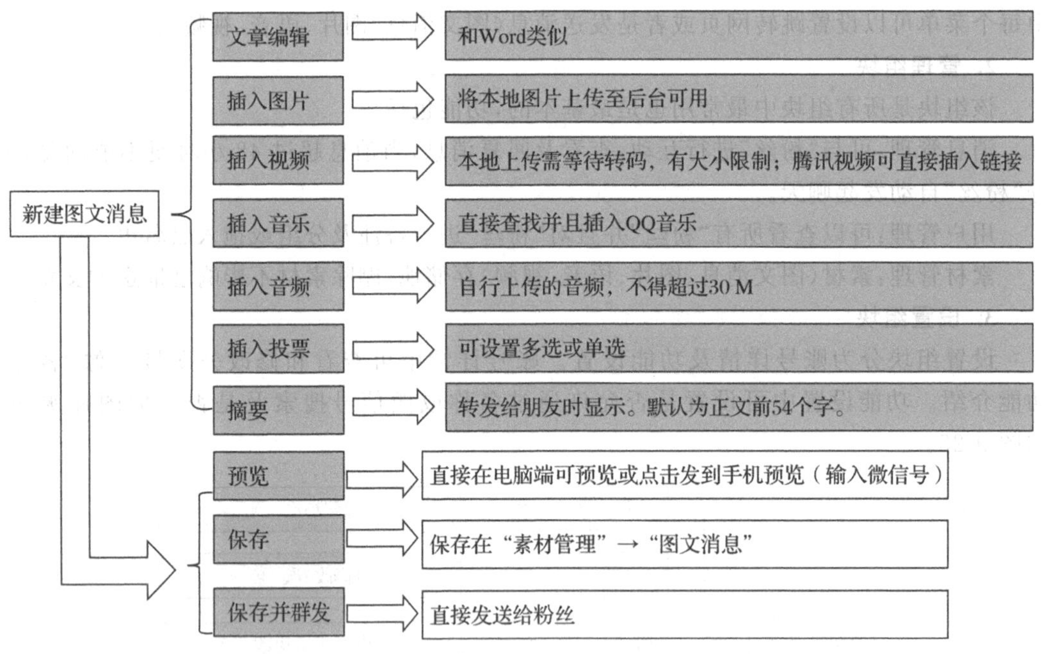


图 9-26 图文消息的制作流程

(1)文字的插入

文字可在平台上直接编辑,包括设置文字的颜色、大小、字体等,也可在文字编辑软件中处理好直接复制粘贴到平台中。

(2)图片的插入

将光标点在要插入图片的位置→右侧工作区点选“图片”→选择素材库中的照片或选择“本地上传”→勾选图片→确定。如图 9-27。

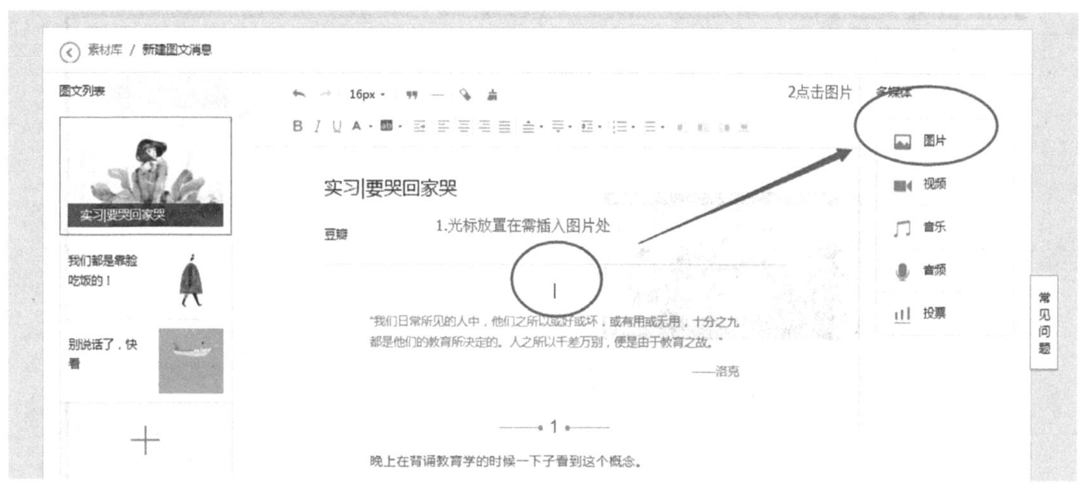


**图 9-27　图片的插入**

(3)视频的插入

将光标点在要插入视频的位置→右侧工作区点选"视频"→选择素材库中的视频或选择"视频链接",输入腾讯视频的链接→勾选视频→确定,如图 9-28。若要插入自制视频,最好是提早一两天在微信后台或者腾讯网上上传视频,等待转码需要很长时间,可能耽误推送时间。

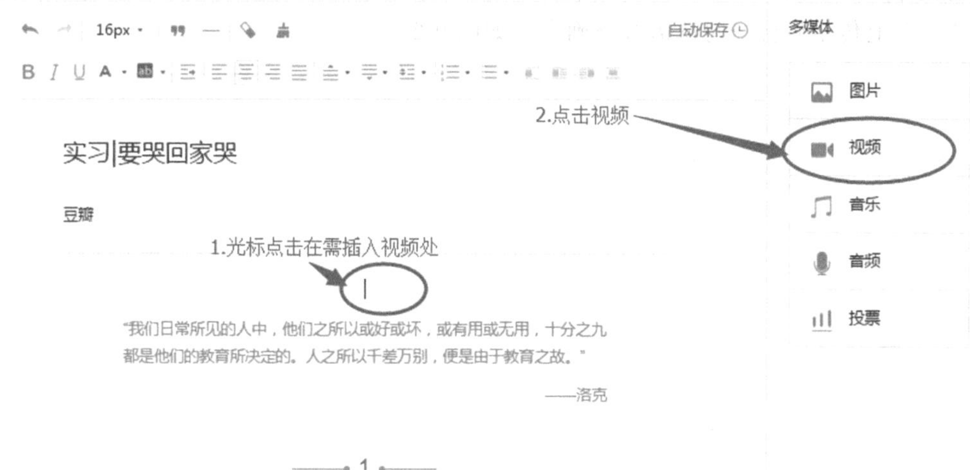

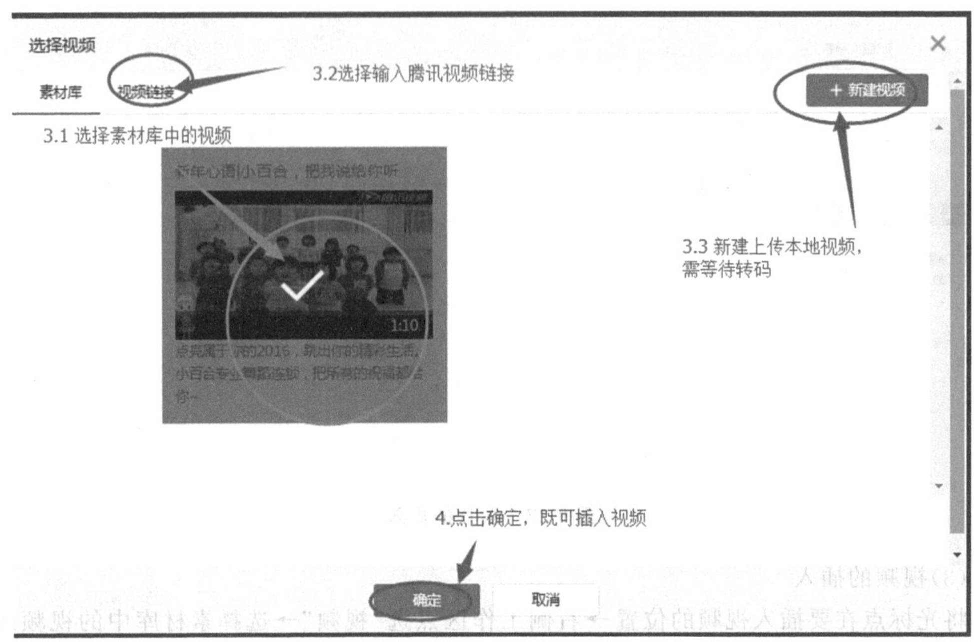


图 9-28　视频的插入

(4)音乐的插入

将光标点在要插入音频的位置→右侧工作区点选“音频”→选择素材库中的语音或选新建语音并上传至后台→勾选语音→确定。如图 9-29。

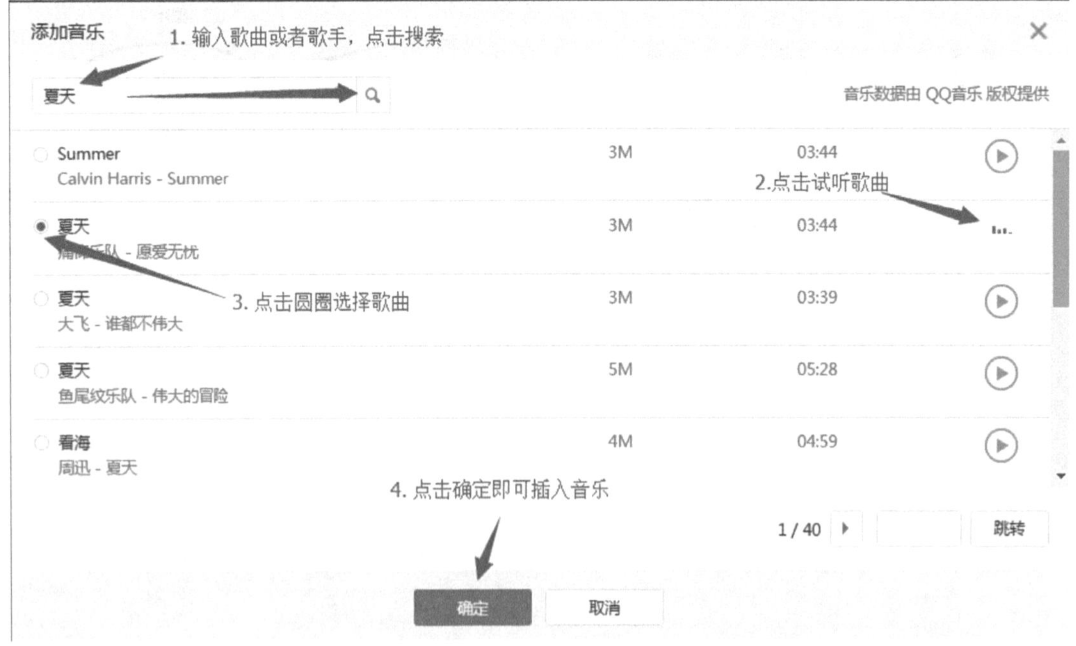


图 9-29　音乐的插入

(5)插入投票

将光标点在要插入投票的位置→右侧工作区点选“投票”→选择素材库中的投票或选择新建投票(新建投票只需要输入投票标题、起止时间、各问题及选项,图片可上传可不上传,单/多选)→确定。

**3. 图文信息的预览与发布**

图文信息编辑完成后,在正式发布之前,可进行预览。预览分为两种:在电脑端预览(图 9-30)和在手机端预览。手机端预览需输入用户微信号/QQ 号/手机号(需关注公众号),便可直接在手机微信端的订阅号内查看图文。

**图 9-30　电脑终端预览**

1. 网络教育的理解概念是什么?
2. MOOC 的定义是什么? MOOC 与网络公开课有什么联系和区别?
3. 什么是移动学习? 移动学习资源的开发原则是什么?

# 第十章　信息技术与课程的深度融合

**【内容导学】**

“信息技术与课程整合”是我国面向21世纪基础教育教学改革的新视点，是与传统的学科教学有着密切的联系和继承性，又具有一定相对独立特点的教学类型。2.0背景下倡导信息技术与课程的深度融合与实践对于创新性人才的培养具有重要意义和价值。

**【学习目标】**

1.理解信息技术与课程深度融合的定义；

2.了解中小学教师信息技术应用能力提升工程2.0的政策背景；

3.了解信息技术与课程整合的常见教学模式；

4.掌握工具型教学软件在教学中的应用。

## 思政第一课　中国教育现代化2035

《中国教育现代化2035》是2019年2月中共中央、中国国务院印发的文件，分为五个部分：一、战略背景；二、总体思路；三、战略任务；四、实施路径；五、保障措施。中共中央、中国国务院发出通知，要求各地区各部门结合实际认真贯彻落实。

**一、制定历程**

2016年初，教育现代化文件起草工作启动。历时两年多时间，主要开展了以下工作：一是贯彻中央精神；二是组织专题研究；三是深入开展调研；四是广泛征求意见。

2019年2月，《中国教育现代化2035》印发。

**二、内容解读**

(一)战略背景

《中国教育现代化2035》提出推进教育现代化的指导思想是：以习近平新时代中国特色社会主义思想为指导，全面贯彻党的十九大和十九届二中、三中全会精神，坚定实施科教兴国战略、人才强国战略，紧紧围绕统筹推进“五位一体”总体布局和协调推进“四个全面”战略布局，坚定“四个自信”，在党的坚强领导下，全面贯彻党的教育方针，坚持马克思主义指导地位，坚持中国特色社会主义教育发展道路，坚持社会主义办学方向，立足基本国情，遵循教育规律，坚持改革创新，以凝聚人心、完善人格、开发人力、培育人才、造福人民为工作目标，培养德智体美劳全面发展的社会主义建设者和接班人，加快推进教育现代化，建设教育强国，办好人民满意的教育。将服务中华民族伟大复兴作为教育的重要使命，坚持教育为人民服务、为中国共产党治国理政服务、为巩固和发展中国特色社会主义制度服务、为改革开放和社会主义现代化建设服务，优先发展教育，大力推进教育理念、体系、制度、内容、方法、治理现代化，着力提高教育质量，促进教育公平，优化教育结构，为决胜全面建成小康社会、实现新时代中国特色社会主义发展的奋斗目标提供有力支撑。

（二）总体思路

《中国教育现代化 2035》提出了推进教育现代化的八大基本理念：更加注重以德为先，更加注重全面发展，更加注重面向人人，更加注重终身学习，更加注重因材施教，更加注重知行合一，更加注重融合发展，更加注重共建共享。明确了推进教育现代化的基本原则：坚持党的领导、坚持中国特色、坚持优先发展、坚持服务人民、坚持改革创新、坚持依法治教、坚持统筹推进。

《中国教育现代化 2035》提出，推进教育现代化的总体目标是：到 2020 年，全面实现"十三五"发展目标，教育总体实力和国际影响力显著增强，劳动年龄人口平均受教育年限明显增加，教育现代化取得重要进展，为全面建成小康社会作出重要贡献。在此基础上，再经过 15 年努力，到 2035 年，总体实现教育现代化，迈入教育强国行列，推动我国成为学习大国、人力资源强国和人才强国，为到本世纪中叶建成富强民主文明和谐美丽的社会主义现代化强国奠定坚实基础。2035 年主要发展目标是：建成服务全民终身学习的现代教育体系，普及有质量的学前教育，实现优质均衡的义务教育，全面普及高中阶段教育，职业教育服务能力显著提升，高等教育竞争力明显提升，残疾儿童少年享有适合的教育，形成全社会共同参与的教育治理新格局。

（三）战略任务

《中国教育现代化 2035》聚焦教育发展的突出问题和薄弱环节，立足当前，着眼长远，重点部署了面向教育现代化的十大战略任务：

一是学习习近平新时代中国特色社会主义思想。把学习贯彻习近平新时代中国特色社会主义思想作为首要任务，贯穿到教育改革发展全过程，落实到教育现代化各领域各环节。以习近平新时代中国特色社会主义思想武装教育战线，推动习近平新时代中国特色社会主义思想进教材进课堂进头脑，将习近平新时代中国特色社会主义思想融入中小学教育，加强高等学校思想政治教育。加强习近平新时代中国特色社会主义思想系统化、学理化、学科化研究阐释，健全习近平新时代中国特色社会主义思想研究成果传播机制。

二是发展中国特色世界先进水平的优质教育。全面落实立德树人根本任务，广泛开展理想信念教育，厚植爱国主义情怀，加强品德修养，增长知识见识，培养奋斗精神，不断提高学生思想水平、政治觉悟、道德品质、文化素养。增强综合素质，树立健康第一的教育理念，全面强化学校体育工作，全面加强和改进学校美育，弘扬劳动精神，强化实践动手能力、合作能力、创新能力的培养。完善教育质量标准体系，制定覆盖全学段、体现世界先进水平、符合不同层次类型教育特点的教育质量标准，明确学生发展核心素养要求。完善学前教育保教质量标准。建立健全中小学各学科学业质量标准和体质健康标准。健全职业教育人才培养质量标准，制定紧跟时代发展的多样化高等教育人才培养质量标准。建立以师资配备、生均拨款、教学设施设备等资源要素为核心的标准体系和办学条件标准动态调整机制。加强课程教材体系建设,科学规划大中小学课程,分类制定课程标准,充分利用现代信息技术,丰富并创新课程形式。健全国家教材制度,统筹为主、统分结合、分类指导,增强教材的思想性、科学性、民族性、时代性、系统性,完善教材编写、修订、审查、选用、退出机制。创新人才培养方式,推行启发式、探究式、参与式、合作式等教学方式以及走班制、选课制等教学组织模式,培养学生创新精神与实践能力。大力推进校园文化建设。重视家庭教育和社会教育。构建教育质量评估监测机制,建立更加科学公正的考试评价制度,建立全过程、全方位人才培养质量反馈监控体系。

三是推动各级教育高水平高质量普及。以农村为重点提升学前教育普及水平,建立更为完善的学前教育管理体制、办园体制和投入体制,大力发展公办园,加快发展普惠性民办幼儿园。提升义务教育巩固水平,健全控辍保学工作责任体系。提升高中阶段教育普及水平,推进中等职业教育和普通高中教育协调发展,鼓励普通高中多样化有特色发展。振兴中西部地区高等教育。提升民族教育发展水平。

四是实现基本公共教育服务均等化。提升义务教育均等化水平,建立学校标准化建设长效机制,推进城乡义务教育均衡发展。在实现县域内义务教育基本均衡基础上,进一步推进优质均衡。推进随迁子女入学待遇同城化,有序扩大城镇学位供给。完善流动人口子女异地升学考试制度。实现困难群体帮扶精准化,健全家庭经济困难学生资助体系,推进教育精准脱贫。办好特殊教育,推进适龄残疾儿童少年教育全覆盖,全面推进融合教育,促进医教结合。

五是构建服务全民的终身学习体系。构建更加开放畅通的人才成长通道,完善招生入学、弹性学习及继续教育制度,畅通转换渠道。建立全民终身学习的制度环境,建立国家资历框架,建立跨部门跨行业的工作机制和专业化支持体系。建立健全国家学分银行制度和学习成果认证制度。强化职业学校和高等学校的继续教育与社会培训服务功能,开展多类型多形式的职工继续教育。扩大社区教育资源供给,加快发展城乡社区老年教育,推动各类学习型组织建设。

六是提升一流人才培养与创新能力。分类建设一批世界一流高等学校,建立完善的高等学校分类发展政策体系,引导高等学校科学定位、特色发展。持续推动地方本科高等学校转型发展。加快发展现代职业教育,不断优化职业教育结构与布局。推动职业教育与产业发展有机衔接、深度融合,集中力量建成一批中国特色高水平职业院校和专业。优化人才培养结构,综合运用招生计划、就业反馈、拨款、标准、评估等方式,引导高等学校和职业学校及时调整学科专业结构。加强创新人才特别是拔尖创新人才的培养,加大应用型、复合型、技术技能型人才培养比重。加强高等学校创新体系建设,建设一批国际一流的国家科技创新基地,加强应用基础研究,全面提升高等学校原始创新能力。探索构建产学研用深度融合的全链条、网络化、开放式协同创新联盟。提高高等学校哲学社会科学研究水平,加强中国特色新型智库建设。健全有利于激发创新活力和促进科技成果转化的科研体制。

七是建设高素质专业化创新型教师队伍。大力加强师德师风建设,将师德师风作为评价教师素质的第一标准,推动师德建设长效化、制度化。加大教职工统筹配置和跨区域调整力度,切实解决教师结构性、阶段性、区域性短缺问题。完善教师资格体系和准入制度。

健全教师职称、岗位和考核评价制度。培养高素质教师队伍，健全以师范院校为主体、高水平非师范院校参与、优质中小学(幼儿园)为实践基地的开放、协同、联动的中国特色教师教育体系。强化职前教师培养和职后教师发展的有机衔接。夯实教师专业发展体系，推动教师终身学习和专业自主发展。提高教师社会地位，完善教师待遇保障制度，健全中小学教师工资长效联动机制，全面落实集中连片特困地区生活补助政策。加大教师表彰力度，努力提高教师政治地位、社会地位、职业地位。

八是加快信息化时代教育变革。建设智能化校园，统筹建设一体化智能化教学、管理与服务平台。利用现代技术加快推动人才培养模式改革，实现规模化教育与个性化培养的有机结合。创新教育服务业态，建立数字教育资源共建共享机制，完善利益分配机制、知识产权保护制度和新型教育服务监管制度。推进教育治理方式变革，加快形成现代化的教育管理与监测体系，推进管理精准化和决策科学化。

九是开创教育对外开放新格局。全面提升国际交流合作水平，推动我国同其他国家学历学位互认、标准互通、经验互鉴。扎实推进"一带一路"教育行动。加强与联合国教科文组织等国际组织和多边组织的合作。提升中外合作办学质量。优化出国留学服务。实施留学中国计划，建立并完善来华留学教育质量保障机制，全面提升来华留学质量。推进中外高级别人文交流机制建设，拓展人文交流领域，促进中外民心相通和文明交流互鉴。促进孔子学院和孔子课堂特色发展。加快建设中国特色海外国际学校。鼓励有条件的职业院校在海外建设"鲁班工坊"。积极参与全球教育治理，深度参与国际教育规则、标准、评价体系的研究制定。推进与国际组织及专业机构的教育交流合作。健全对外教育援助机制。

十是推进教育治理体系和治理能力现代化。提高教育法治化水平，构建完备的教育法律法规体系，健全学校办学法律支持体系。健全教育法律实施和监管机制。提升政府管理服务水平，提升政府综合运用法律、标准、信息服务等现代治理手段的能力和水平。健全教育督导体制机制，提高教育督导的权威性和实效性。提高学校自主管理能力，完善学校治理结构，继续加强高等学校章程建设。鼓励民办学校按照非营利性和营利性两种组织属性开展现代学校制度改革创新。推动社会参与教育治理常态化，建立健全社会参与学校管理和教育评价监管机制。

(四)实施路径

《中国教育现代化 2035》明确了实现教育现代化的实施路径：一是总体规划，分区推进。在国家教育现代化总体规划框架下，推动各地从实际出发，制定本地区教育现代化规划，形成一地一案、分区推进教育现代化的生动局面。二是细化目标，分步推进。科学设计和进一步细化不同发展阶段、不同规划周期内的教育现代化发展目标和重点任务，有计划有步骤地推进教育现代化。三是精准施策，统筹推进。完善区域教育发展协作机制和教育对口支援机制，深入实施东西部协作，推动不同地区协同推进教育现代化建设。四是改革先行，系统推进。充分发挥基层特别是各级各类学校的积极性和创造性，鼓励大胆探索、积极改革创新，形成充满活力、富有效率、更加开放、有利于高质量发展的教育体制机制。

(五)保障措施

为确保教育现代化目标任务的实现，《中国教育现代化 2035》明确了三个方面的保障措施：

一是加强党对教育工作的全面领导。各级党委要把教育改革发展纳入议事日程，协调动员各方面力量共同推进教育现代化。建立健全党委统一领导、党政齐抓共管、部门各负其责的教育领导体制。建设高素质专业化教育系统干部队伍。加强各级各类学校党的领导和党的建设工作。深入推进教育系统全面从严治党、党风廉政建设和反腐败斗争。

二是完善教育现代化投入支撑体制。健全保证财政教育投入持续稳定增长的长效机制，确保财政一般公共预算教育支出逐年只增不减，确保按在校学生人数平均的一般公共预算教育支出逐年只增不减，保证国家财政性教育经费支出占国内生产总值的比例一般不低于4%。依法落实各级政府教育支出责任，完善多渠道教育经费筹措体制，完善国家、社会和受教育者合理分担非义务教育培养成本的机制，支持和规范社会力量兴办教育。优化教育经费使用结构，全面实施绩效管理，建立健全全覆盖全过程全方位的教育经费监管体系，全面提高经费使用效益。

三是完善落实机制。建立协同规划机制，健全跨部门统筹协调机制，建立教育发展监测评价机制和督导问责机制，全方位协同推进教育现代化，形成全社会关心、支持和主动参与教育现代化建设的良好氛围。

（六）社会意义

《中国教育现代化2035》是中国第一个以教育现代化为主题的中长期战略规划，是新时代推进教育现代化、建设教育强国的纲领性文件，定位于全局性、战略性、指导性，与以往的教育中长期规划相比，时间跨度更长，重在目标导向，对标新时代中国特色社会主义建设总体战略安排，从两个一百年奋斗目标和国家现代化全局出发，在总结改革开放以来特别是党的十八大以来教育改革发展成就和经验基础上，面向未来描绘教育发展图景，系统勾画了我国教育现代化的战略愿景，明确教育现代化的战略目标、战略任务和实施路径。

2035年是中国基本实现社会主义现代化的重要时间节点，面向2035目标描绘好教育发展的远景蓝图，为新时代开启教育现代化建设新征程指明方向，培养造就新一代社会主义建设者和接班人，具有重要的现实意义和深远的历史意义。编制《中国教育现代化2035》，也是中国积极参与全球教育治理、履行我国对联合国2030年可持续发展议程承诺，为世界教育发展贡献中国智慧、中国经验、中国方案的实际行动。

（七）各界反应

日本《每日新闻》报道指出，《中国教育现代化2035》旨在平衡城市农村差距，提升人才教育能力。中国自1990年开始实施科教兴国战略，也就是把科学技术和教育摆在经济、社会发展的重要位置。这次的新战略不同于以往只针对精英层面，而是旨在提高全国的教育水平。规划中明确写道："由于父母搬家而过来上学的孩子，教育层面的待遇将和本地孩子一样。"

《时事通信社》发表文章指出，中国为打造学习大国、人力资源强国，制定了《中国教育现代化2035》，力争在2035年之前提高中国高等教育的国际竞争力。中国的教育经费占GDP比例连续6年超过4%。充足的教育经费预算，是打造"世界一流大学"的支柱。

# 第一节　信息技术与课程整合

信息化是当今世界经济和社会发展的大趋势，以多媒体和网络技术为核心的信息技术已成为拓展人类能力的创造性工具。为了适应这个发展趋势，我国已经确定在中小学普及信息技术教育，并特别强调要加强信息技术与学科课程的整合。“信息技术与课程整合”是我国面向21世纪基础教育教学改革的新视点，是与传统的学科教学有着密切的联系和继承性，又具有一定相对独立特点的教学类型。对它的研究与实施将对发展学生主体性、创造性，培养学生创新精神和实践能力具有重要意义。

## 一、信息技术与课程整合的基本思想

信息技术与课程整合是指在课程教学过程中把信息技术、信息资源、信息方法、人力资源和课程内容有机结合，共同完成课程教学任务的一种新型的教学方式。在探索实践中，人们认识到，信息技术与课程整合的基本思想包括三个基本点：

### （一）要在以多媒体和网络为基础的信息化环境中实施课程教学活动

这是指学与教的活动要在信息化环境中进行，包括多媒体计算机、多媒体教室网络、校园网络和因特网络等，学与教活动包括在网上实施讲授、演示、自主学习、讨论学习、协商学习、虚拟实验、创作实践等环节。

### （二）对课程教学内容进行信息化处理后成为学习者的学习资源

这里包括三层意思：

（1）提供教师开发和学生创作，把课程学习内容转化为信息化的学习资源，不仅仅是教师用来课堂演示，更重要的是提供给学习者共享。即可以把课程内容编制成电子文稿、多媒体课件、网络课程等，教师用来进行讲授或作为学生学习资源。

（2）充分利用全球性的、可共享的信息化资源，作为课程教学的素材资源。如将数字处理的视频资料、图像资料、文本资料等作为教师开发或学习创作的素材，整合到课程内容相关的电子文稿、课件之中，整合到学习者的课程学习中。

（3）将共享的信息化资源与课程内容融合在一起直接作为学习对象，供学生进行评议、分析、讨论。

### （三）利用信息加工工具让学生进行知识重构

利用文字处理、图像处理、信息集成的数字化工具，对课程知识内容进行重组、创作，使信息技术与课程整合不仅是通过向学生传授知识使之获得知识，还要能够使学生进行知识重构和创造。

## 二、信息技术与课程整合的目标

信息技术与课程整合的目标主要包括以下几点：

### （一）培养学生具有终身学习的态度和能力

学习资源的全球共享，虚拟课堂、虚拟学校的出现，现代远程教育的兴起，人们可以随时随地通过因特网进行学习，使学习空间变得无围墙界限了。教育信息化还为人们从接受一次性教育向终身学习转变提供了机遇和条件。

终身学习就是要求学习者能根据社会和工作的需求，确定继续学习的目标，并有意识地进行自我计划、自我管理、自主努力，通过多种途径实现学习目标的过程。要实现终身教育和终身学习，教育必须进行深刻的变革：要使教学个性化、学习自主化、作业协同化，要把培养学生学会学习，培养学生具有终身学习的态度和能力作为学习的培养目标。

### （二）培养学生具有良好的信息素养

教育信息化为终身学习带来了机遇，但只有学生具备良好的信息素养，才能把终身学习看成是自己的责任，才能够理解信息所带来的知识并形成自己的知识结构。信息技术与课程整合正是培养学生形成所有这些必备技能和素养的有效途径。

有学者认为信息素养是指“能清楚地意识到何时需要信息，并能确定、评价、有效利用信息以及利用各种形式交流信息的能力”（纽约州立大学图书馆馆长理事会，1997.9）；我们认为，信息素养应包含着三个最基本的要点，见表10-1。

**表10-1　信息素养的基本要点及培养途径**

| 信息素养的基本要点 | 含　义 | 培养途径 |
| --- | --- | --- |
| 信息技术操作技能 | 指能利用信息技术进行信息获取、加工处理、呈现交流的技能 | 通过对学习者进行信息技术操作技能与应用实践训练来培养 |
| 对信息内容的批判与理解能力 | 在信息收集、处理和利用的所有阶段，批判性地处理信息是信息素养的重要特征，对信息的检索策略、对所要利用的信息源、对所获得的信息内容都能进行逐一的评估，在接受信息之前，会认真思考信息的有效性、信息陈述的准确性，识别信息推理中的逻辑矛盾或谬误，识别信息中有根据或无根据的论断，确定论点的充分性 | 不仅仅是通过计算机技术技能训练形成的，而是要通过加强科学分析思维能力的训练来培养 |
| 对信息的有效运用能力 | 指信息使用者要具有强烈的社会责任心，具有与他人良好合作共事精神，使信息技术的应用能推动社会进步，并为社会做出贡献 | 不是通过计算机技术技能训练就能形成的，还要通过加强思想情操教育训练来培养 |

### （三）培养学生掌握信息时代的学习方式

在信息化学习环境中，人们的学习方式发生了重要的变化。学习者的学习主要不是依赖于教师的讲授与课本的学习，而是利用信息化平台和数字化资源，教师、学生之间开展协商讨论、合作学习，并通过对资源的收集利用、探究知识、发现知识、创造知识、展示知识的方式进行学习。因此，通过信息技术与课程的整合，要使学生掌握信息时代的学习方式：

(1)学会利用资源进行学习；

(2)学会在数字化情境中进行自主发现的学习；

(3)学会利用网络通信工具进行协商交流、合作讨论式学习；

(4)学会利用信息加工工具和创作平台，进行实践创造的学习。

### 三、信息技术与课程整合的基本要求和策略

信息技术与课程整合是一种信息化的学习方式，其根本宗旨是要使学习者掌握在信息化的环境中，利用信息技术完成课程学习的目标并学会进行终身学习的本领。因此，对学校信息技术与课程整合的组织教学模式和策略的研究十分重要。信息技术与课程整合，应符合如下基本要求：

①学习是以学生为中心的，学习是个性化、能满足个体需要的；

②学习是以问题或主题为中心的；

③学习过程是进行通信交流的，学习者之间是协商的、合作的；

④学习是具有创造性和生产性的。

为了达到上述要求，信息技术与课程整合的基本策略包括：

(1)利用信息化学习环境和资源创设情境(包括自然、社会、文化、各种问题情境以及虚拟实验环境)，培养学生观察、思维能力；

(2)利用信息化学习环境和资源，借助其内容丰富、多媒体呈现、具有联想结构的特点，培养学生自主发现、探索学习能力；

(3)利用信息化学习环境和资源，借助人机交互技术和参数处理技术，建立虚拟学习环境，培养学生积极参与、不断探索的精神和科学研究的方法；

(4)利用信息化学习环境和资源，组织协商活动，培养合作学习精神；

(5)利用信息化学习环境和资源，创造机会让学生运用语言、文字表述观点思想，形成个性化的知识结构；

(6)利用信息化学习环境和资源，借助信息工具平台，尝试创造性实践，培养学生信息加工处理和表达交流能力；

(7)利用信息化学习环境和资源，为学习者提供自我评价反馈的机会，通过形成性练习、作品评价方式获得学习反馈，调整学习的起点和路径。

## 第二节　信息技术与课程整合的模式的探索

利用信息化学习环境和资源进行课程教学/学习，根据其利用方式的不同，我们可以把它分为如表10-2所示的三种基本方式。

表 10-2 信息技术与课程整合的模式

| 方 式 | 信息技术的作用 | 应用模式 |
| --- | --- | --- |
| L-about IT 方式 | 把信息技术作为学习对象 | 在目前中小学开设的"信息技术"课程中，引入其他学科课程知识内容作为事例，以加深对信息技术基础知识和技能的掌握 |
| L-from IT 方式 | 把信息技术作为教师教学辅助工具 | "情境-探究"模式 |
| L-with IT 方式 | 即把信息技术作为学生学习的认知工具 | "资源利用-主题探究-合作学习"模式 |
| | | "小组合作-网页创作-远程协商"模式 |
| | | "虚拟社区-合作学习"模式 |
| | | "专题探索-网站开发"模式 |

## 一、基于课堂的"情境-探究"教学模式

基于课堂的"情境-探究"教学模式包括"创设问题情境—思考讨论，形成创意—实践探索—意义建构—自我评价"几个基本环节。

教师利用信息技术手段，根据教学要求和学生的认知发展水平，创设一定的教学情境，以引起学习者对问题的思考。在充分思考的基础上，借助一定的学习资料，形成创新性问题解决的思路，并在实践中探索问题解决的具体方法，最终实现问题解决。在问题解决过程中，学习者对问题的理解和解决方法会形成自己的独特见解，从而达到建构主义理论所要求的对知识学习的自我意义建构。最后一个环节是学习者对问题解决过程进行自我评价，发现不足与成效，以便在后续问题解决中改进与提高。

在"情境-探究"模式中信息技术与课程内容教学的关系可以用图 10-1 表示。

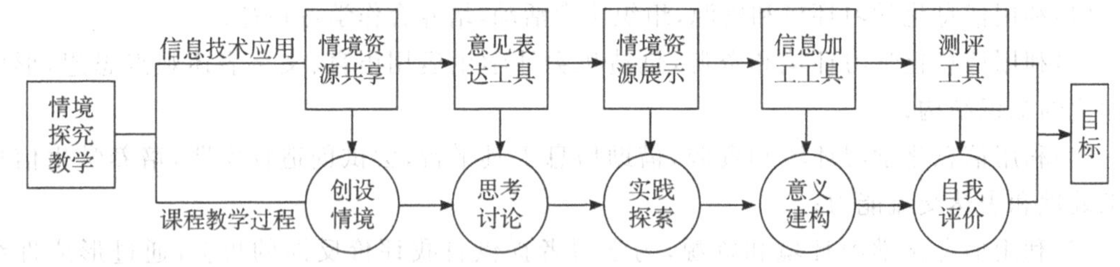


图 10-1 "情境-探究"模式中信息技术与课程内容教学的关系

在这种模式中信息技术与课程整合的方法可用表 10-3 描述。

表 10-3　“情境-探究”模式中信息技术与课程整合的方法

| “情境-探究”模式 | |
| --- | --- |
| 适用环境：课堂多媒体教学环境 | |
| 课程教学过程 | 信息技术应用 |
| 创设不同类型的学习情境：<br>①社会、文化、自然情境；<br>②问题情境；<br>③虚拟实验环境，供学生观察、思考、操作 | 利用多媒体课件、网上教学资源创设情境 |
| 教师指导学生观察事物的特征、关系、运动规律并进行思考，发表意见 | 利用 NetMeeting、ICQ 或 BBS 作为意见表达工具进行思想交流，表达意见 |
| 学生对呈现的情境进行操作实践，验证与原来思考的意见是否一致 | 利用信息技术的播放演示功能，重新展示学习情境 |
| 指导学生进行知识重构，把思考和实践的结果进行归纳总结 | 利用文字处理工具、电子文稿编辑工具和网页制作工具进行知识重构 |
| 指导学生进行自测评价，了解学习效果 | 利用数据库建立形成性练习题库，利用 SPSS 统计分析或学习反应信息分析系统和方法进行自我评价 |

基于课堂的“情境-探究”模式的特点是教师指导、网络支持、学生参与。由于该模式兼具传统教学师生面对面交流、信息反馈及时和信息技术环境下学生主体参与、学习方式灵活、学习资源丰富等特点，对于革新传统课堂教学，实现在课堂教学中以现代教育技术手段推动素质教育进程，培养学生的创新精神与实践能力具有非常重要的作用。同时，也是信息技术与学科整合的良好场所，有利于提高教学效果，培养新世纪需要的适应知识经济社会发展的新一代。

## 二、基于网络的“资源利用-主题探索-合作学习”模式

主题探究型学习模式又称基于项目的研究性学习模式，是学习者面对教学资源丰富的学习环境，由教师根据学生所关心的社会、生活或学习中的热点问题，要求学生自己确立论点，教师提供与主题相关资源目录和网址，指导学生阅读资源和相关网页。学生根据论点搜集支持论点的相关资料（论据），最终完成具有鲜明个性特点的展示论文。论文展示可以利用 PowerPoint 制作，也可制成网页。最后由学生介绍报告内容，其他同学对研究报告进行评议。

主题探索型学习模式的关键是要由教师提出好的问题，该问题能引发学生的积极思索，而且从不同问题侧面所观察到的结论均不相同，只要言之有据，结论无所谓对错。该模式有利于培养学生的对问题的观察能力、求异思维能力、分析与解决问题的能力、创新思维与实践能力、科研能力等。

这种模式通过社会调查、确定主题、分组合作、收集资料、完成作品、评价作品、意义建

构等环节完成课程学习。

在这个模式中采用了合作学习的形式，旨在通过更加明确的任务小组的组织方式促进学生学习，因此是小组学习的一种特殊类型。其本质要素包括：小组成员之间的互相依赖，小组成员之间面对面交互与交流，重视个人对小组的责任和贡献，组织结构具有非常鲜明的活力、团队技巧和小组学习进程。小组成员需要接受指派的角色，学习小组需要有一定的组织结构，小组任务的完成需要成员相互独立的工作。小组整体和成员为达到小组的目标而都负有一定的责任。

这种模式中合作学习的技巧包括如下六个方面：

(1)合作学习技能掌握的时间。从第一次尝试使用合作学习组织方式到能顺利应用它进行教学，大概需要几个学期甚至几年的时间。因此，合作学习方式的应用需要组织者的一定的努力。在实践中不断总结经验，细心体会合作学习的组织技巧，有可能会加快这一进程。

(2)小组成员的数量。合作学习小组的组成人数不必太多，实践表明，由 3 到 4 个同学组成的学习小组，其合作学习效率最高。

(3)教师作用的发挥。合作学习需要教师做很多预先计划工作。因此，在开展合作学习活动中，教师的工作负荷不是减轻，而是加重了。合作学习效果的好坏，更多表现在教师是否事先进行良好的设计工作。

(4)合作学习活跃程度。主要表现在教师提出的目标、引证的故事是否能引起小组成员的激情、热烈的讨论，以及故事主题的升华。好的目标和事例有利于激发小组成员思维的灵活性、敏锐度。

(5)小组成员的活动。要为学习小组中的每位学生确定一个特定角色。小组学习目标的完成依赖于各位成员的协同工作和努力，只有每位学生明确自己的目标，才能提高学习小组的工作效率，促进学生全体发展。

(6)小组成员的组织。在学习小组开始完成小组任务之前，首先需要学生明确他们在小组中的地位都是平等的。这一点对于提高小组的工作效率，树立小组成员的责任感、集体归属感和荣誉心都具有非常重要的作用。

基于校园网环境的合作学习是学习者除具有传统意义上的合作学习的组织形式之外，可以利用网络环境提供的丰富的网上学习资源，学生面对的、可以收集的适应小组学习目标的信息内容更加丰富，因此其学习成果(展示报告)将会更加丰富，创新结论的证据更加充实。

基于校园网环境的合作学习模式包括如下几个环节，如图 10-2 所示。

在这种模式中信息技术与课程整合的方法可用表 10-4 描述。

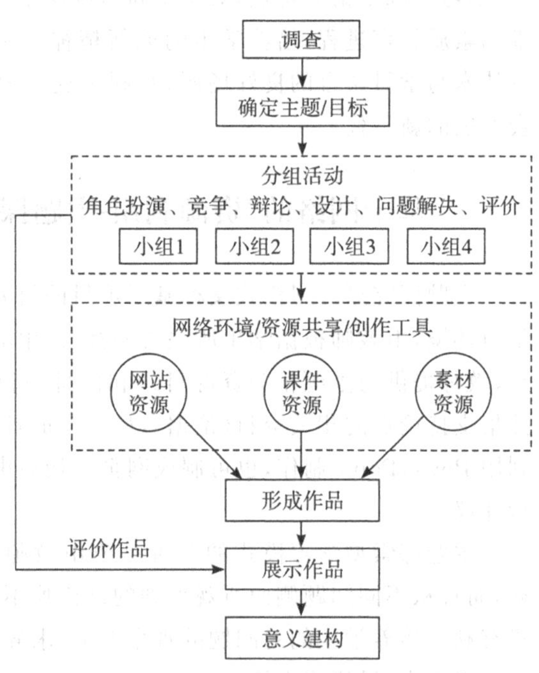

**图 10-2　基于校园网环境的合作学习模式**

**表 10-4　基于校园网环境的合作学习模式信息技术与课程整合的方法**

| “资源利用-主题探究-合作学习”模式 | |
|---|---|
| 适用环境：校园网络（或与外部因特网相连） | |
| 课程教学过程 | 信息技术应用 |
| 在教师指导下，组织学生进行社会调查，了解可供学习的主题 | 利用因特网检索作为社会调查中一种方式 |
| 根据课程学习需要，选择和确定学习主题，并制订主题学习计划（包括确定目标、小组分工、计划进度） | 利用计算机文字处理工具，写出主题学习计划 |
| 组织合作学习小组，设计合作活动方式，包括角色扮演、竞争、辩论、设计、问题解决、评价 | 学习小组各成员交换电子邮件地址和网上通信代码 |
| 教师提供与学习主题相关的资源目录、网址及资料收集方法和途径（包括社会资源、学校资源、网络资源的收集） | 学生在网络环境中，通过浏览器浏览相关网页和资源 |
| 指导学生对所获得的信息和资源进行去伪存真、选优除劣的分析 | 对所获得的信息进行思考、分析，去伪存真，选优除劣 |
| 根据需要组织有关协作学习活动（如竞争、辩论、设计、问题解决或角色扮演等） | 借助 NetMeeting、Internet Phone、ICQ、Email、Chat Room、BBS 等网络通信工具，实现相互之间的交流，参加各种类型的对话、协商、讨论活动 |
| 要求学生以所找到的资料为基础，做一个与主题相关的研究报告（形式可以是文本、电子文稿、网页等），并向全体同学展示 | 利用汉字输入和编辑排版工具，利用几何画板、作图作曲工具、电子文稿制作或网页开发等信息集成工具创作作品，并向全体同学展示 |
| 教师组织学生通过评价作品，形成观点意见，达到意义建构的目的 | 根据评价意见，修改并正式发布完成的作品，达到意义建构的目的 |

## 三、基于因特网的“小组合作-网页创作-远程协商”模式

这种模式是在因特网环境下，不同地区的多所学校各自组成合作学习小组，围绕同一主题建立小组网页，互相浏览，交流意见，进行评比。其学习方式可用图 10-3 表示。

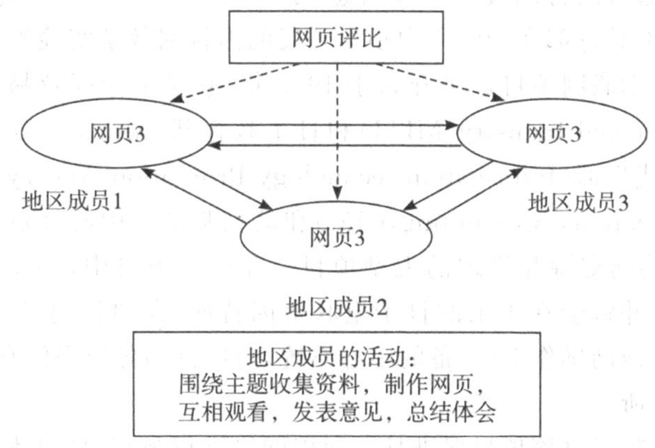


**图 10-3　基于因特网的“小组合作-网页创作-远程协商”学习模式**

在这种模式中，信息技术与课程整合的方法可用表10-5描述。

**表10-3 “小组合作-网页创作-远程协商”模式中信息技术与课程整合的方法**

| “小组合作-网页创作-远程协商”模式 | |
|---|---|
| 适用环境：因特网络环境 | |
| 课程教学过程 | 信息技术应用 |
| 在不同国度、地区或城市，各自选择几所学校作为地区成员实验学校，并协商确定一个共同的学习主题 | 利用因特网进行协商，确定共同学习主题 |
| 在各地区实验学校内，各自组成若干个合作学习小组，各合作学习小组同学内部分工，分别进行问题探索 | 根据学习主题，学习小组各成员进行分工，并彼此交换电子邮件地址和网上通信代码 |
| 不同地区的实验学校，围绕主题，通过因特网寻找与主题相关的网页并下载，获取相关信息 | 通过因特网，搜索并下载与主题相关的信息资料 |
| 不同地区的实验学校，围绕主题，建立小组网页 | 利用所得资料，进行素材加工，利用网页制作工具制作小组网页 |
| 各合作学习小组相互浏览其他合作学校的网页并进行讨论 | 各合作学习小组定期浏览其他合作学校的网页并利用借助NetMeeting、Internet Phone、ICQ、Email、Chat Room、BBS等网络通信工具，实现相互之间的交流，进行讨论；对其他合作学校的网页发表意见，互相交流 |
| 经过一段时间后，组织学生进行学习总结，对综合课程知识的掌握和学习能力进行自我评价并进行网页评比 | 利用文字处理工具、电子文稿编辑工具和网页制作工具进行学习总结和知识重构 |

基于因特网远程协商协作学习模式在国际上应用比较普遍，如：香港教育署组织开展的环境污染保护实验，让学生在因特网环境中搜集有关环境污染情况的信息及解决方法，并制作演示研究报告；新加坡教育部组织中小学开展的“智能岛”计划、“水资源利用”计划因特网教学实验，根据国家的发展规划，组织学生利用因特网资源献计献策；台湾中小学中开展的“酸雨实验”，通过因特网搜集相关信息，了解酸雨形成的原因、危害及防治措施，并提出自己的观点；日本教育部在100所中小学开展的因特网教学实验等。

日本100所中小学联网项目最早开始于1993年，它是由国际贸易和工业部(Ministry of International Trade and Industry，MITI)和日本教育部(Ministry of Education，ME)发起，由信息技术促进代理部(Information-technology Promotion Agency，IPA)、计算机教育中心(Center for Educational Computing，CEC)和信息基础部中心(Center for Information Infrastructure，CII)共同支持和管理的大型项目。在这个项目中，1543所申请学校中106所中小学被抽选出来并将会在未来的日子里联上因特网，在项目建设过程中，IPA将负责为每所学校建立一个帮助操作IP设备的中心系统，向项目和各校提供有用的信息。现在实验学校已发展为111所。

日本教育部门希望通过该项目促进日本利用网络进行教育，使日本青少年能在未来的日子里适应社会飞速发展和知识更新速度提高的现状，具体来讲该项目的建立主要在以下几方面发挥重要作用：

(1)使百所学校中拥有计算机服务器，为联通因特网网络打好硬件基础；

(2)到政府组织和类似相关组织的鼎力支持；

(3)得到当地志愿团体包括计算机工程人员的支持；

(4)志愿者的活动计划由每一个学校自己提议或策划。

经过几年的实验与实践，现在日本的111所实验学校已与其他学校进行了多项学习活动，包括下面几项内容：

(1)有40所学校参与环境教育内容的协作学习，诸如酸雨项目、酸雨的pH值测定等内容。各学校在学习过程中共享学习数据，共同探讨学习过程。

(2)在众多志愿专家帮助下完成社会学习报告的制作。学习者在学习过程中将通过网络提出学习中遇到的问题，志愿专家将给予相应的回答。

(3)将网络连接到气象办公署，学生通过气象署传送来的卫星云图学习相关的气象知识。

(4)将网络与海外学校相连，进行交叉风俗内容的学习。在学习过程中，学校将利用CU-SeeMe技术实现各学校之间的实时视频信息交换，并通过主题民意调查的方式与海外学校进行信息交流与共享。

(5)通过国际性的调查问卷进行有关道德方面的学习。学习过程中，学生就和平问题，根据问卷调查中核试验的结果展开充分的讨论。

## 四、基于因特网的“网站开发-专题探索”模式

这种模式是在因特网环境下，对某一专题进行较广泛、深入的研究学习，并要求学生构建专题学习网站来培养学生的创新精神和实践能力。

在这种模式中信息技术与课程整合的方法可用表10-6描述。

**表10-6　“网站开发-专题探索”模式中信息技术与课程整合的方法**

| “网站开发-专题探索”模式 | |
|---|---|
| 适用环境：网站开发环境 | |
| 课程教学过程 | 信息技术应用 |
| 组织学生对某一重要专题进行较广泛、深入的研究 | 利用搜索引擎、权威网站、专题网站、专业网站和资源库等进行深入研究 |
| 广泛收集与专题学习内容相关的文本、图形、图像、动态资料并加以整理 | 利用网站、各类型的电子出版物广泛收集相关资料并分类整理 |
| 把收集到的素材资源进行分类管理，并根据深入研究的结果，按照一定的结构进行知识结构化重组，形成专题学习网站 | 利用信息加工工具进行素材加工，利用网站制作工具制作专题网站 |
| 把所建立的专题学习网站向全校或社会发布 | 利用信息发布技术发布网站 |

续表

| 课程教学过程 | 信息技术应用 |
| --- | --- |
| 利用专题学习网站进行课堂教学或自主讨论学习,学习者可以在网站上充分发表意见,进行提问质疑 | 利用信息交流平台进行讨论,发表意见 |
| 对本专题学习内容有兴趣的师生可以把相关资料上传到网站上,使专题学习网站得到扩充和完善 | 利用 FTP 等网页上传工具把新成果加入专题网站中,扩充专题网站资源 |

这类整合模式对培养学生创新精神和实践能力,提高学生的综合素质具有十分重要的作用。这类学习模式要求学生构建专题学习网站,通常包含如下基本内容:

(1)展示学习专题相关的结构化的知识,把课程学习内容相关的文本、图形、图像、动态资料等进行知识结构化重组;

(2)将与学习专题相关的、扩展性的学习素材资源进行收集管理,包括学习工具(字典、辞典、读音、仿真实验)和相关资源网站的链接;

(3)根据学习专题,构建网上协商讨论、答疑指导和远程讨论区域;

(4)收集与学习专题相关的思考性问题、形成性练习和总结性考查的评测资料,让学习者能进行网上自我学习评价。

这种模式的学习过程是:学生根据一定的需要,参与学科网站的设计开发—教师提出利用网站进行自主学习的要求—学生利用学科网站进行自主学习—通过学科网站提供的形成性练习或考试功能,检测自己的学习效果。由于学科网站提供的教学内容的深度、数量、范围、使用的灵活性等都是传统条件无法比拟的,学生在学科网站环境下,易于获得与分析学习内容,有利于学生对知识的理解与掌握,为学生自主学习提供了良好的环境。

基于学科网站的自主学习模式刚刚兴起,已显示出强大的生命力。其教学的基本环节包括如下几个方面,如图 10-4 所示。

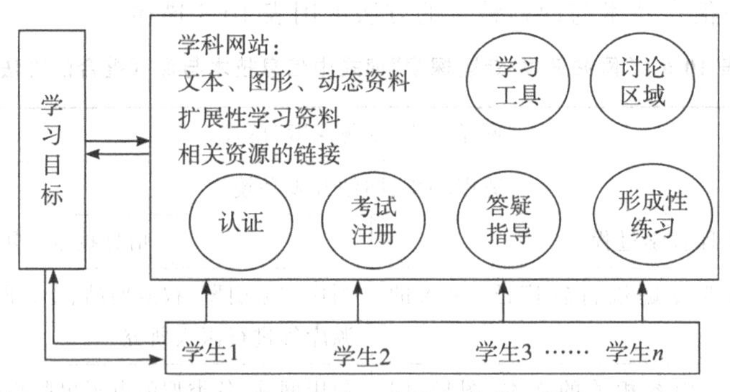


**图 10-4　基于学科网站的自主学习模式**

## 拓展　信息技术与课程深度融合案例

信息技术与课程整合有许多成功的案例。下面通过介绍几个案例说明如何应用现代教育技术,探索和构建新型教学模式的经验。

**案例一：利用几何画板探索三角形内接矩形的面积变化的规律①**

利用著名的数学几何模拟软件“几何画板”，可以非常容易地实现对平面几何、立体几何中的形状、平分线、中垂线等进行动态模拟演示，可以定义各种参数，也可以随机动态改变，非常灵活、方便，教师利用该软件可以演示、创设几何学习的良好情境，方便学生对问题的探索与发现，并在此过程培养学生的兴趣、创新意识与实践能力。杭州二中的数学教师在利用几何画板探索三角形内接矩形的面积变化的规律时，采用了如下方法步骤：

1. 创设学习情境。

(1)利用几何画板画出△$ABC$，在△$ABC$ 中的 $BC$ 边上取一动点 $P$，设 $BP=x$，并以 $P$ 点为始点作内矩形，设 $P$ 点在 $BC$ 上做动画运动，使矩形面积随之而发生大小变化(图 10-5)。

(2)测出矩形面积的值 $y$，并建立 $x$ 与 $y$ 间的关系，让面积值 $y$ 在坐标系中显示，并观察 $x$ 变化时，面积 $y$ 的变化情况(图 10-5)。

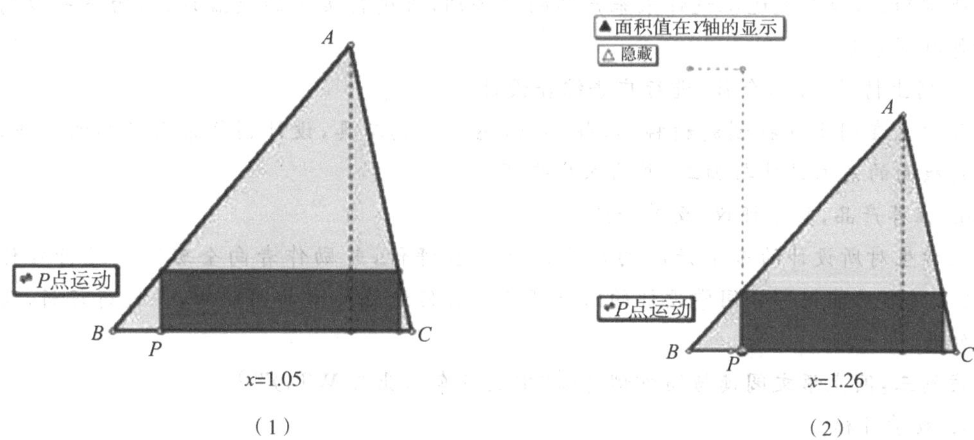


**图 10-5　课例：三角形内接矩形面积的变化规律的研究**

2. 教师指导学生观察事物的特征、关系、运动规律并进行思考，发表意见。

教师指导思考，如果移动 $P$ 点，矩形面积以及表征面积大小的 $y$ 值会有怎样的变化，有何特征？是否有最大值？让学生把思考的想法说出来并进行讨论。

3. 让学生进行操作实践，验证与原来思考的意见是否一致。

教师指导学生，实际操作计算机，移动 $P$ 点，观察矩形面积以及表征面积大小 $y$ 值的变化情况，发现其特征，观察是否有最大值，让学生验证与原来思考的意见是否一致。

4. 指导学生进行知识重构，把思考和实践的结果进行归纳总结。

通过上述例子，将几何画板作为学生探究数学几何问题及规律的情境创设和情境探究的工具。在教学领域，类似这种信息技术作为情境探索工具的手段非常多，它们将在教学在中发挥越来越大的作用。

**案例二：语文作文课“未来产品广告设计”②**

《未来产品广告设计》是一节利用网络环境进行自主学习、协作探究、广告创作的信息技术与作文课教学整合的典型案例，其教学过程包括如下环节：

① 案例来自杭州二中。

② 案例来自广州市芦荻西小学。

1. 创设情境，激发兴趣，诱发创新动机。

通过学生观看网上视频图像、广告精品及教师的诱导，激发学生喜欢广告，诱发学生乐意展开想象的翅膀，"发明"未来广告的动机。

2. 网上学习，协作探究，启迪发明创意。

通过学生网上自主学习未来科技信息，启迪新思维，促使学生展开丰富的联想，结合实际，协作探究出拟"发明"的未来产品的创意。

3. 网上再学，群组交流，获取广告信息。

让学生在自主学习网上"广告资料库"内容的基础上，群组交流，互相帮助，从而意义建构，获取知识。

4. 继续上网，参考信息，口头表述广告设计的构思。

让学生参考网上"广告精品库"提供的现实、未来产品广告范例，重温广告的有关知识，运用所学知识，口头表述拟设计未来产品的广告词，再进行集体的交流评议，为下一步的书面创作打下基础。

5. 网上协作，分工合作，进行广告综合设计。

让学生在网上发挥创新精神、求异思维，运用信息工具，设计创作未来产品的广告，包括进行版面的美术设计与加工，并输入广告词。

6. 推荐产品，集体评议，反馈修改。

让学生对所设计的未来产品的广告进行自我评价，鼓励作者向全班同学进行宣传推荐，利用网络功能把部分同学设计的未来产品广告传送给大家共同欣赏，并进行评析，及时反馈修改。

**案例三：网上语文阅读与写作训练课"中国汽车工业与WTO"①**

1. 教学目标

本节课的教学目标是培养学生阅读与准确筛选信息的能力；培养学生利用网上资源构建意义的能力；培养学生语言文字表达能力；培养学生评析文章的能力；了解中国入关的一些知识。

2. 教学准备

(1)搜索有关WTO专题的主要网站，如《羊城晚报》、《人民时报》和新加坡《联合早报》等。

(2)准备相关素材，如有关中美签署入关协议的录像或图片资料。

3. 教学过程

(1)创设情境，提出问题，引起思考。播放录像《中美签署入关协议》，教师提出问题：中国入关，作为一个学生，应怎么办？

(2)提出假设，角色扮演，思考感受。教师提出假设，假如你是一名A司机、B汽车经销商、C汽车制造厂厂长，在得知中美签署有关协议的那一天(1999.11.15)，你的感受如何？你看到了哪些有关情形？请以此为内容写一篇300字左右的短文，文体不限，题目自拟。

(3)资源利用，协商讨论。引导学生上网查阅资料，搜集相关主题材料，并分小组交流讨论。

① 案例来自广东佛山市桂城中学。

(4)网上作文,教师监控。确立了观点并准备好了写作素材,学生进入留言板进行写作。这是整个过程中最重要的一个环节,学生运用从电脑网络搜集到的材料证明观点,实际上是建构意义的过程。与此同时,教师通过控制平台观察学生的进展,了解他们的作文速度,获得讲评作文的第一手资料。

(5)发布展示,交流点评。学生通过网络留言板发表作文,自由浏览其他同学作品,进行分析、讨论、点评,并打分。教师也挑出质量不一的作文组织学生口头评议并阐明理由,鼓励学生提出相反意见,展开争论。

(6)教师总结。教师针对作文中出现的问题,在学生讨论评析基础上概括总结,说明写作的主要方面:主题是否明确;论据是否得当;语言是否精练、流畅。

**案例四:“虚拟社区-合作学习”模式的探索实践①**

1. CommonTown“虚拟社区-合作学习”活动项目简介

“虚拟社区-合作学习”活动是指利用信息技术建立基于因特网的软件平台,形成一个用3D来表现的虚拟社区构成要素(图10-6),学习者可以环绕某一个主题,利用这些基本要素构建不同的虚拟社区,并组织不同的社区活动,同时还通过访问其他虚拟社区对所关心的问题进行讨论。通过虚拟社区的活动,培养学生学习的创造力,发展学生的批判性思维。深圳外国语学校参加了一项以CommonTown命名的虚拟学习社区的研究实践活动,进行基于虚拟社区的合作学习模式的探索。

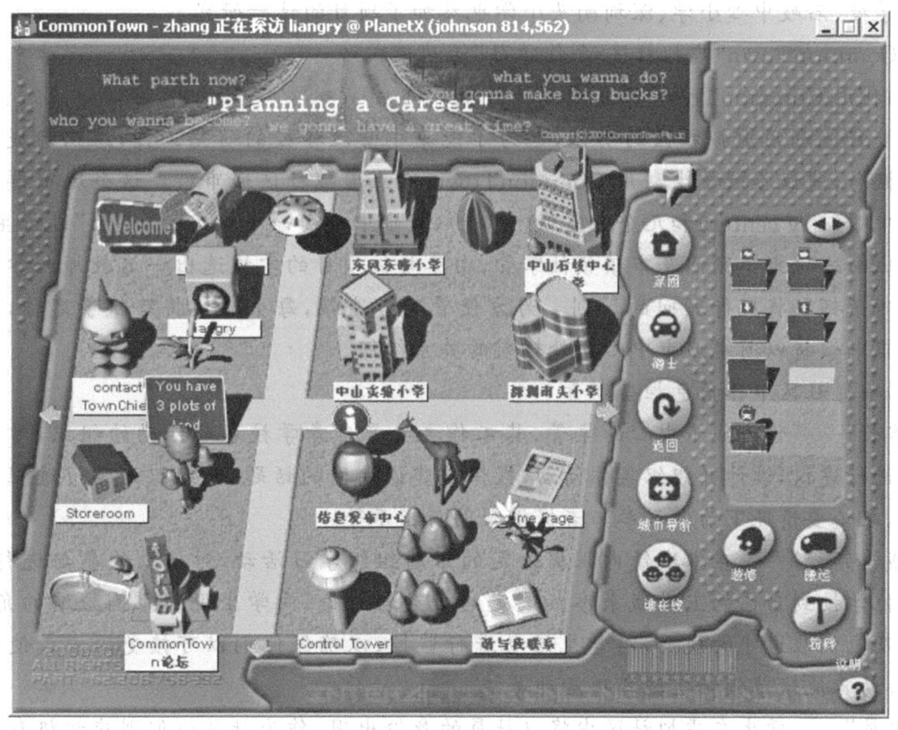


图10-6　CommonTown虚拟社区

CommonTown是新加坡肯特岗数码实验室(KRDL)学习研究组研制开发的支持网上

① 案例来自深圳外国语学校。

协作学习的软件平台。1998年12月,KRDL宣布成为网上在线技术联盟(OTC)的虚拟社区合作伙伴之一。这种伙伴身份使KRDL的CommonTown技术与OTC的虚拟社区架构相结合,并将此技术在1999年第一季度运用于儿童虚拟社区网上协作学习中。

CommonTown建立的主要宗旨是"建立一个社区,将全世界的人们联系在一起"。通过该软件学生不仅能在网上冲浪,而且利用该软件的相关功能,成为网上虚拟社员的一员,并将自己的想法与其他社员共享。通过CommonTown,用户能快捷地在网络上建立一个类似3D效果的虚拟社区,利用这个软件平台人们能建造房子,种植树木等,每个建筑都以图标的形式显示,在图标上用户都能建立他们所喜爱的网站、个人主页、讨论区和聊天室,社区的每一位用户都能访问其他社员的建筑物,并以此与学习社群的其他人员实现思维共享。

为了探究虚拟社区如何增进青少年之间的联系,探讨在虚拟社区内可能实现的教育活动,新加坡南洋理工大学教育研究所组织香港、新加坡、中国等地利用CommonTown建立一个连接APEC(亚太经济组织)各国学生的纽带。亚太经济组织有关国家的教育科研部门共同参与了CommonTown合作学习项目。项目要求作为纳入的成员国能提供至少一所中学参加此项目的研究工作,每所中学挑选出10~30位,年龄介乎于13~16岁的学生参加CommonTown虚拟社区的合作学习活动。中国由华南师范大学教育技术研究所负责组织指导,深圳外国语实验学校第一批参加项目的实施和研究。随后广州东风东路小学、中山市实验学校、石岐中心小学、深圳南头小学也参加了项目的试验研究。

2. CommonTown"虚拟社区-合作学习"活动模式

(1)利用CommonTown建立虚拟社区城市群

为较好地利用虚拟社区的功能,也为了能集中管理各校的研究工作,组织者提出了学习城镇概念,建议各校学生利用CommonTown建立虚拟社区城市群。这个城市群包含一个城市中心(city center)和几个卫星城(town),城市中心由一个指定的"市长"进行主管,每个卫星城由一位市镇顾问及市镇领袖掌管,由参与该项目的学校选出一名教师和学生分别担任。市镇领袖将执行顾问的计划。为方便管理各城镇,每个城镇将给赋予名称,各卫星城与城市中心将以围绕城市中心向外辐射的关系组织。

(2)确定社区中各角色担当职责

"市长"——作为城市中心的主管,其工作主要是负责学校各项活动的组织,对合作学习活动进行建议,设计并组织集体活动,提供或建议共同的话题,并组织好学习过程中的讨论工作,在必要情况下为学习参与者提供帮助与指示等。

"城镇领袖"——在本城镇内根据给定的话题组织学习活动,对活动的参与进行监控,邀请其他学校到自己的卫星城来参加选定的活动与讨论,向学生说明他们扮演的角色、相应职责及他们应遵守的规则,对学生活动进行监控,以确保他们以可接受的方式使用卫星城,并协助其他城镇领袖实施各项活动等。

"社员"——学生在虚拟社区中将以社员的身份出现,作为社员他们则应积极参与由市长和卫星城镇领导组织的各项活动,遵循基本的规则,以友好向上的态度与其他城镇的社员进行学习交流沟通。

(3)环绕给定主题进行探讨

虚拟社区是要受一个共同的学习主题约束的,学校与学生可就给定的主题进行不同方式的探讨。主题可能包括传统服饰、传统游戏/玩具、节日与风俗、食物、我的一天、为什么作为一个中国/泰国/越南人我觉得自豪、受欢迎的运动/娱乐项目、文化冲击、旅游胜地、货币兑换、增进APEC国家青少年之间联系的途径、交通运输等，各校学生先用一个较短的时间对主题内容进行探究。

(4)环绕主题进行“城市”互访

经过一段时间的探讨后，“市长”可以提出围绕主题可能进行的活动建议，供卫星城参考。各校学生将进行卫星城之间的互访，以便对主题进行更深入细致的探究。

(5)组织城市间的写作活动

由“市长”提议各卫星城之间可以进行的共同合作完成的项目，让学生进行协作学习活动。协作学习期间，城市中心将举行各种活动，所有的学生均能参加。

3. 深圳外国语学校CommonTown“虚拟社区-合作学习”的实践活动

深圳外国语学校是中国参加CommonTown项目第一个学校，该校学生由于主修专业为英语，英语底子较好。学生以自愿报名的形式参加该项目实践，学校在报名学生中选出10名学生(5男5女)参加该项目的学习。其主要活动内容包括：

(1)建立“自我介绍”的小型虚拟社区

学习进行初期，每位学生都利用CommonTown在网络上建立自己的小社区，社区的主题主要以介绍本人和自己学校的情况为主，目的之一是让学生在介绍本人情况和学校情况的过程中熟悉CommonTown软件的使用；目的之二是通过社区向新加坡乃至全世界的学生伙伴做一个自我介绍，以备日后学习能进行更好的交流与沟通。

(2)环绕主题建立“主题社区”

经过一个月左右的自我介绍后，学习转入正题内容，各校选定一个学习主题建立自己的社区。深圳外国语学校的学生以向外国学生介绍我国传统文化为学习的最终目标，选择了介绍我国文化为主的学习主题。在学习期间，学生参与了国家文化、中国食品、风景名胜、中国家庭、中国风俗、中国节日等专题的探讨。

(3)组织协作学习

活动过程中，学生在老师的指导下，学习小组成员们进行了两种类型的协作学习。

①学习小组成员之间的协作学习。包括在学习初期，由学习小组成员共同开会讨论决定学习主题；在学习期间，各成员分工合作，共同商定，完成资源收集、信息整合、社区搭建、网页制作等工作。

②网络上的协作学习。学生利用CommonTown所提供的网络协作学习的各种功能，如论坛、聊天室、信息发送和接收、文件的上传和下载等与东南亚等国家和地区的学习伙伴在网上进行学习探讨和交流。

整个学习过程，学生投入了极大的学习兴趣，不仅按照教师的要求完成指定专题的讨论与协作，而且各个学生还根据自己的兴趣特点与自己志趣相投的网络伙伴进行专题探讨学习。

## 思考与训练

1. 什么是信息技术与课程的深度融合？信息技术与课程整合的目标是什么？

2. 学习使用“几何画板”软件，理解工具型教学软件在教学应用中的作用。

# 附录

# 附录1　美国国家教育技术标准

## 美国国家教育技术标准(学校管理者)

1. 领导能力与远见卓识

为了充分整合教育技术,教育领导者要激发一种共同的抱负,并营造一种环境和文化以实现这种抱负。

教育领导者应当:

A.为了运用教育技术和广泛地传播共同的抱负,要通过所有合作者来促进共同发展。

B.采取一种包容性的、灵活性的方法去开发、实施和监控信息技术方案,以达到既定的目的,信息技术方案应该是动态的、长远的和系统的。

C.培养和扶持一种负责任的、勇于承担风险的精神,倡导不断运用信息技术进行教育创新的方针和政策。

D.运用数据资料来制定领导决策。

E.在运用信息技术方面,提倡以研究为基础的讲求效率的实践。

F.在国家与州一级的层面上,提倡在政策、规划及资金上多给机会来支持基层地区的教育技术计划的落实。

2. 教与学

教育领导者要确保课程设计、教学策略和学习环境与恰当的信息技术相整合,以促使学与教的最优化。

教育领导者应当:

A.鉴别、运用、评估和推动恰当的信息技术来提高、支持教学和基于国家课程标准的课程,以促使学生达到高水平的学业成绩。

B.为了改进学习,建设和管理好充分利用信息技术的、合作的学习环境,以促进教育创新。

C.提供以学习者为中心的教学环境,利用信息技术来满足学习者个性化的、各种不同的需求。

D.推动信息技术的运用来支持教学,增强教学效果,发展学生的高级思维能力、决策能力和问题解决能力。

E.为了运用信息技术来改善学与教,提供教师培训机会并确保教职工得到良好的专业学习。

3. 工作效率与专业实践

教育领导者要运用信息技术来加强他们的工作实践,并提高自身与他人的工作效率。

教育领导者应当:

A.规范应用信息技术的常规性、目的性,提高应用信息技术的效率。

B.运用信息技术与师生员工、家长、学生和更大范围社区进行交流与协作。

C.创造并参与学习化的校园社区,从而激励、培养和支持教职员工运用信息技术来提高工作效率。

D.利用信息技术资源,参加持之以恒的、与工作相关的专业学习。

E.一直关注出现的新技术及其在教育方面的运用潜力。

F.运用信息技术来促进组织机构建设的改进。

4. 保障、管理与运作

为了促进学习和管理,教育领导者要充分整合信息技术来建设高效率的工作系统。

教育领导者应当:

A.制定、贯彻和监督政策与指导方针,以确保信息技术与教育教学各个要素之间的相容和协调。

B.实现并使用以信息技术整合为基础的管理体制与运作机制。

C.分配资金与人力资源,以确保信息技术计划的完成和持续的实施。

D.将学校发展的战略计划、信息技术设计和其他改革计划与政策结合起来,调整学校的投入、资源的安排,使各个部分得到适当的相互关系。

E.采取有序的步骤来推动信息技术体系的不断改进,并支持信息技术的不断更新。

5. 评价与评估

教育领导者要运用信息技术来规划和实施有效的全面的评估体系。

教育领导者应当:

A.使用多样的方法来评估和评价在学习、交流与提高效率方面对于信息技术资源的合理运用。

B.运用信息技术来搜集分析数据、诠释结论、交流发现的问题,以改善教学实践与学生学习。

C.评估教职员工运用信息技术方面的知识、技能和成绩,并依据结果来促进高质量的教师专业发展和做出人事决定。

D.运用信息技术来评估、评价、管理行政体制和运作机制。

6. 社会、法制与道德问题

教育领导者要理解与信息技术相关的社会、法制和道德问题,并制定与此相关的负责任的策略决定。

教育领导者应当:

A.对于允许和授权所有的学习者与教育者可以使用信息技术资源,要能够确保所有的学习者与教育者都能平等享用。

B.鉴别、交流、规范并加强社会、法制和道德的实践来促使负责任地使用信息技术。

C.促进和加强与运用信息技术相关的隐私性、可靠性和在线的安全性。

D.促进和加强运用信息技术的环境安全和健康习惯。

E.参与著作权与知识产权方针政策的制定,并明确地实施。

## 美国国家教育技术标准(教师)

1. 技术操作与概念

教师应对技术上的操作及其概念有充分的理解:

A.能讲明介绍性的知识,示范操作技能,并对相关的技术(指 ISTE 中对于学生要求的技术标准)概念有充分的理解。

B.不断掌握新技术和新知识,与时俱进。

2. 规划并设计学习环境与学习经验

教师应依靠技术的支持来规划和设计有效的学习环境与学习经验:

A.教师应逐步创设出恰当的学习机会,运用技术来增强教学策略,以满足学习者多样化的学习需求。

B.在设计学习环境与学习经验时,要运用当前基于技术的教与学的研究。

C.鉴定并寻找技术资源,并对其正确性和适用性进行评估。

D.计划和管理在学习活动过程中的技术资源。

E.在信息技术环境中,设计策略来管理学生的学习。

3. 教学、学习和课程

教师执行的课程计划要包括应用技术来促进教学最优化的方法和策略,教师应该:

A.根据课程内容标准和学生技术标准,运用技术来增强学生的学习体验。

B.根据学生的不同的学习需求,运用技术来支持以学习者为中心的教学策略。

C.运用技术来发展学生高级技能与创造力。

D.在加强了技术的学习环境中,管理学生的学习活动。

4. 评估与评价

教师运用技术来促进各种更有效的评估与评价策略:

A.用各种评估方法评价学生的学科学习时,把技术运用于评估之中。

B.利用技术资源来搜集和分析数据,解释结果,并交流成果,来改进教学实践,使学生学习达到最优化。

C.运用多种评估方法,判断学生是否恰当地运用技术资源来进行学习、交流和提高工作效率。

5. 工作效率和专业实践

教师要使用技术来增强他们的工作效率与专业实践,教师应该:

A.运用技术资源去促进专业发展与终身学习。

B.不断地进行评价和反思,以便对使用技术来支持学生学习有更好的决策。

C.运用技术来提高工作效率。

D.运用技术来和同伴、家长及更大的共同体进行沟通与合作,以关照学生的学习。

6. 社会、民族、法律以及人类问题

在 PK-12 年级学校中,教师要理解围绕技术使用中的社会、种族、法律和人类问题,并根据理解进行教学实践，教师应该：

A.要教授学生合法地使用技术和遵守伦理，并成为表率。

B.运用技术资源使有着不同背景、个性与才能的学习者能够或增强学习。

C.鉴定和使用技术资源来肯定学生的多样性。

D.促进安全与健康地使用技术资源。

E.帮助全体学生能够平等地利用技术资源。

## 美国国家教育技术标准(学生)

1. 基本操作与概念

A.学生能够表现出对技术系统的本质和操作的充分理解。

B.学生能够熟练地使用技术。

2. 社会、道德和人文方面的要求

A.学生能够理解与技术相关的道德、文化和社会问题。

B.学生能够负责任地使用技术系统、信息和软件。

C.学生对技术用于支持终身学习、协作、个人追求和提高学习效率持积极态度。

3. 技术作为提高学习效率的工具

A.学生能够使用技术工具，加强学习，提高学习效率并激发创造力。

B.学生能够使用高效率工具，在信息化环境中协作学习，准备出版物，制作有创新性的作品。

4. 技术作为交流的工具

A.学生能够通过远程通信与同龄人、专家和他人协作，发表作品并进行互动交流。

B.学生能够使用多种媒体与多种受众有效地交流信息与思想。

5. 技术作为研究的工具

A.学生能够使用技术工具，从多种信息源中查找、评价和收集信息。

B.学生能够运用技术工具，处理数据，报告结果。

C.学生能够评价和选择新的信息资源和新技术，以完成特定的学习任务。

6. 技术作为解决问题与决策的工具

A.学生能够使用技术资源，解决问题，做出合理决策。

B.学生能够使用技术，发展解决实际问题的策略。

(资料来源：美国国际教育技术协会项目组编写，祝智庭、刘雍潜、黎加厚等译)

# 附录 2　中小学教师教育技术能力标准(试行)

中华人民共和国教育部

为提高中小学教师教育技术能力水平，促进教师专业能力发展，根据《中华人民共和国教师法》和《中小学教师继续教育规定》有关精神，特制定《中小学教师教育技术能力标准(试行)》。

本标准适用于中小学教学人员、中小学管理人员、中小学技术支持人员教育技术能力的培训与考核。

## 第一部分　教学人员教育技术能力标准

### 一、意识与态度

(一)重要性的认识

1. 能够认识到教育技术的有效应用对于推进教育信息化、促进教育改革和实施国家课程标准的重要作用。

2. 能够认识到教育技术能力是教师专业素质的必要组成部分。

3. 能够认识到教育技术的有效应用对于优化教学过程、培养创新型人才的重要作用。

(二)应用意识

1. 具有在教学中应用教育技术的意识。

2. 具有在教学中开展信息技术与课程整合、进行教学改革研究的意识。

3. 具有运用教育技术不断丰富学习资源的意识。

4. 具有关注新技术发展并尝试将新技术应用于教学的意识。

(三)评价与反思

1. 具有对教学资源的利用进行评价与反思的意识。

2. 具有对教学过程进行评价与反思的意识。

3. 具有对教学效果与效率进行评价与反思的意识。

(四)终身学习

1. 具有不断学习新知识和新技术以完善自身素质结构的意识与态度。

2. 具有利用教育技术进行终身学习以实现专业发展与个人发展的意识与态度。

### 二、知识与技能

(一)基本知识

1. 了解教育技术基本概念。

2. 理解教育技术的主要理论基础。

3. 掌握教育技术理论的基本内容。

4. 了解基本的教育技术研究方法。

(二)基本技能

1. 掌握信息检索、加工与利用的方法。

2. 掌握常见教学媒体选择与开发的方法。

3. 掌握教学系统设计的一般方法。

4. 掌握教学资源管理、教学过程管理和项目管理的方法。

5. 掌握教学媒体、教学资源、教学过程与教学效果的评价方法。

## 三、应用与创新

(一)教学设计与实施

1. 能够正确地描述教学目标、分析教学内容,并能根据学生特点和教学条件设计有效的教学活动。

2. 积极开展信息技术与课程的整合,探索信息技术与课程整合的有效途径。

3. 能为学生提供各种运用技术进行实践的机会,并进行有针对性的指导。

4. 能应用技术开展对学生的评价和对教学过程的评价。

(二)教学支持与管理

1. 能够收集、甄别、整合、应用与学科相关的教学资源以优化教学环境。

2. 能在教学中对教学资源进行有效管理。

3. 能在教学中对学习活动进行有效管理。

4. 能在教学中对教学过程进行有效管理。

(三)科研与发展

1. 能结合学科教学进行教育技术应用的研究。

2. 能针对学科教学中教育技术应用的效果进行研究。

3. 能充分利用信息技术学习业务知识,发展自身的业务能力。

(四)合作与交流

1. 能利用技术与学生就学习进行交流。

2. 能利用技术与家长就学生情况进行交流。

3. 能利用技术与同事在教学和科研方面广泛开展合作与交流。

4. 能利用技术与教育管理人员就教育管理工作进行沟通。

5. 能利用技术与技术人员在教学资源的设计、选择与开发等方面进行合作与交流。

6. 能利用技术与学科专家、教育技术专家就教育技术的应用进行交流与合作。

## 四、社会责任

(一)公平利用

努力使不同性别、不同经济状况的学生在学习资源的利用上享有均等的机会。

(二)有效应用

努力使不同背景、不同性格和能力的学生均能利用学习资源得到良好发展。

（三）健康使用

促进学生正确地使用学习资源，以营造良好的学习环境。

（四）规范行为

能向学生示范并传授与技术利用有关的法律法规知识和伦理道德观念。

# 第二部分　管理人员教育技术能力标准

## 一、意识与态度

（一）重要性的认识

1. 能够认识到教育技术的有效应用对于推进教育信息化、促进教育改革和实施国家课程标准的重要作用。

2. 能够认识到教育技术能力是教师专业素质的必要组成部分。

3. 能够认识到教育技术的有效应用对于优化教学过程、培养创新型人才的重要作用。

（二）应用意识

1. 具有推动在管理中应用教育技术的意识。

2. 具有推动在教学中开展信息技术与课程整合、促进教育教学改革研究的意识。

3. 具有支持教师运用教育技术不断丰富学习资源的意识。

4. 具有密切关注新技术的价值并不断挖掘其教育应用潜力的意识。

（三）评价与反思

1. 具有促进对教学资源的利用进行评价与反思的意识。

2. 具有促进对教学过程进行评价与反思的意识。

3. 具有促进对教学效果与效率进行评价与反思的意识。

4. 具有对教学管理的效果进行评价与反思的意识。

（四）终身学习

1. 具有不断学习新知识和新技术以提高自身管理水平的意识与态度。

2. 具有利用教育技术进行终身学习以实现管理能力与个人素质不断提高的意识与态度。

3. 具有利用教育技术为教师创造终身学习环境的意识与态度。

## 二、知识与技能

（一）基本知识

1. 了解教育思想、观念和教育技术的发展趋势。

2. 了解教育技术的基本概念和应用范畴。

3. 了解教育技术的基本理论。

4. 掌握绩效技术、知识管理和课程开发的基本知识。

（二）基本技能

1. 掌握信息检索、加工与利用的方法。

2. 掌握资源管理、过程管理和项目管理的方法。

3. 掌握教学媒体、教学资源、教学过程与教学效果的评价方法。

4. 掌握课程规划、设计、开发、实施与评价的方法。

## 三、应用与创新

(一)决策与规划

1. 制定并实施教育技术应用计划以及应用技术来促进教育教学改革的条例与法规。
2. 能够根据地区特点和实际教育状况,宏观调配学习资源,规划和设计教育系统。
3. 能够有效应用信息技术和统计数据辅助决策过程。

(二)组织与运用

1. 能组织与协调各种资源,保证教育技术应用计划的贯彻和执行。
2. 能组织与协调各种资源,促进信息化学习环境的创建。
3. 能组织与协调各种资源,支持信息化的教学活动。
4. 能运用技术辅助教学组织和教学实施。

(三)评估与发展

1. 能使用多种方法对教师和管理人员的教育技术应用效果进行评价。
2. 能运用技术辅助对管理体制和运行机制进行评价。
3. 能采取多种措施推动技术体系的不断改进,支持技术的周期性更新。
4. 能充分利用技术手段为教师、学生和管理者的发展提供更多机会。
5. 能充分运用技术改善教育教学条件,并为教师提供教育技术培训的机会。

(四)合作与交流

1. 能利用技术与教学人员就教学工作进行交流。
2. 能利用技术与技术人员就学习支持与服务进行交流。
3. 能利用技术与家长及学生就学生发展与成长进行交流。
4. 能利用技术与同事就管理工作进行合作与交流。

## 四、社会责任

(一)公平利用

能够在管理制度上保障所有的教师和学生均能利用学习资源得到良好发展。

(二)有效应用

1. 能够促进学习资源的应用潜能得到最大化的发挥。
2. 能够促进技术应用达到预期效果。

(三)安全使用

1. 能确保技术环境的安全性。
2. 能提高技术应用的安全性。

(四)规范行为

1. 努力加强信息道德的宣传与教育。
2. 努力规范技术应用的行为与言论。
3. 具有技术环境下知识产权保护的意识,并能够以实际行动维护这种知识产权。

# 第三部分　技术人员教育技术能力标准

## 一、意识与态度

（一）重要性的认识

1. 能够认识到教育技术的有效应用对于推进教育信息化、促进教育改革和实施国家课程标准的重要作用。

2. 能够认识到教育技术应用能力是教师专业素质的重要组成部分。

3. 能够认识到教育技术的有效应用对于优化教学过程、培养创新型人才的重要作用。

（二）应用意识

1. 具有研究与推进信息技术与课程整合的意识。

2. 具有利用技术不断优化学习资源和学习环境的意识。

3. 具有积极辅助与支持教学人员和管理人员应用教育技术的意识。

4. 具有不断尝试应用新技术并探索其应用潜力的意识。

（三）评价与反思

1. 具有对技术及应用方案进行选择和评价的意识。

2. 具有对技术开发进行评价与反思的意识。

3. 具有对技术支持进行评价与反思的意识。

4. 具有对教学资源管理进行评价与反思的意识。

（四）终身学习

1. 具有积极学习新知识与新技术以提高业务水平的意识。

2. 具有利用教育技术进行终身学习以不断提高个人素质的意识。

## 二、知识与技能

（一）基本知识

1. 了解教育思想、观念和技术的发展趋势。

2. 了解教育技术的基本概念和应用范畴。

3. 掌握现代教学媒体特别是计算机与网络通信的原理与应用。

（二）基本技能

1. 掌握信息检索、加工与利用的方法。

2. 了解教学系统设计与开发的方法。

3. 掌握教学媒体的设计与开发的技术。

4. 掌握教学媒体的维护与管理的方法。

5. 掌握学习资源维护与管理的方法。

6. 掌握对教学媒体、学习资源的评价方法。

## 三、应用与创新

（一）设计与开发

1. 参与本单位教育信息化建设方案的整体规划与设计。

2. 能够设计与开发本单位的信息化学习环境。

3. 能够收集、整理已有学习资源并设计与开发符合教学需要的学习资源。

(二)应用与管理

1. 能够为教学人员的教学和科研工作提供技术支持与服务。

2. 能够为管理人员的管理和评估工作提供技术支持与服务。

3. 能够对学习资源与学习环境的使用进行有效的管理与维护。

(三)评估与发展

1. 能够对学习资源和学习环境的开发与应用效果进行评估,并提出发展建议。

2. 能够对自身的技术服务和管理工作进行评估,并反省自身的技术服务和业务水平。

3. 能够参与本校教师教育技术应用效果的评估工作,并提出发展建议。

4. 能够参与制定本校教师教育技术培训方案并实施。

(四)合作与交流

1. 能利用技术与教师就教育技术在教学中的应用效果进行交流。

2. 能利用技术与管理人员进行交流。

3. 能利用技术与学生及家长进行交流。

4. 能利用技术与同行及技术专家进行交流。

## 四、社会责任

(一)公平利用

能够通过有效的统筹安排保障所有的教师和学生均能利用学习资源得到良好发展。

(二)有效应用

1. 能不断加强信息资源的管理。

2. 能不断提高教育技术应用的有效性。

(三)安全使用

1. 努力提高技术应用环境的信息安全。

2. 能为教师和学生提供安全、可靠的技术服务。

(四)规范行为

1. 努力加强技术环境下信息资源的规范管理。

2. 努力规范技术应用的行为方式。

## 附录:术语与定义

教育技术(educational technology):指运用各种理论及技术,通过对教与学过程及相关资源的设计、开发、利用、管理和评价,实现教育教学优化的理论与实践。

教学系统(instructional system):教育系统的子系统,是指为了实现某种教学目的、由各教学要素有机结合而成的具有一定教学功能的整体。

教学设计(instructional design):又称为教学系统设计(instructional system design),是指主要依据教学理论、学习理论和传播理论,运用系统科学的方法,对教学目标、教学内容、教学媒体、教学策略、教学评价等教学要素和教学环节进行分析、计划并作出具体安排的过程。

信息(information):人、生物和自动机等控制系统所接收和加工的事物属性或运动状态。在教育教学领域有表示教学内容的信息、描述师生特征的信息、反映教学动态过程的信息等。

信息资源(information resources):指以文字、图形、图像、声音、动画和视像等形式储存在一定的载体上并可供利用的信息。

信息技术(information technology):指能够支持信息的获取、传递、加工、存储和呈现的一类技术。其中,应用在教育领域中的信息技术主要包括电子音像技术、卫星电视广播技术、多媒体计算机技术、人工智能技术、网络通信技术、仿真技术和虚拟现实技术等。

教育信息化(educational informationization):指在教育教学的各个领域中,积极开发并充分应用信息技术和信息资源,促进教育现代化,以培养满足社会需求人才的过程。

信息道德(information morality):指在信息领域中用以规范人们相互关系的思想观念与行为准则。

信息安全(information security):指个人、组织和国家在信息领域的利益保护状态。它涉及信息的保密性、完整性、可用性和可控性。

信息技术与课程整合(integrating information technology into curriculum):指在学科教学过程中把信息技术、信息资源和课程有机结合,建构有效的教学方式,促进教学的最优化。

学习资源(learning resources):指在学习过程中可被学习者利用的一切人力与非人力资源,主要包括信息、资料、设备、人员、场所等。在课堂教学中所利用的学习资源也称教学资源。

教师专业化(teacher professionalization):指教师在整个职业生涯中,通过专门训练和终身学习,逐步习得教育专业的知识与技能并在教育专业实践中不断提高自身的从教素质,从而成为一名合格的专业教育工作者的过程。

终身学习(lifelong learning):指社会每个成员为适应社会发展和实现个体发展的需要,贯穿于人的一生的、持续的学习过程。

教学媒体(instructional media):媒体是指承载、加工和传递信息的介质或工具。当某一媒体被用于教学目的时,则被称为教学媒体。

教学资源管理(instructional resources management):指通过对教学资源的计划、组织、协调和评价,以实现既定教学目标的活动过程。教学资源管理包括硬件资源的管理和软件资源的管理。

项目管理(project management):项目是指致力于完成具有独特性的产品或服务的一次性工作。学校教育中的项目管理,是指对学校特定教育教学项目的计划、组织、监督与调控。项目管理在学校教育中主要应用于教学系统设计、教学资源开发、教育技术应用和教育改革实验等开发项目与研究课题中。

教学过程管理(process management):教学过程是教学活动展开的过程。教学过程管理就是对这一过程所涉及的各种要素及活动的管理。

学习环境(learning environment):指直接或间接影响个体及群体学习的全部外在因素。在学校教育中,学习环境主要包括校园、教室、图书馆、实验室和教学软件平台、学习工具、各种学习资源等硬软件物质条件,以及校风、学风、校园文化等精神因素。此外,家庭和社区通常被认为是学生的校外学习环境。

绩效技术(performance technology):绩效是指人们在工作场所中通过一定的活动完成任务所形成的业绩或成果。绩效技术是指应用系统方法,通过对目标和行为的分析、设计、开发、实施、管理和评价,以达到工作业绩最大化的技术。

知识管理(knowledge management):指利用适当的技术、方法和机制来促进知识的有效生成、传播和利用的过程。

课程开发(curriculum development):指通过需求分析确定课程目标,再根据这一目标选择某一个学科(或多个学科)的教学内容和相关教学活动进行计划、组织、实施、评价、修订,以最终达到课程目标的整个工作过程。

# 附录3　中小学教学人员(初级)教育技术能力培训大纲

## 一、编制和使用说明

1. 本大纲依据《中小学教师教育技术能力标准(试行)》中对教学人员教育技术能力的要求编制。

2. 本大纲是教育技术领域的研究成果，注重继承我国优良的传统教学思想，借鉴国外先进的教学理念，参考了国外开发的教育技术标准和我国教育技术组织研制《中国教育技术标准》的有益经验。

3. 大纲的编制力求体现素质教育的思想，适应基础教育课程改革的需要，以"任务驱动、强调活动、强调参与"为指导原则，把基于现有教学媒体环境的教学设计作为主要任务，采取模块化设计的方式安排培训内容。在每一模块中，目标和任务是培训的基本要求，教学活动建议和教学活动举例作为对基本要求的解释或补充。

4. 在大纲指导下开展培训的过程，是教师体验和交流学生学习的过程，是分析、总结、改进教师日常教学的过程。需要处理好在活动中体验与知识之间的关系、理论与实践之间的关系。需要重视中小学教师成人学习的特点和个性差异，强调中小学教师教育技术应用能力的形成和发挥，真正使学习过程成为帮助教师利用技术改善教学，提高教学能力的过程，促使其养成应用技术的习惯。

5. 大纲规定培训总课时约为50学时。

## 二、培训目标

经过初级教育技术能力培训的中小学教学人员，在知识与技能、过程与方法、情感与态度方面应达到以下具体要求：

(一)知识与能力

1. 掌握教育技术的基本概念、意义及其作用。

2. 了解信息技术与学科教学整合的基本概念。

3. 掌握教学设计的过程及其关键环节。

4. 掌握媒体的特点，了解各类媒体对教与学的支持作用。

5. 学会运用技术进行教学形成性评价、总结性评价。

(二)过程与方法

1. 完成一节课或一个教学单元/主题的教学设计，实施或展示、研讨教学。

2. 掌握分析演示型教学媒体特点的方法，提高在实际教学中的应用能力。

3. 学会运用文字编辑软件编制常用教学文档，运用网络工具搜集教学资源，运用多媒体工具对文本、图片、声音、动画等资源进行简单的加工处理，运用简单的课件制作工具或网页制作工具整合教学资源。

4. 能够使用常用的形成性评价、总结性评价的量规和方法设计课堂教学评价活动。

(三)情感与态度

1. 消除教学中应用信息技术的畏惧心理，形成对教育技术促进教学的认同。

2. 形成把教学技术与教学实践紧密联系的积极性和主动性。

3. 形成对资源信息的正确认识和初步的选择、处理和加工能力，建立知识产权保护意识。

4. 了解技术对社会、对学生发展的重要影响，树立在教学中运用技术的使命感。

## 三、培训的成果形式

1. 每个学员完成的一节课或一个教学单元/主题的教学设计方案(包括:文稿、资源、评价和过程记录等)；

2. 每个学员学习过程中形成的作业文件夹(包括教学设计、资源收集与加工、反思日志等)；

3. 每个小组集体研究过程中形成的记录文档(包括讨论记录、小组作品和交流文稿等)。

以上成果作为评定教师学习过程的形成性考试成绩的依据。

## 四、培训模块指南

### 模块 1　开始培训的准备(4 学时)

(一)目标

1. 了解此次培训的主要模块、过程、方法，需要完成的任务及应取得的成果。

2. 了解教师与学员、学员之间的交流方式，利用技术建立课上和课下的多种交流渠道，体验正确交流方式的重要性，为后续模块的学习做好准备。

3. 掌握教育技术的基本概念、意义及作用。

4. 形成学习小组，在小组活动中体验协作学习的过程；在对个人活动、小组活动评价与反思的过程中形成反思的意识。

(二)任务

1. 互相认识，形成融洽的师生、生生关系；

2. 介绍培训模块、方式和最终学员需要提交的成果的形式；

3. 检查和准备每个人的软硬件设备；

4. 建立个人文件夹。

(三)教学活动建议

1. 本模块对于保障整个培训课程的顺利实施具有导向性作用，要注意观察学员，引导他们从心理、方法和技术上做好各种准备。

2. 组织学员相互认识，让学员尝试利用技术进行课堂和课外的交流，体验各种交流方式的不同。

3. 要努力使学员理解培训的方式、成果要求、评价形式等，并达成共识。个别学员的困惑或不同见解可以在全班范围内适当组织讨论，重在参与和体验，不要简单地给出结论。

4. 要充分利用学员已有经验，重视学员独特体验，使学员形成自己的观点。

（四）教学活动举例

1. 师生互动1（相互介绍＋讨论）

（1）培训教师与受训学员的自我介绍与相互认识。

（2）了解培训的方式及主要内容模块，了解培训的评价方法。

（3）了解利用技术手段进行交流的重要性及方式。

2. 师生互动2（案例观摩＋阅读＋讲解＋讨论）

（1）案例观摩。

（2）介绍教育技术的基本概念、意义及作用。

（3）进一步了解新课程标准所采用的教育观及学生发展观对教育技术运用的影响。

3. 自主活动1（操作＋思考）

（1）检查培训中用到的相关软硬件。

（2）建立作业文件夹，检查作品档案袋。

（3）建立自己的电子邮箱，留存教师、学员的电子邮箱地址，尝试与教师及学员进行交流。

（4）思考自己的选题，用电子文档记录下来，存入自己的作业文件夹（作品档案袋）中。

4. 小组活动（共享＋讨论）

（1）形成学习小组，为小组命名，组织组内交流、共享，互帮互助。

（2）在小组内介绍自己的选题意向，并征询小组成员的意见，记录小组成员对自己选题的建议。

（3）完成此次小组活动记录文档。

5. 自主活动2（评价＋反思）

（1）参考提供的小组活动评价模板、小组活动中的个人行为评价模板，评价此次培训中的小组活动及个人活动。

（2）反思本模块的培训，填写培训日志。

## 模块2　编写教学设计方案(4学时)

（一）目标

1. 掌握教学设计的定义及其作用。

2. 掌握教学设计方法的一般过程及关键环节。

3. 运用教学设计方法初步完成一份教学设计方案。

（二）任务

1. 反思自己以前的教学设计实践。

2. 观摩所提供的教学设计方案，结合教学设计方法分析其优缺点。

3. 参照本模块中提供的教学设计方案模板完成所选内容的教学设计方案。

(三)教学活动建议

1. 本模块强调案例研讨对学员教学设计实践的启发效果,通过案例的比较分析,理解学习教学设计的作用以及学习理论、教学理论对教学设计方法和实践的指导作用,不要纠缠概念。

2. 重视学员对自己经验的反思,鼓励学员以开放的心态与同学分享自己的经验和感受,通过正反案例,使学员在处理已有经验和新知识、自己的理解和他人的经验等交织的过程中,加深对教学设计方法的理解。

3. 重视对各种教学策略的体验。在体验中,帮助学员理解和掌握各种教学策略的概念和方法。

4. 为学员提供教学设计实践的便利条件,包括评价的参考标准以及活动过程模板,但要引导学员突破模板的束缚,鼓励创造性地运用过程模板。

(四)教学活动举例

1. 师生互动(阅读+讲解+讨论)

(1)教学设计的定义及其作用。

(2)观摩教学设计案例。

(3)教学设计方法的一般过程。

(4)教学设计方法的关键环节。

2. 自主活动1

(1)反思自己以前的教学设计实践,填写反思记录文档。

(2)分析教学设计案例的优缺点,填写案例分析表。

(3)阅读本模块中提供的教学设计方案模板,选择适用于自己选题的模板。

(4)基于教学设计方案模板,初步完成选题的教学设计方案。

3. 小组活动

(1)在小组内共享反思记录表,讨论后概括教学设计方法的特点及注意事项,形成一份小组作品。

(2)参考本模块提供的小组作品评价模板,评价小组作品。

(3)在小组内介绍各自的教学设计方案,征询小组成员的意见,记录小组成员对自己选题的建议。

4. 自主活动2

(1)基于小组成员的反馈意见、参考教学设计方法的特点及注意事项,思考并修改自己的教学设计方案。

(2)将修改后的教学设计方案保存在自己的作业文件夹中。

(3)反思此次培训活动,填写培训日志。

## 模块3 教学媒体的选择(4学时)

(一)目标

1. 掌握各类教学媒体在学科教学中运用的特点。

2. 结合案例了解各类媒体对教师教学和学生学习的支持作用。

3. 分析演示型教学媒体的特点，选择所用的教学媒体并分析其运用形式。

（二）任务

1. 概括出各类教学媒体在本学科教学中运用的特点。

2. 观摩所提供的教学案例，分析案例中各类媒体对教师教学和学生学习的支持方式。

3. 用文字编辑软件中的表格或电子表格软件列出所选择的演示型教学媒体，并分析其运用形式。

（三）教学活动建议

1. 本模块旨在建立技术是帮助学与教的工具的正确媒体观，强调不同媒体的不同教学特性和使用范围，要发挥媒体的综合优势，强调合理运用，不盲目追求技术的先进性。

2. 要强调动手实践，要求学员在操作体验的过程中，结合教学的实际情况总结教学媒体的应用特点及其对教学的支持方式。

3. 通过对正反案例的对比分析，使学员从不同角度理解媒体的运用特性，在案例分析的过程中掌握媒体选择的原则。

4. 要鼓励学员根据自己所概括的媒体选择原则，对自己和小组成员所制订的媒体应用表进行评价、讨论，以增强他们的反思能力和分享意识。

（四）教学活动举例

1. 师生互动（阅读＋案例观摩＋讲解＋讨论）

(1)各类教学媒体的特点。

(2)案例观摩，掌握分析案例中媒体对教/学的支持作用的方法。

2. 自主活动1

(1)基于以上学习，概括出各类教学媒体在本学科教学中的运用形式及特点，对在教学中所能用到的媒体加以标注，填写媒体在学科教学中的运用记录表。

(2)观摩学科案例，分析案例中媒体对教师教学和学生学习的支持方式，填写媒体运用分析表。

3. 小组活动

(1)在小组内共享自主活动中的第一项，讨论后概括出媒体在本学科教学中的运用方式及特点，形成一份小组作品。

(2)在小组内共享媒体在学科中的运用记录表，讨论后概括出媒体在本学科教学中的运用方式及特点，形成一份小组作品。

(3)在小组内共享媒体运用分析表，讨论并形成一份小组作品。

(4)与小组成员讨论，如何在自己的选题中运用演示型教学媒体。

4. 自主活动2

(1)基于以上的活动，用文字编辑软件中的表格或电子表格软件，列出在自己的教学设计中所选择的演示型教学媒体及其运用的方式，将此表格添加到上一模块完成的教学设计方案中，并将修改后的文档保存在自己的作业文件夹中。

(2)将小组活动中形成的两份小组作品整理成电子文档，保存在自己的作业文件夹中。

(3)反思此次培训活动，填写培训日志。

## 模块4　教学资源的收集与整合(一)(2学时)

(一)目标

1. 了解教学/学习资源在教育中的地位与作用。

2. 掌握常见教育资源的类型及运用策略,掌握选择教学资源的基本原则和实施策略。

3. 了解资源与媒体的联系与区别。

(二)任务

1. 列出能为本学科教学所用的资源类型、工具及其运用策略。

2. 基于自己的教学设计或选题,选择所要使用的各类资源。

(三)教学活动建议

1. 注重使学员形成正确的资源观。要明确教学资源不仅要支持教,更重要的是支持学;要注重多种教学资源的运用,既要重视数字化教学资源的建设,也要重视其他渠道的资源利用。

2. 重视正反案例的对比分析,注意既要采用同一学科不同应用形态的教学资源运用案例,也要采用同一应用形态的教学资源在不同学科、不同教学内容的案例,使学员多角度、多层次理解教学资源的运用特性和应用原则。

3. 要鼓励学员根据自己所概括的教学资源应用原则及其注意事项,对自己和小组成员所制定的教学资源应用表进行评价、讨论,以增强他们的应用反思能力和分享意识。

(四)教学活动举例

1. 师生互动1(思考+讨论)

(1)有哪些形式的资源可为教育教学所用。

(2)不同类型资源的作用有什么不同,如何才能综合其优势。

2. 师生互动2(思考+阅读+讲解+讨论)

(1)教学资源应用于教学过程的优秀案例观摩。

(2)教学/学习资源在教育中的地位与作用。

(3)常见教育资源的类型与运用策略。

(4)选择教学资源的基本原则和实施策略。

3. 自主活动1

(1)列出在你所教学科中所用资源的类型、工具。

(2)列出你在运用各类资源、工具时的策略。

(3)列出资源在运用过程中要注意的问题。

4. 小组活动

(1)在小组内共享上述三项内容,讨论后形成一份小组学习作品,并在全班内共享。

(2)参考本模块提供的作品评价模板与小组活动评价模板,评价小组作品。

5. 自主活动2

(1)基于以上的小组活动,思考在选题规定的教学活动中所要使用的资源与媒体,用文字编辑软件中的表格或电子表格软件列出并说明运用的形式,将文档保存在自己的作业文件夹中。

(2)反思此次培训活动,填写培训日志。

## 模块5 教学资源的收集与整合(二)——信息技术技能(8学时)

(一)目标

1. 掌握收集教学资源的方法。

2. 能够对收集的文本、图片、声音、动画等资源素材进行简单的加工与处理。

(二)任务

1. 运用收集资源的方法,基于自己的教学设计,选择、收集所要使用的各类资源。

2. 运用文字处理工具对收集的文本资源素材进行简单的加工处理。

3. 运用图片处理工具对收集的图片资源进行截取和改变大小、亮度等简单的加工处理。

4. 运用音频处理工具对收集的声音资源进行截取、增补、去噪音等简单的加工处理。

5. 运用网络下载工具将动画下载到本地机,并插到自己的文本中。

(三)教学活动建议

1. 增强学员积累资源的意识和能力,引导学员注重平时资源的积累,包括收藏优秀网址、素材库以及平时浏览网页时收集一些好的素材,分类存放以备教学之用。

2. 注意分享中小学教师已有收集资源的体验,使学员从中掌握资源收集的小技巧,提高资源检索、下载的效率。

3. 通过案例使学员理解不同格式素材的质量和教学特征,掌握基本的分辨能力和恰当选取素材的能力。

4. 突出素材处理工具常用、实用的使用功能,注意不同学科的不同需求。既要教会学员掌握一些基本的工具、使用技巧,更要重视引导学员学会运用软件工具的帮助功能,学会上网搜索常用软件工具等,力求知识迁移和自我提高。

5. 鼓励学员根据自己所概括的教学资源的应用特性,对自己和小组成员所收集的教学资源进行评价、讨论,以增强他们的反思能力和分享意识。

(四)教学活动举例

1. 师生互动1(思考+讨论)

(1)在日常教学中有哪些收集资源的方法?

(2)在学科教学中,常用的资源类型有哪些,各类资源的教学运用效果如何?

2. 师生互动2(思考+讨论+阅读+操作)

(1)观摩收集各种类型的教学资源的案例,分析案例中所包含的资源类型。

(2)收集资源的方法。

(3)介绍资源收集的常用软件。

(4)运用各类简单的多媒体加工与处理软件,对收集的各类资源素材进行简单加工处理。

3. 自主活动1

(1)基于以上的学习活动,思考在选题规定的教学活动中所要使用的资源类型,用文字编辑软件中的表格或电子表格软件列出并说明运用的形式,将文档保存在自己的作业文件夹中。

(2)基于自己的选题,参考教材附录中提供的搜索引擎、资源站点、学科网站,收集教学设计中所要使用的资源素材。

(3)记下本学科比较好的资源网站地址,并添加到收藏夹中。

(4)利用相关的资源加工与处理工具,对收集到的资源素材进行简单的加工处理,使之更好地应用于学科教学。

4. 小组活动

(1)利用本模块中提供的资源站点评价量表,完成对某一学科站点或资源站点的评价。

(2)在小组内、全班内共享好的学科教学站点、优秀资源站点。

(3)在小组内展示处理过的各类资源,征询小组成员的意见。

5. 自主活动 2

(1)基于小组成员的反馈意见,优化修改自己的资源素材。

(2)将修改后的资源素材保存在自己的作业文件夹中。

(3)反思此次培训活动,填写培训日志。

## 模块 6　教学资源的收集与整合(三)——信息技术技能(10 学时)

(一)目标

1. 了解教学资源的呈现类型,了解教学资源呈现的设计方法。

2. 掌握运用简单的课件制作工具开发与整合教学资源的方法。

3. 了解运用简单的网页编辑工具开发与整合教学资源的方法。

(二)任务

1. 基于自己的教学设计,设计教学资源的呈现方式。

2. 利用演示文稿设计工具开发与整合教学资源。

3. 观摩并分析如何利用网页设计工具开发与整合教学资源。

(三)教学活动建议

1. 通过案例分析使学员理解不同呈现方式的资源对教学的支持方式的不同,并能够分析自己的教学需求以及教学资源对具体教学环节的支持方式。

2. 要使学员树立合理运用资源的意识,力求能以简单的技术实现必需的教学功能。

3. 开发工具的教学中,要尊重学员的意愿和已有基础,以教学功能的实现为目标,不严格规定使用哪一种软件,但可以建议学员使用通用性的软件,以便共享资源。

4. 促使学员形成记录学习过程的意识,建议他们把学习中碰到的问题、心得随时记录在自己的作业文件夹中,关注学习过程的自我反馈和自我指导。

5. 学员开发教学资源课件的过程中,既要重视对学员的个别化指导,更要强调学员之间的合作和互帮互助意识的培养,重视应用自我评价、小组评价以及教师对小组团队集体评价。

6. 在强调学员自主探究、开发教学资源课件的前提下,为学员提供必需的自主学习资源,同时要重视对具体操作方法的指导,教学上采用"由扶到放"的策略,重视变式练习的应用。

7. 鼓励学员根据自己所讨论、制订的教学资源评价标准,对自己和小组成员所设计、开发的教学资源课件进行评价、讨论,以增强他们的反思能力和分享意识。

(四)教学活动举例

1. 师生互动(案例观摩+阅读+讲解+操作)

(1)观摩各种呈现类型的教学资源案例,分析教学资源呈现的设计方法。

(2)运用简单的课件制作工具对教学资源进行开发与整合的操作方法。

(3)观摩并分析简单的网页编辑工具开发与整合教学资源的操作方法。

2. 自主活动1

(1)基于学员的教学设计选题,完成对教学资源结构的设计,记录在文档中。

(2)利用相关资源开发与整合技术(简单的课件制作工具、简单的网页编辑工具)完成教学资源。

3. 小组活动

(1)参考资源评价的方法,在小组内讨论资源收集与开发的注意事项,讨论确定资源评价的量规。

(2)在小组内展示各自的教学资源,并征询小组其他成员的意见。

(3)以小组活动的方法评价每一位成员的教学资源。

4. 自主活动2

(1)基于小组成员的反馈意见,优化修改自己的资源。

(2)将修改后的教学资源保存在自己的作业文件夹中。

(3)反思此次培训活动,填写培训日志。

## 模块7　形成完整的教学设计成果(2学时)

(一)目标

1. 了解形成性评价与总结性评价的作用,初步掌握设计形成性评价与总结性评价的方式或方法。

2. 能够对教学设计方案及教学用资源进行反思与改进。

(二)任务

1. 设计选题中的形成性评价与总结性评价的方式或方法。

2. 整理培训过程积累的学习结果。

3. 修改教学设计方案及教学用资源。

(三)教学活动建议

1. 重视学员在以往教学实践中应用评价理念和方法的经验,强调通过分享理解各类评价的概念及其作用。

2. 重视评价案例的资源建设。通过案例的研讨、分析,使学员正确认识形成性评价促教、促学的作用,积累本学科在形成性评价实施方面的优秀经验。

3. 鼓励学员对自己在培训过程中的表现进行反思,理解形成性评价对教学的启发,掌握将形成性评价与教学活动相结合的方法。

4. 通过分享和反思,促使学员明确教学设计和教学资源之间的关系,进一步理解正确的资源观。

(四)教学活动举例

1. 师生互动(案例观摩+讲解+讨论)

(1)观摩教学设计成果的完整案例。

(2)了解形成性评价在教学中的作用。

(3)了解总结性评价的作用。

(4)介绍常用的形成性评价、总结性评价的设计方式与方法。

2. 自主活动1

(1)参考案例中形成性评价的内容,在选题中制定出形成性评价的方法或方式,添加到教学设计方案中。

(2)参考案例中总结性评价的内容,在选题中制定出总结性评价的方法或方式,添加到教学设计方案中。

(3)整理前面各个培训模块中积累的个人学习成果材料。

(4)优化教学资源,修改完善教学设计方案。

(5)将完成的内容保存在自己的作业文件夹(作品档案袋)中。

3. 小组活动

(1)小组内展示各自的教学设计成果(重点是教学设计方案、教学资源),并听取成员的反馈意见。

(2)以小组活动的方法评价每一位成员的教学资源。

4. 自主活动2

(1)基于小组成员的反馈意见,优化修改自己的教学设计成果,并保存在自己的作业文件夹中。

(2)反思此次培训活动,填写培训日志。

## 模块8　单元/主题的教学设计(7学时)

(一)目标

1. 结合自己所教学科和具体的媒体环境,掌握教学单元/主题的教学设计。

2. 掌握单元/主题教学所需教学资源的收集、整理与开发的方法。

3. 能够对单元/主题的教学设计方案及教学用资源进行反思与修改。

(二)任务

1. 完成单元/主题教学设计方案。

2. 初步完成单元/主题所需教学资源的收集、整理与开发(如果课时不够,完成资源框架即可)。

(三)教学活动建议

1. 重视案例资源的建设,强调通过案例观摩与研讨,使学员理解单元/主题教学设计的概念、作用以及与一节课设计的不同之处。

2. 关注培训后的应用情况,增强学员积极应用的意识,既要使他们能够正确认识现有条件可能存在的困难,更重要的是帮助他们提高分析困难中的有利因素,选择恰当的应对策略的能力。

3. 为学员提供充分的学习支持,包括主题/单元设计参考列表、设计模板等,同时也要引导学员突破参考列表、设计模板的束缚,鼓励创造性地运用。

4. 主题/单元教学设计完整成果的完成需要比较长的时间。要注重学员对主题/单元教学设计的理解和体验,强调对方法的指导,要求完成教学设计方案,但不对成果做过高的要求。

5. 要鼓励学员根据自己所理解的主题/单元教学设计要求，对自己和小组成员所完成的主题/单元教学设计进行评价、讨论，以增强他们的反思能力和分享意识。

(四)教学活动举例

1. 师生互动(案例观摩＋讲解＋讨论)

(1)观摩单元/主题教学设计成果的完整案例。

(2)了解单元/主题教学设计过程中的注意事项。

2. 自主活动1

(1)完成单元/主题教学设计方案。

(2)单元/主题所需教学资源的收集、整理与开发。

3. 小组活动

小组内展示各自的教学设计成果，并听取成员的反馈意见。

4. 自主活动2

(1)基于小组成员的反馈意见，优化修改自己的教学设计成果，并保存在自己的作业文件夹中。

(2)反思此次培训活动，填写培训日志。

## 模块9　教学设计的实施与评价反思(5学时)

(一)目标

1. 了解评价的一般方法。

2. 掌握教学设计实施的评价方法。

3. 在教学设计实施与展示的过程中，建立教学设计与教学实践紧密联系的意识，并以此形成将所学的方法运用到今后的教学工作中的意识。

(二)任务

1. 在小组内展示自己的教学设计成果，基于组员反馈意见加以修改。

2. 在全班试讲、展示教学设计成果，分析讨论该成果的优点及需要改进之处。

(三)教学活动建议

1. 要充分尊重和发挥学员在教学设计成果评价方面的经验和体会，通过研讨了解教学设计成果形成性评价的方法及特点，理解教学设计成果评价对教学设计本身、教学实施的意义。

2. 在展示和评价之前、之中，注重应用一些提高活动参与度的策略，并使学员理解并掌握这些策略。帮助学员合理评价他人，既强调欣赏他人，善于发现他人的优点，又要中肯地提出合理化建议。

3. 体验和理解从设计到实施的关系，掌握根据教学进程的变化进行教学实施调控的一些基本策略。

4. 发挥技术在教学设计成果评价、数据收集、数据统计、结果保存等方面的优势，培养学员使用技术开展形成性评价的初步意识和基本能力。

5. 注意利用所学知识更好地完成说课，提高说课能力。

(四)教学活动举例

1. 师生互动1(思考＋讨论)

在技术条件尚不具备时，有哪些策略或方法可在教学中有效地运用教育技术?

2. 师生互动2(思考＋阅读＋讲解＋讨论)

(1)评价案例分析。

(2)评价的一般方法。

(3)教学设计实施的评价方法。

3. 小组活动

(1)在小组内学员每人展示一节信息技术与学科教学整合课的教学设计方案和教学资源,组内成员给出评价及修改意见。

(2)基于组内成员给出的修改意见,修改自己的教学设计成果。

(3)在全班内,以说课、试讲的方式展示教学设计成果。

(4)在小组内,分析所展示的教学设计成果的优点,并指出其有待修改之处。

4. 自主活动

(1)将自己的作业文件夹压缩打包后提交,将作品档案袋所有材料整理后提交。

(2)反思此次培训活动,填写培训日志。

## 模块10　培训的总结与提高(2学时)

(一)目标

1. 总结和巩固教学成果。

2. 分享学习经验,形成长期坚持在运用中学习的情感和态度。

(二)活动

1. 检查自己的学习成果、发现问题。

2. 对学习成果进行交流分享。

3. 提出对培训的改进建议,明确今后一段时间的个人学习和应用计划。

(三)教学活动建议

1. 运用在信息环境下涉及伦理道德问题的案例,使学员意识到正确对待网络安全和道德问题的重要性,增强学员对网络安全与道德问题的鉴别能力。

2. 采用游戏性活动,使学员能够在完全放松的状态下分享培训体会、困惑以及对培训的建议。

3. 让学员尝试自拟访谈表或调查表,以获取他人的反馈意见,并以开放的心态对待他人的建议。

4. 培训的反思和评价要强调培训全过程,关注培训的理念、方式以及培训过程中出现的问题对教学和个人发展的启示。

5. 学习成果和学习计划都是为了促进知识、技能在教学中的应用以及促进教师的专业化发展。在教学中要增强学员在应用中学习,不断提高自身教师专业发展的意识。

(四)教学活动举例

1. 师生互动(思考＋阅读＋讲解＋讨论)

信息环境下的伦理道德与网络道德。

2. 自主活动1

(1)检查自己的学习成果。

(2)检查自己在培训的各模块中任务完成情况与存在的问题。

(3)反思整个培训过程,完成反思文档及反思日志。

3. 小组活动

(1)组内讨论、全班共享,如何把此次培训活动中学到的知识和技能运用到今后的工作中。

(2)列出你仍有的困惑,与小组成员、培训教师进一步讨论、交流。

(3)听取小组成员、培训教师对自己本次培训的评价,吸取有益建议。

4. 自主活动2

(1)思考如何利用各种技术手段、工具和方法,有效地获取本校管理人员、技术人员的反馈意见及相关的数据资料,反思自己在接受培训、实践过程中的表现。

(2)结合自己心中尚存的困惑,制订一个自己今后学习的计划。

(3)评价本次培训活动,提出培训意见。

# 附录4　全国中小学教师教育技术能力建设计划

为了贯彻经国务院批准的教育部《2003—2007年教育振兴行动计划》，配合基础教育课程改革和“农村中小学现代远程教育计划”，提高中小学教师教育技术应用能力和水平，促进教师专业化发展，根据《教育部关于加快推进全国教师教育网络联盟计划，组织实施新一轮中小学教师全员培训的意见》的要求制定本计划。

## 一、宗旨和意义

全国中小学教师教育技术能力建设计划（以下简称“计划”）的宗旨是：以《中小学教师教育技术能力标准（试行）》为依据，以全面提高中小学教师教育技术应用能力，促进技术在教学中的有效运用为目的，建立中小学教师教育技术培训和考试认证制度，组织开展以信息技术与学科教学有效整合为主要内容的教育技术培训，全面提高广大教师实施素质教育的能力水平。

实施全国中小学教师教育技术能力建设计划，是推进教育信息化，实施素质教育和促进基础教育课程改革，提高教育质量的迫切需要；是促进教师专业发展，建设专业化教师队伍的必然要求。通过本计划的实施，建立一套规范性、权威性的中小学教师教育技术标准、培训、考试和认证体系，对于进一步规范教师教育技术培训管理，提高教育技术培训质量，对于进一步促进以信息技术为主的现代教育技术与教学的整合，提高教育教学水平具有重要意义。

## 二、目标和任务

**1. 目标**

——依据《中小学教师教育技术标准（试行）》和《中小学教师教育技术培训大纲》要求，在2005—2007年间，利用多种途径和手段，组织全国中小学教师完成不低于50学时的教育技术培训，使中小学教师教育技术应用能力显著提高。

——建立中小学教师教育技术能力水平培训和考试认证制度，形成全国统一规范的教师教育技术能力水平培训和考试认证体系。到2007年，全国大多数教师参加国家统一组织的教育技术能力水平考试。逐步将教师应用教育技术的能力水平与教师资格认证、职务晋升等相挂钩，形成鼓励广大教师不断提高自身教育技术应用水平的动力机制。

**2. 任务**

——制定培训大纲，开发培训资源

以《中小学教师教育技术标准（试行）》为依据，吸收和借鉴国内外先进的教育技术培训理念、内容和方法,注意与相关培训的衔接和整合,研究制定《中小学教师教育技术培训大纲》和培训方案,在此基础上,组织力量研究开发优质教师教育技术培训资源。

——加强基地建设,组织开展培训

加强教师教育技术培训基地建设,建立国家、省、市(地)、县(市、区)四级教师教育技术培训体系。制定《中小学教师教育技术培训基地评估标准》,在组织对各级培训基地的评估认定的基础上,有计划、有步骤地组织各级教育技术骨干培训者和骨干教师的培训。同时,加快推进全国教师网联计划,通过"人网、天网、地网"的结合,采用多种方式和方法,组织广大教师参加教育技术培训。加强与其他相关培训的衔接与整合,在充分研究和论证相关培训内容的基础上,通过制定免修、承认部分培训内容的办法,减少重复培训,提高培训效益。

——制定考试大纲和考试办法,组织统一考试

以《中小学教师教育技术能力标准(试行)》和《中小学教师教育技术培训大纲》为依据,在强调应用性和实践性的基础上,研究制定教师教育技术能力水平考试大纲和考核办法。有计划、分步骤地组织通过教育技术培训的教师,参加国家统一组织的教育技术能力水平考试,成绩合格者获得教育部监制、教育部考试中心印制的教育技术能力水平等级证书。

——建立认证制度,促进教师教育技术能力水平不断提高

加强政策研究,制定配套政策,建立教师教育技术能力认证制度。研究制定与教师教育技术培训、考试相关的配套政策,将教师教育技术能力水平证书与教师资格认证和再认证制度,以及教师职务晋升条件相挂钩,形成促进广大教师积极参加教育技术培训和考试,不断提高教育技术能力水平的有效机制。

## 三、组织管理

为加强对本计划实施的组织管理,教育部组成全国中小学教师教育技术能力建设计划项目实施工作领导小组,领导小组由主管部领导担任组长,师范教育司、中央电教馆、教育部考试中心和教师网联秘书处负责人参加,主要负责对计划实施工作的宏观指导,研究协调解决计划实施过程中的重大问题等。

项目办公室设在中央电教馆,负责本计划的具体组织实施工作。主要职责包括:负责与各地的联系、协调、沟通与交流,总结经验,发现问题;负责组织对国家级培训基地的评估认定,并会同各省对省级培训基地的评估认定;会同省级教育行政部门组织对各地培训、考试和认证工作的评估和监控;承担研究制定教师教育技术培训方案和培训基地标准,参与培训教材的开发等。

教育部考试中心负责制定考试大纲,组织考试命题;负责考务组织与管理;印制并颁发教师教育技术水平考试证书等。

全国教师教育信息化专家委员会负责制定、解读与完善《中小学教师教育技术标准(试行)》。研究制定《中小学教师教育技术培训大纲》、审定《中小学教师教育技术水平考试大纲》和审定培训教材等。

全国教师网联成员承担国家级培训基地建设与骨干培训者及骨干教师的国家级培训,参与培训课程与教材的开发,组织开展远程教育技术培训等。

各省级教育行政部门结合本省(自治区、直辖市)实际,建立相应组织管理体系,确保计划实施工作顺利进行。

## 四、工作安排和实施步骤

**1. 工作安排**

本计划按照“总体规划、分步实施、学用结合、注重实效”的原则组织实施。2005 年首先在部分省(自治区、直辖市)启动试点工作。从 2006 年开始在全国范围内全面实施。到 2007 年底,通过多种途径和渠道,完成对全国中小学教师的教育技术培训和国家统一组织的教育技术能力水平考试认证,使广大教师教育技术应用能力水平显著提高。

**2. 实施步骤**

——统一思想,布置工作

2005 年 4 月上旬,全面启动部署中小学教师教育技术能力建设计划实施工作。宣传本计划的重要性和必要性,统一思想,提高认识。

——确定试点地区,启动培训工作

2005 年 5 月,确定启动实施计划的试点省份。根据培训基地标准,项目办公室组织专家对国家级培训基地进行评估认定,并会同各省(自治区、直辖市)组织对省级培训机构进行评估认定,各省(自治区、直辖市)组织对市(地)级及县(市、区)培训基地进行评估认定。经评估认定合格的培训基地有资格进行教师教育技术培训。从 2005 年 8 月开始,培训基地展开培训工作。

——印发考试大纲,组织统一考试

2005 年 10 月,印发《中小学教师教育技术水平考试大纲》,12 月,由教育部考试中心组织第一次教师教育技术水平考试,以后每年组织 2 次全国教师教育技术水平考试。考试合格者获得由教育部监制,由教育部考试中心统一印制和颁发教师教育技术水平考试证书。

——加强评估,总结经验,不断完善

从计划启动开始,项目办公室将组织专家对试点地区实施的过程和效果等方面进行跟踪评估。各试点地区也要成立专家组,加强对试点地区计划实施过程及效果的指导和评估,及时总结经验,发现和解决问题,逐步完善工作,为逐步推广奠定基础。

## 五、保障措施

**1. 统一认识,加强领导**

实施中小学教师教育技术能力建设计划是教师教育改革创新的一项重要举措,立足于为基础教育课程改革和农村中小学教师现代远程教育计划服务。各地要充分认识实施本计划的必要性和重要性,统一思想,加强领导,要成立由省级教育行政部门主管领导担任组长的领导小组。要根据本计划实施工作的总体要求,结合本省(自治区、直辖市)的实际,研究制定本省(自治区、直辖市)开展本计划的具体实施方案,建立健全组织领导和实施机构,有计划、有步骤地推进计划实施工作的开展。

**2. 整合力量,分工合作**

各省级教育行政部门要将本计划项目的实施工作纳入本省(自治区、直辖市)推进教师网联计划，实施新一轮教师培训整体规划。要充分调动和发挥相关部门和专业机构的积极性和优势，分工合作，形成合力，共同推进计划的实施。要根据本计划的总体安排和要求，建立健全行之有效的教师教育技术培训和考试认证的具体实施办法，保证工作的顺利开展。

**3. 建立开放、高效的培训体系，切实加强培训基地建设**

各地教育行政部门要加强对各级培训基地的建设和管理。要将实施工作与加快推进区域性教师网联计划相结合，积极推进各级教师培训机构的改革和发展，整合共享优质教师教育资源，构建现代、高效的教师培训体系，充分利用“人网、天网、地网”等多种途径，开展教师培训和实施工作。要严格按照培训基地标准对各级培训基地进行评估认定。要明确各级培训基地的职责和分工，国家级基地主要负责骨干培训者和骨干教师的国家级培训；省级基地主要负责培训者的培训和省级骨干教师培训；市(地)级基地负责对本地骨干教师和县培训辅导员的培训；县教师培训机构主要配合上一级培训基地，组织和管理本地教师培训、考试，以及提供学习辅导、资源支持与技术服务。

**4. 加强培训管理，提高质量和效益**

各省(自治区、直辖市)要进一步理顺教师培训管理体制，明确教师培训主管部门的责任，对教师培训进行规范管理，坚决制止多头管理，重复培训，乱办班的现象。要以教育技术标准为依据，严把质量关，要在科学论证的基础上，认真研究制定将本地区与其他教师信息技术培训项目纳入本计划进行统筹考虑的具体办法。积极探索实现教师教育技术培训考试与电大学历教育、自学考试、函授教育、成人学历教育、网络学历教育中教育技术课程学分沟通互认的办法。要建立评估机制，加强实施过程和实施效果评估，研究解决工作中出现的问题，切实提高本计划实施的质量和效益。

**5. 加强政策研究，建立政策保障机制**

各地要研究制定有利于本计划实施的相关政策，从实际出发，从教师专业发展需要出发，制定教育技术培训、考试与中小学教师职务晋升、资格认定等相挂钩的具体办法，形成促进广大教师参加教育技术培训的制约机制和激励机制。

**6. 加强经费投入，建立经费保障机制**

各地要切实加大教师培训经费的投入力度，要按照有关法律法规的要求，建立健全以各级政府财政投入为主，多渠道筹措教师培训经费。要积极争取各级财政设立教师教育技术培训的专项经费。要积极整合和利用正在实施的国内外有关项目的经费，充分发挥国家第二期贫困地区义务教育工程和农村中小学现代远程教育工程等教师培训经费的作用。积极争取和拓展其他经费来源渠道，切实保障本计划工作的持续健康发展。

# 附录 5　教学设计表模板

## 一、课堂教学设计模板

课程名称__________　设计者________　单位(学校)________________　授课班级______

<table>
<tr><td colspan="2">章节名称</td><td colspan="3"></td><td>学时</td><td></td></tr>
<tr><td colspan="2">教学目标</td><td colspan="5">课程标准：<br><br>本节(课)教学目标：<br>知识和能力：<br>过程和方法：<br>情感态度和价值观：</td></tr>
<tr><td colspan="2">学生特征</td><td colspan="5"></td></tr>
<tr><td rowspan="2">学习目标描述</td><td>知识点编号</td><td>学习目标</td><td colspan="4">具 体 描 述 语 句</td></tr>
<tr><td></td><td></td><td colspan="4"></td></tr>
<tr><td colspan="2">项　目</td><td colspan="2">内　容</td><td colspan="3">解 决 措 施</td></tr>
<tr><td colspan="2">教学重点</td><td colspan="2"></td><td colspan="3"></td></tr>
<tr><td colspan="2">教学难点</td><td colspan="2"></td><td colspan="3"></td></tr>
</table>

<table>
<tr><td rowspan="3">教学媒体(资源)的选择</td><td>知识点编号</td><td>学习目标</td><td>媒体类型</td><td>媒体内容要点</td><td>教学作用</td><td>使用方式</td><td>所得结论</td><td>占用时间</td><td>媒体来源</td></tr>
<tr><td></td><td></td><td></td><td></td><td></td><td></td><td></td><td></td><td></td></tr>
<tr><td colspan="9">①媒体在教学中的作用分为:A.提供事实,建立经验;B.创设情境,引发动机;C.举例验证,建立概念;D.提供示范,正确操作;E.呈现过程,形成表象;F.演绎原理,启发思维;G.设难置疑,引起思辨;H.展示事例,开阔视野;I.欣赏审美,陶冶情操;J.归纳总结,复习巩固;K.自定义。<br>②媒体的使用方式包括:A.设疑—播放—讲解;B.设疑—播放—讨论;C.讲解—播放—概括;D.讲解—播放—举例;E.播放—提问—讲解;F.播放—讨论—总结;G.边播放、边讲解;H.边播放、边议论;I.学习者自己操作媒体进行学习;J.自定义。</td></tr>
<tr><td rowspan="2">板书设计</td><td colspan="9"></td></tr>
<tr><td colspan="9"></td></tr>
</table>

| 课堂教学过程结构的设计 | 教学模式：　　　　教学过程结构：<br><br><br><br>▭ 教学内容和教师的活动　　⊂⊃ 媒体的应用　　▱ 学生的活动　　◇ 教师进行逻辑判断 |
| --- | --- |

<table>
<tr><td rowspan="2">形成性练习</td><td>知识点编号</td><td>学习目标</td><td>练 习 题 目 内 容</td></tr>
<tr><td></td><td></td><td></td></tr>
<tr><td>形成性评价</td><td colspan="3"></td></tr>
<tr><td>教学反思</td><td colspan="3">需要时填写,内容较多时可另加附页</td></tr>
</table>

## 二、自主学习教学设计模板

### (一)记叙式

**1. 教学设计模板**

**问题(项目)的主题**

设计者________________单位(学校)________________________

学科领域____________________________________适合年级____________

课程标准____________________________________所需时间____________

概述(学习内容和学习者特征)________________________________

学习目标(任务、成果)_____________________________________

学习策略(情境、模式、方法)_______________________________

学习资源(材料、工具)_____________________________________

学习活动(过程、结构)_____________________________________

学习建议(必要时填写)_____________________________________

学习评价(范例、量规)_____________________________________

其他要说明的事项(致谢)___________________________________

**2. 设计模板的填写**

(1)问题(项目)的主题

“主题”应该是学习中要解决的问题(或研究项目)的集中表述,通过该表述使学习者清楚地认识到当前的学习任务。为此,主题的表述应明确、简洁,不会产生歧义或模棱两可。

(2)概述栏

本栏中填写学习内容和学习者特征的分析结果。

适合于学生自主学习的教学内容应该以问题为中心，以任务驱动方式进行学习。在学习内容分析的基础上，列出解决该问题所需学习的知识内容及其类型，以及该知识体系的结构，为学习策略的设计提供依据。

对学习者特征的分析，除了一般特征和初始能力外，要更加注意分析学习者的信息素养。要详细了解学习者对信息的意识、态度，对信息技术的知识和技能掌握的程度，运用信息技术解决问题的能力，以及学习者个体当前具备的学习环境状况。经过详细、认真地调查和分析得出结果，才能保证学习策略设计的可行性。

(3)学习目标栏

客观主义学习理论(包括行为主义和认知学习理论)认为学习的目的是获取知识;而建构主义学习理论认为学习的目的是建构有意义的知识体系(即知识意义的建构——理解)。

实际上，学习目标是多元结构的。它既有知识的获得，又有能力的提高和情感的升华。就知识学习而言，既有对知识意义的理解，同时也有低层次的记忆，以至高层次的应用和创新。因此，在自主学习的教学过程设计中，学习目标的表述除了选用行为动词外，更多地用任务的描述或学习成果的取得来表示。

(4)学习策略栏

学习策略包括学习情境的创设、学习模式和学习方法的选择等项内容。

建构主义认为，学习总是与一定的社会文化背景，即“情境”相联系的。在实际情境下进行学习，可以使学习者能够利用自己原有认知结构中的有关经验去同化当前学习到的新知识，从而赋予新知识以某种意义。学习者是在真实的社会环境中，还是在网络或其他媒体提供的虚拟环境中进行学习，可以由教学设计给以规定，但是必须为学习者创设具体的学习情境。

在自主学习教学设计中，可以为学习者选择资源型学习、探究型学习、研究型学习、协作型学习等各种自主学习模式。在自主学习中，最常使用的学习方法有支架式、抛锚式和随机进入式等几种。支架式由搭“脚手架”、进入情境和独立探索等几个步骤组成;抛锚式由创设情境、确定问题和自主学习等几个步骤组成;随机进入式由呈现基本情境、随机进入学习和思维发展训练等几个步骤组成。不论是哪种自主学习方法，都离不开教师和学生的共同活动。教师的作用在于提出问题，对学生的学习给以指导和帮助;学生则充分发挥认知主体的作用，主动进行探索、发现和提高。

(5)学习资源栏

学习资源包括所有能够支持学习者进行学习的工具、材料、设施、人员、机构等，从传统的教科书、印刷品，到各种现代教学媒体，以至网站、社会文化机构。在教学设计中应尽可能给出不同种类的资源，以便学习者根据自己不同的条件去选择、利用。

(6)学习活动和学习建议栏

在此栏中设计学习者完成学习任务时应遵循的步骤。应说明学习活动的过程和结构，包括学习者应阅读的材料、教师和学习资源中心能给予学习者必要支持的类型和内容，以及关于学习活动的建议等。

(7)学习评价栏

为了使学习者了解学习任务完成后的状态，有必要让他们预先知道将如何对他们的学习过程和学习结果进行评价。在此栏中，应给出评价的标准——量规，评价用的案例、材料、工具，以及评价的方法和要求。

(8)附加栏

在此栏中填写需要致谢的个人、单位，引用的材料和资源的作者、版权人，以及其他需要说明的事项。

## (二)表格式

<table>
<tr><td>设计者</td><td></td><td>学校名称</td><td colspan="3"></td><td>日期</td><td></td></tr>
<tr><td colspan="8">案例摘要</td></tr>
<tr><td>教学题目</td><td colspan="7"></td></tr>
<tr><td>所属学科</td><td colspan="2"></td><td>学时安排</td><td colspan="2"></td><td>年级</td><td></td></tr>
<tr><td>所选教材</td><td colspan="7"></td></tr>
<tr><td colspan="8">一、学习目标与任务</td></tr>
<tr><td colspan="8">1. 学习目标描述(知识与技能、过程与方法、情感态度与价值观)</td></tr>
<tr><td colspan="8"></td></tr>
<tr><td colspan="8">2. 学习内容与学习任务说明(学习内容的选择、学习形式的确定、学习结果的描述)</td></tr>
<tr><td colspan="8"></td></tr>
<tr><td colspan="8">3. 问题设计(能激发学生在教学活动中思考所学内容的问题)</td></tr>
<tr><td colspan="8"></td></tr>
<tr><td colspan="8">二、学习者特征分析(说明学生的学习特点、学习习惯、学习交往特点等)</td></tr>
<tr><td colspan="8"></td></tr>
</table>

| 三、学习环境选择与学习资源设计 | | |
|---|---|---|
| 1. 学习环境选择(打√) | | |
| (1)Web 教室 | (2)局域网 | (3)城域网 |
| (4)校园网 | (5)因特网 | (6)其他 |
| 2. 学习资源类型(打√) | | |
| (1)课件 | (2)工具 | (3)专题学习网站 |
| (4)多媒体资源库 | (5)案例库 | (6)题库 |
| (7)网络课程 | (8)其他 | |
| 3. 学习资源内容简要说明(说明名称、网址、主要内容) | | |
| | | |

| 四、学习情境创设 | |
|---|---|
| 1. 学习情境类型(打√) | |
| (1)真实情境 | (2)问题性情境 |
| (3)虚拟情境 | (4)其他 |
| 2. 学习情境设计 | |
| | |

| 五、学习活动组织 | | | | |
|---|---|---|---|---|
| 1. 自主学习设计(打√,并填写相关内容) | | | | |
| 类型 | 相应内容 | 使用资源 | 学生活动 | 教师活动 |
| (1)抛锚式 | | | | |
| (2)支架式 | | | | |
| (3)随机进入式 | | | | |
| (4)其他 | | | | |

| 2. 协作学习设计(打√,并填写相关内容) | | | | |
|---|---|---|---|---|
| 类型 | 相应内容 | 使用资源 | 学生活动 | 教师活动 |
| (1)竞争 | | | | |
| (2)伙伴 | | | | |
| (3)协同 | | | | |
| (4)辩论 | | | | |
| (5)角色扮演 | | | | |
| (6)其他 | | | | |

| 3. 教学结构流程的设计 | | |
|---|---|---|
| | | |
| 教学环节 | 学生活动 | 教师活动 |
| | | |

| 六、学习评价设计 | | |
|---|---|---|
| 1. 测试形式与工具(打√) | | |
| (1)课堂提问 | (2)书面练习 | (3)达标测试 |
| (4)学生自主网上测试 | (5)合作完成作品 | (6)其他 |
| 2. 测试内容 | | |
| | | |

教学设计模板填写说明：

**一、学习目标与任务的确定**

1. 学习目标描述

按照知识与技能、过程与方法、情感态度与价值观三个维度进行描述。

2. 学习内容与学习任务说明

包括学习内容的选择、学习形式的确定、学习结果的描述、学习重点及难点的分析。

3. 问题设计

精心设计的问题要能激发学生在教学活动中思考所学的内容。

**二、学习者特征分析**

说明学生的学习特点、学习习惯、学习交往特点等。

**三、学习环境选择与学习资源设计**

1. 学习环境的选择

网络学习环境包括 Web 教室、校园网络、城域网络、因特网等。

2. 学习资源的设计

常见的学习资源类型包括：

网络课件：适用于知识点的辅助教学。

网络课程：整门课程的教学。

专题学习网站：某一专题的学习和研讨。

案例库：典型个案的分析。

题库：单元或课程的练习测试等。

3. 学习资源内容简要说明

简要说明每个学习资源的名称、网址及主要内容。

网络学习资源的设计必须符合以下四点要求：

具备丰富多样的学习资源；

提供良好的学习交互功能；

进行直观友好的界面设计；

提供活泼生动的教学策略。

**四、学习情境的创设**

1. 学习情境的类型

情境的类型包括真实性情境、问题性情境和虚拟性情境或其他。

2. 学习情境的设计

情境创设是指创设有利于对主题意义理解的情境。情境创设必须反映出新旧知识的联系；能够促进学生的思维联想；有利于学生对知识的重组和改造；能够帮助学生知识的同化和顺应。此处要对所选择的某一情境类型做一简要描述。

**五、学习活动的组织**

学习活动的组织包括自主学习的设计、协作学习的设计和教学结构流程的设计等内容。

1. 自主学习的设计：支架式学习、抛锚式学习和随机进入式学习

支架式学习：是指围绕事先确定的学习主题，建立一个概念框架，框架的建立应遵循维

果斯基的“最邻近发展区”理论，且要因人而异，通过概念框架把学生的智力发展从一个水平引到一个更高水平，就像沿着脚手架那样一步步向上攀升。

抛锚式学习：指根据学习主题在相关的实际情境中选定某个典型的真实事件或真实问题，对给定问题进行假设，通过查询各种信息资料和逻辑推理对假设进行论证，根据论证的结果制定解决问题的计划，实施该计划并根据实施过程中的反馈，补充和完善原有认识。

随机进入式学习：指首先确定学习主题，创设从不同侧面、不同角度表现学习主题的各种情境，学生在自主探索过程中随意进入其中任意一种情境去学习。

2. 协作学习的设计：竞争、辩论、伙伴、问题解决和角色扮演

竞争：教师先根据学习目标与学习内容对学习任务进行分解，由不同的学习者“单独”完成，看谁完成得最快最好，然后教师对学习者的任务完成情况进行评论，其他学习者也可以对其发表意见，各自任务完成后，就意味着总任务完成。

辩论：协作者之间围绕给定的学习主题，先确定自己的观点，接着在一定的时间内借助虚拟图书馆或上网查资料，以形成自己的观点。教师对他们的观点进行甄别，选出正反两方，然后双方围绕主题展开辩论，观点论证充分的一方获胜。通过辩论学习者可对问题进一步理解。

伙伴：指协作者之间为了完成某项学习任务而结成的伙伴关系。

问题解决：根据确定的问题，多个学习者组成协作学习小组，根据学习任务分工协作，共同完成某个学习任务，解决问题。问题解决的最终成果可以是报告、展示或论文等。

角色扮演：指由不同的学习者分别扮演指导者和学习者的角色，由学习者解答问题，指导者对学习者的解答进行判别和分析。角色可以互换。有助于对问题的理解，有新的体会，还会增加成就感和责任感。

3. 教学结构流程的设计

教学结构流程的设计是指教学系统中教师、学生、学习内容、网络资源等要素之间的相互关系与联系的形式。可按时间关系或空间关系进行设计。时间关系指教师与学生进行教学活动的先后顺序，即教学程序、教学步骤、教学过程等；空间关系则主要指教学内容的层次关系、教学过程的逻辑关系等。

**六、学习评价的设计**

1. 测试形式与工具

包括：(1)课堂提问；(2)书面练习；(3)达标测试；(4)学生自主网上测试；(5)合作完成作品等。

2. 测试内容

学生学习活动的评价：学习目标、学习任务、学习态度、交流程度、资源利用和学习效果的评价；

学生学习效果的评价：目标达到、任务完成、达标测试、创新精神、实践作品和信息素养的评价；

教师指导活动的评价：对教学活动组织、学习资源利用和教学过程指导的评价；

学习资源质量的评价：目标与内容、结构与功能、超链接与导航、多媒体、素材质量和技术规范的评价；

支撑服务系统的评价：针对技术水平、教学功能、资源提供和咨询服务的评价。

说明：以上模板为中国教育技术协会提供的教学设计标准模板。

## 三、WebQuest 模板

**1. 介绍**

在此处向学生们简要介绍 WebQuest。如果在此 WebQuest 中包括角色扮演或闯关游戏（如“你现在是一个鉴别神秘诗人的间谍”），则应在此处设置情境。也可以使用这部分做先期的组织或概述工作。

**2. 任务**

清晰明了地描述学习者行为的最终结果将是什么。“任务”可以是：

- 一系列必须解答的问题；
- 对所创建事物进行总结；
- 一系列需要解决的问题；
- 阐明并为自己的立场辩护；
- 具有创意的工作；
- 任何需要学习者对自己所收集的信息进行加工和转化的事情。

**3. 资源**

利用这一部分点明可以被学习者用于完成任务的网址。在每一个链接中嵌入对此资源的描述，以便学习者可以在点击前知道自己将通过点击获得什么。

过程描述：

学生者将遵循哪些步骤才能完成任务？这一部分是探究学习的关键所在。一定要使这些步骤简明清晰。

1. 第一步
2. 第二步
3. ……

学习建议：

在此处，为学生提供一些建议，以帮助他们组织所收集到的信息。建议可以包括使用流程图、总结表、概念地图或其他组织结构，也可以采用由复选框组成的问卷形式，问题旨在分析信息或提请对要考虑的事物的注意。

如果将“学习建议”部分嵌入“过程描述”中，可能效果会更好。不过如果提供了大量的建议，或者数据的收集和分析过程不是几步就可以完成，还是将这两个部分分开好。

**4. 评价**

创建量规，向学生展示他们将如何被评价。另外，可以创建一个自我评价表，这样学生可以用于对自己学习的评价。

**5. 总结**

写上一两句话，概述一下学生通过完成此 WebQuest 将会获得或学到什么。

说明：此模板是 WebQuest 的标准模板

## 四、美国教育信息中心 AskERIC 网站提供的教学计划模板

### 课题名称

首先，问自己三个基本问题：

- 你的学生将达到什么目标？
- 他们如何达到这些目标？
- 你怎样知道他们什么时候实现了目标？

然后，开始考虑这个计划的下述每一个结构，并用下面的问题来指导你的计划。

**1. 目标**

目标确定了教学活动的目的和基本原理。这部分说明了一些利用以前课程的中间课程目标，为学生以后的活动和知识的习得做准备。广义的教育目标或单元目标通常按照州或国家的课程标准来编写。

- 单元/课程的广义目标是什么？
- 你的单元教学目标是什么？
- 通过这个单元的教学，你希望学生能学会做什么？

**2. 学习内容**

这部分仅描述学生们将做些什么以获得更多的知识和技能。每日课计划的学习内容来源于单元计划的广义目标，但它是在明确的时间段里完成的。

- 在这节课里学生能做些什么？
- 学生的行为在什么条件下能够被熟练完成？
- 以什么标准来判断目标是否被完满实现？
- 学生如何证明他们已学会和理解了这节课的内容？

**3. 先决条件**

根据 AskERIC 的要求，这部分是可选的。但它在考虑学生是否为课堂活动准备就绪时是很有用的。它允许你和其他教师在课计划中包含必要的准备活动以确保学生能达成这节课的目标。

- 学生在课前必须做些什么？
- 要达成这节课的目标，必须预先掌握哪些概念？

**4. 资源**

这部分有两个功能：

帮助其他教师迅速决定：(1)实施计划需要有多少准备时间，以及资源和管理。(2)他们将需要准备什么资料、书籍、设备和资源。

因此，用一张列表列出所需的全部资源是非常有益的。

- 需要什么资源？
- 需要什么教科书或故事书？（引用完整的书籍目录）
- 需要预先准备什么？（如科学课堂的典型环境）

**5. 课的描述**

这个部分为课的设计者提供了一个与其他教师交流思想、经验和建议的机会。它也从

主题、活动和目的各角度概述了这节课。

● 这节课的独特之处在于？

● 你的学生喜欢它的程度如何？

● 这节课的计划覆盖了哪些学习水平？（参考布卢姆的分类：识记、理解、运用、分析、综合、评价）

**6. 课的进程**

这部分要分步骤地详尽描述如何上课和如何完成课的目标，这通常是教师所需要的。它提供一些实施课计划的建议。它也指出在这节课的过程中教师应该让学生做些什么。这部分主要分为几个小部分：序言、主体和结论。

**序言：**

● 如何介绍这节课的观念和内容？

● 如何吸引学生注意，激发学生动机？

● 如何把这节课的内容与学生的兴趣以及过去的教学活动联系起来？

● 期待怎样的学习结果？

**主体：**

● 这节课的重点是什么？

● 你将如何向另一名教师描述这节课的进程？

● 谁将实施它？

● 教师将做些什么以促进学习和管理各种活动？

● 有什么正面或反面例子来说明你正呈现给学生的内容？

● 教学资源应该如何呈现才能确保每个学生都能从学习中受益？

**经验 1：**考虑学生正在学习什么？（新技能，规则/公式，概念/事实/观点，态度或价值观）

从下列方法中选择一种来计划你的教学内容：

示范→要实施的步骤的详尽列表和顺序。

说明→概述将解释说明的信息。

讨论→引导讨论的关键问题表。

**结论：**

● 在课结束时，你将如何为学生做归纳总结？

● 你将如何向学生提供反馈以更正其错误，强化他们的学习？

后续课/活动：

● 你建议有哪些活动用来丰富和补充教学？

● 这节课可能会引出哪些课来？

**7. 评价**

这部分是为了确保学生们已经完成了他们的学习目标。你需要收集一些证据，通常是通过收集学生的作品，再利用建立在课的目标基础上的评价量规评价他们的作品来实现的。你可以把评价作为课的一部分，但是不提供和其他部分类似的指导。你也总可以测验他们不同的概念和问题。

你将如何评价既定内容？

学生已经做了你为了评价而让他们做的事吗？

**经验 2:**确保为学生提供机会来练习你要评价的项目。在这个活动中,你不应引入新的资源。而且,在练习中,不要要求他们具备一些没有练习过的高水平的思考方式。比如说,如果你期望他们应用知识和技能,应该先为他们提供一些练习应用的机会。

# 参考文献

[1]王玉明.试论教师信息素养及其培养[J].电化教育研究,2004(02):21-24.

[2]王珠珠.教育信息化2.0:核心要义与实施建议[J].中国远程教育,2018(07):5-8.

[3]乌美娜.教学设计[M].北京:高等教育出版社,1994:13.

[4]闫寒冰.学习过程设计——信息技术与课程整合的视角[M].北京:教育科学出版社,2005:80.

[5]王吉庆.信息技术课程与教学论[M].杭州:浙江教育出版社,2003.

[6]马海涛.美国教学档案袋评价述评[J].比较教育研究,2004,25(1):78-82.

[7]梁蕊.基于电子档案袋的团队反思教学在高职的应用——以"二维动画项目的设计制作"课程为例[J].厦门城市职业学院学报,2016,18(1):76-80.

[8]李华,官海萍,朱欢乐.基于网研平台的教师电子档案袋设计与应用研究[J].中国电化教育,2013(2):52-56.

[9]魏顺平.学习分析技术:挖掘大数据时代下教育数据的价值[J].现代教育技术,2013,23(2):5-11.

[10]武法提,牟智佳.电子书包中基于大数据的学生个性化分析模型构建与实现路径[J].中国电化教育,2014(3):63-69.

[11]郑怡文,陈红星,白云晖.基于大数据在课堂教学中对学生精准关注的实验研究[J].现代教育科学,2016(2):54-57.

[12]杨鸿,朱德全,宋乃庆,等.大数据时代学生综合素质评价:方法论、价值与实践导向[J].中国电化教育,2018(1):27-34.

[13]郑燕林,李卢一.对大数据支持的学习分析与评价的需求调查——基于教师的视角[J].现代远距离教育,2015(2):36-42.

[14]付达杰,唐琳.基于大数据的精准教学模式探究[J].现代教育技术,2017,27(7):12-18.

[15]胡小勇,李馨,宋灵青,等.在线学习的创新与未来:数字徽章——访美国宾西法尼亚州立大学凯尔·派克(Kyle Peck)教授[J].中国电化教育,2014(10):1-6.

[16]魏非.祝智庭.微认证:能力为本的教师开放发展新路向[J].开放教育研究,2017,23(3):71-79.

[17]Shawiz Doward. How do"badges" work? [EB/OL].http://meta.stackoverflow.com/questions/17853/how-do-badges-work,2013-03-13.

[18]Ghenrick. Open badge and Moodle[EB/OL].http://www.somerandomthoughts.

com/blog/2013/05/06/open-badges-and-moodle/,2013-5-6.

[19]Lindsley O R. Precision teaching: Discoveries and effects[J]. Journal of Applied Behavior Analysis, 1992,(1):51-57.

[20]Devin Soule. The 5 Things You Need To Know To Get Badgin. [EB/OL]. http://www.youtopia.com/info/digital-badges-the-5-thingsyou-need-to-know/,2013-227.

[21]李克东.新编现代教育技术基础[M].上海:华东师范大学出版社,2002.

[22]桑新民,李曙华.教育技术学范畴体系建模研究及其方法论——与美国"94定义"研究群体的对话(上)[J].中国电化教育,2007(11):15-22.

[23]陈丽霞.师范生信息化教学能力"五阶段"培养方案的设计[J].中小学电教:上,2009(5):16-18.

[24]陈威.建构主义学习理论综述[J].学术交流,2007(03):177-179.

[25]郭绍青.《中小学教师信息技术应用能力培训课程标准(试行)》解读[J].电化教育研究,2015(9):11-15.

[26]黄建军,郭绍青.论微课程的设计与开发[J].现代教育技术,2013,23(5):31-35.

[27]赵健,郭绍青.信息化教学能力研究综述[J].现代远距离教育,2010(4):55-57.

[28]黄荣怀,刘德建,刘晓琳,等.互联网促进教育变革的基本格局[J].中国电化教育,2017(1).

[29]曾绍玮.智慧校园:数字校园发展的必然趋势[J].时代教育,2013(13):185-185.

[30]黄荣怀,胡永斌.信息化领导力与学校信息化建设[J].开放教育研究,2012(5).

[31]何克抗.信息技术与课程深层次整合的理论与方法(下)[J].中小学信息技术教育,2005(3).

[32]何克抗.中国特色教育技术理论的形成与发展[J].北京大学教育评论,2013(3):8-31.

[33]余胜泉,杨晓娟,何克抗.基于建构主义的教学设计模式[J].电化教育研究,2000(12):8-14.

[34]何克抗.迎接教育信息化发展新阶段的挑战[J].中国电化教育,2006(08):5-11.

[35]刘素芹,黎加厚.基于魔灯(Moodle)课程设计的BIG6模式[J].远程教育杂志,2007(01):6-10.

[36]黎加厚.信息技术课程教材多样化探讨[C]//全球华人计算机教育应用大会暨全国教育信息化论坛,2007.

[37]成小娟,张文兰,李宝.电子书包在小学语文阅读教学中的应用模式及成效研究——基于学习成效金字塔理论的视角[J].中国远程教育(综合版),2017(4).

[38]刘斌,张文兰,江毓君.在线课程学习体验:内涵、发展及影响因素[J].中国电化教育,2016(10):90-96.

[39]祝智庭,彭红超.智慧学习生态:培育智慧人才的系统方法论[J].电化教育研究,2017(04):7-16,31.

[40]祝智庭,雷云鹤.翻转课堂2.0:走向创造驱动的智慧学习[J].电化教育研究,2016,275(03):7-14.

[41]冉新义,刘冰.现代教育技术[M].厦门:厦门大学出版社,2012.

[42]百度百科.萧树滋[EB/OL].https://baike.baidu.com/item/萧树滋/6806430? fr=Aladdin.

[43]王增藩.苏步青传[M].复旦大学出版社,2005.

[44]黄映玲,江朝进.现在教育技术技能训练教程.广州:华南理工大学出版社,2005.

[45]李克东.现代教育技术基础.上海:华东师范大学出版社,2002.

[46]南国农,李运林.教育传播学.北京:高等教育出版社,1995.

[47]布卢姆.教育目标分类学·第一分册:认知领域.罗黎辉等译.上海:华东师范大学出版社,1986.

[48]何克抗.教学系统设计.北京:高等教育出版社,2006.